Business and Law

기업경영과 법

오수근

弘文社

서 문

배우고 일은 언제나 가슴을 뛰게 한다. 살아있음과 보람을 함께 느끼게 된다. 그렇지만 배워야 할 것이 너무 낯설고 배움에 진척이 없으면 계속하기가 쉽지 않다. 필자는 몇 년 전 코딩을 학습할 마음을 먹고 C+라는 프로그램을 강의하는 전문학원에 등록했다. 앞으로 제대로 살려면 코딩을 알아야 한다고 주변에서 이야기하는 것이 계기가 되었지만 40년 넘게 숫자나 기계와는 담을 쌓고 살았기 때문에 오히려 더 도전하고 싶었다. 하루 6시간씩 주 5일 수업을 들으면서 한 달 넘게 강행군했는데 결과는 심한 좌절감과 몸살이었다. 배우고자 하는 생각은 분명했지만 교재와 학습방법은 왕초보에게 맞지 않았다. 몸에 맞지 않는 무기를 들고 싸운 꼴이었다. 처음 배울 때 읽고 학습할 내용이 있고, 입문 과정을 거친 후 도전할 내용이 있는데 처음부터 무리한 탓에 다시 도전할 엄두를 내지 못하고 있다.

필자가 법학을 처음 공부할 때도 코딩만큼은 아니지만 좌절감의 연속이었다. 새로운 것을 알게 된 만족감을 느끼기보다는 나는 법학을 공부하기에는 능력이 모자라다는 생각을 더 많이 했다. 그런 과정을 거쳐서 법학교수가 된 후에야 법학교육과 교재에 문제가 있다는 것을 알게 되었다. 대부분의 법서는 해당 분야에 대한 체계적인 설명으로 구성되어 있다. 해당 분야를 학습하는 순서에 맞게 서술되어 있지 않다. 법학을 어느 정도 공부하고 나서 교과서를 읽으면 체계적으로 이해가 되고 모르는 부분을 쉽게 찾아서 공부할 수 있지만 초보자가 교과서를 순서대로 읽어서 전체를 이해하기는 쉽지 않다.

대학교수로 처음 강의한 과목이 상경대 학생들을 대상으로 한 「기업법」이었다. 당시 기업법 교재로 출간된 것이 몇 권 있었지만 내가 겪었던 고통을 비법학전공자들에게까지 주고 싶지 않아서 미국 대학에서 개설하는 Business Law 강좌에서 하는 것처럼 기업과 관련된 여러 법적 이슈(계약, 지식재산권, 공정거래, 행정규제 등)를 매주 하나씩 다루는 방식으로 강의를 했다. 상경계 학생을 위한 법학입문인 셈이었다. 강의를 계속하면서 주제와 내용에 조금씩 변화가 있었고 그에 맞추어 학기마다 교재를 달리 만들어 프린트물로 나누어주었다.

그런 교과구성이 재미도 있고 학생들도 법에 대해 쉽게 접근할 수 있는 장점이 있었지만 경영학이나 경제학 전공에서는 상법 특히 회사법과 관련되어 좀 더 깊이 있는 학습이 필요하여 점차 다른 분야에 대한 설명을 줄이고 상법에 관한 내용을 점차 많이 다루게 되었다. 그 후 K-MOOC 프로그램으로 「기업경영과 법」 과목을 강의하면서는 수강생들이 읽으면서 학습할 수 있는 교과서가 필요해서 이 책의 시초본를 만들었다. 3년 동안 강의에서 교재로 사용하면서 이러한 구성이 독자들의 학습에 도움이 된다는 것을 확인하고 이제 전문출판사에서 출간하게 되었다.

이 책은 낯설기만 한 법학을 비전공자가 조금 덜 힘들게 배울 수 있는 통로가 되기 위해서 논리적인 체계에 따라 구성하는 전통적인 법서와는 다르게 초보자가 학습하는 순서에 맞추어 책의 내용을 구성했다. 법서를 법전과 같이 읽는 법학전공자들과는 달리 비전공자들은 법전을 별로 이용하지 않는 점을 감안하여 본문과 함께 법

조문 자체를 읽을 수 있도록 주석에 법조문을 배치하였다. 또 학습할 때 중요한 내용은 반복해서 설명했다. 전공자를 위한 교과서에서는 구성의 완결성을 중시하되므로 내용이 반복되는 일은 별로 없다. 그러나 이 책에서는 유사한 설명을 반복하는 것을 피하지 않았다. 내가 생각하기에 중요한 내용이나 나 자신이 머리로 이해할 뿐만 아니라 마음으로 받아들이는 데 시간이 오래 걸렸던 내용은 몇 번이고 반복하였다. 그런 반복을 통해서 독자들은 나보다 더 쉽고 빨리 이해하기를 기대한다.

시초본을 사용하면서 생각한 것과 독자들로부터 받았던 피드백을 반영하여 내용과 구성을 슬림화하였다. 새로운 판례와 2020년 회사법 개정내용도 추가하였다. 이 과정에서 이화여대 법전원에서 상법을 강의하시는 김정연 교수님의 고견이 큰 도움이 되었다. 실무와 학계에서 쌓으신 김교수님의 탄탄한 역량이 이 책에 점점 더 녹아들기를 기대하며 감사드린다.

당연히 이 책은 앞서 출간된 여러 저술에서 도움을 받아 만들어졌다. 앞선 필자들의 노고 덕에 나는 상대적으로 수월하게 공부하고 저술할 수 있었다. 그분들의 노고에 감사할 뿐이다. 물론 내가 제대로 이해하지 못해서 생긴 오류는 전적으로 나의 책임이다. 초고 작업을 이경미 박사와 함께 했다. 자료 수집에서 내용 확인 그리고 교정에 이르기까지 이박사의 손이 미치지 않은 곳이 없다. 시초본의 교정을 서예지, 정민교, 김다혜 변호사와 이주하 통역사가, 최종본의 교정을 이달 말 이화여자대학교 법학전문대학원을 졸업하는 김나옥, 윤효정, 최서현님이 맡아 수고해 주었다. 전문가의 꼼꼼한 작업 덕에 책의 디테일이 잘 다듬어졌다. 이분들의 앞날을 응원한다. 출판시장의 어려운 상황에도 불구하고 출판을 결심하신 홍문사 임권규 사장님과 짧은 시간에 까다로운 편집을 하시느라 수고하신 이경희 주간님과 편집부 직원들께 감사드린다.

이 책에 들인 노고의 반 이상은 나의 아내 장은진님의 것이다. 40년 가까이 연구와 강의에 몰두할 수 있었던 것은 온전히 아내의 공이다. 이 책과 씨름하는 동안 편하게 작업할 수 있게 여건을 만들어 준 것에 깊은 고마움을 표한다.

2021년 2월 금동마을에서

오수근 씀

CONTENTS

CHAPTER 01

법과 인사하기 1

1. 드디어 창업 ······ 3
2. 법은 어디에 있나 ······ 6
3. 제정법의 구조 ······ 9
4. 적용, 준용, 유추적용 ······ 11
5. 법과 해석 ······ 15
6. 법원과 판결 ······ 17

CHAPTER 02

법률가처럼 생각하기 21

1. 권리와 의무 ······ 23
2. 요건과 효과 ······ 25
3. 법적 사고의 틀로 보기 ······ 27
4. 자연인 ······ 31
5. 법인 ······ 34
6. 자연인과 법인의 비교 ······ 36

CHAPTER 03

형사법 39

1. 법의 분류 ······ 41
2. 형사법의 원리 ······ 46
3. 범죄 성립요건 ······ 49
4. 형사절차 ······ 52
5. 형벌 ······ 59
6. 한화배임사건 ······ 60

CHAPTER 04

노동법 65

1. 노동법의 생성배경과 특성 ······ 67
2. 개별적 노동관계 ······ 69
3. 집단적 노사관계 ······ 73
4. 노동법 관련 분쟁시 해결방안 ······ 76

CHAPTER 05

조세법 79

1. 조세제도 개관 ······ 81
2. 법인세 ······ 85
3. 부가가치세 ······ 89

CHAPTER 06

민법과 상법 95

1. 법의 적용범위 ······ 97
2. 상법의 적용범위 ······ 99
3. 소멸시효와 법정이율 ······ 101
4. 대리관계 ······ 104
5. 매수인의 검사의무 ······ 107

CHAPTER 07

어음과 수표 109

1. 유가증권 ······ 111
2. 약속어음과 수표의 발행 ······ 113
3. 환어음의 발행과 이용 ······ 117
4. 어음/수표의 발행과 유통 ······ 119
5. 배서의 담보적 효력 ······ 123
6. 배서의 자격수여적 효력과 선의취득 ······ 126

7. 배서의 인적항변 절단 ······ 129

CHAPTER 08

기업의 법적 형태 133

1. 개인기업과 법인기업 ······ 135
2. 민법상 조합 ······ 137
3. 익명조합 ······ 140
4. 회사기업과 상장기업 ······ 143
5. 주식회사법의 기본원리 ······ 147

CHAPTER 09

주식과 주주 151

1. 주식, 주권, 주주명부 ······ 153
2. 여러 종류의 주식 ······ 159
3. 주식양도 방법 ······ 164
4. 주식양도 제한 ······ 167
5. 주주가 갖는 권리 ······ 172
6. 이익배당 ······ 174

CHAPTER 10

대표이사와 감사 177

1. 권한의 배분 ······ 179
2. 대표이사의 선임과 해임 ······ 183
3. 공동대표이사 ······ 186
4. 표현대표이사 ······ 188
5. 대표권의 제한과 남용 ······ 192
6. 감사 ······ 195

CHAPTER 11

이사와 이사회 199

1. 이사의 선임과 해임 ········ 201
2. 이사의 일반적인 의무 ········ 207
3. 이익충돌 방지의무 ········ 211
4. 이사의 책임 ········ 214
5. 이사회 ········ 220

CHAPTER 12

주주총회 223

1. 주주총회의 구성과 권한 ········ 225
2. 주주총회의 진행 ········ 227
3. 의결권 ········ 231
4. 주주총회 결의 ········ 234
5. 주주총회 결의의 하자 ········ 237

CHAPTER 13

자금조달 245

1. 자금조달방식 ········ 247
2. 신주발행 ········ 250
3. 광주신세계사건 ········ 254
4. 회사채 ········ 258
5. 삼성에버랜드사건 ········ 265

CHAPTER 14

주식회사의 설립, 구조변화, 해산 271

1. 주식회사의 설립 ······ 273
2. 법인격부인론 ······ 277
3. 합병 ······ 280
4. 분할 ······ 285
5. 모자회사 만들기 ······ 289
6. 주식회사의 해산과 도산 ······ 292

찾아보기 ······ 295

이 책과 함께 공부하기

법 조문 읽기

법 조문을 읽지 않고 법을 공부할 수는 없다. 처음에는 익숙하지 않아도 계속 읽으면서 조문의 의미를 생각하는 습관을 들일 필요가 있다. 이 책의 본문이나 주석에 법 조문을 기술한 것이 많은데 하나도 빠뜨리지 말고 꼼꼼히 읽는 것이 좋다.

개념(용어)의 이해

법률은 언어로 표현되고 법률가는 언어로 소통을 한다. 법을 공부할 때 언어에 대해 민감할 필요가 있다. 대륙법 체계에서는 법원칙은 추상적 개념으로 구성되어 있기 때문에 그 개념을 정확하게 이해하는 것이 중요하다.

책의 맨 뒤에 사항 색인이 있다. 사항 색인에는 중요한 법률 개념(용어) 별로 해당 개념을 설명한 페이지가 표시되어 있다. 책을 읽다가 모르는 용어가 나오면 먼저 사항 색인에서 해당 용어를 찾아 그 의미를 이해하여야 한다. 이 책에서 설명하지 않은 용어나 설명이 충분하지 않은 용어의 의미에 대해서는 사전을 찾아서 이해하여야 한다.

주석

홀수 면의 우측과 짝수 면의 좌측에 작은 글씨로 주석을 달았다. 주석에는 본문 내용의 요약, 관련된 법조문, 의미를 익힐 개념, 개념의 구체적 사례 등을 담았다. 각 면을 읽으면서 또 각 면을 다 읽은 후에 읽으면 학습한 내용을 정리하는 데 도움이 된다.

참고 문헌

이 책에서 충분히 설명하지 못한 내용은 다음 책을 찾아보면 도움이 된다.

송옥렬, 상법강의(홍문사)
송덕수, 기본민법(박영사)
이철송, 회사법(박영사)
임재연, 회사법(Ⅰ)(Ⅱ)(박영사)
오수근, 어음수표법요해(경성문화사)

CHAPTER

1

법과 인사하기

1. 드디어 창업
2. 법은 어디에 있나
3. 제정법의 구조
4. 적용, 준용, 유추적용
5. 법과 해석
6. 법원과 판결

지연된 정의는 정의가 아니다.
Justice delayed is justice denied.

CHAPTER 1

법과 인사하기

1 드디어 창업

1) 새로운 상품과 서비스

인류 역사에서 문명의 진보에는 늘 새로운 상품이나 서비스가 등장했다. 새로운 상품이나 서비스는 사회에서 새로운 가치로 받아들여졌고 새로운 가치를 창출하는 주체는 기업인 경우가 많았다. 나라와 시대에 따라서 기업의 형태는 달랐다. 개인일 수도 있고, 가족일 수도 있고, 회사와 같은 조직일 수도 있다. 어떤 형태든 기업은 인간이 본능적으로 갖고 있는 이윤 동기와 창조본능을 충족하는 수단이다. 요즈음 자주 언급되는 벤처기업이나 스타트업도 기업의 하나임은 물론이다.

벤처기업
벤처기업의 사전적 의미는 '20세기 말 이후 최첨단 기술 등을 목표로 한 개척과 모험 정신으로 설립된 기업(한국민족문화대백과)'인데 우리나라 벤처기업협회는 벤처기업을 '개인 또는 소수의 창업인이 위험성은 크지만 성공할 경우 높은 기대수익이 예상되는 신기술과 아이디어를 독자적인 기반 위에서 사업화하려는 신생 중소기업'으로 정의하고 있다. 벤처기업육성에 관한 특별조치법(약칭 '벤처기업법')에서는 정책지원 대상이 되는 '벤처기업'을 별도로 규정하고 있다.

기업의 역사

기업은 타인에게 상품이나 서비스를 대가를 받고 제공하는 활동을 하는데 이런 기업 활동은 개인이 시작하는 것이 보통이다. 이 점은 과거나 지금이나 마찬가지이다. 개인이 이른바 자영업자로 기업활동을 하는 것에는 한계가 있기 때문에 가족이나 친구들이 함께 기업활동을 하게 되었다. 그 후 법인이라는 새로운 형태를 갖춘 기업이 등장하는데 그것이 바로 회사이다. 국가나 지방자치단체도 기업 활동을 한다.

세계에서 가장 오래된 기업은 578년 백제인이 일본에 세운 건설회사인 것으로 나타났다. 영국의 경제주간지 이코노미스트는 2004년 12월 16~22일자에서 세계 장수 기업과 장수 비결 등을 소개하면서 설립된 지 1426년 된 '곤고구미(金剛組)'가 세계에서 가장 오래된 기업이라고 보도했다. [출처: 중앙일보, 2004.12.19.자 기사]

한국에서 가장 오래된 기업은 '박승직 상점'이라는 이름으로 1896년 창업했다. 박승직씨는 두산그룹 창립자이다. 한국에서 창업한 지 100살이 넘은 기업은 7곳, 팔순이 넘은 곳은 28개 사인 것으로 나타났다. 우리나라에서 가장 오래된 10대 기업은 두산(1896), 신한은행(1897), 동화약품(1897), 우리은행(1899). 몽고식품(1905), 광장(1911), 보진재(1912), 성창기업지주(1916), KR모터스(1917), 경방(1919)이다. [출처: 경향비즈, 2015. 9.29.자 뉴스]

2) WWW 비즈니스 모델

비즈니스 모델
기업(조직)이 가치를 창조하고 전달하는 방법. 기업이 수익을 창출하는 계획.

엔지니어인 甲과 디자이너인 乙 그리고 영업맨인 丙은 모두 신발에 대한 특별한 관심을 갖고 있는데 서로의 블로그를 통해서 알게 되었다. 이 3명의 청년은 '걸어야 산다.'라는 철학을 공유하고 있다. 이들은 걷는 것이 최고의 보약이라고 믿는다. 연구에 따르면 나이를 먹으면 신체의 장기가 모두 다 퇴화하는데, 퇴화가 덜 될 수 있는 유일한 것이 근육이라고 한다. 근육은 훈련하면 늙지 않는데 근육 훈련에 가장 좋은 것이 걷는 것이다. 걷기 위해서는 당연히 신발이 필요한데 지금까지 시장에 나와 있는 신발은 대부분 이미 만들어진 제품 중에서 소비자가 맞는 것을 고르는 형태로 생산되고 판매되고 있다.

이 세 사람은 '발 모양이 다르면 신발 모양도 달라야 한다.'고 생각한다. 사람들의 발은 넓은 발 좁은 발, 긴 발 짧은 발, 두터운 발 얇은 발 등 다양한데 일정한 모양과 치수의 신발만 있는 것은 이상하다고 보았다. 그래서 이 청년들은 '나만의 신발을 만들자.'고 뜻을 모았다. 걷기에도 편할 뿐만 아니라 신발로 나를 표현하고 싶은 사람들을 위해서 신발에 발을 맞추는 것이 아니라, 발에 신발을 맞추는 상품을 개발하여 WWW라는 상호로 판매하기로 뜻을 모았다. 나아가 신발의 구조나 형태가 내 발에 딱 맞을 뿐만 아니라 내가 원하는 스타일과 색깔로 나를 표현하고 싶은 신발을 만들어 팔기로 하였다.

甲, 乙, 丙 세 사람이 생각한 비즈니스 모델은 다음과 같다.

WWW 맞춤형 운동화 비즈니스 모델

(1) 매장에서 3D 스캐너로 발을 스캔한다(소비자가 여러 각도에서 발을 찍어 보낸 사진들을 합성하면 마치 직접 발을 스캔한 것처럼 나오게 하는 기술을 개발하는 것도 목표다.)
(2) 컴퓨터 시스템이 스캔한 발에 딱 맞는 운동화의 내피를 설계한다.
(3) 고객은 원하는 디자인과 색상을 선택한다. 원하는 액세서리도 붙일 수 있다.
(4) 3D 프린터를 이용해서 현장에서 신발을 제작하여 제공한다.
(5) 발의 스캔 도면이 있으면 고객은 집에서도 이 회사의 홈페이지에 접속해서 원하는 디자인의 운동화를 주문할 수 있다.

3) 경영자의 질문

甲, 乙, 丙 세 사람은 WWW 비즈니스 모델을 검토하면서 서로에게 다음과 같은 질문을 하게 되었다.

- 우리가 생각하는 맞춤형 운동화에 대한 수요가 있을까?
- 운동화의 가격은 얼마로 해야 할까? 원가 대비 이윤을 남길 수 있는 가격 형성이 가능

할까?

- 매장에서 3D 스캐너를 사용하여 고객의 발을 정확하게 잴 수 있나?
- 발에 맞는 신발의 내피를 설계하는 시스템을 구축하는데 어느 정도의 비용이 들까?
- 운동화를 설계하는 데 시간이 어느 정도 걸릴까?
- 고객이 원하는 디자인을 선택했을 때 컴퓨터 시스템이 이를 즉시 반영하여 설계도를 작성할 수 있을까?
- 스캔-설계-제작 시스템을 구축하는데 비용이 얼마나 들까?
- 필요한 자금은 어떻게 조달하나?
- 자금이 없는 사람은 자금 대신 기술이나 아이디어를 댈 수 있을까?
- 세 사람 사이에 이익은 어떻게 배분하나?
- 매장은 어디에 내고 직원은 어떻게 채용하나?

위와 같은 고려 요소들은 몇 가지 종류로 구분할 수 있다.

① 경영적 판단 : 수요 예측, 가격 결정, 직원 채용 및 교육, 매장 위치 선정, 마케팅 활동

② 기술적 판단 : 3D 스캐너와 프린터 결정, 컴퓨터 시스템 구축, 기술적 난관 처리

③ 법적 판단 : 건물 임대차, 특허 출원, 타인의 특허권 이용, 노하우 관리, 창업자간 권리·의무 설정, 손익 배분, 판매자 혹은 생산자 책임, 고용주 책임

기업을 경영하면서 여러 문제들에 대해서 판단할 때 전문가의 역량이 필요하다. 기술적 문제는 기술에 전문성이 있는 사람이 판단하고 경영적 문제는 경영 전문가가 판단하여야 한다. 기업 경영에서 여러 분야의 전문성이 필요하므로 그런 역량을 가진 사람들이 팀을 이루어 기업을 경영하면 좋다. 그러나 모든 분야의 전문가를 다 보유할 수는 없으므로 외부

기업활동을 둘러싼 여러 이슈들

경영학에서 다루는 내용은 인사관리, 재무관리, 생산관리, 마케팅, 회계로 나누어 볼 수 있다. 기술, 자금, 법 등 기업 경영에 영향을 미치는 개별 요소들이 경영학의 각 분야에서 어떻게 영향을 주고받는지 생각해 보자.

	인사관리	재무관리	생산관리	마케팅	회계
기술					
자금					
법					

전문가의 조력을 받는 것이 보통이다. 내부 또는 외부의 각 분야 전문가와 일을 할 때 해당 분야에 대한 기초적인 이해가 있으면 전문가와의 소통도 원활하고 의사결정을 하는 데 도움이 된다.

법적 판단도 마찬가지이다. 법적 문제는 법률전문가의 도움을 받아서 판단해야 하는데 이때 경영자가 법적 사고에 대한 최소한의 이해를 갖고 있다면 간단한 법적 판단은 직접 할 수도 있고 복잡한 법적 문제에 처한 경우 법률전문가와 쉽게 소통할 수 있다. 이제 WWW 맞춤형 운동화 사업을 함께 하면서 경영자에게 필요한 법적 지식을 배워본다.

2 법은 어디에 있나

1) 자연법과 실정법

우리가 '법적 문제' 혹은 '법적 판단'이라는 표현을 할 때 사용한 '법(法)'은 어디에 있다고 생각하는가? 오랜 기간 동안 인간은 법은 하늘에서 내려오는 것 혹은 절대자가 주는 것으로 생각을 했다. 오늘날에는 그런 법을 '자연법'이라고 부른다. 신의 섭리나 자연의 질서 혹은 인간의 지식을 초월하는 선험적인 지혜가 법이라고 보는 것이다. 그런데 그런 자연법의 내용이 무엇인지는 말하는 사람마다 조금씩 다르기 때문에 '이것이 자연법이다.'라고 단언하기는 쉽지 않다.

자연법과 실정법
- 자연법
- 실정법
  - 제정법: 헌법, 법률, 명령
  - 판례법

자연법과 대비되는 개념으로 '실정법'이라는 것이 있다. 실정법은 인간이 만든 법으로 법의 내용을 확인할 수 있는 또는 증명할 수 있는 법이다. 우리가 법적 문제 혹은 법적 판단이라고 할 때의 '법'은 실정법을 뜻한다. 법적 판단을 내리기 위해서는 실정법을 확인하여 무엇이 법인지를 판단해야 된다.

2) 제정법과 판례법

실정법 안에는 여러 가지 종류의 법이 있는데 크게 두 가지로 나누어 볼 수 있다. 하나는 제정법으로 법을 만드는 절차가 규정되어 있고 그 절차에 따라 법을 만들 권한이 있는 기관이 만드는 법이다. 다른 하나는 판례법으로 법원이 구체적인 사안에서 무엇이 법인지를 선언한 법이다. 제정법은 당사자가 누구인지를 불문하고 모든 사안에 적용되는 일반적인 법인데 반해 판례법은 구체적인 사안에 한정하여 당사자 간의 법률관계를 규율하는 법이다.

제정법 중에서 우리가 제일 쉽게 또 많이 접하는 것이 '법률'이라는 제정법이다. 법률을 누가 만드는지 또 어떤 절차에 따라 만드는지는 우리나라의 헌법이 정하고 있다. 헌법도 제정법의 한 종류이고 또 제정법 체계에서 가장 상위에 있는 법이다. 헌법은 일반적으로 국민 전체가 만든다고 본다.

우리나라에서 제정법을 찾아볼 수 있는 좋은 방법은 법제처에서 운영하고 있는 '국가법령정보센터'라는 웹사이트(http://www.law.go.kr)에 들어가서 검색하는 것이다. 국가법령정보센터에서 헌법을 찾아보자. 헌법 제40조는 "입법권은 국회에 속한다."고 규정하고 있다. 입법권, 즉 법을 만드는 권한은 국회에 있다는 뜻인데 여기서 '법'은 '법률'을 말한다. 헌법 제40조는 법률을 만드는 권한을 국회가 갖는다는 것을 의미한다.

3) 법률, 시행령, 시행규칙

■ 시행령 : 대통령령
■ 시행규칙 : 총리령, 부령

국회가 만드는 법률로는 세부적인 사항까지 규정하는 데는 한계가 있어 법률보다 하위에 있는 법을 만들 권한을 헌법이 인정하고 있다. 헌법 제75조는 "대통령은 법률에서 구체적으로 범위를 정하여 위임받은 사항과 법률을 집행하기 위하여 필요한 사항에 관하여 대통령령

법의 어원

법의 어원에 대해서는 의견이 일치되지 않으나, 법이란 용어를 처음으로 사용한 것은 고대 인도로 알려져 있다. 즉 법은 인도사상의 주류를 이루는 우주법칙(천칙, 天則)에서 유래하므로 수시로 변동하는 것이 아닌 "곧고(直)" "바른(正)" 법칙이다. 이러한 우주법칙이라는 생각에 기초하여 그 윤리적인 측면을 배제하고 '다르마(dharma)'라는 말이 사용되었는데, 다르마는 "인간행위의 규범"으로 해석되었다. 법은 이 다르마를 한역(漢譯)한 것이라고 한다.

중국에서 '법(灋)'이라는 글자는 원래 '물 수(水)'와 '해태 치(廌: 외뿔 양)', 그리고 '갈 거(去)'의 결합이었는데, 廌는 중국의 전설적 외뿔동물인 해태라는 동물에서 유래한 것으로 해태는 시시비비를 가릴 수 있는 능력이 있어서 해태를 분쟁 당사자 사이에 세우면 죄가 있는 자를 뿔로 받았다는 설화에서 유래한다고 한다. 따라서 '灋'이란 글자에는 어원상 능력 있는 제3자에 의한 공평한 분쟁해결이라는 의미가 내포되어 있다.

灋이 변형되어 法이 되었다. 법(法)은 수(水)와 거(去)를 합한 문자로서 물은 그 표면이 평면이어서 공평의 의미이고, 거는 악을 제기한다는 의미를 가진다. 또한 법은 수와 거를 합한 문자로서 치수(治水)를 의미하고 그 결과 다스림, 곧 질서의 의미를 나타낸다.

서양에서 '법'이라는 용어는 그리스어의 '노모스(nomos)'에서 유래하였다. 고대 그리스인들의 자연의 질서를 의미하는 physis(피시스)에 대응되는 개념으로 인간의 행위를 규율하는 관행이나 규범을 구분하기 위해 nomos(노모스)라는 말을 사용하였다. 인간의 행위를 규제하는 규범을 더욱 분화시켜 사용한 것은 로마인들이었다. 로마인들은 그리스인들이 노모스로 표현했던 것을 '이우스(ius)'와 '렉스(lex)'로 나누어 사용하였다. 곧 그들은 추상적이고 일반적인 의미의 규범(법)은 ius로, 권위있는 기관에 의해서 제정된 실정법규범은 lex로 표현하였다. 그리고 이러한 표현방법은 현대 서양 여러 나라들에서도 그대로 이어지고 있다. (중략) 독일어의 Recht와 Gesetz, 불어의 droit와 loi, 이탈리아어의 dritto와 legge 그리고 스페인어의 derecho와 ley 등의 구분이 그것이다.

[출처 : 홍성방, 「법학입문」, 신론사, 2007, 32-33면.]

을 발할 수 있다."고 규정하고 있다. 국회가 법률을 만들 때 그 법률에서 규정하기 어려운 사항들은 대통령이 정하도록 위임하기도 한다. 대통령은 그렇게 위임받은 사항을 대통령령으로 규정할 수 있다. 또 위임받은 사항 외에 대통령이 법률을 집행하면서 필요한 사항이 있을 때 그것을 대통령령으로 만들 수 있다.

자본시장과 금융투자업에 관한 법률 [법률 제17764호, 2020. 12. 29. 타법개정]	**자본시장과 금융투자업에 관한 법률 시행령** [대통령령 제31441호, 20218. 2. 98. 일부개정]	**자본시장과 금융투자업에 관한 법률 시행규칙** [총리령 제1568호, 2019. 10. 21. 일부개정]
제137조(공개매수설명서의 작성·공시) ① 공개매수자(공개매수사무취급자를 포함한다. 이하 이 조에서 같다)는 공개매수를 하고자 하는 경우에는 대통령령으로 정하는 방법에 따라 그 공개매수에 관한 설명서(이하 "공개매수설명서"라 한다)를 작성하여 공개매수공고일에 금융위원회와 거래소에 제출하여야 하며, 이를 총리령으로 정하는 장소에 비치하고 일반인이 열람할 수 있도록 하여야 한다. 이 경우 제134조 제2항 각 호 외의 부분 단서를 준용한다.	**제148조(공개매수설명서의 작성 등)** 법 제137조 제1항에 따라 공개매수설명서에는 법 제134조 제2항 각 호의 사항을 기재하여야 한다. 다만, 공개매수자가 주권상장법인인 경우에는 금융위원회가 정하여 고시하는 사항의 기재를 생략할 수 있다.	**제16조(공개매수설명서)** 법 제137조 제1항 전단에서 "총리령으로 정하는 장소"란 다음 각 호의 장소를 말한다. 1. 법 제133조제2항에 따른 공개매수사무취급자의 본점과 지점, 그 밖의 영업소 2. 금융위원회 3. 거래소

국회 등 입법권자
- 법률 수준
  - 국회
  - 대통령
- 명령 수준
  - 대통령
  - 국회
  - 대법원
  - 헌법재판소
  - 중앙선거관리위원회
- 규칙 수준
  - 총리
  - 각부 장관
- 규칙보다 낮은 수준
  - 각 부 장관
  - 지방자치단체장
  - 지방자치단체의회

헌법 제95조는 대통령령의 하위 규범을 규정하고 있다. "국무총리 또는 행정 각부의 장은 소관 사무에 관하여 법률이나 대통령령의 위임 또는 직권으로 총리령 또는 부령을 발할 수 있다." 앞에서 살펴본 제75조와 제95조를 함께 읽으면 다음과 같이 이해할 수 있다. 법률에서 위임받은 사항 혹은 법률을 집행하기 위해서 필요한 사항을 대통령령으로 규정할 수 있고, 그 대통령령에서 위임한 사항 혹은 그 법률을 집행하는 데 필요한 사항을 총리령이나 부령으로 규정할 수 있다. 여기서 부령은 행정 각부의 령을 말한다. 입법 실무에서는 대통령령을 '시행령'이라고 하고 총리령이나 부령을 '시행규칙'이라고 부른다(예를 들면 자본시장법-자본시장법 시행령-자본시장법 시행규칙). 이렇게 헌법 밑에 법률, 법률 밑에 대통령령, 대통령령 밑에 총리령이나 부령이라는 체계로 제정법이 구성되어 있다.

총리령과 부령 아래에 각종 행정규칙과 자치법규가 있다. 행정규칙은 행정 공무원의 직무에 대한 준칙을 정한 것으로 국민의 권리와 의무를 원칙적으로 규율하지는 못하지만 실질적으로는 국민과 국가의 관계에서 규범의 효력을 갖는 경우가 많다.

제정법의 위계구조

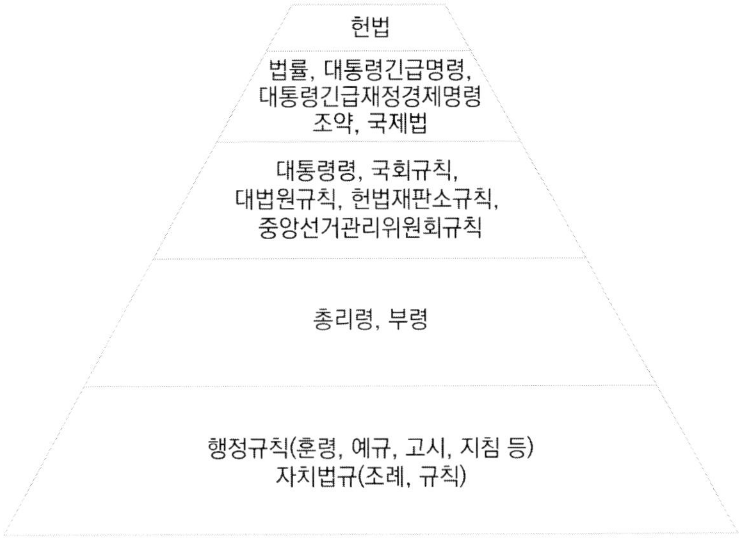

3 제정법의 구조

우리나라 제정법은 양이 얼마나 될까? 국회에서 만든 법률만 말한다면 대법전이라고 부르는 크고 두꺼운 책 한 권에 담길 정도의 양이다. 그런데 법률의 하위 규범인 명령, 규칙 그리고 각종 조례, 예규를 다 합하면 큰 서가 몇 개를 채울 양이다. 더욱이 현행 법령뿐만 아니라 과거의 법령까지 모은다면 여러 개의 방을 채울 수 있다. 그런 많은 법령들을 인터넷상에서 찾아볼 수 있는 시스템이 갖춰져 있다.

법제처에서 운영하고 있는 국가법령정보센터(www.law.go.kr)에 들어가면 현재와 과거의 법령을 쉽게 찾아볼 수 있다. 먼저 검색창에 '상법'이라고 입력하고 검색버튼을 클릭하면 우리나라 법률 중에서 '상법'이라는 단어가 들어간 법률의 제목이 모두 표시된다.

상법은 우리나라에서 제일 큰 법률 3가지 중의 하나이다. 우리나라에서 큰 법률이라고 하면 민법, 상법, 형법 이렇게 3가지를 들 수 있는데, 이 법률들은 양이 많고 적용되는 범위가 넓기 때문에 특별히 민법전, 상법전, 형법전이라고 부르기도 한다. 영어로도 다른 법에는 law나 act 같은 용어를 사용하는데, 이들 법은 code라는 용어를 사용하여 civil code, commercial code, penal code라고도 부른다.

민법의 구성
제1편 총칙
제2편 물권
제3편 채권
제4편 친족
제5편 상속

'상법'을 선택한 후 '제목'을 클릭하면 상법이 모두 6편으로 구성되어 있는 것을 알 수

상법의 구성
제1편 총칙
제2편 상행위
제3편 회사
제4편 보험
제5편 해상
제6편 항공운송

있다. 제1편에 '총칙'이 들어가는 것은 우리나라 법률의 특징이다. 법률을 만들 때 모든 상황에 공통적으로 적용되는 내용을 맨 앞으로 뽑아서 총칙이라는 제목 하에 두는 방식을 판덱텐(Pandekten) 시스템이라고 부르는데 상법을 판덱텐 시스템에 따라서 만들었기 때문에 총칙이 맨 앞에 있다.

다음에는 검색창에서 '수표법'을 검색해 보자. 수표법은 모두 11개의 장으로 구성되어 있다. 수표법은 양이 많지 않기 때문에 '편'으로 구분하지 않고 '장'으로 구분한다. 수표법은 상법처럼 '총칙'이 처음에 등장하지 않는다. 그 이유는 우리가 처음 만든 법이 아니고 유럽에서 만들었던 통일수표법을 그대로 들여왔기 때문이다.

법령에서 기본 단위가 되는 것은 '조'이다. 상법 제288조를 찾아보면 그 조의 제목이 '발기인'으로 되어 있다. 각 조마다 제목을 붙이는 것이 보통이다. 제288조는 "주식회사를 설립함에는 발기인이 정관을 작성하여야 한다."고 되어 있다. 주식회사를 설립하려면 '발기인'이라고 하는 역할을 하는 사람이 '정관'이라는 서면을 작성하여야 한다는 뜻이다.

전부개정 일부개정 사례
- 주식회사 등의 외부감사에 관한 법률 (약칭: 외부감사법) [시행 2018.11.1.] [법률 제15022호, 2017.10.31. 전부개정]
- 주식회사의 외부감사에 관한 법률 (약칭: 외부감사법) [시행 2014. 11. 29.] [법률 제12715호, 2014. 5. 28. 일부개정]

조문의 표시 중에 특별히 주의를 할 조문이 있다. 상법 제382조를 보면 그 다음 조문이 '제383조'가 아니고 '제382조의2'라고 되어 있다. 이렇게 된 이유는 법률의 개정 때문이다. 법률이 한번 만들어지면 그 내용이 고정되는 것이 아니고 필요에 따라 내용을 고쳐서 쓰게 된다. 이를 법률의 개정이라고 한다. 법률의 개정도 법률의 제정과 마찬가지로 국회에서 행한다. 법률을 개정하는 방법에 2가지가 있다. 새로 들어오는 조문 또는 폐지되는 조문을 모두 감안해서 조문을 처음부터 끝까지 다시 배치하는 방법이 있다. 이것을 '전부개정' 또는

법률 문장과 법률 용어

법률 문장이 요즘 쓰는 우리말과 조금 다른 경우가 있다. 「상법」은 1962년에 만들었으니 벌써 50년 이상 되었고, 만들 당시 일본법을 많이 참조했기 때문에 일본어투가 남아 있다. 법제처에서는 알기 쉬운 법령 사업을 해서 법령의 표현을 조금 더 우리가 일상적으로 쓰는 한글에 맞춰서 바꾸는 작업을 하고 있다.

법제사적으로 보면 우리가 현재 쓰고 있는 법률의 상당 부분은 일본에서 들여왔다. 일본은 1868년 메이지유신 이래 서구법을 전폭적으로 도입하여 법제도를 수립했는데 민법과 상법은 독일법과 프랑스법의 영향을 많이 받았다. 1905년 을사늑약으로 대한제국의 사법권이 일본에 넘어갔고 1910년 대한제국이 일본에 강제 병탄되면서 일본법이 한반도에 직접 적용되었다. 1945년 해방이 되고 1948년 대한민국 정부가 수립되었지만 일본법으로부터 완전히 독립하지 못했다. 1962년 입법사업을 통해 민법, 상법, 형법 등의 주요 법률이 제정된 이래 지속적으로 독자적인 입법이 이루어졌지만 큰 흐름에서 보면 로마법→독일법→일본법→한국법으로 계수되는 현상을 발견할 수 있다.

법령에는 한자어를 많이 사용한다. 그 이유는 근대법의 여러 개념을 일본인들이 한자로 번역하였고 일본법을 우리가 계수하였기 때문이다. 국민, 권리, 의무, 헌법, 물권, 채권 등이 일본인이 번역한 서양 법개념이다.

'전문개정'이라고 부른다. 전부개정을 하면 개정 전과 후의 조문의 순서가 달라진다. 그렇게 되면 다른 법에서 해당 조문을 인용할 때나 법률을 적용할 때 혼란이 생길 수 있다.

이런 문제를 해결하기 위해서 조문을 새로 집어넣을 때 기존의 조문 순서를 흩트리지 않고 중간에 끼워 넣는 방식을 취한다. 이것을 '부분개정'이라고 부른다. 입법자가 어떤 조문을 하나 집어넣으려고 하는데 그 내용이 제382조와 제383조 사이에 들어가야 하면 그 조문의 표시를 '제382조의2'라고 표시하는 것이다. 만일 새로 조문 2개를 그렇게 집어넣을 때는 '제382조의2', '제382조의3' 그리고 '제383조'가 된다.

법률의 기본 단위인 '조' 밑에 있는 것을 '항'이라고 부른다. 상법 제289조를 보면 '정관의 작성, 절대적 기재사항'이라는 제목 아래에 ①이 나오는데 이를 '항'이라고 부른다. 항은 조의 내용을 구분하여 기재할 때 사용하며 항에는 문장이 기재된다. 반면 어떤 사항을 나열하고자 할 때는 '호'를 사용하는데 아라비아 숫자 1, 2, 3 으로 표시하고 제1호, 제2호, 제3호라고 읽는다. 호에는 단어나 구가 기재된다.

이러한 원리에 따라 상법 제289조를 읽어보면 다음과 같다. "제289조 제1항 발기인은 정관을 작성하여 다음의 사항을 적고 각 발기인이 기명날인 또는 서명하여야 한다. 제1호 목적, 제2호 상호, 제3호 회사가 발행할 주식의 총수 (이하 생략)."

호 밑에 어떤 사항을 나열해야 할 필요가 있을 때는 '가', '나', '다'로 표시하고 '가목', '나목', '다목'이라고 읽는다. 상법의 하위 규범인 '상법시행령'도 종합법령센터 웹사이트에서 찾을 수 있다. 상법시행령 제34조 제4항 제1호를 보면 '가', '나', '다', '라', '마'로 문단기호가 표시된 여러 사항이 열거되어 있다. 상법시행령 제34조 제4항 제1호 나목의 내용은 '6촌 이내의 혈족'이다.

상법시행령 제34조(상장회사의 사외이사 등)
④ 법 제542조의8제2항제5호에서 "대통령령으로 정하는 특수한 관계에 있는 자"란 다음 각 호의 어느 하나에 해당하는 자(이하 "특수관계인"이라 한다)를 말한다.
1. 본인이 개인인 경우에는 다음 각 목의 어느 하나에 해당하는 사람
가. 배우자(사실상의 혼인관계에 있는 사람을 포함한다)
나. 6촌 이내의 혈족
다. 4촌 이내의 인척
(이하 생략)

조문을 읽을 때 자주 사용하는 '본문'과 '단서'라는 용어가 있다. 상법 제335조(주식의 양도성) 제1항은 "주식은 타인에게 양도할 수 있다. 다만, 회사는 정관으로 정하는 바에 따라 그 발행하는 주식의 양도에 관하여 이사회의 승인을 받도록 할 수 있다."고 규정한다. 이렇게 첫 번째 문장에 원칙을 기재하고 두 번째 문장에 그 예외를 기재하는 예를 흔히 볼 수 있는데 전자를 '본문' 후자를 '단서'라고 부른다.

4 적용, 준용, 유추적용

1) 적용

모든 법적 판단은 실정법의 어떤 규정을 근거로 한다. 법적 판단이 권력자나 현자의 '의

지'나 '선호'가 아닌 법령의 규정을 근거로 한다는 것은 법치국가의 근본 원리이다. 이 원리는 법을 만들거나 집행하는 사람에게만 중요한 것이 아니고 법을 공부하는 사람에게도 마찬가지로 중요하다. 모든 법적 문제는 무슨 법 몇 조의 문제이다.

법적 판단과 삼단논법
- 구조
  - 법령
  - 행위
  - 법적판단
- 살인죄
  - 사람을 살해한 자는 사형, 무기, 또는 5년 이상의 징역에 처한다(형법 제250조).
  - 甲이 乙을 살해했다.
  - 甲을 사형, 무기, 또는 5년 이상의 징역에 처한다.
- 이사의 회사에 대한 책임
  - 이사가 고의 또는 과실로 법령 또는 정관에 위반한 행위를 하거나 그 임무를 게을리한 경우에는 그 이사는 회사에 대하여 연대하여 손해를 배상할 책임이 있다(상법 제399조).
  - A주식회사 이사 甲이 고의로 폐기물을 불법 방출하여 A주식회사가 벌금을 냈다.
  - 甲은 A주식회사에 손해를 배상할 책임이 있다.

법적 판단을 한다는 것은 어떤 사실을 법률에 비추어보아 결론을 내는 것이다. 다른 말로 표현하면 법령을 사실관계에 적용하는 것이다. 문제가 된 사실관계에 적용할 법령의 해당 조항을 알고 있다면 그 조항을 '적용'하면 된다. 법률 규정을 사실관계에 적용하는 행위는 어떤 면에서는 기계적인 활동이다. 법률 규정이 전제가 되고 사실관계가 그 법률 규정에 해당하면 전제된 법규정대로 결론이 난다는 점에서 법적용 과정을 삼단논법이라고 표현하기도 한다. 예를 들어 형법 제355조(횡령)는 "타인의 재물을 보관한 자가 그 재물을 횡령하거나 그 반환을 거부한 때에는 5년 이하의 징역 또는 1천500만원 이하의 벌금에 처한다."고 규정하고 있는데 주식회사의 대표이사가 회사 돈을 자기 개인의 용도로 사용하면 '타인의 재물을 횡령'한 것이므로 5년 이하의 징역 또는 1천500만원 이하의 벌금에 처하게 된다. 적용되는 법의 내용을 알고 사실관계를 알면 법적 결론은 기계적으로 내려진다.

상법 제429조를 사실관계에 적용하여 보자. 상법 제429조의 제목이 '신주발행무효의 소'라고 되어 있다. 회사가 필요한 자금을 조달하기 위해서 신주를 발행하는데 신주 발행의 효력이 없어지는 것이 신주발행무효이고 신주발행무효의 소는 신주발행을 무효화하는 소송을 의미한다. 그 내용을 보면 "신주발행의 무효는 주주·이사 또는 감사에 한하여 신주를 발행한 날부터 6월내에 소만으로 이를 주장할 수 있다."고 되어 있다. 신주를 발행하는 과정이나 내용에 잘못된 것이 있으면 신주발행이 제대로 효력을 가질 수 없다. 법에서는 효력이 발생하지 않는 것을 '무효'라고 하는데 원래 무효는 누구나 언제든지 어떤 방법으로도 주장할 수 있다. 신주발행에 잘못된 점이 있어서 누구나 언제든지 어떤 방법으로도 무효를 주장할 수 있게 되면 그 신주를 산 사람들과 판 사람들이 큰 혼란에 빠질 것이다. 그래서 무효가 되는 경우를 제한한 것이다. 즉 주주, 이사, 감사만이 무효를 주장하되 신주 발행 후 6개월 이내에 소송을 통해서만 할 수 있다.

小(訴) 소송(訴訟)
원고가 피고에 대한 자신의 주장이 법률적으로 올바른가에 대해 법원의 판단을 구하는 행위

상법 제429조의 문언을 읽은 그대로 적용해 보면 회사의 채권자는 신주발행의 무효를 주장할 수 없고, 주주라 하더라도 신주가 발행된 후 6개월이 지나면 무효를 주장할 수 없고, 내용증명을 보내거나 다른 소송에서 무효를 주장하면 안 되고 반드시 회사를 상대로 신주발행무효의 소송을 제기하여야 신주발행을 무효화할 수 있다. 조문의 내용을 기계적으로 적용해서 법적 판단을 할 수 있는 예이다.

2) 준용

어떤 법원칙을 사실관계에 적용하기 위해서는 그에 관한 규정이 법률에 있어야 하는데

법을 만드는 사람들이 필요한 조문을 필요한 경우마다 모두 규정하지 않고 다른 곳에서 규정하고 있는 것을 가져다 쓰는 일이 있다. 그것을 '준용'이라고 부른다. 상법 제430조(준용규정) 제1항은 "제186조 내지 제189조·제190조 본문·제191조·제192조 및 제377조의 규정은 제429조의 소에 관하여 이를 준용한다."고 규정하고 있다. 제430조가 열거하고 있는 규정들은 제184조(설립무효, 취소의 소)와 제185조(채권자에 의한 설립취소의 소)에 적용되는 규정이다. 준용이라는 개념이 없었다면 제429조 다음에 이런 규정을 다시 두었어야 하는데 그렇게 반복하지 않고 열거한 조문은 신주발행 무효의 소에도 적용된다고 규정한 것이다. 따라서 제430조의 준용 규정에 따라서 제186조 내지 제189조('내지'는 '~부터 ~까지'를 의미한다.), 제190조 본문, 제191조, 제192조 및 제377조가 신주발행무효의 소에도 적용된다. 법에서 '준용한다'라고 하는 말이 있으면 해당 조문이 준용 규정 자리에 있는 것으로 보아 반드시 '적용'해야 한다.

법률을 이용하는 사람의 처지에서 보면 준용 규정이 오히려 불편하다. 직접 규정했으면 그 자리에서 볼 수 있는데 준용한다는 규정이 있으면 준용된 규정을 찾아다가 적용해야 하기 때문이다. 입법자가 왜 이렇게 '준용'이라는 개념을 사용하여 법을 만들었는지는 분명하지 않다. 법을 기록하는 비용과 관련이 있는 것으로 짐작된다. 옛날에는 기록을 한다는 일이 비용이 많이 드는 행위였다. 종이가 발명되기 전에는 양피지나 거북껍질 또는 식물의 껍질을 사용하였는데 그것들은 모두 비싼 것이었다. 종이가 발명된 다음에도 종이 자체가 상당히 비쌌다. 그래서 비싼 종이나 옷감 또는 동물의 가죽에 같은 내용을 여기도 쓰고 저

법적 표현, 일상적 표현

앞서 설명한 내용은 법률을 전공하지 않은 이들을 위해서 풀어쓴 것이다. 같은 내용을 법률전공자들에게는 아래와 같이 설명할 것이다. 비전공자도 한번 읽어 보기 바란다.

법적 관계에서 일정한 법률 요건이 갖추어지면 예정된 법률 효과가 생긴다. 만일 법률요건이 다 갖춰지지 않았으면 효과는 제대로 발생하지 않는다. 요건이 다 갖춰지지 않은 것을 다른 말로는 '하자'라고 한다. 하자가 크면 무효가 되어 법률 효과가 전혀 발생하지 않고 하자가 작으면 발생한 법률 효과를 취소할 수 있는 것이 보통이다. 무효는 누구나, 언제든지, 어떤 방법으로도 주장할 수 있는 것이 원칙이다. 이를 '절대적 무효'라고 한다. 취소의 경우에는 취소권자, 취소 기간, 취소 방법이 법률에 정해지는 것이 보통이다.

신주발행에 하자가 있어 무효가 되는 경우 이를 누구든지, 언제든지, 어떤 방법으로든지 주장할 수 있게 되면 여러 주주가 관련이 된 회사에서는 법률관계가 복잡해지고 안정성이 떨어지게 된다. 회사에서 신주가 한번 발행되면 그 신주가 시장에서 유통이 될 터인데, 신주를 발행한 지 몇 년 지나서 무효라고 하면 시장에서 큰 혼란이 발생할 것이다. 그래서 회사법은 하자가 있어서 무효가 되는 경우에도 무효는 주주, 이사, 감사만 주장할 수 있고, 그 시기도 신주가 발행된 후 6개월 이내이어야 하고, 무효를 주장하기 위해서는 소송을 제기하도록 하였다. 이렇게 무효로 하는 경우에도 주체, 시기, 방법 등을 제한하는 것을 '상대적 무효'라고 한다.

기도 쓸 수 없었기 때문에 앞에서 기록한 규정을 가져다 사용하는 준용이라는 방식을 쓴 것 같다. 이 점은 동양이나 서양이나 마찬가지이다. 요즘처럼 법령이 전자적 정보로 저장되는 시대에는 준용을 하지 말고 반복해서 규정하는 것이 사용하기에 더 편한데 아직은 입법자가 '준용'이라는 전통적인 방식을 사용하고 있으므로 '준용'이라는 말이 나오면 번거로워도 해당 규정을 찾아서 반드시 적용해야 한다.

3) 유추적용

'적용'이나 '준용'과 구별해야 할 개념으로 '유추적용'이 있다. 입법자가 어떤 법원칙을 채택하였다면 관련된 사실관계에 적용하도록 직접 규정하거나 다른 곳에서 규정한 내용을 준용하도록 규정한다. 그런데 입법자가 직접 규정하지도 않고 준용규정도 두지 않았는데 어떤 조문의 적용범위를 넓혀서 입법에서 예정하고 있지 않은 사실관계에 적용하는 것을 유추적용이라고 한다.

앞서 살펴본 상법 제429조(신주발행무효의 소)는 신주발행의 무효는 주주, 이사 또는 감사에 한하여 신주를 발행한 날로부터 6월내에 소만으로 이를 주장할 수 있다고 규정하고 있다. 문언을 읽어보면 상법 제429조는 신주발행의 무효에 적용하는 것이 분명하다. 그런데 회사에서 자금을 조달하기 위해서 주식을 발행하는 경우도 있지만 회사채를 발행하는 경우도 있다. 회사가 회사채(상법은 '사채(社債)'라는 표현을 사용하는데 시장에서는 '회사채'라는 표현을 많이 쓴다)를 발행할 때 잘못한 것(하자)이 있어 사채발행의 효력을 다투어야 하는데 사채발행의 무효에 대해서 상법은 별도의 규정을 두고 있지 않다.

유추적용
- 형사법에서는 원칙적으로 금지
- 다른 영역에서는 사안에 따라 허용

이 경우 두 가지 선택지가 있다. 상법에서 별다른 규정을 두고 있지 않으니까 민법의 일반 무효의 법리를 적용해서 사채발행의 하자가 있으면 누구든지 어떤 방법으로든지 언제든지 무효를 주장할 수 있다고 보는 것이 하나의 방법이다. 그렇게 되면 단체법적인 법률관계에서 법적 안정성을 해치는 결과를 가져올 수 있다. 그런 점을 고려할 때 민법상 무효의 법리를 적용하지 않고 상법에 있는 회사의 신주발행 무효에 관한 조문을 빌려다 적용하는 방법을 생각할 수 있다. 이렇게 법령에서 명시적으로 규정한 것은 아니지만 규정의 목적이나 성질을 고려하여 직접 예정하지 않은 다른 사실관계에 적용하는 것을 유추적용이라고 한다.

준용규정이 있어서 갖다 쓰는 것은 준용규정을 근거로 해서 적용하는 것이니까 문제가 없는데, 준용규정이 없음에도 불구하고 전제한 사실관계가 다른 조문을 가져다가 적용하는 유추적용에 대해서는 논란이 있을 수 있다. 반대하는 견해에서는 법령 규정은 문언 그대로 해석하는 것이 원칙인데 이 원칙에 반한다는 것이고, 입법자가 침묵한 것을 해석하는 사람이 임의로 적용범위를 넓히는 것은 입법권을 행사하는 것과 다름이 없다고 주장한다. 반면 찬성하는 견해는 입법자가 입법을 할 때 완벽하게 입법을 할 수 없기 때문에 입법의 미비점을 보충해 주는 것이라고 본다. 해석을 통해서 사실상 입법권을 침해하는 것은 바람직하지 않지만 법령이 완전하지 않기 때문에 유추적용을 통해서 법의 빈 부분을 메꾸어 더 나은 법적 판단을 하려고 하는 것은 어느 나라나 마찬가지이다. 유추적용을 할 수 있는지에 대한 최종적인 판단은 법원의 몫이다.

[의결권 위임(대법원 2001. 5. 15. 선고 2001다12973 판결)]

상법 제342조의3에는 "회사가 다른 회사의 발행주식 총수의 10분의 1을 초과하여 취득한 때에는 그 다른 회사에 대하여 지체 없이 이를 통지하여야 한다."라고 규정되어 있는바, 이는 회사가 다른 회사의 발행주식 총수의 10분의 1 이상을 취득하여 의결권을 행사하는 경우 경영권의 안정을 위협받게 된 그 다른 회사는 역으로 상대방 회사의 발행주식의 10분의 1 이상을 취득함으로써 이른바 상호보유주식의 의결권 제한 규정(상법 제369조 제3항)에 따라 서로 상대 회사에 대하여 의결권을 행사할 수 없도록 방어조치를 취하여 다른 회사의 지배가능성을 배제하고 경영권의 안정을 도모하도록 하기 위한 것으로서, 특정 주주총회에 한정하여 각 주주들로부터 개별안건에 대한 의견을 표시하게 하여 의결권을 위임받아 의결권을 대리행사하는 경우에는 회사가 다른 회사의 발행주식 총수의 10분의 1을 초과하여 의결권을 대리행사할 권한을 취득하였다고 하여도 위 규정이 유추적용되지 않는다.

5 법과 해석

상법 제389조(대표이사) 제1항의 의미는 명백하다. 이사회에서 결의를 해서 대표이사를 선정할 수 있지만 정관에 대표이사를 주주총회에서 선정하도록 규정하고 있으면 주주총회에서 선정하여야 한다는 것이다. 문언의 내용이 명백한 경우는 별 문제가 없는데 문언에 명백하지 않은 내용이 있게 되면 문제가 복잡해진다.

상법 제385조(해임) 제1항 본문에 따르면 주주총회의 결의로 이사를 언제든지 해임할 수 있다. 여기서 제434조의 규정에 의한 주주총회의 결의라고 하는 것은 이른바 주주총회 특별결의 즉 결의요건이 더 엄격한 결의를 통해서 언제든지 해임을 할 수 있다는 것이다. 본문의 의미는 명확하다.

단서를 보면 "정당한 이유"라는 표현이 나오는데 다른 표현만큼 명확하지 않아 읽는 사람에 따라 의미하는 바를 달리 볼 가능성이 있다. 예를 들면 어느 이사가 이사회 회의에서 너무 말을 길게 한 것은 원활한 회의 진행을 방해하는 것으로 해임의 정당한 이유가 된다고 생각할지 모른다. 그 이사가 그렇게 말을 많이 한 것이 방해를 하기 위한 것이 아니라 회사를 위한 것이라고 생각할 수도 있다. 이렇게 법률에는 해석에 따라서 의미가 달라질 수밖에

상법 제389조(대표이사)
① 회사는 이사회의 결의로 회사를 대표할 이사를 선정하여야 한다. 그러나 정관으로 주주총회에서 이를 선정할 것을 정할 수 있다.

상법 제385조(해임)
① 이사는 언제든지 제434조의 규정에 의한 주주총회의 결의로 이를 해임할 수 있다. 그러나 이사의 임기를 정한 경우에 정당한 이유없이 그 임기만료전에 이를 해임한 때에는 그 이사는 회사에 대하여 해임으로 인한 손해의 배상을 청구할 수 있다.

없는 문언이 등장한다.

우리가 쓰고 있는 모든 언어가 다 명확한 의미를 갖고 있는 것은 아니기 때문에 읽는 사람에 따라서 이해하는 바가 다를 수 있는 문언은 해석이 필요하다. 그 한 예가 2014년에 있었던 이른바 '땅콩사건'의 판결이다. 적용된 법률은 항공보안법 제42조(항공기 항로 변경죄)로 "위계 또는 위력으로써 운항 중인 항공기의 항로를 변경하게 하여 정상 운항을 방해한 사람은 1년 이상 10년 이하의 징역에 처한다."고 규정되어 있다. '위계 또는 위력으로써'는 다른 사람을 속이거나 혹은 불법적인 힘을 과시한다는 뜻이다. 항공기가 운항하고 있는데 항로를 변경하게 하여 정상적인 운항을 방해한 사람은 1년 이상 10년 이하의 징역으로 처벌한다는 조문이다.

여기서 '운항 중인 항공기'라는 게 무엇일까? 땅에서 가고 있을 때도 운항 중인 항공기인가, 아니면 이륙한 다음에만 운항 중인 항공기일까 하는 의문이 드는데 항공기가 이륙하려면 지상을 지나갈 수밖에 없으니까 지상에서 엔진이 가동되는 상태도 운항 중인 항공기라고 볼 수도 있다.

"항로를 변경하게 하여"에서 '항로'는 무엇일까? 항로라는 것은 비행기 길이니까 비행기가 공중에서 좌표 얼마에서 좌표 어디로 가는 길, 고도는 얼마로 가는 길이 항로라고 생각이 된다. 그런데 이 항로를 공중의 항로뿐만 아니라 지상에서 비행기가 움직이는 길도 항로로 봐야 하는지 아니면 지상에서 움직이는 것은 항로가 아니고 이륙한 다음부터 착륙하기 전까지 공중을 날 때만 다닌 길을 항로로 봐야 하는지 해석이 필요하다. 제1심 지방법원은 항로를 공로뿐만 아니라 지상에서 이동하는 상태도 포함된다고 본 반면 고등법원은 지상의 이동경로는 공로가 아니라고 보았다. 대법원에서는 의견이 나누어졌다(법원 판결의 요지는 제1장 끝에 있는 참고자료 참조). 해석은 법률가의 주된 일의 하나이다.

법의 해석이 필요한 또 하나의 이유는 법이 문제가 된 상황을 규율할 규정을 두고 있지 않을 수 있기 때문이다. 입법자는 과거의 사례에 기반하여 미래를 예측하고 그에 대비해 입법을 한다. 미래에 발생할 상황을 모두 알지 못하기 때문에 입법에 미비점이 있게 된다. 경우에 따라서는 해당 사안을 규율하는 법률 자체가 없을 수도 있다. 이렇게 입법이 불비한 경우라 하더라도 재판을 하는 법원은 법이 없다고 재판을 거부할 수 없다. 입법의 불비를 해석을 통하여 보충하여 법적 판단을 해야 할 의무가 법원에게 있다.

해석의 종류
- 문언해석 - 목적해석
- 확장해석 - 축소해석

법률가로서 교육을 받는 것은 해석의 원리를 배우는 것이다. 해석은 크게 두 가지로 나누어 볼 수 있다. 하나는 문자 그대로 해석하는 '문리해석'이다. 입법자가 법을 만들 때 어떤 용어를 쓴 것은 그 용어가 의미하는 바를 전제한 것이므로 '용어의 뜻대로 이해하여' 사실관계에 적용해야 한다. 그런데 앞서 살펴본 바와 같이 문자의 의미도 달라지고 상황도 달라지고 또 입법이 미비한 경우가 있을 수 있기 때문에 이번에는 입법자의 의도, 즉 '만약 입법자가 이 상황이었으면 어떻게 입법했을까?'를 짐작해서 입법 목적을 반영하여 해석하는 '목적해석'을 시도한다. 동서고금을 막론하고 문자 그대로 해석할 것인지 아니면 그 목적을 반영해서 문자로부터는 조금 자유롭게 해석할 것인지는 법률가가 늘 고민하는 문제이다. 그 해석의 결과 법이 적용되는 영역이 확대되기도 하고 축소되기도 한다. 해석은 자구의 의미를 이해하는 데서 출발해서 종국적으로는 규범의 내용을 총체적으로 판단하는 작업이다.

6 법원과 판결

누가 법을 해석해야 하는가? 우선 각 법령을 관리하는 정부기관이 해석 업무를 맡고 있다. 예를 들어 상법은 법무부가 주관기관이기 때문에 법무부(상사법무과)에서 해석을 한다. 법제처는 모든 법령에 대한 해석 권한이 있다. 보통은 질의응답을 하면 회신을 하는 형태로 해석을 한다. 법령의 최종적인 해석은 사법부가 한다. 법원이 법령 해석의 최종적인 권한을 갖는다. 그런데 법원은 우리가 질의를 해서는 답변을 하지 않는다. 소송을 제기해야 한다. 소송에서 당사자가 자신에게 어떤 권리가 있고 상대방이 어떤 의무가 있다고 주장하면 법원은 그 주장이 맞는지 틀리는지를 판단하면서 법의 구체적인 내용을 확정한다. 법원은 재판을 통해서 법을 해석한다. 그것을 '판례'라고 부른다. 학자들이 법령의 해석에 관한 의견을 제시하는데 그것을 '학설'이라고 한다. 학자들의 학설은 유관기관이나 법원이 법령을 해석할 때 전거가 되기도 한다.

입법 행정 사법
- 입법 : 법률 제정
- 행정 : 법률 시행
- 사법 : 법률 해석

법원은 법령의 최종 해석자로서 기능하는데 법원은 대법원을 정점으로 하여 대법원/고등법원/지방법원의 세 단계로 구성되어 있다. 대부분의 사건은 지방법원에서 시작해서 고등법원을 거쳐서 대법원에서 판결이 나면 더 이상 다툴 수 없이 확정된다(3심제도). 우리나라에는 지역을 기준으로 하는 지방법원과 고등법원과는 별도의 사건의 내용에 따른 특별법원(가정법원, 특허법원, 행정법원, 회생법원)이 있다.

특별법원
- 가정법원
- 행정법원
- 특허법원
- 회생법원

법원이 행한 재판의 결과는 판결 또는 결정이라는 문서에서 확인할 수 있다. 판결이나 결정은 사건의 당사자에게 당연히 고지되지만 일반인들에게도 일정한 범위 내에서 공개한다. 법원의 판례는 대법원 종합법률정보 사이트(glaw.scourt.go.kr)에서 찾아볼 수 있다. 대법원 종합법률정보 사이트에서는 당사자의 프라이버시 보호를 위해 당사자의 이름을 가린(이른바 비실명화) 형태로 판례를 공개한다. 법령의 어느 조문에 대해서 법원이 어떻게 해석하는지를 알아보기 위해서는 판례를 찾아보아야 하는데 적용된 조문이나 주제어를 통해 판례를 검색할 수 있다.

판결과 결정
- 판결 : 소송에 대한 법원의 판단으로 반드시 변론을 거쳐야 한다.
- 결정 : 소송 외의 비송이나 집행 절차에서 법원의 판단으로 변론을 거치지 않아도 된다.

판례는 지방법원, 고등법원, 대법원 모두에서 만들어진다. 3심제도 하에서 제1심 판단(주

법원조직도

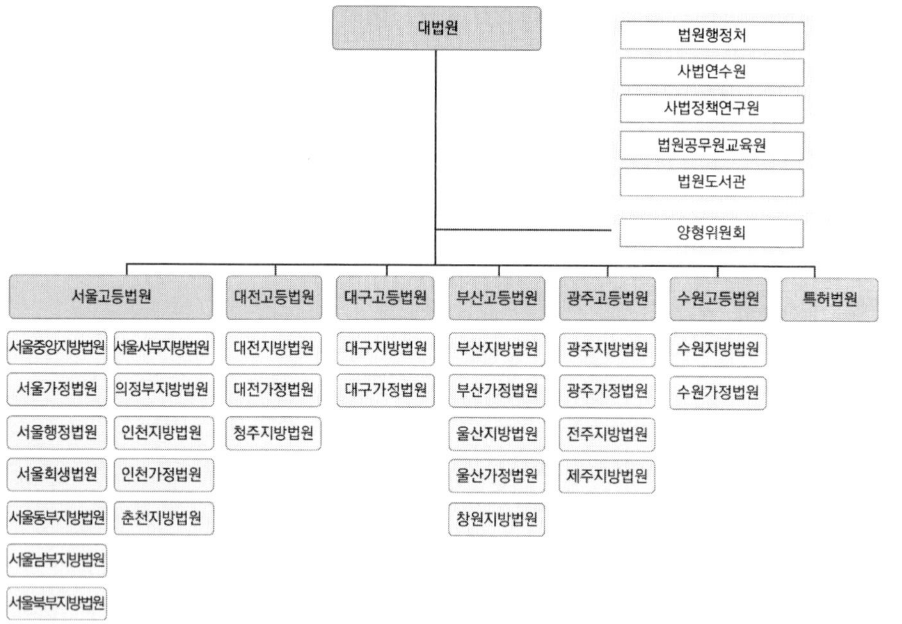

로 지방법원의 판단)에 대해 불복하는 당사자는 제2심(주로 고등법원)에 항소(또는 항고)할 수 있고, 제2심 판단에 불복하는 당사자는 제3심(주로 대법원)에 상고할 수 있다. 대법원의 판단이 최종적이므로 대법원이 어떻게 해석했는지가 중요하다. 그래서 대법원 판례는 법률가들에게 구체화된 법령의 의미를 갖는다.

항로변경죄에 대한 법원의 판단

[사실관계] 피고인 조씨는 2014년 12월 미국 뉴욕 JFK국제공항에서 견과류 서비스를 문제 삼아 타고 있던 대한항공 KE086를 램프리턴(항공기를 탑승 게이트로 되돌리는 일)하도록 지시하고 사무장을 강제로 내리게 한 혐의 등으로 구속기소 됐다. 조씨는 스튜어디스가 정해진 일등석 서비스 방식과 다르게 견과를 내왔다며 심하게 화를 냈고, '당장 기장에게 비행기를 세우라고 연락하라'고 여러 번 소리쳤다. 이때 항공기는 탑승구를 떠나 유도로까지 옮기는 과정인 '푸시백' 중이었다. 기장은 객실사무장으로부터 자사 부사장이던 조씨의 요구를 듣자 통제소의 승인을 받아 비행기를 탑승구로 되돌렸다.

[제1심] 서울서부지방법원 2015. 2. 12. 선고, 2015고합6 판결

"3) 죄형법정주의 및 항공보안법 제42조 '항로'의 해석기준

가) 형벌법규는 문언에 따라 엄격하게 해석·적용하여야 하고 피고인에게 불리한 방향으로 지나치게 확장해석하거나 유추해석해서는 안 된다. 그러나 형벌법규의 해석에 있어서도 가능한 문언의 의미 내에서 당해 규정의 입법취지와 목적 등을 고려한 법률체계적 연관성에 따라 그 문언의 논리적 의미를 분명히 밝히는 체계적·논리적 해석방법은 그 규정의 본질적 내용에 가장 접근한 해석을 위한 것으로

서 죄형법정주의의 원칙에 부합하고(대법원 2007. 6. 14. 선고 2007도2162 판결), 법률문언의 통상적인 의미를 벗어나지 않는 한 그 법률의 입법취지와 목적, 입법연혁 등을 고려한 목적론적 해석도 배제되는 것은 아니라고 할 것이다(대법원 2006. 5. 12. 선고 2005도6525 판결 등 참조).

나) 항공보안법 및 항공법은 항로의 정의규정을 두고 있지 않고, 뒤에서 보는 바와 같이 항공법 시행규칙의 시행을 위하여 제정된 고시도 해당 고시에 적용될 수 있는 정의를 넘어 상위법령의 '항로'의 용례에까지 통일적으로 적용될 수 있는 정의를 두고 있지는 않으며, 항공법, 항공법 시행규칙상의 '항로'는 그 상호간에도 의미가 통일되어 있지 않다.

다) 변호인들이 제출한 증거에 의하면, '항로(航路)'의 사전적 의미는 '항공기가 통행하는 공로(空路)'라는 것이다.

그러나 같은 증거에 의하면 이는 '항공로(航空路)'의 사전적 의미와 동일하고, 항공법 제2조 제21호는 '항공로'에 대하여 "국토교통부장관이 항공기의 항행에 적합하다고 지정한 지구의 표면상에 표시한 공간의 길"을 말한다고 정의규정을 두기도 하였는바, 입법자가 항공보안법 제42조에서 구성요건인 항로를 공로 또는 항공로와 동일한 의미로 정하고자 하였다면, 관계법령에 정의규정이 있는 '항공로'라는 용어를 사용하였으리라고 보인다.

또한, '운항중'의 개념은 항공기가 이륙 전과 착륙 후에 지상이동 중인 상태를 포함하는 것이어서, '항로'를 '공로'로 해석할 경우에는 '운항중'의 개념에도 불구하고 항공보안법 제42조의 적용범위를 축소하는 결과가 된다.

라) 결국 항공보안법 제42조의 '항로'는 그 사전적 의미대로 해석될 수는 없고, 그 가능한 문언의 의미 내에서, 항공보안법 제42조의 입법 취지와 목적, 입법연혁, 법률체계적 연관성을 고려하여 해석되어야 한다.

4) 항공로공역설정기준의 '항로'의 정의, 항공법·항공법 시행규칙상의 '항로'의 용례 및 의미 - 내용 생략 -

5) 항공보안법의 제정 원인 및 보충적 법원이 되는 협약의 내용 - 내용 생략 -

6) 항공보안법의 목적 및 헤이그 협약, 몬트리올 협약의 취지 - 내용 생략 -

7) 소결

이상에서 살펴본 사정들을 종합하여 보면, 항공보안법 제42조의 '항로'는 공로뿐만 아니라 운항중인 항공기가 이륙 전, 착륙 후에 지상 이동하는 상태까지 포함한다고 해석함이 상당하며, 이와 같은 해석이 죄형법정주의에 어긋나는 확장해석이나 유추해석이라고 볼 수는 없다."

[제2심] 서울고등법원 2015. 5. 22. 선고, 2015노800 판결

"원심은 항공보안법 제42조의 '항로'를 항공기가 운항하는 '진행경로' 또는 '진행방향'을 뜻하는 것이라고 해석하였다. 그러나 원심의 위와 같은 해석은 죄형법정주의의 원칙, 명확성의 원칙 및 과잉금지의 원칙에 위배된다.

① 항공보안법이나 관련 법령에서 사전적 의미와 다른 '항로'의 개념을 정의하는 규정을 두고 있지 않았으므로 '항로'의 사전적 의미인 '공로(空路)'로 해석하여야 한다.

② 입법자는 항공법 등 관계 법령에서 '항공로'의 정의 규정만 두었을 뿐 '항로'의 정의 규정은 따로 두지 않고, 양자를 구분하지 않고 같은 의미로 사용하고 있다.

③ 관계 법령에서 사용되는 '항로'의 개념은 대부분 '(항)공로'를 뜻하고 있다는 점에서의 동일성을

가지고 있으며, 어느 경우에도 '지상에서의 이동'이 포함되지는 않는다. 특히 이 사건은 항공기가 항공로에 진입하기 위한 단계 중 첫 번째 단계인 계류장에서 발생하였다.

④ 항공보안법 제42조의 처벌대상은 항로의 '변경'인데 이는 '예정된' 또는 '정해진' 항로를 전제로 하고 있다는 점에서, 이 사건과 같이 계류장에서의 이동을 항로를 '변경'하였다고 보는 것은 책임주의 원칙에 위배된다."

[제3심] 대법원 2017. 12. 21. 선고, 2015도8335 전원합의체 판결

다수의견 : "죄형법정주의는 국가형벌권의 자의적인 행사로부터 개인의 자유와 권리를 보호하기 위하여 범죄와 형벌을 법률로 정할 것을 요구한다. 그러한 취지에 비추어 보면 형벌법규의 해석은 엄격하여야 하고, 문언의 가능한 의미를 벗어나 피고인에게 불리한 방향으로 해석하는 것은 죄형법정주의의 내용인 확장해석금지에 따라 허용되지 아니한다. 법률을 해석할 때 입법 취지와 목적, 제·개정 연혁, 법질서 전체와의 조화, 다른 법령과의 관계 등을 고려하는 체계적·논리적 해석 방법을 사용할 수 있으나, 문언 자체가 비교적 명확한 개념으로 구성되어 있다면 원칙적으로 이러한 해석 방법은 활용할 필요가 없거나 제한될 수밖에 없다. 죄형법정주의 원칙이 적용되는 형벌법규의 해석에서는 더욱 그러하다.

법령에서 쓰인 용어에 관해 정의규정이 없는 경우에는 원칙적으로 사전적인 정의 등 일반적으로 받아들여진 의미에 따라야 한다. 국립국어원의 표준국어대사전은 항로를 '항공기가 통행하는 공로(空路)'로 정의하고 있다. 국어학적 의미에서 항로는 공중의 개념을 내포하고 있음이 분명하다. 항공기 운항과 관련하여 '항로'가 지상에서의 이동 경로를 가리키는 용어로 쓰인 예를 찾을 수 없다."

반대의견(조희대, 박보영, 박상옥 대법관) : "이 사건이 '운항중인 항공기의 항로'를 변경한 것이기 때문에 '항로'를 따로 떼어 해석할 게 아니라는 것이다. 특히 항공보안법이 지상의 항공기도 '운항중'이 된다고 의미를 넓혔기 때문에 지상과 공중을 따지지 않고 항로로 봐도 해석 가능한 범위를 벗어나지 않는다. . . . . . 배와 달리 비행기는 이륙 전과 착륙 후에는 당연히 지상을 다닐 수밖에 없다. 지상의 항공기 경로를 함부로 변경하는 과정에서 대형 참사가 야기될 위험이 크기 때문에 안전운항을 위협하는 행위를 엄벌할 필요가 있다"

CHAPTER

2

법률가처럼 생각하기

1. 권리와 의무
2. 요건과 효과
3. 법적 사고의 틀로 보기
4. 자연인
5. 법인
6. 자연인과 법인의 비교

나에게 사실을 말하면, 당신에게 권리(법)를 말해 주리라.
Da mihi factum, dabo tibi ius

CHAPTER 2

법률가처럼 생각하기

1 권리와 의무

WWW의 경영자들은 여러 가지 일들을 검토하고 결정을 하게 된다. 판매하고자 하는 맞춤형 신발의 수요가 있을까, 신발의 가격은 얼마로 하면 좋을까, 맞춤형 신발을 제작하는데 기술적인 문제는 없을까, 매장은 어디에 열어야 하나, 창업자 간의 지분은 어떻게 정해야 하나, 필요한 자금을 어떻게 조달할 것인가, 세 사람만으로는 부족해서 직원을 채용해야 하지는 않을까 등 다양한 사항들을 고민하고 결정하게 된다. 이러한 여러 가지 일들 중에 법률가는 어떤 대목에서 경영자를 도와줄 수 있을까, 또 경영자는 어떤 문제를 결정할 때 법률가의 도움을 필요로 할까?

기본적으로 법률가는 특별한 안경을 끼고 세상을 관찰하는데 그 안경의 한쪽에는 '권리'라는 렌즈가 있는 다른 한쪽에는 '의무'라는 렌즈가 있다. 즉 법률가는 권리와 의무라는 관점에서 세상을 본다. 기업을 경영하면서 부딪히는 여러 가지 일들 중에 법률가는 권리와 의무에 관한 일들에만 관심이 있다.

법률가의 안경

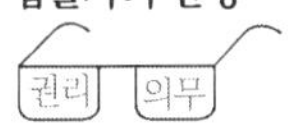

'권리'란 "특별한 이익을 누릴 수 있는 법률에 근거한 힘"을 뜻한다. '힘'이라는 단어는 무엇을 강제할 수 있는 것을 의미하는데 '법률에 근거한 힘'이란 그 강제력을 법률에서 뒷받침해준다는 뜻이다. 사회에는 경제적인 힘, 정치적인 힘, 물리적인 힘과 같이 여러 종류의 힘들이 있는데 이들과 달리 법률에 근거한 힘은 국가 공권력이 뒷받침하고 있다. 만일 내가 어떤 권리를 갖는다면 국가가 그 내용이 실현되는 것을 도와준다. 내게 어떤 권리가 있는지는 국가기관인 법원이 확인을 해 주고 국가는 그 권리가 실현될 수 있도록 도와준다. 법원이 원고의 청구를 받아들여서 "원고가 피고에게 100만원을 받을 권리가 있으므로 피고는 원고에게 100만원을 지급하라."는 판결을 내리면 100만원 받는 일에 국가가 나서서 도와준다. 피고의 재산에 강제집행을 하거나 혹은 피고의 재산에 설정된 저당권을 실현하는 것이 그 예이다.

권리
특별한 이익을 누릴 수 있는 법률에 근거한 힘

'의무'란 일정한 행위를 반드시 하여야 할 또는 하지 말아야 할 법률에 근거한 구속이다.

여기에도 '법률에 근거한'이라는 말이 들어가는데 의무가 있다는 것은 그 의무의 원천에 법이 있어 법에서 그런 의무를 규정하고 강제한다는 의미이다.

의무
일정한 행위를 반드시 하여야 할 또는 하지 않아야 할 법률에 근거한 구속이나 부담

권리와 의무가 보통 이루어서 발생하고 변경되고 소멸한다. 하나의 권리가 있으면 보통 그에 상응하는 의무가 있다. 그래서 권리나 의무를 이야기할 때는 그 짝이 되는 의무나 권리를 함께 이해하면 된다. 물론 드물게는 권리만 있는 경우나 의무만 있는 경우도 있지만 기업 경영과 관련해서는 권리와 의무가 짝을 이루어서 발생하고 변경되고 소멸되기 때문에 권리와 의무는 항상 같이 다닌다고 이해해도 좋다.

법률가들은 권리와 의무라는 안경을 쓰고 그런 관점으로 세상을 본다는 점을 염두에 두고 앞서 기술한 WWW의 창업자들이 검토하고 있는 여러 관심사항을 하나씩 살펴보자. 맞춤형 신발에 대한 수요가 있을지는 특별히 권리나 의무와 관련이 있지 않다. 신발의 가격을 책정할 때는 원가, 이익, 소비자의 구매력 등을 고려할 것이다. 여기까지는 권리나 의무에 특별히 관련이 없어 보인다. 그렇지만 WWW가 여러 신발 소매상에 신발을 공급해주고 소매상이 신발을 판매를 하는 마케팅 방식을 취한다면 각 소매상에 공급하는 신발의 가격을 일정하게 할 의무가 있는지 혹은 각 소매상은 WWW가 정한 가격에 신발을 판매할 의무를 부담하는지의 문제가 생길 수 있다. 이런 경우는 권리와 의무가 발생되는 상황이므로 법적 문제이고 법적 판단이 필요하게 된다. 특히 소매상에서 판매하는 가격을 일정하게 유지하도록 소매상에 의무를 부과하는 행위는 공정거래법에서 금하는 행위여서 WWW가 의무를 위반하는 문제가 발생한다. 따라서 가격을 정하는 문제도 경우에 따라서는 법적 문제가 될 수 있다.

지식재산권(知的財産權, intellectual property rights)
- 산업재산권
  - 특허권
  - 실용신안권
  - 의장권
  - 상표권
- 저작권 : 음악, 미술, 문학 등의 정신적 창작물에 대한 권리
- 신지적재산권
  - 영업비밀
  - 컴퓨터 프로그램
  - 디지털 집적회로
  - 식물 신품종

WWW가 혁신적인 아이디어와 기술을 갖고 3D 프린터로 맞춤형 신발을 제작하려고 할 때 여러 가지 기술적인 검토를 하게 된다. 창업자들이 갖고 있는 기술로 모든 기술적인 문제를 해결할 수 있다면 모르지만 만약 다른 사람이 갖고 있는 특허권이나 실용신안권을 사용해야 된다면 그 권리를 사거나 빌려야 하므로 해당 기술을 확보하는데 필요한 법적 판단을 해야 한다. 뿐만 아니라 WWW의 창업자들이 갖고 있는 여러 가지 지적재산권을 권리로 확보하여 다른 사람들이 함부로 사용할 수 없게 하고자 한다면 그런 권리를 확보하기 위한 법적 절차를 이용해야 한다.

매장을 여는 위치는 소비자의 접근 가능성, 임대료, 임대할 수 있는 공간의 가용 여부 등을 고려하여 결정하는데 이 과정에서는 권리나 의무가 생기지는 않을 것 같다. 그런데 매장을 임차하려고 하면 매장을 임대해주는 사람과 임대차 계약을 맺어야 하므로 임대인과 임차인 사이에 권리와 의무의 문제가 생기는 법률문제가 발생한다. 계약 기간, 임대료, 계약 기간이 지났을 때 계약의 자동 연장 여부 등은 모두 권리와 의무의 문제로 법적 판단이 필요하다.

WWW 창업자 세 사람의 지분을 정하는 문제는 원칙적으로 세 사람이 합의할 사항이다. 합의가 있으면 세 사람은 합의의 당사자로서 그 합의를 존중해야 될 의무가 있어 이미 법률문제가 되었다. 만일 그런 합의 없이 WWW를 시작했다면 법률은 세 사람의 의사에 가장 적합한 법적 관계를 규율하는 규정에 따라 세 사람 간의 지분을 정하게 한다. 법률은 지분과 관련된 사항을 세 사람 간의 권리·의무로 규정한다. 어느 경우든지 지분을 정하는 문제는 법률문제가 된다.

WWW가 필요한 자금을 조달하는 방법에는 투자자로부터 자금을 조달하는 방법도 있고, 다른 사람한테서 돈을 빌리는 방법도 있다. 어느 방법을 활용하게 될지는 WWW의 발전가능성, 자산의 가치, 투자자나 금융시장의 상황에 따라 재무적 관점에서 판단해야 한다. 그런데 투자자로부터 자금을 조달하게 되면 투자자와 기업 간의 권리와 의무가 발생한다. 또 다른 사람에게서 돈을 빌리게 되면 채권자와 채무 기업 간의 권리와 의무가 생긴다. 필요한 자금을 조달하는 문제는 재무적 판단이 필요한 문제이지만 그 자체가 법률문제이다.

직원을 채용하는 문제는 WWW의 전체적인 업무량, 직원을 채용할 수 있는 자금의 여유, 새로 채용함으로써 기존 인력 간의 역학관계 등과 관련이 있다. 직원을 채용하게 되면 채용되는 직원과 근로계약을 맺게 되므로 WWW와 근로자는 해당 고용계약으로부터 권리와 의무를 갖게 되는 법률문제가 생긴다.

법률문제는 다른 고려사항과는 별도로 존재하기도 하고, 다른 경영상의 의사결정과 밀접하게 관련되어 있기도 하고, 경영상의 의사결정에 녹아있는 경우도 많다. 경영상의 의사결정에는 법률문제 즉 권리와 의무에 관련된 사항들이 있으므로 다툼이 생기지 않도록 미리 법률문제를 잘 이해하고 의사결정을 하는 것이 필요하고 경우에 따라서는 법률가의 전문적인 조언을 받는 것이 바람직하다.

2 요건과 효과

법적사고의 틀

요건 ⇒ 효과

법률가는 세상에서 일어나는 여러 가지 일 중에서 권리와 의무에 관련된 일에만 관심을 갖는다. 사람들은 살아가면서 우리가 상상할 수 없을 만큼 많은 유형의 일들을 결정하고 행동하는데 법률가는 그중에서 권리나 의무에 관련된 것만 법률문제로 보고 그런 법률문제를 분석하고 처방하고 대처한다. 권리와 의무가 언제 발생하고, 변경되고, 소멸하는지(권리의 변동)를 판단하는 것이 법적 판단이다. 권리나 의무의 변동을 판단하는 방식이 의사가 진단하고 처방하는 방식과 유사하다.

환자는 의사에게 자기 증세를 이야기한다. "의사 선생님, 제가 열이 나고 기침이 나고 콧물이 납니다." 이렇게 증상을 이야기하면 의사는 그런 환자의 증상을 듣고 나름의 진단을 하기 위해 체온도 재보고 청진기를 가슴에 대서 호흡도 살펴본다. 의사는 진단 결과를 근거로 해서 '이 사람은 감기구나.'라고 판단하고 감기에 맞는 약을 처방한다. 감기의 증상(열, 기침, 콧물 등)을 보고 의사는 환자가 감기에 걸렸다고 판단하고 감기에 맞는 처방을 하는 것이다.

어떤 증상을 보이면 어떤 병이고 그 병에는 어떤 약을 처방해야 하는지는 이미 정해져 있다. 의학도들의 학습은 여러 가지 증세와 그 증세에 맞는 처방의 세트를 배우고 암기하고 적용해 보는 과정이다. 의사가 어떤 처방을 내릴 때는 이미 정해진 증상과 처방의 세트에서 알맞은 것을 고른 것이다. 증상과 처방의 세트가 확립되지 않은 질병은 의사가 판단하기 어렵다. 의학자들은 증상과 처방의 세트가 확립되지 않은 질병을 연구해서 새로운 증상과 처방의 세트를 내놓는다.

법률가들도 이와 유사하게 권리나 의무의 변동을 판단한다. 법적 판단에서는 의사들이 증세라고 부르는 것에 해당하는 것이 '법률요건'이다. 법은 정해진 요건이 모두 충족되면 예정된 대로 일정한 권리나 의무가 변동한다고 규정한다. 권리나 의무의 변동을 '법률효과'라고 한다. 법학도는 그런 요건과 효과의 세트를 학습한다. 의사들이 증상과 처방이라는 세트를 기억하여 질병을 다루듯이 법률가들은 요건과 효과의 세트를 갖고 법적 사고를 한다.

법률요건과 법률효과의 결정
- 법령
- 당사자의 합의(의사표시)

권리와 의무의 발생·변경·소멸을 결정하는 법률요건과 법률효과는 누가 정하는가? 법률요건과 법률효과를 정하는 것은 곧 권리나 의무를 정하는 것이다. 권리나 의무를 정하는 것은 입법권을 가진 국회가 법률을 통해서만 할 수 있다는 것이 법치주의의 핵심 원리이다. 법치국가에서는 국회가 법률이라는 형식의 규범을 통해서만 권리나 의무를 정할 수 있다. 따라서 법률요건과 법률효과는 국회가 만든 '법률'에 규정되어 있다. 법률가는 국회가 만든 법률에 규정되어 있는 법률요건과 법률효과에 기초하여 법적 판단을 한다. 법률의 내용을 정리해 보면 결국 법률요건 또는 법률효과를 규정한 것이다.

사적자치의 원칙
개인의 자유로운 의사에 따라 법률관계가 형성되는 원칙. 계약의 기본원리이기 때문에 계약자유의 원칙, 법률행위자유의 원칙이라고도 한다. 당사자가 자신의 법적 지위를 스스로 결정한다는 의미에서 당사자자치의 원칙이라고도 하며 국제법이나 국제사법의 원리가 되기도 한다. 행정법에서는 자치행정의 근거가 된다.

국회는 법률에서 모든 법률요건과 법률효과를 규정하지 않고 일정한 경우 당사자가 직접 법률요건과 법률효과를 정하도록 법률을 만들었다. 이렇게 당사자가 스스로 법률요건과 법률효과를 정하는 것을 '당사자자치' 또는 '사적자치'라고 부른다. 사적자치의 원칙이 적용되는 영역은 법률에서 정한다. 개인 간의 법률관계에는 원칙적으로 사적자치의 원칙이 적용된다. 여기서 개인 간의 법률관계라 함은 국가와 개인 간의 법적 관계가 아닌 개인과 개인 간의 법률관계를 말하며 사법(私法) 관계라고도 한다. 국가와 국민간의 관계를 공법(公法) 관계라고 하는데 공법 관계에서도 일정한 영역에서는 사적자치의 원칙이 적용된다. 국가가 개인으로부터 물건을 구입하는 경우가 한 예이다.

사적자치의 원리에서 당사자 즉 권리와 의무를 갖게 되는 사람들은 자신의 의사에 따라서 합의를 하여 법적요건과 법적효과를 정한다. 당사자들이 계약을 맺는다는 것은 당사자가 스스로 자신이 어떤 권리나 의무를 가질지를 정하는 것이다. 개인 간의 관계뿐만 아니라 집단 내에서도 사적자치의 원리가 적용될 수 있는데 투표가 집단 내의 합의 방법이다.

3 법적 사고의 틀로 보기

법률가는 세상에서 일어나는 일 중에서 권리나 의무와 관련된 일에만 관심이 있다. 권리나 의무와 관련이 없으면 정서적으로나 사회적으로 아무리 중차대하고 사람들의 관심을 끈다 해도 법적 분석의 대상은 아니다. 법률가들이 권리와 의무가 언제 변동하는지를 판단할 때에는 요건과 효과가 규정된 법적 사고의 틀 속에서 사고를 한다. 요건과 효과의 틀은 법률가가 법적 판단을 하기 이전에 이미 만들어져 있다. 입법자가 법률을 만들면서 요건과 효과의 내용을 갖추어 놓았고, 당사자들은 계약이나 투표와 같은 의사표시를 통해서 요건과 효과의 내용을 결정한다. 이제 법률가들은 법률이나 당사자들이 정한 것을 문제가 된 사실관계에 적용을 해서 그 요건이 맞으면 예정하고 있는 효과가 생긴다고 판단한다. 몇 가지 사례를 통해서 구체적으로 법적 사고의 틀이 어떻게 작동하고 있는지를 본다.

1) 계약

요건과 효과를 당사자들이 정할 수 있다. 사적 자치가 인정되는 영역에서는 당사자 간의 합의에 의하여 요건과 효과를 정할 수 있다. 계약이 바로 당사자 간의 권리변동의 요건과 효과를 정하는 것이다.

WWW의 엔지니어 甲은 신화상사와 3D 프린터를 1,500만원에 사고 파는 계약을 맺었다. 매매대금은 계약 시 10%, 물건 인도 시 60%, 물건 인도 후 6개월이 지난 후에 30%를 지급하기로 정했다. 그리고 물건 인도 후 1년간 물건의 하자에 대해서 무상 서비스를 제공하기로 합의했다. 이렇게 당사자가 합의를 하면 합의한 대로 법률효과 즉 권리와 의무가 생긴다. 이 계약이 효력을 발생하면 甲은 3D 프린터의 인도를 청구할 권리가 생긴다. 신화상사는 합의에서 정한 시기에 매매대금을 청구할 수 있는 권리가 생긴다. 甲은 하자 발생 시 무상 서비스를 청구할 수 있는 권리가 생긴다. 이런 권리가 발생한 원천은 두 사람의 합치된 의사이고 합의한 내용이 계약의 내용이 되므로 합의할 사항이 많아지면 계약도 복잡해진다. 계약은 상대방과의 합의가 있어야 성립하므로 내 마음대로 계약을 할 수 있는 것이 아니고 상대방이 원하는 것도 고려하여야 한다. 복잡한 계약을 성사시키기 위해서는 권리와 의무에 대한 정확한 분석이 필요하다. WWW가 사업을 확장하면서 패션 중심지에 단독건물을 임차하여 매장을 열려고 한다. 건물주와 임차조건을 협의하기 전에 임직원이 모여 필요한 사항을 정리해 보았다. 아래 사항에 대해 협의한 내용이 계약서에 담겨야 한다.

- 임대차기간: 인테리어 등 투자비용을 고려할 때 임대차기간이 10년 정도 되어야 한다. 그렇지만 10년으로 묶는 것은 영업이 제대로 되지 않을 때에도 임차료를 내야 하므로 위험하다. 최초임대차기간을 5년으로 하고 그 후 1년씩 계약을 연장하는 선택권(옵션)을 가지면 좋겠다.
- 임차료: 건물주와 첫 해 임차료는 합의했다. 2년차부터 임차료를 어떻게 정할지를 협의해야 한다. 임대인은 매년 일정한 비율로 임차료를 인상할 것을 원하고 있다. 인상률을 정할지 물가인상률에 연동할지 정해야 한다. 임대차계약이 체결되고 잔금을 치른 후 건물을 명도받아도 인테리어 공사를 해야 하기 때문에 3개월 정도 영업을 못한다. 이 기간에는 임차료를 면제받을 수 있어야 한다.
- 건물 외관 및 인테리어 공사: 영업장으로 하기 위하여 건물 외장과 인테리어 공사를 해야 하는데 문, 화장실, 계단, 주차장 등의 위치를 바꾸게 되면 관할관청에 허가를 받아야 하고 이를 위해 건물소유자의 동의서와 위임장이 필요하다. 계약서에 이러한 사항에 대한 협조의무가 명시되어야 한다.
- 명도조건: 현재는 전 임차인이 공사한 인테리어 부착물을 모두 철거한 상태로 명도받은 후 계약 만료시에 명도할 때는 우리가 명도받을 때 상태로 모두 철거하기로 합의하였다. 우리가 지금 그대로 명도받고 명도할 때도 별도의 철거공사 없이 명도하는 것으로 하면 비용을 줄일 것 같은데 그 방향으로 협의해 보면 좋겠다.
- 불가항력: 계약서 초안에 임차료를 지급하지 않아도 되는 불가항력 사유로 전쟁이나 재난 등이 있는데 여기에 전염병 등으로 매장 운영이 법적으로 제한되거나 심한 타격을 입는 경우를 포함하는 것이 좋겠다.

2) 불법행위

민법 제750조(불법행위) 고의 또는 과실로 인한 위법행위로 타인에게 손해를 가한 자는 그 손해를 배상할 책임이 있다.

민법 제750조는 제목이 '불법행위'로 되어 있는데 우리가 사용하는 일상적인 의미로 '법에 어긋나는 행위'와는 차이가 있는 내용이다. 법률가들이 '불법행위'라는 용어를 사용할 때는 민법 제750조에서 규정하는 내용 즉 민법 제750조에서 규정하고 있는 법률요건을 충족하여 예정된 법률효과가 발생하는 행위를 의미한다.

민법 제750조는 한 문장으로 된 간단한 조문인데 우리나라 법률 조문 중에서 가장 많이 적용되는 규정 중의 하나이다. 민법 제750조에는 법률 요건과 효과가 한 곳에 모두 규정이 되어 있어서 법적 사고의 틀을 이해하는 데 도움이 된다. 사실 이렇게 법률요건과 효과를 한 조문에서 이해하기 쉽게 규정해 놓은 조문이 그리 많지 않다. 법률요건과 법률효과가 법률의 여러 조문에 흩어져 있는 경우가 많다.

민법 제750조는 법률요건으로 세 가지와 법률효과로 한 가지를 규정하고 있다. 첫 번째 요건은 '고의' 또는 '과실'이 있는 행위이다. 알면서 일부러 하든지 혹은 모르고 했지만 그렇게 행동하면 안 되고 달리 행동했어야 하는데 그렇게 행동한 것이다. 두 번째 요건은 그 행위가 위법한 행위이다. 법에서 허용하지 않는 행위라는 것이다. 세 번째 요건은 손해의 발생이다. 그리고 효과는 손해를 배상할 의무가 생기는 것이다. 고의 또는 과실이라는 첫 번째 요건, 위법행위라는 두 번째 요건, 손해 발생이라는 세 번째 요건이 다 충족되면 자동으로 손해배상책임이라는 효과가 생긴다는 것이 민법 제750조의 내용이다. 여기서는 '손해를 배상할 책임이 있다.'라고 해서 의무를 규정했는데, 앞서 설명한대로 권리와 의무는 짝을 이루는 것이 보통이기 때문에 상대방은 손해를 배상받을 권리가 있게 된다.

고의와 과실
- 고의 : 사실에 대한 인식. 행위자에게 책임을 묻기 위한 요건
- 과실 : 어떠한 사실을 인식할 수 있었음에도 불구하고 부주의하여 인식하지 못한 것

민법 제750조를 자동차 사고에 적용해 보자. WWW의 창업자 중 한 사람인 엔지니어 甲은 운전을 하다가 신호등에 빨간불이 켜져서 서 있었는데 뒤에서 다른 차가 와서 받았다. 이렇게 추돌사고가 있을 때 피해자 甲은 가해자로부터 손해배상을 받을 수 있는가? 상식적으로 봐도 손해배상을 받아야 된다고 생각된다. 그런데 법률가들은 민법 제750조의 요건이 충족되었는지를 검토하여 판단한다.

앞차를 추돌한 것은 고의나 과실이 있는 행위다. 앞차를 일부러 들이받았다면 '고의'가 있는 것이고 부주의해서 들이받았어도 '과실'이 있는 행위이다. 따라서 첫 번째 요건이 충족되었다.

고의나 과실이 있는 행위를 해서 타인에게 손해를 가했다면 일반적으로 위법행위라고 볼 수 있다. 법은 고의나 과실로 타인에게 손해를 가하는 행위를 원칙적으로 허용하지 않기 때문이다. 그런데 간혹 고의나 과실로 어떤 행위를 하지만, 위법행위가 아닌 경우가 있다. 예를 들어서 소방관이 불난 건물의 불을 끌 때 소방관들은 불타고 있는 건물의 유리창을 부수고 천장에 있는 천장 마감재를 강제로 뜯어낸다. 유리창을 부수거나 천장 마감재를 뜯어내는 일은 고의에 의한 행위 즉 손해가 발생한다는 것을 알고 하는 행위다. 그렇지만 법적 판단에서 소방관의 그런 행위를 위법행위라고 보지 않는다. 그것은 직무상 정당한 행위이기 때문이다. 소방관의 직무상 정당한 행위처럼 위법성을 없애주는 요소가 없다면 위법행위가 되어 두 번째 요건이 충족된다.

위법성조각사유
위법성을 배제시키는 요건. 정당화사유라고도 한다. 민법상 불법행위의 위법성조각사유로는 정당방위, 긴급피난, 정당행위, 피해자의 승낙이 있다.

앞차를 추돌하여 甲의 차의 범퍼가 파손되었다거나 혹은 甲이 다쳤으면 손해가 발생한 것이어서 세 번째 요건이 충족된다. 민법 제750조가 규정한 고의 또는 과실, 위법행위, 손해 발생의 세 가지 요건이 모두 충족됐으면 민법 제750조가 규정한 효과인 손해를 배상할 의무(다른 당사자는 손해를 배상을 받을 권리)가 생긴다. 만일 추돌사고가 있었지만 甲의 차에 아무 흠도 안 보이고 甲이 다치지도 않았다면 고의 또는 과실이 있고 위법한 행위지만,

손해가 발생하지 않았기 때문에 뒤차 운전자에게 손해배상의 의무가 발생하지 않는다.

3) 형사법

형사사건 역시 요건과 효과로 구성된 법적 사고의 틀을 통해 판단할 수 있다. 형법 제347조 제1항은 사기죄를 규정하고 있는데 그 내용은 "사람을 기망하여 재물의 교부를 받거나 재산상의 이득을 취득한 자는 10년 이하의 징역 또는 2천만원 이하의 벌금에 처한다."이다. 형법 제347조가 규정하는 요건은 두 가지다. 하나는 사람을 기망하는 것이고 다른 하나는 재물을 교부받거나 재산상의 이득을 취득하는 것이다. 이 요건이 충족되면 국가는 그 행위자를 10년 이하의 징역 또는 2,000만원 이하의 벌금에 처할 수 있는 형벌권이 생긴다. 형사처벌되는 것은 국가가 가진 형벌권을 행사하기 때문이다(자세한 내용은 제3장 형사법 참조).

4) 운전면허

행정법
국가의 행정작용을 규율하는 법률

법률에서 권리와 의무의 변동 요건과 효과를 규정한 예는 행정법에서도 찾아볼 수 있다. 행정법이라는 용어를 사용하지만 '행정법'이라는 이름의 법률은 존재하지 않고 많은 수의 법률이 국가와 국민의 법률관계를 규율하는데 그러한 법률을 망라하여 행정법이라고 부른다. 도로교통법이 행정법에 속하는데 자동차 운전과 관련된 법률요건과 법률효과를 규정하고 있다.

도로교통법 제43조(무면허운전 등의 금지)는 "누구든지 제80조에 따라 시·도경찰청장으로부터 운전면허를 받지 아니하거나 운전면허의 효력이 정지된 경우에는 자동차 등을 운전하여서는 아니된다."고 규정하고 있다. 도로교통법 제43조는 모든 국민들에게 특별히 운전면허를 받지 않았으면 자동차를 운전해서는 안 될 의무를 부과하고 있다. 입법자는 자동차를 운전하는 것이 위험한 일이라고 판단하여 운전면허가 없으면 운전을 해서는 안 된다는 의무를 규정하였다. 자동차를 운전하기 위해서는 운전면허를 받아야 한다는 규정이 도로교

위자료
- 정의 : 정신적 손해에 대한 배상
- **민법 제751조(재산 이외의 손해의 배상)**
  ① 타인의 신체, 자유 또는 명예를 해하거나 기타 정신상고통을 가한 자는 재산 이외의 손해에 대하여도 배상할 책임이 있다.

민법 제750조의 불법행위로 인정된 사례

1. 생명 침해 아닌 불법행위의 경우에도 불법행위 피해자의 부모는 그 정신적 고통에 관한 입증을 함으로써 민법 제750조에 의하여 위자료를 청구할 수 있다.
2. 기업체 임직원이 분식회계에 가담하였다면 그 기업체에 대한 금융기관의 여신 제공행위에 직접 개입하지 않았더라도 분식회계 가담행위와 금융기관의 여신제공으로 인한 손해사이에 인과관계가 인정되어 민법 제750조의 불법행위책임이 성립한다.
3. 위장폐업에 의한 부당해고는 사회통념이나 사회상규상 용인될 수 없는 것이어서 불법행위를 구성하므로, 사용자는 그로 인하여 근로자들이 입게 된 정신적 고통에 대한 위자료를 배상할 책임이 있다.

통법 제80조 제1항에도 규정되어 있다("자동차 등을 운전하려는 사람은 지방경찰청장으로부터 운전면허를 받아야 한다.").

운전면허를 받는 것과 관련하여 도로교통법은 두 가지 접근방법을 취하고 있다. 하나는 적극적으로 이러이러한 것을 충족해야 한다고 규정하는 것이다. 제85조(운전면허증의 발급 등) 제1항은 "운전면허를 받으려는 사람은 운전면허시험에 합격하여야 한다."고 규정하여 운전면허를 받으려면 운전면허시험에 합격이라는 요건을 충족하여야 한다. 다른 하나는 이런 경우는 운전면허를 받을 수 없다고 소극적(또는 부정적)으로 규정하는 것이다. 제82조(운전면허의 결격사유) 제1항은 "다음 각 호의 어느 하나에 해당하는 사람은 운전면허를 받을 수 없다."고 하면서 제1호부터 제7호까지 운전면허를 받을 수 없는 사유를 열거하고 있다. 제1호가 18세 미만(원동기장치자전거의 경우에는 16세 미만)인 사람이고 제2호는 교통상의 위험과 장해를 일으킬 수 있는 정신질환자 또는 뇌전증 환자로서 대통령이 정하는 사람인데 이런 사람이 운전을 하면 다른 사람에게도 위험이 가해질 수 있기 때문에 운전면허를 받을 수 없도록 하였다. 행정법 영역에서도 권리나 의무의 변동은 요건과 요건으로 구성된 틀 속에서 판단할 수 있다.

요건 규정 방식
- 필요한 요건을 기술(positive list)
- 배제하는 요건을 기술(negative list)

권리나 의무의 변동이 요건의 충족 여부에 달려 있으므로 법적인 다툼이 생기면 요건의 내용이 무엇인지, 그 요건을 충족했는지, 예정된 권리변동의 내용이 무엇인지를 확인하면 법적 판단을 할 수 있다. 법적 판단을 위해서는 요건과 효과의 내용이 규정된 법률이나 당사자 간의 합의의 내용을 살펴보아야 한다.

4 자연인

1) 권리능력과 행위능력

법률가의 관심 대상인 권리와 의무는 추상적으로 존재하는 것이 아니고 누군가가 그 권리와 의무를 갖고 있다. 이렇게 권리와 의무를 갖는 사람을 '법적 주체'라고 부른다. 법적 주체가 될 수 있는 사람에는 두 종류가 있다. 하나는 자연인이고 다른 하나는 법인이다.

민법 제3조(권리능력의 존속기간)는 "사람은 생존하는 동안 권리와 의무의 주체가 된다."고 규정하여 자연인이 권리의 주체가 될 수 있음을 명시하고 있다. 이에 따라 자연인은 나이가 많건 적건, 건강하건 건강하지 아니하건, 남자건 여자건 권리의 주체가 된다. 권리를 가질 수 있는 능력 즉 권리 주체가 될 수 있는 자격을 권리능력이라고 하는데 자연인이 권리능력이 있다. 민법 제3조에서 '생존'이라는 용어는 출생부터 사망을 가리키는 것이므로 자연인은 출생할 때부터 사망할 때까지 권리와 의무의 주체가 된다.

권리능력
권리·의무의 주체가 될 수 있는 자격

이 조문을 처음 볼 때 너무 당연한 규정을 뒀다고 생각할지 모르겠지만, 인류 역사에서 모든 사람이 생존하는 동안 권리와 의무의 주체가 된 것은 그렇게 오래 되지 않았다. 오랜 기간 동안 노예는 권리를 가질 수 없었고 미성년자나 여성들이 권리능력을 인정받지 못한 때가 많았다. 모든 국민이 권리능력의 주체가 된 것은 인류 역사에서 보면 상당한 진보이다.

행위능력
단독으로 유효한 법률행위를 할 수 있는 자격

법률행위
≒계약

'권리를 가질 수 있는 자격'이라는 의미의 '권리능력'이라는 개념과는 별개로 '행위능력'이라는 개념이 사용된다. 행위능력은 단독으로 유효한 법률행위를 할 수 있는 능력을 말한다. '법률행위'라는 새로운 개념이 나왔는데 법률행위란 '의사표시를 본질적인 요소로 하는 법률 요건의 하나'라고 정의한다. 이 정의가 금방 이해되지 않을 수 있으니 일단은 법률행위를 '계약'이라고 이해해도 좋다. 계약을 할 수 있는 능력, 자신의 의사로 다른 사람과 유효한 계약을 할 수 있는 능력을 행위능력이라고 부른다.

법에서 '행위능력' 혹은 그에 대비되는 '행위무능력'이라는 개념을 설정한 이유는 우리 법체계가 당사자 자치라는 대원칙에 기반하고 있기 때문이다. 자연인 각자가 어떤 권리나 의무를 가질지는 자기 스스로 정할 수 있다고 국가가 보장한다. 각자의 자유로운 의사가 권리와 의무의 원천이다.

개인이 "내가 이러이러한 권리를 갖고 이러이러한 의무를 갖겠다."라고 다른 사람과 합의해서 계약을 하면 그 계약에서 예정한 대로 권리와 의무를 갖게 된다. 문제는 행위능력이 없는 사람 즉 단독으로 유효한 법률행위를 할 수 없는 사람의 경우다. 자신의 의사에 따라 상대방과 합의를 하면 합의한 대로 권리와 의무를 갖게 하는 것은 각자가 자신에게 유리한 합리적인 의사 결정을 할 수 있는 것을 전제로 한다. 그런데 자신에게 유리한 결정을 할 수 있는 능력이 떨어지는 경우를 얼마든지 볼 수 있다. 말도 잘 못하는 갓난아이에게 자신에게 유리한 계약을 하는 것을 기대할 수 없다. 사리분별을 못하는 질환으로 고생하는 사람에게도 단독으로 유효한 계약을 할 수 있기를 기대하기 어렵다. 선천적으로 지적 능력이 부족한 사람이나 평소에는 건강하지만 술에 만취돼서 자기 몸도 못 가누는 사람에게 유효한 계약을 체결할 행위능력이 있는지 의문이다.

행위능력이 부족한 사람들에게도 사적 자치의 원칙을 적용해야하는지, 행위능력이 부족한 사람들이 잘못 계약을 해서 피해를 입는 것으로부터 어떻게 그들을 보호하는지, 또 행위능력이 부족한 사람과 거래한 상대방의 이익은 어떻게 보호할 것인가가 과제이다. 행위능력이 부족한 사람들의 유형은 다양하고 거래 상대방이 행위능력의 유무를 알아보기도 쉽지 않다. 법은 사적자치의 원칙, 행위무능력자의 보호, 그리고 거래 상대방 보호라는 세 가지 목표를 달성하기 위해 행위능력이 충분하지 못한 사람들을 유형화하고 유형별로 보호하고 있다.

2) 미성년자

민법은 행위능력이 부족한 사람을 두 가지로 유형화하였다. 하나는 미성년자이다. 19세에 이르지 못한 사람은 모두 행위능력이 부족하다고 본다. 미성년자 중에도 자신에게 유리한 합리적인 의사결정을 할 능력이 있는 사람이 있고 성년자 중에도 그렇지 못한 사람이 있는 것이 현실이지만 개별적으로 행위능력의 여부를 판단하는 것이 불가능하기 때문에 연령을 기준으로 행위능력의 부족 여부를 정한 것이다.

민법 제4조(성년)
사람은 19세로 성년에 이르게 된다.

민법 제5조는 제목이 '미성년자의 능력'이라고 되어 있는데 여기서 '능력'은 행위능력을 가리킨다. 미성년자가 계약을 할 때는 법정대리인(법률에서 정해준 대리인)의 동의를 얻어야 한다. 그렇지만 권리만 얻거나 의무만을 면하는 행위는 미성년자에게 불이익을 주지 않으므로 그때는 동의를 받지 않아도 된다고 단서에서 규정한다.

제5조(미성년자의 능력)
① 미성년자가 법률행위를 함에는 법정대리인의 동의를 얻어야 한다. 그러나 권리만을 얻거나 의무만을 면하는 행위는 그러하지 아니하다.
② 전항의 규정에 위반한 행위는 취소할 수 있다.

제2항은 미성년자가 법정대리인의 동의 없이 계약을 하면 그 계약은 취소할 수 있다고 규정한다. 민법은 미성년자가 한 계약을 사후에 취소할 수 있도록 해서 그 계약에서 생긴 의무를 미성년자가 부담하지 않도록 하는 방식으로 미성년자를 보호한다. 미성년자의 행위는 언제든지 취소할 수 있다. 상대방이 미성년자임을 알았든지 몰랐든지 상관이 없다. 이 점은 다른 규정에서 상대방이 몰랐던 경우(선의)에는 계약을 취소할 수 없게 하는 것과 비교해 보면 큰 차이이다.

행위능력 제한자
- 연령에 의한 구분 : 미성년자
- 법원의 결정에 의한 구분
  - 성년후견제도
  - 한정후견제도
  - 특정후견제도

3) 성년후견제도

다른 하나는 개별적으로 행위능력이 부족한 사람을 가려내서 보호하는 제도로 성년후견제도, 한정후견제도, 특정후견제도가 있다. 성년후견제도는 사무를 처리할 능력이 지속적으로 결여된 사람에 대해 법원이 성년후견 개시 결정을 하면 피성년후견인(사무처리 능력이 지속적으로 결여된 사람)의 법률행위를 미성년자의 법률행위와 마찬가지로 취소할 수 있는 제도이다.

성년후견제도보다 적용 범위가 좁은 제도가 '한정후견제도'이다. 한정후견제도는 정신적인 제약이 지속적이 아닌 일시적인 경우에 적용된다. 법원에서 한정후견개시 결정을 할 때 피한정후견인이 한정후견인의 동의가 필요한 법률행위를 정할 수 있다. 한정후견인의 동의가 필요한 법률행위를 피한정후견인이 한정후견인의 동의 없이 하였을 때에는 그 법률행위를 취소할 수 있다.

제13조(피한정후견인의 행위와 동의)
④ 한정후견인의 동의가 필요한 법률행위를 피한정후견인이 한정후견인의 동의 없이 하였을 때에는 그 법률행위를 취소할 수 있다. 다만, 일용품의 구입 등 일상생활에 필요하고 그 대가가 과도하지 아니한 법률행위에 대하여는 그러하지 아니하다.

특정후견제도는 피후견인의 모든 법률행위 즉 모든 계약 체결에 적용되는 것이 아니고 특정한 일이나 사무에 대해서만 적용되는 제도이다. 예를 들면 일정한 금액 이상의 집을 사는 행위 혹은 집을 파는 행위 등에 대해서는 후견인의 도움을 받도록 하는 것이 특정후견제도이다.

5 법인

모든 자연인이 권리와 의무를 가질 수 있는 법적 주체라는 점은 인간의 존엄이라는 차원에서 중요한 의미를 갖는다. 그런데 권리의 주체로서 자연인은 두 가지 한계를 갖고 있다. 하나는 인간은 수명이 있다는 점이다. 인간은 누구나 사망한다. 사망하는 시기에 차이가 있지만 사망한다는 점은 진리이다. 인간이 죽는 존재이기 때문에 인간이 죽으면 그가 갖고 있던 권리도 새로운 법적 주체를 찾아야 한다. 상속이나 귀속이 새로운 법적 주체를 찾는 과정이다. 만일 사망하지 않는 존재가 있다면 상속이나 귀속의 문제가 없을 것이다.

인간의 죽음으로 인하여 발생하는 법적 문제는 여러 사람이 함께 일을 하는 경우에 더 두드러진다. 예를 들어 WWW의 창업자 세 사람이 자연인의 자격으로 함께 사업을 하다가 그 중 한 사람인 丙이 사망했다면 그 사람이 갖고 있던 권리와 의무는 상속인에게 상속이 되지만 WWW의 사업은 어떻게 될까? WWW 자체가 권리주체가 아니므로 WWW 자체의 권리나 의무는 없고 甲, 乙, 丙 세 사람이 사업과 관련된 권리와 의무를 함께 가졌기 때문에 사업을 둘러싼 법률관계는 丙의 상속인과 다시 형성해야 하는데 이전에 甲, 乙, 丙 세 사람의 관계와는 같지 않을 것이다.

권리 주체로서 자연인이 갖는 한계는 자연인이 갖고 있는 능력의 한계에서도 찾을 수 있다. 사업에 필요한 자산이나 역량이 한 사람이 갖고 있는 것으로는 부족한 경우가 적지 않다. 이를 보충하기 위해서 여러 사람이 자산과 역량을 한데 모을 수 있다. 그렇게 여러 사람을 모으는 것에도 역시 물리적인 한계가 있을 수밖에 없다.

법인
자연인 이외에 권리·의무의 주체로서 자격을 부여받은 사람 (legal person, juridical person, corporation)

인간 수명과 역량의 한계를 극복하기 위해서 자연인이 아니면서도 재산을 소유하거나 계약을 체결할 수 있는 존재를 만들었는데 그것이 바로 법인이다. 법인(法人)이라는 것은 문자 그대로 법이 만든 사람이다. 법인이 되면 권리를 가질 수 있다. 법인은 소유권도 가질 수 있고, 일정한 채무를 부담할 수도 있다. 물론 자연인이 아니기 때문에 자연인만 가질 수 있는 권리 예를 들면 상속권과 같은 권리는 가질 수 없지만 그 외의 많은 권리나 의무를 자연

한정후견 사례

조선비즈, 2016. 8. 31.자 뉴스, "법원, 신격호 총괄회장 사무처리 능력 부족"

법원이 신격호 롯데그룹 총괄회장에 대해 "질병, 노령 등 정신적 제약으로 사무를 처리할 능력이 부족한 상태에 있다고 인정된다"며 한정후견이 필요하다고 판단했다. 법원은 한정후견인으로 사단법인 '선'을 선임했다. 서울가정법원 가사20단독 김성우 판사는 31일 신격호 롯데그룹 총괄회장에 대해 한정후견을 개시한다고 밝혔다. (서울가정법원 2016. 8. 29. 자 2015느단31667 결정에 대한 기사이다. 이 판결에 대해 항고와 재항고가 있었으나 모두 기각되어 1심 판결이 확정되었다.)

인과 마찬가지로 가질 수 있다.

중요한 것은 법인은 반드시 법률상의 근거가 있는 경우에만 만들 수 있다는 점이다. 어떤 법인을 만들 수 있는지 찾아보자. 민법 제32조(비영리법인의 설립과 허가)는 "학술, 종교, 자선, 기예, 사교, 기타 영리 아닌 사업을 목적으로 하는 사단 또는 재산은 주무관청의 허가를 얻어 이를 법인으로 할 수 있다."고 규정하고 있다. 민법 제32조에 근거해서 법인을 만들 수 있는데 그 법인은 영리 아닌 사업을 목적으로 하게 되고, 그 주무관청의 허가를 받아야 하고, 법인의 형태가 사단 또는 재단이 된다는 의미이다. 사단(社團)의 문자적인 의미는 '사람이 모인 단체'이고, 재단(財團)은 '재산이 모인 단체'이다. 사단은 사람의 모임이 중심이 되고, 재단은 재산의 모임이 중심이 된다.

법인의 설립 근거법
- 사단법인, 재단법인: 민법
- 회사: 상법
- 법무법인: 변호사법
- 학교법인: 교육법
- 지방자치단체: 지방자치법
- 한국은행: 한국은행법

사단법인과 재단법인의 설립에 대해 더 알아보자. 민법 제40조(사단법인의 정관)는 "사단법인의 설립자는 다음 각 호의 사항을 기재한 정관을 작성하여 기명날인 하여야 한다."고 규정하고 있다. '정관'은 법인의 근본이 되는 사항을 정한 문서로 법인과 법인의 구성원(회원, 사원, 이사, 주주 등)을 모두 구속한다. 법인에는 반드시 정관이 있어야 하고 법인 설립의 근거가 되는 법률은 정관에 꼭 기재해야 할 사항을 규정한다. 민법 제40조는 민법에 근거하여 설립되는 사단법인의 정관에 기재해야 될 내용으로 목적, 명칭, 사무소의 소재지, 재산에 관한 규정, 이사의 임면에 관한 규정, 사원자격의 득실에 관한 규정, 존립시기나 해산사유를 정할 때 그 시기나 사유를 열거하고 있다. 사단법인의 정관이 되려면 민법 제40조에서 정한 사항을 모두 기재해야 한다. 민법 제40조에 규정된 사항 외에도 그 사단법인의 구성원이 합의해서 정관에 규정하면 그 사항도 사단법인의 모든 구성원들을 구속한다.

사단법인의 예
- 대한체육회
- 도산법연구회
- 한국화랑협회

재단법인에 대해서는 민법 제43조(재단법인의 정관)가 "재단법인의 설립자는 일정한 재산을 출연하고 제40조 제1호 내지 제5호의 사항을 기재한 정관을 작성하여 기명날인하여야 한다."고 규정한다. 재단법인의 설립자는 일정한 재산을 출연해야 한다. 재단법인은 재산이 모여서 법인이 되기 때문이다. 재단법인의 정관에는 제40조 제1호 내지 제5호 즉 사단법인의 정관에 규정할 사항 중 목적, 명칭, 사무소의 소재지, 자산에 관한 규정, 이사의 임면에 관한 규정이 기재되어야 한다. 재단법인의 정관에는 사단법인의 정관에 규정되어야 하는 사원자격의 득실에 관한 규정(제40조 제6호)은 기재하도록 하지 않았다. 재단법인은 재산이 모인 것이고 사원이 모인 것이 아니기 때문에 사원자격에 대해서는 별도의 규정이 필요 없다.

재단법인의 예
- 선학원
- 한국장학재단
- 한국고등교육재단

민법은 비영리법인으로 사단법인과 재단법인이라는 유형을 설정하고, 사단법인과 재단법인을 만드는 절차, 방법, 요건 등을 규정하고 있다. 그러면 영리법인은 어떻게 설립할 수 있는가? 민법 제39조(영리법인) 제1항은 "영리를 목적으로 하는 사단은 상사회사설립의 조건을 좇아 이를 법인으로 할 수 있다."고 규정하여 영리를 목적으로 하는 사단은 상사회사

설립 조건에 따르도록 했다. 상사회사 설립의 조건은 상법에서 규정을 하고 있으므로 상법 규정에 따라서 영리 목적의 법인을 만들 수 있다(제14장 1. 주식회사의 설립 참조). 민법 외에 다른 법률에서도 여러 가지 형태의 법인 설립과 운영에 대해 규정을 두고 있다. 예를 들면 교육법에서는 학교법인을, 변호사법에서는 법무법인을, 의료법에서는 의료법인에 관한 규정을 두고 있다.

법인의 독자성

법인 ≠ 설립자(발기인)

법인을 설립한다는 의미는 설립자와는 다른 독립된 법적 주체를 만드는 것이다. 법인을 설립하면 설립한 사람이 그 법인을 마음대로 할 수 있다고 생각하기 쉽다. 그러나 법인을 만들면 그 법인은 내가 만들었어도 나와는 독립된 별개의 법적 주체가 된다. 두 사람이 부부가 되었을 때 서로 사랑하고 일심동체라고 이야기하지만, 그것은 정서적인 의미이고 법률적으로는 각자가 자신의 권리와 의무를 따로 갖는 것과 마찬가지다. 설립자(발기인 포함)가 법인을 만들어도 법인은 설립자와는 독립된 법적 주체로서 존재한다. 법인의 재산이 설립자의 재산이 아니고, 법인의 채무가 설립자의 채무가 아니다. 법인은 설립자를 포함하여 다른 법적 주체와는 독립된 별개의 법적 주체이다.

6 자연인과 법인의 비교

권리의 주체가 되는 자연인과 법인을 기업의 관점에서 생각해 보자. 많은 경우에 기업 활동을 처음 시작할 때는 자연인 신분으로 기업 활동을 한다. 우리는 그런 것을 '개인기업' 혹은 '개인사업자'라고 부른다. 동서고금을 막론하고 기업의 형태로 가장 많이 볼 수 있는 것이 개인기업이다. 자연인이 개인기업으로 사업을 하면 사업에서 생기는 여러 가지 권리와 의무를 자기 자신이 갖게 되고 또 자신의 개인적인 관계에서 생기는 권리와 의무도 모두 자기가 갖는다. 개인기업에서는 사업에서 생긴 권리나 의무가 사업 외의 관계에서 생긴 권리와 의무와 혼재되어서 사업 영역과 개인적인 영역을 구분하는 것이 쉽지 않다. 그렇지만 자연인으로서 기업 활동을 하는 것이 사업을 시작할 때의 관념에도 맞고 특별한 준비가 필요하지 않기 때문에 개인기업의 유형은 앞으로도 계속 이용될 것이다.

기업의 진화

개인기업
⇓
조합기업
⇓
법인기업

그런데 사업을 하다 보면 개인사업자로 기업 활동을 하는 것에는 일정한 한계가 있다. 한 사람이 갖고 있는 능력 혹은 자원에 한계가 있기 때문이다. 그래서 다른 사람들과 힘을 합쳐서 같이 사업을 할 필요가 있다. 흔히 그런 것을 '동업한다.'라고 부르는데 법률적으로는 '조합기업'이라고 한다. 이때 '조합'의 의미는 일상적으로 쓰는 조합과는 다른 의미이다. 일상적으로는 우리가 농업협동조합, 수산업협동조합 같은 표현을 자주 접하지만, 그런 조합은 법적으로는 법인이고 법률상 조합은 아니다. 법률상 조합이란 다른 사람과 공동의 사업을 같이 하기로 합의하는 계약이다. 여러 사람이 공동의 목적으로 사업을 하면 그것을 '조합기업'이라고 부른다.

조합기업도 여전히 자연인이 법적 주체로서 갖는 한계를 갖는다. 구성원이 사망했을 때 생기는 문제는 자연인의 경우와 같고 소수의 사람이 모인 조직이기 때문에 동원할 수 있는 자원에도 한계가 있다. 그래서 기업 활동을 법인이 하는 '법인기업'이 등장하였다. 전 세계적으로는 16세기에 이미 법인의 형태를 갖춘 기업이 있지만, 회사기업이 대규모로 등장하게 된 것은 산업혁명 이후이다. 산업혁명의 결과 대규모 공장이 경쟁력을 갖게 되었고, 대규모 공장을 건설하기 위한 비용을 조달하기 위해서는 많은 사람으로부터 투자를 받아야 하는데, 그렇게 하기 위해서 법인 형태의 회사가 유리했다.

기업이 발전하는 과정을 보면, 개인기업이나 조합기업에서 시작해서 이른바 법인화를 거쳐서 법인기업으로 발전하는 것을 볼 수 있다. 오늘날 우리 경제 상황에서 볼 때 대부분 경제활동의 중심에는 법인기업 즉 회사가 있다. 자연인이 하는 개인기업과 법인인 회사기업은 여러 가지 점에서 비교된다.

법인이 개인과 다른 점
- 권리능력의 제한
- 설립절차 필요
- 기관의 존재

첫째, 법인은 자연인과 마찬가지로 권리능력을 갖고 있지만, 법인이 가질 수 없는 권리가 있다. 인격권, 친족권은 법인이 가질 수 없고 자연인만 가질 수 있다. 또 법인의 행위능력에는 자연인과는 다른 일정한 제한이 가해질 수 있다. 첫 번째 제한은 목적에 의한 제한이다. 즉 법인을 만든 목적의 범위 내에서 행위능력을 가질 수 있고, 그 범위에서 유효한 계약을 할 수 있는 능력이 허용된다. 그러나 오늘날에는 법인의 목적에 의한 행위능력의 제한을 느슨하게 해석해서 법인의 행위능력에 사실상 제한이 없는 것과 같이 해석하기도 한다.

또 하나의 제한은 정관에서 법인의 행위능력을 제한하는 경우이다. 그러나 이렇게 정관에서 제한하더라도 그 정관에서 제한하는 것을 모르고 있었던 사람에게는 행위능력이 제한되어 있다는 것을 이유로 하여 계약의 무효를 주장하지 못한다. 과거에 비해서 법인의 행위능력에 제한을 가하는 것을 점차 좁게 해석하는 경향이 있다. 거래의 안전을 우선한 결과이다.

법적 주체의 생멸
- 자연인: 출생 - 사망
- 법인: 설립 - 해산

둘째, 법인에는 설립행위 자체가 필요하다. 자연인은 출생을 하는 순간부터 갖기 때문에 권리능력을 갖기 위해서 특별한 절차를 필요로 하지 않는다. 출생으로 권리능력을 갖게 되면 사망할 때까지 계속 권리능력을 갖게 된다. 그런데 법인은 별도의 설립행위가 있어야 한다. 회사의 종류에 따라 법인 설립과정에 차이가 있지만 큰 줄거리는 다음과 같다.

법인설립절차
1. 정관작성
2. 출자
3. 기관구성
4. 설립등기

우선 발기인들(혹은 설립자)이 회사의 기본적인 사항에 대해 합의해야 한다. 어떤 사업을 할지, 이름은 무엇이고, 주소는 어디로 두고 등이다. 그 합의를 정관에 기재해야 한다. 정관작성이 끝나면 재산의 출연 즉 출자가 있어야 한다. 그 다음은 법인에서 의사표시를 하고 의사표시를 받는 조직인 '기관'을 구성한 후 마지막으로는 설립등기를 함으로써 법인이 생긴다. 이렇게 법인은 인위적인 행동을 통해서 설립이 되어야 비로소 존재하게 되고, 그때부터 비로소 권리능력이 있어 권리를 가질 수 있다. 물론 법인이 없어지기 위해서는 '해산'이라는 별도의 행위가 필요하다. 해산이라는 별도의 행위가 있을 때까지 법인으로서 권리능력을 갖는다.

셋째, 법인에는 '기관'이 존재한다. 자연인은 뇌가 있고 마음이 있고 또 다른 사람으로부터 의사를 받을 수 있고 의사를 전할 수 있는 신체 조직이 있다. 그래서 자연인은 자기가 직접 판단하고 의사를 전하고 타인의 의사를 수령한다. 머리, 마음, 입, 귀 등을 자연인이 갖고 있기 때문에 가능한 것이다. 그런데 법인에는 그런 존재가 없다. 법률에 근거한 설립 행위를 통해서 법인이 만들어졌다고 해도 법인의 머리, 마음, 입, 귀 등이 생기는 것이 아니다. 그래서 법인에서도 의사결정을 하고 자기 의사를 외부로 표시하고 외부 의사를 수령하는 존재가 필요한데 그런 존재를 '기관'이라고 부른다. 법인의 기관은 의사결정을 하고, 외부에 의사표시를 하고, 외부의 의사표시를 받는 역할을 하게 된다.

사단법인의 기관
- 총회
- 이사회
- 이사장

재단법인의 기관
- 이사회
- 이사장

주식회사의 기관
- 주주총회
- 이사회
- 대표이사
- 감사

법인에 어떤 기관이 있어야 되는지는 그 법인의 설립 근거법에서 상세히 정한다. 예를 들면 민법을 근거로 해서 설립하게 되는 사단법인이나 재단법인에는 총회, 이사회, 이사장이 있다. 사단법인에서는 총회라는 기관이 의사결정을 하고, 사단법인의 의사표시는 이사장이라는 대표자가 한다. 또 재단법인에는 이사회라는 기관이 의사결정을 하고, 이사장이 의사표시를 하고 받는다.

영리법인의 대표적인 형태인 주식회사에는 주주총회, 이사회, 대표이사, 감사라는 기관들이 있다. 주주총회는 모든 주주들이 모여서 가장 기본적인 결정, 예를 들면 정관을 바꾼다거나 이사를 선임한다거나 혹은 다른 회사를 합병하는 것과 같은 중요한 의사결정을 하는 기관이다. 주주총회에서 뽑은 이사들로 구성된 이사회라는 기관은 주주총회의 결정사항보다는 중요성이 떨어지지만, 회사에서 꼭 해야 되는 결정 사항들, 예를 들면 지점의 설치, 신주의 발행, 이사가 작성한 회계 정보의 승인과 같은 사항을 결정하는 기관이다. 대표이사는 회사의 일상적인 업무에서 의사결정으로 하고 회사를 대표해서 의사표시를 외부에 하고 의사표시를 받는다. 그래서 대표이사가 회사를 대표해서 계약을 하면 그 효과가 회사에 미치게 된다. 감사는 회사에서 이사들의 업무집행을 감독·감시하는 기관이다.

CHAPTER

3

형사법

1. 법의 분류
2. 형사법의 원리
3. 범죄 성립요건
4. 형사절차
5. 형벌
6. 한화배임사건

한 사람의 죄 없는 사람을 벌하는 것보다는 열 사람의 죄 있는 사람을 방면하는 것이 낫다.

CHAPTER 3

형사법

1 법의 분류

'법'이라는 말을 들었을 때 처음 연상되는 장면은 사람마다 다르다. 영화에서 봤던 범죄 장면이나 법정 변론 장면을 떠올리기도 하고, 임대차 계약서를 떠올리기도 하고, 얼마 전 받은 내용증명을 생각하는 이들도 있다. 그런 일이 다 법과 관련된 일들이지만 흔히 직접 체험하지 못 하는 법의 분야도 여전히 많다. 삶의 모습이 다양하기 때문에 인간의 삶을 규율하는 법도 다양한 모습을 띠고 있다. 우리가 행동을 하면서 구체적인 법을 의식하는 일은 별로 없더라도 결국 법은 인간 생활의 여러 측면을 규율한다. 다양한 모습의 법률을 몇 가지 중요한 기준에 따라 나누어 보면 법의 내용을 이해하는 데 도움이 된다. 또한 법의 다양한 성격을 서로 대비하여 볼 수 있는 기회가 된다.

1) 공법, 사법, 형사법

인간의 생활을 규율하는 여러 규범 즉 도덕, 관습, 종교 등과 비교할 때 법은 특별히 국가의 규범이라는 특징을 갖고 있다. 법이 기본적으로 국가 규범이지만 법률관계에 국가가 직접 관여하는 경우도 있고 관여하지 않는 경우도 있다. 국가가 법률관계의 한 당사자가 되는 경우를 공법관계라고 부르고 그때 적용되는 법을 공법이라고 한다. 사인(私人) 간의 법률관계를 사법관계라고 하고 그때 적용되는 법을 사법이라고 부른다. 국가가 일방 당사자가 되는 공법에는 헌법과 행정법, 사법에는 민법과 상법이 속해 있다.

공법과 사법의 구별은 어느 시대에도 있었지만 양자의 구별이 특별한 의미를 갖게 된 것은 법치주의의 이념과 사적자치의 원칙이 확립되면서부터이다. 국가권력이 국민의 자유와 권리를 침해하는 것을 막기 위해서 국가권력의 행사는 반드시 법률에 근거를 두어야 한다는 법치주의 또는 법치행정의 이념이 적용되는 것이 공법이었다.

반면 사법은 사적자치라는 법원칙이 적용되는 영역이었다. 서구에서 사적자치는 계약자유의 원칙으로 구체화되었고 소유권절대의 원칙과 과실책임의 원칙과 함께 근대 사법의 기초원리가 되었다. 계약자유의 원칙으로 무장한 시장경제체제가 자본주의의 발전에 지대한 역할을 했음은 모두가 아는 바이다.

계약자유의 원칙
- 민법과 상법의 기본 원리
- 사회법에서 수정

사법의 이념적 원리인 사적자치의 폐해가 드러나면서 공법과 사법의 구분은 새로운 국면을 맞게 되었다. 사적자치의 원칙은 사회 경제적으로 평등하고 합리적인 판단을 하는 인간을 전제로 구축되었지만 자본주의가 발전하면서 인간은 사회경제적으로 평등하지 않은 존재라는 것이 드러났다. 계약자유의 원칙은 강자가 약자를 수탈하는데 근거를 제공하는 역할을 했다. 그 결과 사적자치의 영역에 있던 고용계약에 국가가 직접 개입하는 노동법이라는 새로운 영역이 형성되었다.

불평등은 근로자와 사용자 간에서만이 아니고 기업과 소비자 그리고 기업 간 거래에서도 나타났다. 자본주의 시장은 시장 참여자의 경쟁을 전제로 설계되었지만 실제 시장은 독점이나 과점으로 흘러갔고 독과점 업체는 계약자유의 원칙을 내세워 약탈적 거래를 하였다. 이러한 폐해를 그대로 두면 자본주의 체제의 존속이 문제될 수 있다고 보아 시장에서의 경쟁을 유도하고 독점의 폐해를 줄이기 위한 법이 마련되었는데 독점금지법, 공정거래법, 경쟁법, 경제법이라고 불리는 영역이다.

이러한 제3영역의 등장은 종래의 공법과 사법의 구분을 흐리게 하였다. 공법영역에서도 당사자 자치는 유의미한 원칙으로 받아들여진다. 국가권력을 제한하기 위해 형성된 법치주의의 이념은 정부의 개입이 확대되는 복지국가에서는 재해석되고 있다.

형사법은 국가가 한 당사자인 점에서는 공법이라고 볼 수 있지만 국가의 형벌권 행사라는 한 가지 내용만 갖는 점에서 공법과 구분하여 이해하는 것이 좋다. 현대 사회에 이르기 전에는 국가뿐만 아니라 다른 주체들도 형벌권을 행사했다. 역사상 오랫동안 사형(私刑, lynch)이 존재했고 문중이나 교회도 형벌권을 행사했다. 그러나 근대 시민국가를 거치면서 국가만이 형벌권을 행사할 수 있다는 원칙과 국가가 형벌권을 행사하는 경우에도 법률에서 정한 대로 행사해야 한다는 죄형법정주의의 원칙이 확립되면서 형사법은 독자적인 법 영역을 형성하였다.

실체법과 절차법의 예
- 실체법
  - 민법
  - 상법
  - 자본시장법
  - 공정거래법
  - 어음법
  - 수표법
- 절차법
  - 민사소송법
  - 민사집행법
  - 형사소송법
  - 행정소송법
  - 행정절차법

2) 실체법과 절차법

제정법은 그 내용에 따라 실체법과 절차법으로 나누어 볼 수 있다. 권리나 의무의 내용을 직접 규율하는 법을 실체법이라고 부른다. 예를 들면 임대인은 어떤 권리가 있고, 임차인은 어떤 권리가 있고, 고용주는 어떤 권리가 있고, 근로자는 어떤 권리가 있는지 등을 규율하는 법이 실체법이다. 민법, 상법, 어음법, 수표법, 자본시장법 등이 다 실체법이다.

절차법은 권리와 의무를 실현하는 방법을 규정하는 법으로 민사소송법, 형사소송법, 행정소송법, 행정절차법, 부동산등기법 등이 있다. 법은 권리와 의무 자체의 정당성뿐만 아니라 권리와 의무를 실현하는 절차의 정당성도 마찬가지로 강조한다. 법이 실체적 정의뿐만 아니라 절차적 정의를 강조하는 이유는 권리와 의무를 실현할 수 있는 절차가 제대로 갖추어 있지 않으면 권리와 의무 자체를 향유할 수 없을 뿐만 아니라 절차의 적법성이 법적 안정성의 기초가 되기 때문이다.

구체적인 예를 통해 상법이 강조하는 절차적 정의를 살펴보자. 주주가 10명이고 주주 각자가 모두 1주씩 갖고 있는 WWW 주식회사에서 다른 회사와 합병할지를 결정하려고 한다. 주주총회에서는 다수결에 의해서 결정을 하므로 다수를 점한 쪽의 의사대로 결정이 된다. 합병을 위한 결의에 주주 2/3 이상의 찬성이 필요하다면 7주 이상의 찬성이 필요하다. 그러면 7명의 주주가 찬성하면 항상 그 결의는 법률적인 효력을 가질 수 있는가? 회사법은 그렇게 보지 않는다. 회사법에서는 주주 2/3 이상의 찬성을 얻은 것만 중요한 것이 아니라 주주들이 모이는 과정 즉 주주총회 소집은 제대로 했는지도 중요하다. 주주총회 소집권자가 소집 결정을 했는지, 충분한 시간을 두고 소집 통지를 했는지, 소집 통지를 하면서 의결할 내용을 알려줬는지와 같은 절차적인 요건이 충족되지 않았으면 그 결의에 법률적인 효력을 부여하지 않는다. 절차적 정의에 반한 주주총회의 결정은 법적 효력을 부여받을 자격이 없다고 보는 것이다. 상법이 절차적 정의를 강조하는 것은 소수자들이 온전히 자신의 권리를 행사할 수 있는 기회를 보장하기 위함이다.

이렇게 절차적인 정의를 강조하다 보면 사람들에 따라서는 "왜 그렇게 까다롭게 구느냐. 법이라는 것이 무엇인가를 이루려고 하지 않고, 무엇인가를 하지 못 하게 하는 거 아니냐?"는 불만을 이야기하기도 한다. 법에서 중요하게 생각하는 것은 모든 당사자가 자신의 권리를 제대로 행사할 수 있는 기회를 갖는 것이다. 특히 소수자의 경우는 그런 절차적 보장이 없으면 자신의 권리를 행사할 기회조차 가질 수 없기 때문에 절차의 준수를 강조한다.

3) 개인법과 단체법

회사법을 공부할 때 특별한 의미를 갖는 분류가 개인법과 단체법의 대비이다. 사적 자치의 원칙에 기반한 법률 체계에서는 법률관계의 당사자 사이의 권리와 의무는 다른 당사자 사이의 권리나 의무에 영향을 미치지 않는 것이 원칙이다. 당사자가 다르면 권리관계 역시 다르게 형성될 수밖에 없다. 나의 가장 친한 친구가 제3자와 임대차 계약을 맺더라도 나와는 법적으로 아무런 상관이 없다. 부부간에도 권리와 의무는 별개로 존재한다. 아내의 권리가 남편의 권리가 아니며 남편의 의무가 아내의 의무가 아니다. 법률관계는 기본적으로 당사자들 간의 권리와 의무로 귀착이 된다. 그런 것들을 개인법이라고 부른다. 우리가 일상생활에서 볼 수 있는 많은 법률관계는 당사자들만 규율하는 개인법적 법률관계이다.

이러한 개인법적 법률관계와는 달리 단체법적 법률관계가 있다. 주식회사는 법인이므로 주식회사 자체가 법적 주체가 된다. 주식회사에는 주주와 이사가 있다. 주주는 회사에 대해서 일정한 권리를 갖는데 주주평등의 원칙에 따라 모든 주주는 자신이 가진 주식의 수에 따른 비례적인 차이는 있을 수 있지만 기본적으로 같은 권리를 회사에 대해서 가져야 한다. 의결권을 행사할 때나 이익배당을 받을 때 양의 차이는 있지만 내용의 차이는 없다. 이사도 여러 명이 있을 수 있다. 단체와 관련된 법률관계에서는 동일한 지위의 구성원에 대해서 동일한 법률관계가 형성될 필요가 있다. 이는 점이 단체법적 법률관계의 특징이다. 다음의 예에서 단체법적 법률관계의 특징을 더 알아본다.

WWW주식회사의 주주총회에서 M을 이사로 선임하는 결의를 하였는데 주주 A는 이사선임 결의가 잘못되었다고 하여 이사선임결의를 한 주주총회에 대하여 무효확인소송을 제기하였다. 같은 내용의 소송을 주주 B도 제기하였다. 만약 주주 A는 승소하고 주주 B는 패소했다면 M이 WWW의 적법한 이사인지 판단하기 어려워진다. 이런 문제를 해결하기 위해 상법은 단체법적 법률관계가 일률적으로 확정될 수 있도록 법원리를 구성하였다.

단체법적 법원리가 적용된 법률 규정의 예로는 상법 제186조 이하를 들 수 있다. 이 규정들은 합명회사의 설립무효 또는 취소의 소송에 적용된다. 원래 민사소송은 전형적인 개인법원리에 따른다. 소송의 결과가 당사자 간에게만 미치기 때문이다. 그런데 회사와 관련된 소송에 민사소송법의 규정을 그대로 적용하면 단체법의 원리와 충돌하기 때문에 단체법의 원리에 맞추어 민사소송법에 대한 특칙을 규정하였다.

제186조(전속관할)
전2조의 소는 본점소재지의 지방법원의 관할에 전속한다.

① 제186조(전속관할) : 민사소송법에서는 다양한 관할을 허용하고 있는데 회사소송에서는 관할을 본점소재지 지방법원으로 고정하였다. 제188조의 소의 병합을 용이하게 하기 위함이다.

제187조(소제기의 공고)
설립무효의 소 또는 설립취소의 소가 제기된 때에는 회사는 지체없이 공고하여야 한다.

② 제187조(소제기의 공고) : 민사소송에서는 소송이 제기되었다고 하여 대중에게 널리 알리지 않는다. 그러나 회사 소송에서는 단체의 구성원들이 알고 대비할 수 있도록 소송의 제기가 있으면 회사가 이를 공고하도록 한다.

제188조(소의 병합심리)
수개의 설립무효의 소 또는 설립취소의 소가 제기된 때에는 법원은 이를 병합심리하여야 한다.

③ 제188조(소의 병합심리) : 민사소송에서는 동일한 피고를 상대로 하여 같은 사안의 소송이 여럿 제기되더라도 각각의 소송이 별개로 진행되는 것이 원칙이다. 이렇게 되면 판결의 결과가 다를 수 있는데 그런 문제는 3심 제도를 통해 최종심에서 정리되도록 한다. 그러나 회사 소송에서는 1심부터 그런 차이가 발생하는 것이 바람직하지 않다고 보아 여러 소송을 병합심리하도록 한다.

제190조(판결의 효력)
설립무효의 판결 또는 설립취소의 판결은 제3자에 대하여도 그 효력이 있다. 그러나 판결확정전에 생긴 회사와 사원 및 제3자간의 권리·의무에 영향을 미치지 아니한다.

④ 제190조(판결의 효력) : 민사소송의 결과는 당사자만을 구속한다. 그러나 회사 소송에서는 판결의 결과가 제3자에 대해서도 효력을 갖는다.

단체법적 원리는 법률 규정뿐만 아니라 법의 해석에도 적용된다. 2017년 3월 대법원은 상장회사에서 주주권을 행사하는 기준에 대하여 중요한 판결을 하였다. 주식회사에는 주주명부라는 서류가 있는데 각 주식을 보유하는 주주의 이름과 주소를 기재한다. 주식을 취득한 사람은 주주명부에 자신의 이름과 주소를 기재(이를 '명의개서(名義改書)'라고 한다)해야 회사에 대해서 주주임을 주장할 수 있다(상법 제337조). 이 규정의 문언 자체는 주식의 취득자에 대한 명령이다. 그러면 명의개서를 하지 않았지만 회사가 주주임을 알고 있는 경우 그 주주에게 주주권을 행사할 기회를 주어야 하나, 혹은 주주권을 행사하게 해도 되는가? 상법 제337조 제1항을 문언 그대로 해석해서 회사에게 주주 여부를 판단할 재량을 줄 것인지 아니면 단체법적 원리를 적용해서 회사도 주주명부에 명의개서를 하지 않은 취득자는 주주로 보아서는 안 되는지에 대해서 대법원의 다수의견은 단체법적 획일확정의 필요가 있다고 보아 주주로 보아서는 안 된다는 견해를 취했다.

상법 제337조(주식의 이전의 대항요건)
① 주식의 이전은 취득자의 성명과 주소를 주주명부에 기재하지 아니하면 회사에 대항하지 못한다.

4) 국내법과 국제법

실정법은 국내법과 국제법으로 구분할 수 있다. 오늘날 법은 개별 국가 단위로 형성되고 운영된다. 그런 점에서 우리가 볼 수 있는 대부분의 법은 어떤 국가의 법이다. 예를 들면 한국의 상법, 미국의 도산법, 독일의 형법이 존재하는 것이지 국제 상법, 국제 도산법, 국제 형법이 국내법과 같은 형식으로 존재하는 것은 아니다.

그런데 국가 간에 사람이나 물자의 이동이 빈번하므로 법률관계 중에는 외국과 관련된 요소가 있는 경우가 있다. 예를 들면 한국과 미국의 기업이 무역을 하는 경우, 한국 여성과 일본 남성이 결혼하는 경우, 한국 회사들이 홍콩에서 거래하는 경우 등이다. 이런 경우 법률관계를 규율할 법을 정해야 하는데 두 가지 방법을 생각할 수 있다. 하나는 관련된 국가 중에서 어느 한 나라의 법을 적용하는 방법이다. 이렇게 선택되어 적용되는 법을 '준거법'이라고 한다. 우리나라에서 준거법을 정하는 기준은 국제사법에 규정되어 있다.

국제사법 제1조(목적)
이 법은 외국적 요소가 있는 법률관계에 관하여 국제재판관할에 관한 원칙과 준거법을 정함을 목적으로 한다.

다른 하나는 그런 경우에 적용할 법규범을 만들어서 적용하는 방법이다. 이 방법은 전자

상장회사의 주주명부상 주주가 회사를 상대로 주주총회결의의 취소 등을 구하는 사건
(대법원 2017. 3. 23. 선고 2015다248342 전원합의체 판결)

"상법이 주주명부제도를 둔 이유는, 주식의 발행 및 양도에 따라 주주의 구성이 계속 변화하는 단체법적 법률관계의 특성상 회사가 다수의 주주와 관련된 법률관계를 외부적으로 용이하게 식별할 수 있는 형식적이고도 획일적인 기준에 의하여 처리할 수 있도록 하여 이와 관련된 사무처리의 효율성과 법적 안정성을 도모하기 위함이다. 이는 회사가 주주에 대한 실질적인 권리관계를 따로 조사하지 않고 주주명부의 기재에 따라 주주권을 행사할 수 있는 자를 획일적으로 확정하려는 것으로서, 주주권의 행사가 회사와 주주를 둘러싼 다수의 이해관계인 사이의 법률관계에 중대한 영향을 줄 수 있음을 고려한 것이며, 단지 해당 주주의 회사에 대한 권리행사 사무의 처리에 관한 회사의 편의만을 위한 것이라고 볼 수 없다."

에 비해 시행하기가 어렵지만 준거법 결정의 불확실성이 없고 법규범의 내용이 참여자들 사이에서 상대적으로 명확하고 계속 진화할 수 있는 장점이 있다. 이 범주에 속한 법규범의 예로는 양자 또는 다자 조약을 통해 형성된 법규범, 국제도산지침(UNCITRAL Guidelines of Cross-border Insolvency Laws)처럼 국제기구에서 성안한 내용을 각국이 국내법으로 수용한 법규범, 국제무역조건(incoterms)이나 신용장통일규칙(Uniform Customs and Practice for Documentary Credits)처럼 국제기구에서 성안하여 거래 당사자들이 자발적으로 채택하여 적용하는 법규범 등이 있다.

한편 국가 간의 법률관계가 문제가 되기도 하고 또 여러 나라가 합쳐진 단체(예를 들면 UN이나 EU)의 법적 지위나 구성원들의 권리·의무 그리고 단체의 운영규칙에 관한 법도 존재한다. 국제적 요소가 있는 여러 규범들을 광의의 국제법이라고 부른다.

헌법 제6조
① 헌법에 의하여 체결·공포된 조약과 일반적으로 승인된 국제법규는 국내법과 같은 효력을 갖는다.

우리나라 헌법 제6조 제1항에 따라 조약과 일반적으로 승인된 규제 법규도 법률의 효력이 있다는 것이다. 헌법에 의해서 체결·공포된 조약이란 헌법에 규정된 절차를 거쳐 체결·공포된 조약을 의미한다. 일반적으로 승인된 국제법규의 의미는 해석에 맡겨져 있다.

2 형사법의 원리

1) 법률관계의 중첩적 형성

하나의 사실관계에 여러 가지 다른 종류의 법률관계가 형성될 수 있다. 예를 들면 교통사고 났을 때 가해자와 피해자 간의 민사상 법률관계가 형성되고, 운전면허 발급과 관련하여 국가와 운전자 간의 행정상 법률관계가 형성되고, 교통사고가 범죄가 되어 국가가 형벌권을 행사하게 되는 형사상 법률관계가 형성된다. 이렇게 하나의 사실관계를 두고 여러 가지 법률관계가 중첩적으로 형성되는 이유는 법률체계가 법률관계의 당사자별로 그리고 권리·의무의 내용별로 분리되어 구축되었기 때문이다. 사실관계를 종합하여 하나의 법적 판단을 내리는 방식이 아니고 사실관계를 권리·의무의 내용별로 따로따로 분석하여 각 영역별로 독자적인 법적판단을 내리는 방식이다.

일반법-특별법의 예
- 민법 - 상법
- 상법 - 은행법
- 민사소송법 - 가사소송법
- 형법 - 군형법, 소년법
- 형법 - 특정경제범죄가중처벌법

독자적인 법률관계를 형성하는 법의 영역은 매우 다양하다. 사법 영역에서는 일반적인 법률관계는 민법이 규율하지만 기업활동에는 민법의 특별법인 상법이 적용된다. 국가가 형벌권을 행사하는 형사법에서는 형법과 특별형법이 적용된다. 사인이 국가와 법률관계를 맺게 되는 공법 영역에는 헌법뿐만 아니라 조세법, 공정거래법, 자본시장법, 특허법, 환경법, 건축법 등 헤아릴 수 없이 많은 법들이 각기 독자적인 영역을 형성하며 적용된다. 공법 영역에서 헌법을 제외한 분야를 행정법이라고 한다.

기업활동이 다양하게 이루어지므로 우리나라의 법 중에서 친족법과 같은 일부 법 영역을 제외하고는 거의 모든 법이 기업활동에 적용될 수 있다. 규율하는 영역이 다른 법들이 적용되면 법률관계 역시 영역별로 다르게 형성되므로 기업 활동을 둘러싸고 법률관계가 중첩적으로 형성되는 것은 불가피하다. 다양한 법률관계에 적용되는 법적 원리는 다르지만 법적인 판단을 하기 위해서 법적 추론(legal reasoning)이 이루어진다는 공통점이 있다. 법을 공부하는 것은 개별 법 영역을 소재로 하여 법적 추론을 배우고 익히는 것이다. 이 장에서는 형사법 영역의 추론 과정을 공부한다.

2) 죄형법정주의

죄형법정주의
- 법률주의
- 소급효금지
- 명확성
- 유추적용금지
- 적정성

국가권력으로부터 개인의 자유와 권리를 보호하기 위해 국가 권력이 형벌권을 행사하는 경우에 반드시 법률에서 정하고 있는 행위만 범죄로 처벌해야 하고 법률에서 정한 형벌만 부과해야 한다는 법 원칙을 확립하였다. 이것을 '죄형법정주의'라고 하는데 인류가 오랜 역사를 통해 피 흘리면서 만들어 낸 중요한 법 원칙이다.

죄형법정주의의 문언적인 의미는 죄와 형은 법률에서 정한다는 것이다. 무엇이 범죄인지는 반드시 법률에서 정해야 되고, 그 범죄자에게 과할 수 있는 형벌도 법률에서 정해야 된다는 원칙이다. 법률에서 범죄로 규정되지 않은 행위는 범죄로 봐서는 안 되고, 법률에서 범죄로 규정한 행위에 대해서는 반드시 법률에서 정하고 있는 만큼의 형벌만 가해야 된다. 죄형법정주의의 내용은 5가지 중요한 요소로 나누어 설명할 수 있다.

첫 번째 요소는 법률주의의 원칙이다. 범죄와 형벌은 반드시 '법률'에 의하여 규정되어야 한다는 원칙이다. 무엇이 범죄인지 또 그 범죄에 가할 수 있는 형벌은 무엇인지는 법률이 정하여야 한다는 원칙이다. 여기서 법률은 입법기관인 국회가 만든 법률을 의미한다. 대통령, 총리, 장관이 만든 시행령이나 시행규칙은 법률이 아니므로 그것으로는 범죄나 형벌에 대해서 규정할 수 없다. 법률주의를 죄형법정주의의 첫 번째 요소로 삼는 이유는 법률을 만드는 기관인 국회는 국민이 직접 선출한 국회의원으로 구성되므로 국민의 의사가 가장 잘 반영된다고 판단했기 때문이다. 법률주의에는 법률이 아닌 관습형법을 배제한다는 의미도 내포되어 있다. 과거에 관행적으로 법률에 규정되지 않은 행위를 범죄로 처벌하거나 규정되지 않은 형벌을 가했더라도 그러한 관습은 배제하여야 한다는 원칙이다.

두 번째 요소는 소급효금지의 원칙이다. 소급이라는 말은 '거슬러 올라가다. 거꾸로 올라가다.' 라는 뜻이다. 법률을 만들어 어떤 행위를 범죄라고 규정했다면 이 법률이 만들어지기 전에 한 행위를 범죄로 처벌해서는 안 된다는 것이다. 모든 국민은 행위 시의 법률에 의해서만 처벌을 받지 행위가 있은 후 만들어진 법률에 따라서 범죄로 인정이 되어 형벌을 받지는 않는다는 것이다. 행위 시의 법률에 따라 범죄가 되지 않는 행위를 하지 않아야 될 책임은 없는 것이다.

세 번째 요소는 명확성의 원칙이다. 법률주의의 원칙에 국회가 만든 법률도 그 의미가 명확해야 한다는 것이다. 법률을 읽으면 '이것이 범죄구나.', '이것은 범죄가 아니구나.' 하는 것을 분명하게 알 수 있어야 된다는 것이다. 만약 범죄를 규정한 법률이 모호한 규정을 두고 있으면, 그것은 명확성에 어긋나서 죄형법정주의에 반하게 된다. 헌법재판소에서 법률의 위헌심판을 하면서 '이 법률 규정은 명확하지 않기 때문에 법률로서 효력이 없다.'는 판단을 하는 경우가 있는데 이는 죄형법정주의의 한 요소인 명확성의 원칙을 관철한 것이다. 명확성의 원칙에는 부정기형의 금지도 포함된다.

네 번째 요소로 유추적용금지의 원칙이다. 유추적용은 적용과 다르다. 각 조문이 어떤 사실관계에 적용되는지는 조문의 문언을 통해 알 수 있다. 적용은 각 조문이 예정하고 있는

조문의 의미가 명확하지 않다는 이유로 위헌결정을 한 사례

헌법재판소 전원재판부 95헌가16, 1998. 4. 30.결정

[「출판사 및 인쇄소의 등록에 관한 법률」 제5조의2 제5호 등 위헌제청]

【관련 조문】

「출판사 및 인쇄소의 등록에 관한 법률」 제5조의2 (등록취소) 등록청은 제3조제1항의 규정에 의하여 출판사 또는 인쇄소의 등록을 한 자가 다음 각호의 1에 해당하는 경우에는 그 등록을 취소할 수 있다.

1-4. (생략)

5. 음란 또는 저속한 간행물이나 아동에 유해한 만화등을 출판하여 공중도덕이나 사회윤리를 침해하였다고 인정되는 경우

【결정요지】

"2. "음란"이란 인간존엄 내지 인간성을 왜곡하는 노골적이고 적나라한 성표현으로서 오로지 성적 흥미에만 호소할 뿐 전체적으로 보아 하등의 문학적, 예술적, 과학적 또는 정치적 가치를 지니지 않은 것으로서, 사회의 건전한 성도덕을 크게 해칠 뿐만 아니라 사상의 경쟁메커니즘에 의해서도 그 해악이 해소되기 어려워 언론·출판의 자유에 의한 보장을 받지 않는 반면, "저속"은 이러한 정도에 이르지 않는 성표현 등을 의미하는 것으로서 헌법적인 보호영역안에 있다.

3. 가. 이 사건 법률조항의 "음란" 개념은 적어도 수범자와 법집행자에게 적정한 지침을 제시하고 있다고 볼 수 있고 또 법적용자의 개인적 취향에 따라 그 의미가 달라질 수 있는 가능성도 희박하다고 하지 않을 수 없다. 따라서 이 사건 법률조항의 "음란" 개념은 그것이 애매모호하여 명확성의 원칙에 반한다고 할 수 없다.

4. 가. "음란"의 개념과는 달리 "저속"의 개념은 그 적용범위가 매우 광범위할 뿐만 아니라 법관의 보충적인 해석에 의한다 하더라도 그 의미내용을 확정하기 어려울 정도로 매우 추상적이다. 이 "저속"의 개념에는 출판사등록이 취소되는 성적 표현의 하한이 열려 있을 뿐만 아니라 폭력성이나 잔인성 및 천한 정도도 그 하한이 모두 열려 있기 때문에 출판을 하고자 하는 자는 어느 정도로 자신의 표현내용을 조절해야 되는지를 도저히 알 수 없도록 되어 있어 명확성의 원칙 및 과도한 광범성의 원칙에 반한다."

사실관계에 조문의 내용을 대입하는 것이다. 유추적용은 해당 조문을 직접 적용할 사실관계는 아닌데 사안이 해당 조문이 적용되는 사실관계와 유사하다고 봐서 해당 조문을 빌려서 적용을 하는 것이다. 유추적용을 하면 원래 입법자가 입법할 때 예상했던 것보다 적용 범위가 넓어진다.

다른 법 영역에서는 법률이 모든 상황을 명확히 규정할 수도 없고 시대 상황이 변화하여 이전에 제정된 법이 현재의 시대상황을 잘 규율할 수 없는 경우가 있기 때문에 유추적용을 통해 입법적 결함을 치유한다. 그러나 형법에서는 유추적용이 엄격히 금지된다. 유추적용을 금지하지 않으면 법률 문언에 있는 것보다 적용 범위가 확대되는 결과가 되기 때문이다. 형법에서는 조문의 문언으로 표시된 것보다 확대해서 적용하는 것을 극히 꺼린다.

다섯 번째 요소는 적정성의 원칙이다. 법률 없으면 범죄 없고 형벌도 없다는 고전적 의미의 죄형법정주의는 '법률'이라는 규범 형식에 무게를 둔다. 오늘날에는 거기서 더 나아가 불합리한 내용의 법률에 의하여 국민의 자유와 권리를 침해하는 것, 이른바 법률적 불법을 막기 위해 범죄와 형벌을 규정한 법률의 내용이 적정한 내용이 될 것을 요구한다. 적정성을 갖추기 위해서는 형벌적용의 필요성이 있어야 하고 범죄와 형벌간의 균형을 이루어야 한다.

법치주의
- 고전적 의미 : 법률이라는 규정 형식을 중시
- 현대적 의미 : 법률의 내용을 중시

3 범죄 성립요건

죄형법정주의 하에서 어떤 행위가 범죄인지는 법률에 규정되어 있고, 그 범죄에 대해서 어떤 형벌을 부과할지도 법률에 규정되어 있다. 어떤 행위가 범죄인지를 판단하는 것이 형사절차의 첫 단계다. 형법은 어떤 행위가 범죄인지를 판단하는 일정한 절차와 방식을 갖고 있다. 첫 번째는 구성요건의 해당성을 판단하고, 두 번째는 위법성을 판난하고, 세 번쌔는 책임 여부를 판단한다. 이 세 가지 요건이 모두 갖추어지면 범죄로 본다.

범죄 성립요건
- 구성요건 해당성
- 위법성
- 책임성

1) 구성요건 해당성

구성요건이란 법률에서 범죄로 규정한 행위이다. 실제 규정을 갖고 구성요건 해당성을 판단해 보자. 형법 제329조는 절도죄를 규정하고 있다. '타인의 재물을 절취한 것'이 절도죄의 구성요건이다. 절도죄가 성립하기 위해서는 먼저 타인의 재물을 절취하는 행위가 있어야 한다. 절도죄의 구성요건에는 세 가지 용어가 나온다. 타인, 재물, 절취이다. 실제는 내 물건인데 내가 다른 사람의 물건이라고 생각하고 가져갔어도 그것은 타인의 물건이 아니므로 절도에 해당하지 않는다. 1800년대 말 일본에 처음 전기가 들어왔을 때 전기를 훔친 사람이 있었다. 당시 법에는 물건에 전기가 포함되어 있지 않았다. 일본 법원은 전기가 물

형법 제329조(절도)
타인의 재물을 절취한 자는 6년 이하의 징역 또는 1천만원 이하의 벌금에 처한다.

건이 아니므로 전기를 훔친 것이 절도죄를 구성하지 않는다고 판단했다(그 후 법을 개정하여 전기도 물건에 포함시켜 도전을 처벌할 수 있게 되었다.). 절취해야 하므로 빌려다 쓰고 다시 가져다 놓으려고 했다면 절도죄의 구성요건에 해당하지 않지만 형법 제331조의2의 사용절도죄의 구성요건에 해당될 수 있다.

형법 제333조(강도)
폭행 또는 협박으로 타인의 재물을 강취하거나 기타 재산상의 이득을 취득하거나 제3자로 하여금 이를 취득하게 한 자는 3년 이상의 유기징역에 처한다.

형법 제333조는 강도죄를 규정하고 있다. 강도죄의 구성요건을 절도죄의 구성요건과 비교해보면 '폭행 또는 협박'이라는 것이 더 있다. 또 강취뿐만 아니라 재산상의 이득을 취득하거나 제3자로 하여금 재산상 이득을 취하게 하는 것도 강도죄를 구성한다.

2) 위법성

범죄가 되기 위해서는 행위가 구성요건에 해당할 뿐만 아니라 그 행위가 법에 위반되는 행위여야 한다. 구성요건이 행위에 대한 부정적인 판단에 근거한 것이므로 구성요건에 해당하면 일단 위법하다고 본다. 타인의 재물을 절취하는 행위는 위법한 행위이다. 그런데 구성요건에는 해당하지만 위법하지 않은 예외적인 경우가 있다. 형법은 구성요건에 해당하지만 위법성이 없는 경우를 별도로 규정하고 있다.

형법 제21조(정당방위)
① 자기 또는 타인의 법익에 대한 현재의 부당한 침해를 방위하기 위한 행위는 상당한 이유가 있는 때에는 벌하지 아니한다.

위법성이 없는 경우로 형법이 규정한 대표적인 경우가 정당방위이다. 누가 나를 한 대 치려고 했을 때 내가 맞지 않기 위해서 그 사람을 밀쳤다. 내가 타인에게 유형력을 행사했으므로 폭행죄의 구성요건에 해당하는 행위를 한 것이다. 그러나 나의 적법한 이익을 지키기 위해서 행한 행위이기 때문에 그것은 정당방위로 인정되어 위법성이 없다고 판단된다. 그 결과 나의 행동은 범죄로 보지 않는다. 이렇게 위법성이 없다고 법에서 규정한 사유를 '위법성 조각사유'라고 한다.

형법 제22조(긴급피난)
① 자기 또는 타인의 법익에 대한 현재의 위난을 피하기 위한 행위는 상당한 이유가 있는 때에는 벌하지 아니한다.

위법성 조각사유의 다른 예로는 긴급피난이 있다. 홍수가 나서 사람들이 막 떠내려가기 시작했다. 집도 물에 다 잠기고 생명이 위태로운 상황에서 자기 목숨을 부지하기 위해서 옆집에 있던 고무보트를 가져와서 거기에 올라타 목숨을 구했다. 옆집 고무보트는 타인의 재물이니까 타인의 승낙 없이 그 재물을 절취한 행위가 된다. 그러나 우리가 그 행위를 위법하다고 생각하지 않는다. 왜냐하면 자신의 생명과 재산을 지키기 위해서 불가피했다고 보기 때문이다. 그런 사유를 위법성 조각사유의 한 유형으로 본다. 긴급피난이라는 위법성 조각사유에 해당하면 구성요건에 해당하는 행위도 범죄가 되지 않는다.

형법 제20조(정당행위)
법령에 의한 행위 또는 업무로 인한 행위 기타 사회상규에 위배되지 아니하는 행위는 벌하지 아니한다.

또 위법성 조각사유로 업무로 인한 행위가 있다. 코비드 19와 같은 법정 감염병이 발생하면 공무원이 강제로 집에 들어가 환자로 의심되는 사람을 진찰하거나 입원을 시킨다. 이는 대상자에게는 폭력을 행사하는 행위로 폭행죄의 구성요건이나 주거침입죄의 구성요건을 충족한다. 그러나 그러한 강제 행위는 「감염병의 예방 및 관리에 관한 법률」 제42조에 따른 행위이므로 형법이 위법성 조각사유로 규정한 정당행위에 해당된다. 따라서 범죄가 성립하지 않는다.

구성요건에 해당하는지는 문제 된 행위를 적극적으로 구성요건에 맞추어 보아 판단하지만 위법성은 적극적으로 위법하느냐를 보는 것이 아니라 위법하지 않은 행동에 해당하느냐를 보아 판단한다.

3) 책임

범죄 성립 요건의 세 번째 요건은 책임이다. 범죄행위에 대해서 벌을 가하는 것은 그런 행위를 하지 말아야 할 책임이 있는데 그 책임을 다하지 않았기 때문이다. 범죄로 규정된 행위를 하지 말아야 하는 사회적인 기대를 저버린 점을 비난하는 것이다.

책임도 위법성과 같은 구조로 판단한다. 구성요건에 해당하는 행위는 위법하고 사회 구성원은 그런 행위를 하지 말아야 하는 책임이 있는 것이 원칙이다. 다만 책임이 없는 사유가 있는데 형법이 이를 명시하여 규정한다. 이를 책임 조각사유라고 부른다. 책임을 없게 하는 사유라는 뜻이다.

대표적인 책임 조각사유가 형사 미성년자이다. 5살짜리 어린 아이가 자기 아빠 골프채를 갖고 놀았다. 무거워서 제대로 들지도 못하지만 이리저리 끌고 다니면서 놀다가 옆집에서 놀러 온 친구를 쳐서 친구가 다쳤다. 친구에게 폭력을 행사하였으니 폭행죄의 구성요건에 해당한다. 아이가 놀다가 친구를 다치게 한 것은 위법성 조각사유에 해당하지 않는다. 정당방위, 긴급피난, 정당행위에 해당하지 않는다. 그렇지만 5살 어린 아이에게 타인에게 폭력을 행사하지 않을 책임이 있다고 할 수는 없다. 사회가 5살 어린 아이에게 어떤 행위(부작위를 포함)를 요구하지는 않는다. 형사 미성년자는 책임 조각사유에 해당하기 때문에 범죄가 성립하지 않는다.

형법 제9조(형사미성년자)
14세 되지 아니한 자의 행위는 벌하지 아니한다.

책임 조각사유의 하나로 기대가능성이 있다. 실화를 바탕으로 영화화되기도 한 사안이다. 배가 난파되어 몇 명이 구명보트에 탔다. 구명보트에는 난파된 배의 선장도 타고 있고 다친 사람과 나이 든 사람도 탔다. 구명보트에 바람이 새기 시작했다. 신징의 예측으로는 해로를 따라서 흘러가면 3일 후면 육지에 닿을 수 있으므로 3일만 버티면 살 수 있다. 그런데 구명보트에 탄 사람이 적정 인원을 넘어서 이대로 가면 하루 정도 지나 구명보트는 침몰하게 된다. 선장은 이 사실을 알려야겠다고 생각해서 사람들에게 이야기를 했다. "구명보트가 침몰하지 않으려면 여기서 세 사람이 줄어야 한다. 그러면 내 예측으로는 나머지 사람은 살 수 있다. 나는 어떤 게 좋은지 모르지만, 적어도 여러분에게 그 정보는 이야기해야 될 것 같아서 이야기한다." 구명보트에 탄 사람들이 아주 어렵게 결정했다. 다 같이 죽는 것보다는 몇 사람이 죽더라도 나머지는 사는 게 낫다고 생각했다. 3일 동안 배에서 물도 안 먹고 햇빛에서 견딜 수 있는 사람만 남기로 했다. 많이 다친 사람과 나이 든 사람들이 자기 스스로 바다에 들어가기도 하고 옆 사람의 도움을 받아 바다에 들어가기도 했다. 선장의 예측대로 구명보트가 3일 후에 육지에 닿았다. 육지에 닿은 다음에 그런 결정을 한 선장과 살아남은 사람들이 형법상 살인 혐의로 법정에 서게 되었다.

이 사안에서 피고인의 행위는 살인죄의 구성요건에 해당하는데 선장과 살아남은 사람들이 달리 행동할 기대가능성이 있느냐 하는 것이 쟁점이 된다. 우리가 어떤 행위를 범죄로 볼 때는 그 범죄를 저지르지 않고 다르게 행동할 것을 기대하는데 그 기대와 달리 행동한 것을 비난하는 것이다. 이 사건에서 달리 행동할 기대가능성이 없었다면 책임 조각사유에 해당해서 범죄가 성립하지 않는다.

4 형사절차

우리는 거의 하루도 빠짐없이 형사사건과 관련된 소식을 접한다. 사회적 관심이 있는 형사사건들은 뉴스로 보도가 되고 형사 절차에 대한 이야기를 많이 듣게 된다. 어떤 경우에는 범죄인을 잡지 못하는 것이 문제가 되기도 하고 어떤 경우에는 피의자를 가혹하게 다루었다고 문제가 되기도 한다. 형사절차를 관장하는 검사님과 대담형식으로 형사절차가 구체적으로 어떻게 진행되는지 알아본다.

1) 내사와 입건

내사
형사사건으로 입건되기 이전의 조사

문 형사절차는 어디에서 시작이 됩니까?

답 형사절차는 내사절차에서 시작합니다. 내사절차는 구체적인 혐의를 포착하기 전에 전반적인 범죄의 동향이라든지 혐의 유무를 포착하기 위한 사전단계입니다.

문 내사절차는 검사들이 '이러이러한 범죄가 있는 것 아닌가?'라고 해서 조사하는 단계인가요?

답 내사에서는 특별한 사람에 대한 조사는 없습니다. 범죄 정보를 수집하는 절차라고 생각하시면 됩니다.

문 고소나 고발이라는 말도 많이 듣게 되는데 고소나 고발도 내사와 관련이 있습니까?

답 고소와 고발이 들어오면 그것 자체가 수사의 단서이므로 입건절차를 진행해서 고소인이나 고발인을 소환해서 조사를 시작합니다. 고소·고발은 수사의 단서이므로 그런 경우에는 내사는 따로 진행하지 않습니다.

형사절차도

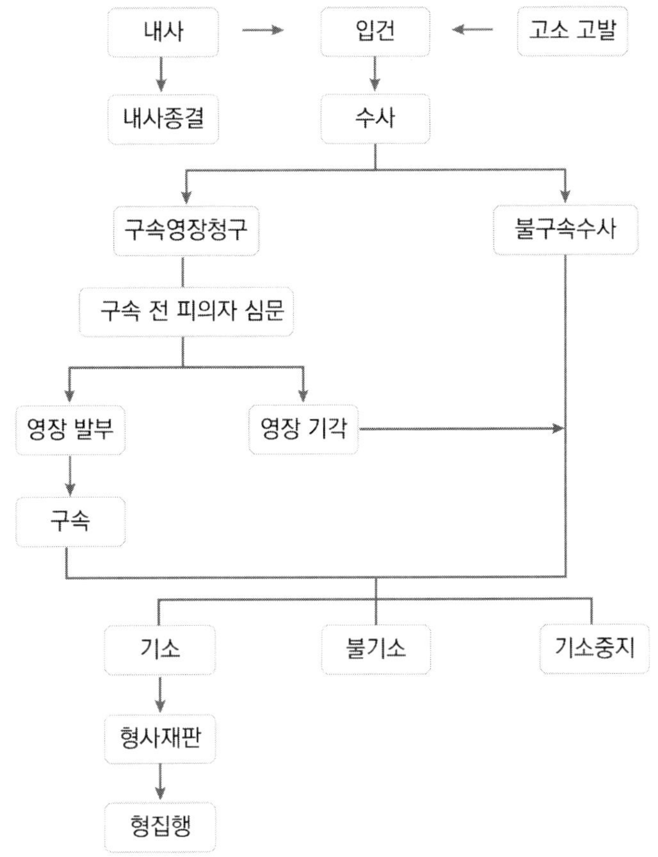

문 내사는 고소·고발 없이 사전에 이루어지는 것이군요. 그러면 '인지 사건'이란 어떤 것인가요?

답 고소나 고발 없이 내사 단계를 통해서 범죄 정보를 수집한 결과 구체적으로 혐의가 포착되면 그때 입건을 하여 참고인이나 피의자를 소환을 해서 혐의 유무를 확인한 이후에 혐의가 있다고 판단이 되면 그때 사건을 인지하게 됩니다. 그런 과정을 거친 것이 인지 사건입니다.

문 입건이라는 말은 사건화해서 그것에 대해서 수사를 한다는 의미로 이해됩니다. 입건을 해서 수사를 하게 되면 참고인이나 피의자를 불러 조사한다고 하셨는데 피의자란 범행을 저질렀을 수 있는 사람이라는 의미인가요?

> **입건**
> 사법기관에서 공식적으로 형사사건으로 인식하고 수사를 시작하는 것

답 그렇습니다. 구체적인 범죄 혐의가 있어서 조사를 받는 사람이 피의자이고 구체적인 혐의의 대상이 아닌 사람은 참고인이 됩니다. 내사 단계에서는 피의자의 혐의를 구체적으

로 포착한 단계가 아니기 때문에 대부분 피의자 신문조서가 아니라 참고인 진술조서를 받습니다.

피의자와 피고인을 구분해야 하는데 기소 여부에 따라 용어가 달라집니다. 기소 전 단계면 피의자고 기소가 된 이후에는 피고인이 됩니다.

2) 조서

조서
소송절차의 경과와 내용을 공적으로 증명하기 위하여 법원이나 기타 기관이 작성하는 공문서. 형사소송법상 공판조서, 신문조서, 검증조서, 민사소송법상 변론조서, 화해조서, 조정조서 등이 있다.

신문과 심문
- 신문(訊問) : 법원, 수사기관, 소송당사자가 증인이나 상대방, 피의자 등에게 하는 질문. 증인신문, 당사자신문, 피고인신문, 피의자신문, 참고인신문 등이 있다.
- 심문(審問) : 법관 앞에서 대립당사자에게 진술할 기회를 주는 일

문 피의자와 참고인을 구분하는 것도 중요하고, 피의자와 피고인을 구분하는 것도 법률상 중요한 의미가 있군요. '조서'라는 말씀을 하셨는데 조서는 어떤 것입니까?

답 조서는 참고인 진술조서 또는 피의자 신문조서를 말하는데 수사기관이 피의자나 참고인을 상대로 문답 형식으로 조사하는 과정을 기록한 서면을 의미합니다.

문 영화에서 보면 한 사람은 책상에 앉아서 묻고 입력을 하고 한 사람은 앞에서 이야기하는 것이 조서를 작성하는 것이군요. 조서가 어떻게 쓰입니까?

답 모든 조서는 공소제기 이후에 증거로 사용하기 위해서 수사기관이 작성을 하는 것입니다. 물론 우리나라 증거법상 조서가 모두 증거능력이 인정되는 것은 아닙니다. 법정에서 별도의 절차를 거쳐서 조서가 제대로 작성되었는지를 확인하고 증거로 채택되어야 합니다. 재판의 효율성을 위해서 법정에서 참고인이나 피의자에게 일일이 묻고 대답하는 대신 수사기관에서 조서를 작성하고 그것을 재판에서 증거로 사용할 수 있도록 하는 것입니다.

문 참고인 조서든 피의자 조서든 공식적으로 작성이 되면 조서는 재판에서 증거로서 사용될 수 있다는 말씀이군요. 그러면 실제로 조서를 작성한 후 참고인이나 피의자가 조서를

참고인과 피의자에 대한 보도 사례

1. 중앙일보, 2017. 8. 21.자 기사, "검찰, '햄버거병' 진료 의사들 줄소환"

서울중앙지검 형사2부(부장 박종근)는 맥도날드 한국지사를 식품위생법 위반 등 혐의로 고소한 최모씨 등 고소인 3명을 최근 소환조사했다. 또 사건 당시 HUS 유사 증세를 보인 어린이들을 진료한 대형병원 의료 관계자들도 일부 참고인 신분으로 조사했다.

2. JTBC, 2018. 7. 6.자 뉴스, "경찰 시신서 수면유도제 … 아빠 친구 피의자 전환"

경찰은 국과원(국립과학수사연구원) 감정 결과 그간 행적 수사 결과를 종합하여 A씨(용의자)를 피해자를 살해한 피의자 신분으로 전환하고 피해자 사망 경위와 사인을 규명하기 위해 보강수사를 진행할 계획입니다.

3. 한겨레신문, 2018. 6. 28.자 기사, "조양호 한진그룹 회장 검찰 출석"

서울남부지검 형사6부(부장검사 김종오)는 조 회장을 탈세·배임·횡령 등의 피의자 신분으로 조사하고 있다.

읽어보고 수정할 수 있습니까?

답 네. 그것은 당연히 권리로서 보장이 됩니다. 그리고 조서 뒤에 수사절차확인서를 받도록 되어있습니다. 확인서에는 조사가 몇 시 몇 분에 시작이 됐고, 조서를 종료한 시점은 언제이고, 조서를 언제부터 열람을 시작했고 언제 열람을 마쳤다는 것이 기재됩니다. 조서를 열람하고 내용 중에서 말하지 않은 부분이라든지 또는 말한 것과 다른 의미로 진술이 기재되어 있으면 그 부분에 대해서 부기라든지 수정을 요구할 수 있도록 법에서 규정하고 있습니다.

문 참고인이나 피의자로 신문을 받은 다음에 조서를 꼼꼼히 읽어보고 내용을 수정하는 것이 중요하군요.

답 그렇습니다. 법을 잘 아는 사람들은 조서 열람과 수정에만 대여섯 시간 또는 거의 밤을 새울 정도로 조서 열람과 수정에 공을 많이 들이는 모습을 볼 수 있습니다.

문 참고인이나 피의자가 조사를 받을 때 자신이 선임한 변호사를 대동하여 도움을 받을 수 있습니까?

답 물론입니다. 헌법과 형사소송법에 따라 변호인의 조력을 받을 권리가 있는 피고인이나 피의자뿐만 아니라 참고인도 변호사 선임권이 있습니다. 입회한 변호사가 조사 중간에 개입해서 진술을 막거나 진술을 유도하거나 하는 것은 허용되지 않지만 입회하여 방어권을 최대한 보장할 수 있도록 법률적인 조력을 하는 것은 법적 권리로 보장됩니다.

문 옆에 변호사가 있으면 무엇보다도 심리적으로 안정감을 찾을 수 있을 것 같습니다. 입회한 변호사가 조서를 열람하고 수정하는 과정에서도 조언을 해 줄 수 있습니까?

답 그렇습니다. 그것이 변호사의 입회하에 조사를 받는 가장 큰 장점입니다. 조서를 열람하고 잘못된 부분들을 적절하게 수정하거나, 하지 않은 말이 적혀 있다든지 아니면 의미가 다르게 기재되어 있는 문구에 대해서 조력을 받는 것이 가장 큰 장점이라고 볼 수 있습니다.

3) 구속

문 수사를 얘기할 때 '구속'이라는 말을 빼놓을 수 없는데 구속이란 무엇입니까?

답 구속은 신체를 일정한 장소에 가두어 밖으로 나가지 못하게 하는 것이지요. 가두어 둔다는 점은 같지만 구속과 구별해야 하는 개념으로 체포라는 것이 있습니다. 체포는 소환해서 조사를 받아야 할 사람이 연락을 안 받거나 도망을 가거나 또는 도망갈 염려가 있을 때 조사를 하기 위한 강제수단으로 체포 절차입니다.

문 어떤 경우에 구속을 하게 되고, 구속을 하려면 어떤 절차를 밟아야 됩니까?

형사소송법 제70조(구속의 사유)
① 법원은 피고인이 죄를 범하였다고 의심할 만한 상당한 이유가 있고 다음 각 호의 1에 해당하는 사유가 있는 경우에는 피고인을 구속할 수 있다.
1. 피고인이 일정한 주거가 없는 때
2. 피고인이 증거를 인멸할 염려가 있는 때
3. 피고인이 도망하거나 도망할 염려가 있는 때
② 법원은 제1항의 구속사유를 심사함에 있어서 범죄의 중대성, 재범의 위험성, 피해자 및 중요 참고인 등에 대한 위해우려 등을 고려하여야 한다.

답 형사소송법에서 구속의 사유가 별도로 정해져 있습니다. 구속은 일단 범죄의 중대성이 인정돼야 하므로 어느 정도 증거가 확보된 상황에서 구속 절차가 이루어지게 됩니다. 참고인이나 피해자에게 위해를 가할 우려가 있거나 또는 도주나 증거를 인멸할 우려가 있을 때 구속을 해서 수사를 할 수 있습니다.

문 구속을 한다는 것은 상당히 높은 정도로 중대한 범죄를 저질렀을 가능성이 있다는 것을 의미하는군요. 도주나 증거 인멸의 우려가 있는 경우에도 구속할 수 있고요. 그리고 체포를 한다는 것이 곧바로 구속을 의미하는 것은 아니라고 이해됩니다. 체포를 하면 얼마 동안 가둬두고 못 나가게 할 수 있습니까?

답 체포를 하게 되면 체포한 시점부터 48시간 이내에 구속영장을 청구해야 되고, 만약에 구속영장을 청구하지 않는 경우에는 바로 석방 절차를 취해야 합니다. 구속영장 청구가 48시간 이내에 진행이 돼야 하기 때문에 경찰이 피의자를 체포해서 조사를 하는 경우에는 경찰이 검사에게 체포영장을 신청한다고 미리 알립니다. 그 신청이 이루어지고 신청을 받은 검사가 기록을 검토하고 구속영장을 청구하는 것이 모두 48시간 이내에 다 이루어져야 합니다.

문 체포된 사람 입장에서는 48시간이 길겠지만, 사건을 처리하는 입장에서는 경찰이 검찰에 구속영장을 신청해 달라고 요청을 하고 검사가 영장을 청구하는 것이 48시간 안에 다 이루어져야 되므로 서둘러야 되겠습니다. 체포가 됐을 때 '왜 날 가두느냐?'고 주장할 수는 없습니까?

체포
- 현행범 체포
- 긴급체포
- 체포영장에 의한 체포

답 체포에 세 가지 종류가 있습니다. 현행범 체포, 긴급 체포 그리고 체포영장에 의한 체포가 있습니다. 일반적인 것은 사전에 법원으로부터 체포영장을 받아서 체포하는 것입니다. 발부된 체포영장에 근거하여 체포하는 때에는 '나를 가두지 마라.'고 대항할 수 없습니다. 체포영장은 검사가 체포사유를 법원에 소명하고 법원이 체포사유가 있다고 판단되었을 때에만 발부됩니다.

긴급체포나 현행범 체포는 영장에 의하지 않고 예외적인 긴급한 사유가 있을 때에만 인정이 되기 때문에 체포 절차의 적법성이나 현행범 체포나 긴급 체포의 사유에 해당되지 않는다는 점을 근거로 다툴 수 있습니다.

문 '체포영장'이나 '구속영장'이라고 할 때 영장이란 어떤 서류인가요?

임의수사
강제력을 동원하지 않아 상대방의 동의나 승낙을 받아하는 수사

답 형사소송법에서 모든 수사절차는 임의 수사를 원칙으로 하고 있습니다. 다만, 강제적으로 사람의 신체를 가두어두거나 재산을 압류하거나 또는 압수수색을 하는 등 자유를 제약하

는 수사절차는 모두 법원에 영장을 신청해서 법원이 충분히 사유를 심사한 다음에 발부한 영장에 의해서만 할 수 있습니다.

문 검사가 청구해서 법원이 발부한 영장이 있어야 강제수사가 가능한 것이군요. 구속영장을 발부하기 위해 법원에서는 어떤 절차가 이루어집니까?

답 '구속 전 피의자 심문'이라는 절차가 있습니다. 구속 전 피의자 신문은 구속사유가 있는지 법원이 판단하기 위한 사전 절차입니다. 피의자는 판사 앞에서 "구속의 사유가 없다. 나는 구속되지 않고서도 충분히 수사절차에 협력하고 증거를 인멸하지 않고 불구속 상태에서 수사를 받아도 다른 구속 사유가 이루어지지 않을 것이다."고 주장할 수 있습니다. 반대로 검사도 구속 전 피의자 심문 절차에 참여하여 구속 사유가 왜 있는지 혐의에 대한 증거가 어느 정도 소명이 됐는지를 피력할 수 있습니다.

불구속 수사를 하던 중에 검사가 구속영장을 청구하면 불구속 상태에서 피의자 신문을 받지만 사전에 체포된 상태에서 구속영장이 청구되면 가두어진 상태에서 신문을 받습니다.

> **구속 전 피의자 심문**
> 구속영장 발부가 필요한지 심사하는 절차. 영장 실질심사라고도 한다.

> **형사소송법 제201조의2(구속영장 청구와 피의자 심문)**
> ① 제200조의2·제200조의3 또는 제212조에 따라 체포된 피의자에 대하여 구속영장을 청구받은 판사는 지체 없이 피의자를 심문하여야 한다. 이 경우 특별한 사정이 없는 한 구속영장이 청구된 날의 다음날까지 심문하여야 한다.

문 구속이 결정되면 구속할 수 있는 기간에 제한이 있습니까?

답 형사소송법은 구속 기간을 제한합니다. 구속영장이 발부되면 10일 동안 구속을 할 수 있고 한 번 연장해서 최대 20일 간 구속을 할 수 있습니다.

문 그러면 최대 20일 이내에 기소를 할 것인가 안 할 것인가를 결정해야 되는 것입니까?

답 그렇습니다. 그런데 체포와는 달리 구속의 경우에는 범죄 혐의가 상당히 소명되었고, 증거 수집 절차가 상당 부분 이루어진 상태에서 영장이 발부되기 때문에 대부분 구속 기간 만료 전에 기소가 이루어집니다.

4) 기소

문 구속을 하든지 아니면 불구속 상태로 수사를 다 한 후에 검사가 취할 수 있는 선택지에는 어떤 것이 있습니까?

답 크게는 기소 즉 공소를 제기해서 재판을 받게 할 수 있는 절차가 있고 불기소 절차가 있습니다. 불기소 처분에는 '이 사람은 전혀 혐의가 없다.'라는 '혐의 없음'도 있지만, 기소유예라는 처분도 불기소 처분 중에 하나입니다. 기소유예 처분은 혐의는 충분히 인정이 되지만 사안이 중하지 않으므로 이번에는 벌하지 않겠다는 의미입니다.

> **기소와 불기소**
> ■ 기소
> - 구공판
> - 구약식(약식명령)
> ■ 불기소
> - 혐의없음
> - 기소유예

문 혐의는 확인이 됐지만 굳이 재판을 받아서 형사처벌하지 않아도 되겠다고 하는 것이 기소유예군요. '기소중지'라는 말을 듣게 되는데 어떤 것인가요?

답 기소중지는 피의자의 소재가 확인이 되지 않아서 기소 유무를 판단할 수 없을 때 내리는 처분입니다. 기소중지 처분은 종국적 처분은 아니고 잡힐 때까지 사건을 보류해두는 중간적인 절차입니다. 기소중지와 함께 참고인 중지라는 절차도 있습니다. 피의자의 범죄 혐의를 파악하기 위한 중요한 참고인의 소재가 확인이 되지 않아서 수사를 더 진행하기 어려울 때 내리는 처분이 참고인 중지 처분입니다.

그리고 한시적으로 기소를 중지하는 처분이 있습니다. 시한부 중지 처분이라고 하는데 피의자가 중한 병에 걸렸다든지 또는 지금 다른 소송을 진행하고 있는데 그 결과를 형사절차에 반영해야 될 때 한시적으로 기소를 중지하는 처분입니다.

문 구속상태에서 기소가 되면 계속 구속되어 있나요?

답 일반적으로는 그렇습니다. 기소 후에 6개월까지 구속상태에서 재판을 할 수 있습니다. 그러나 피고인이 보석을 신청하거나 구속적부심신청을 해서 법원이 받아들이면 구속상태에서 벗어날 수 있습니다.

문 기소를 하게 되면 형사재판이 시작되는 것인가요?

답 원칙적으로 그렇습니다만 실제 재판이 열리지 않고 서면으로 절차가 진행되는 경우도 있습니다. 이를 약식명령 또는 구약식이라고 합니다. 검사가 기소할 때 경미한 사건을 정식 형사재판 대신 서면으로 처리하는 것이 합당하다고 생각하면 기소를 하면서 약식명령을 신청합니다. 법원이 발부한 약식명령 고지서를 받은 피고인이 공소사실을 인정하고 벌금을 납부하면 형사절차가 그대로 끝납니다. 물론 피고인이나 법원이 정식재판이 필요하다고 판단하면 정식 형사재판 절차가 진행됩니다. 구약식에 대비되는 개념은 구공판입니다. 구공판으로 결정되면 일반적인 형사재판이 진행됩니다.

문 검사가 수사를 다해서 공판이든 약식절차든 기소를 하게 되면, 검사 역할은 거기서 끝나는 것입니까?

답 검사는 수사도 담당하지만 공소제기 이후에 공소유지절차를 담당하고 그 이후에 집행절차까지 관할합니다. 검사는 형사재판에서 기소한 이유가 무엇인지 증거가 무엇인지 판사 앞에서 입증하게 됩니다. 검사가 제시한 증거에 대해서 피고인과 변호인이 반박을 하거나 반대 증거를 제시하면서 형사 재판 절차가 진행됩니다. 형사재판에서 공소유지를 하는 검사를 공판검사라고 부르는데 일반적으로는 수사를 담당한 검사와 다른 검사가 공판검사로 역할을 합니다.

문 검사의 역할은 수사와 공소제기로 끝나는 것이 아니고 공소유지와 유죄판결 이후 형 집행을 관장하는군요. 말씀 감사합니다.

5 형벌

죄형법정주의의 원칙에 따라 범죄에 대해서 법률이 정하고 있는 형벌만 부과해야 한다. 국가의 형벌권 행사 시 법률에 있는 것보다 더한 형벌을 가하면 안 된다는 원칙은 오늘날 문명국가의 상징이다. 형집행을 담당하는 검사와 대담형식으로 우리나라에 어떤 형벌이 있는지 알아본다.

문 형벌에는 어떤 종류가 있습니까?

답 우리나라 형법에 형벌의 종류를 9가지로 규정하고 있습니다. 생명형으로 사형이 있고 자유형으로 징역, 금고, 구류가 있습니다. 재산형으로 벌금, 과료, 몰수가 있고 자격상실과 자격정지가 병과될 수 있습니다.

형벌의 종류
- 생명형 : 사형
- 자유형
  - 징역
  - 금고
  - 구류
- 재산형
  - 벌금
  - 과료
  - 몰수
- 명예형
  - 자격상실
  - 자격정지

문 형벌의 종류가 다양하군요. 사형선고가 있다는 보도는 있어도 사형이 집행되었다는 말을 못 들었는데 실제 사형을 집행합니까?

답 우리나라는 사형을 선고는 하지만 집행을 하지는 않고 있는 국가입니다. 그래서 사형선고를 받고 계속 수감 중에 있는 사람들이 여럿 있습니다.

문 사형에 대해서는 상당한 논란이 있지요. 형사재판에서 대부분의 경우는 자유형 혹은 재산형이 부과될 텐데, 자유형과 재산형을 나누는 의미는 무엇일까요?

답 자유형은 신체의 자유를 제약함으로써 형벌을 부과하는 것이고 재산형은 재산을 빼앗음으로써 형벌권을 실행하는 것입니다. 두 가지 모두 사람들이 싫어하는 것이지요. 자유형은 교도소에 가두는 형이라고 생각하시면 됩니다. 자유형에 해당하는 징역, 금고, 구류는 기간이나 노역 여부에 따라서 구분하는 것입니다. 재산형에서 벌금과 과료는 금액에 따라 구분하고 몰수는 대상이 되는 재산을 모두 빼앗는 것입니다.

문 '교도소'라는 말씀을 하셨는데요. 교도소와 구치소는 다른 것인가요?

답 교도소는 이미 판결이 선고되어서 형벌이 확정이 된 이후에 형을 집행하는 장소입니다. 구치소는 아직 판결이 확정되기 전에 재판을 받고 수사를 받는 동안 구금시켜놓는 장소입니다.

구치소와 교도소
- 구치소 : 구속영장의 집행을 받은 형사피고인 및 피의자를 수용하는 시설
- 교도소 : 자유형의 선고를 받고 형기 중에 있는 자를 수용하는 시설

문 교도소와 구치소가 그런 차이가 있군요. 징역형을 선고받으면 교도소에 가둬지는데 반드시 노역을 해야 합니까?

답 징역과 금고의 차이는 노역의 유무에 있습니다. 징역형에는 노역이 부과돼서 해당 노역

을 해야 되지만 금고형에는 노역을 하지 않아도 됩니다. 금고형은 교통사범 등 죄질이 나쁘지 않을 때 선고합니다.

문 징역형을 선고받게 되면 가둬질 뿐만 아니라 반드시 일정한 근로를 해야 되는군요. 징역형을 선고받으면 중간에 구치소나 교도소에서 나올 수는 없습니까?

보석과 가석방
- 보석 : 도망하는 경우 납부한 보증금을 몰수하는 조건으로 법원이 구속된 형사 피고인을 석방하는 제도
- 가석방 : 징역 또는 금고형을 받고 수형 중에 있는 자를 형기 만료 전에 석방하는 제도

답 보석이나 가석방에 의해서 나올 수 있습니다. 보석은 재판 중에 부모님이나 가족이 돌아가셨다거나 위중한 질병인데 구치소 내에서 치료를 받기 어려운 상황에서 보증금을 납부하고 일시적으로 석방된 상태에서 재판을 받는 것입니다.

문 보석을 신청해서 허가됐다는 것은 구치소에서 나오는 것이군요. 보석허가를 받으면서 보증금을 낸다고 하셨는데 보증금은 나중에 돌려줍니까?

답 보증금은 도주나 증거인멸 등 몰수 사유가 없으면 돌려줍니다. 요즘에는 보증금 납부에 대신하여 보증보험증서를 제출할 수도 있습니다.

문 '가석방'이란 어떤 것인가요?

답 가석방은 형벌이 확정된 이후에 교도소의 가석방 심사위원회를 거쳐 일시적으로 석방 상태에서 형 집행을 하는 제도입니다. 교도소 내에서의 태도가 좋고 사회에 나가도 범죄를 저지르지 않고 적응할 만큼 충분히 개선되었다고 판단하면 가석방결정을 합니다.

문 가석방이 되면 더 가둬지지는 않고 밖에 나와서 생활을 할 수 있게 되는군요. 재산형 중에 벌금이 많이 부과되는 것 같습니다. 벌금을 낼 돈이 없으면 어떻게 됩니까?

답 벌금을 납부할 돈이 없으면 노역장 유치 절차가 진행됩니다. 노역장 유치 처분을 해서 노역을 한 일당으로 벌금을 공제하는 절차를 거치게 됩니다.

문 감사합니다.

6 한화배임사건

기업이 여러 활동을 하면서 경영자가 형법상 범죄를 저질러서 형벌을 받는 경우들이 있다. 기업 관련 범죄 중에서 자주 접하게 되는 것으로 횡령죄와 배임죄가 있다. 횡령죄는 타인의 재물을 보관하는 자가 그 재물을 횡령하거나 반환을 거부하는 행위를 구성요건으로 하고, 배임죄는 타인의 사무를 처리하는 자가 그 임무에 위배된 행위로 자신이나 제3자가 이익을 취하게 하는 행위를 구성요건으로 한다. 주식회사의 이사는 타인의 사무를 처리하는

자이므로 이사의 임무위배행위로 회사에 손해가 되는데 자신이나 제3자가 이익을 얻게 되면 배임의 죄책을 지게 된다.

2013년 대법원 판결과 2014년 파기환송심 판결로 확정된 한화그룹 김승연 회장 등 피고인에 대한 사건은 배임죄와 주식회사의 본질을 생각하게 하는 내용을 담고 있다. 이 사건은 피고인이 14명이고 혐의 내용이 횡령, (업무상)배임, 조세범 처벌법위반, 자본시장법 위반, 공정거래법 위반, 독점규제법 위반, 공무집행방해 및 동 교사, 증거인멸 및 동 교사 등 복잡한 내용으로 사건의 전모를 파악하는 것은 쉽지 않다. 천경훈 교수의 논문("한화판결의 주요 법적 쟁점", BFL, 제64호(2014. 3), 64-77면)을 바탕으로 배임과 관련 사실관계와 쟁점을 학생과의 대담형식으로 알아본다.

형법 제355조(횡령, 배임)
① 타인의 재물을 보관하는 자가 그 재물을 횡령하거나 그 반환을 거부한 때에는 5년 이하의 징역 또는 1천500만원 이하의 벌금에 처한다.
② 타인의 사무를 처리하는 자가 그 임무에 위배하는 행위로써 재산상의 이익을 취득하거나 제삼자로 하여금 이를 취득하게 하여 본인에게 손해를 가한 때에도 전항의 형과 같다.

형법 제356조(업무상의 횡령과 배임)
업무상의 임무에 위배하여 제355조의 죄를 범한 자는 10년 이하의 징역 또는 3천만원 이하의 벌금에 처한다.

문 이 사건은 어떤 사실관계에서 시작했습니까?

답 한화그룹은 1980년대 위장 계열사를 설립해서 유통업과 물류업에 진출하나 부진을 면치 못하게 됩니다. 이에 여러 계열사들이 지급 보증을 해주거나 단자회사를 통해 연결 자금을 제공해 주는 방식으로 연명하게 됩니다. 이렇게 지원에 나선 계열사들 역시 잠재적 부실을 키우는 결과가 되었기 때문에 이를 해결하기 위해서 여러 계열사들 간의 자산 양수도, 주식 양수도, 합병·분할, 주식 인수 등의 방법을 통해서 부실계열사가 차익을 남기고, 그 자금으로 채무를 변제하는 방식을 취하게 됩니다. 이 모든 과정은 그룹 차원에서 기획되고 집행되었습니다.

위장계열사
실제는 공정거래법상 대규모 기업집단의 계열사인데 계열사가 아닌 것처럼 위장한 회사

최종적으로 유죄가 인정된 부분을 살펴보면, 조세 포탈, 공정위에 허위자료 제출, 시세조종, 한유통·웰롭·부평판지에 자금 지원 및 지급 보증, 동일석유 저가 매각, 한유통·웰롭 관련 계열사 간 저가 매도, 고가 매수, 대한생명 콜옵션 무상 양도, 드림파마의 채무초과회사 합병, 공무집행방해 및 증거인멸. 이렇게 9가지가 되고 그 중 김승연 회장의 죄책이 인정된 부분은 총 6개입니다.

콜옵션(call option)
옵션거래에서 특정한 자산을 만기일이나 만기일 이전에 미리 정한 행사가격으로 살 수 있는 권리. 팔 수 있는 권리인 풋옵션(put option)에 대비되는 개념이다.

문 상당히 복잡한 사건이군요. 재벌 계열사들 간에도 여러 가지 유형의 거래를 합니다. 한 계열사가 자금을 빌릴 때 다른 계열사가 보증을 서기도 하고 계열사들끼리 자산이나 주식을 사고파는 행위를 합니다. 그런 과정에서 범죄를 저지를 수 있다는 것인데 한화그룹 총수인 김승연 회장이 관련됐던 배임 사건에 관한 사실관계를 조금 더 구체적으로 설명을 해주십시오.

답 부실 계열사를 부당 지원하기 위해 보증한 행위, 우량계열사가 보유한 자산을 부실 계열사에 저가로 양도한 행위, 우량 계열사가 부실 계열사를 합병하고 부실 계열사의 자산을 고가로 양수한 행위 등이 배임행위로 문제되었습니다.

문 그런 방식으로 부실 회사를 도와주었군요. 부실한 계열사가 돈을 빌릴 때 담보가 부족

하여 우량한 계열사가 보증을 서주면 나중에 빌린 돈을 못 갚게 되면 보증을 선 우량한 계열사가 채무를 부담하게 되는 결과가 되겠네요. 우량한 계열사에 있던 자산을 저가로 매각해 주면 부실한 회사는 차액만큼의 이익을 얻을 수 있게 되고 또 부실한 회사가 갖고 있는 부실한 자산을 고가에 매수를 해주면 부실한 회사는 그만큼 차액을 얻게 되고. 결국 계열사들 간의 이런 거래를 통해서 사실상 부가 이전되는 결과가 되는군요. 그 일들이 그룹 전체를 통괄하는 기획실에서 기획이 되고 실행된 이유는 무엇인가요?

답 한유통·웰롭은 운영자금을 처음에는 한화유통의 지급보증 하에 금융권에서 조달하였으나 1990년대 중반 무렵에는 지급보증 주체가 빙그레로 교체되었다가 1997년 금융권의 요청으로 신용이 더 좋은 주력계열사로 변경하게 되었습니다.

그 결과 1997년 외환위기 시 계열사의 부도를 막을 수 있었습니다. 신용이 낮은 계열사가 지급보증을 계속하였다면 부실한 계열사가 부도났을지 모릅니다. 2005년 한유통의 단기차입금이 2,109억원, 웰롭이 863억원에 이르렀습니다. 보증을 한 다른 계열사의 부도를 막기 위해 한화그룹 경영기획실이 2005년부터 앞서 설명한 여러 방법으로 부실을 털어내기 시작하였습니다.

문 그랬군요. 새로운 사업을 시작한 계열사가 돈을 빌릴 때 상대적으로 작은 계열사가 보증을 서주기 시작했는데, 채무기업이 부실한데 차입금이 점점 커지니까 금융권에서는 담보능력이 충분한 더 큰 우량한 회사에 보증을 요구하여 결국 그룹 주력 계열사까지 보증을 서면서 계열사 전체가 일종의 사슬로 서로 묶이는 결과가 되었군요.

1997년 외환위기 당시에 부실한 계열사의 부도를 막지 못해서 보증책임을 진 다른 계열사가 부도가 나면서 그룹 전체가 부도난 사례들을 볼 수 있는데 한화그룹에서는 우량한 계열사가 보증을 서줌으로써 막았군요. 그룹 전체를 살린 것은 좋은 것 같은데 그것이 왜 배임죄가 됩니까?

답 한 계열사의 부가 다른 계열사로 부당하게 이전하기 때문입니다. 형법상 배임죄의 구성요건은 '타인의 사무를 처리하는 자가 그 임무에 위배하는 행위로써 재산상 이익을 취득하거나 제3자로 하여금 이를 취득하게 하여 본인에게 손해를 가하는 행위'입니다. 이 사건에서 한 계열사의 이사인 피고인이 그 회사의 이익을 위해 행동해야 하는 임무에 위배해서 제3자 즉 다른 계열사에게 이득을 보게 하면서 자신이 이사로 있는 회사에게는 손해를 끼쳤기 때문입니다.

문 그룹 전체의 차원에서는 그룹의 존폐라든가 그룹 전체의 이익이 관심이지만 법률적인 관점에서는 그룹을 구성하고 있는 각 계열사가 독립된 법적 주체이기 때문에 독립된 각 계열사의 이사로 있는 사람들이 자기가 이사로 일하고 있는 회사의 부를 부당하게 다른 계열사에 이전했다면 그것이 배임이 된다는 말이군요?

답 맞습니다. 이 사건이 다른 사건과 다른 점은 피고인이 개인적으로 횡령한 재산이 없었다는 점입니다. 계열사 간 거래에서 피고인 자신이 주식을 많이 갖고 있는 계열사가 손해를 보았고 그렇지 않은 계열사가 이익을 취했습니다. 오히려 피고인 개인적으로는 손해를 보았습니다.

피고인은 그룹 전체의 이익을 위해서 행동하였고 만일 이러한 조치를 취하지 않았다면 부실한 계열사가 결국 부도가 났을 것이고 한 계열사가 부도가 나면 그룹 전체의 신용이 나빠지고 다른 계열사도 위험하게 된다고 주장했습니다.

문 지금 설명한 대로 다른 사건에서는 대부분 배임이 있는 경우에 횡령이 같이 있었습니다. 기업주가 회사의 자금을 자기 개인 용도로 쓰고 회사의 부를 자기 자신 혹은 제3자에게 이전한 것이 보통이어서 배임을 인정하는데 별 문제가 없었습니다. 그런데 이 사건에서는 개인적인 횡령은 전혀 없었고 그룹 전체적으로는 이득을 봤다고 주장했군요. 최종 판결은 어떻게 됐습니까?

답 업무상 배임의 유죄로 확정되었습니다.

문 이 사건에서 피고인들은 그룹 전체의 이익을 위해서 행동을 했다고 주장했는데 법원이 그 주장을 받아들이지 않은 이유는 무엇일까요?

답 법원은 집단이익의 추구가 경제적으로 중요한 의미를 가질 수 있는 경우가 있다는 점을 인정했습니다. 그러나 집단이익의 개념에 상반되는 개별회사 고유이익이 있음을 지적했습니다. 또 피고인의 행위가 계열회사 전체의 이익을 위한 것인지에 대해 의문을 표시했습니다. 지원 계열사의 선정 과정이 합리적이지 않았고 또 지원 계열회사의 부담에 상응하는 어떠한 보상도 없었다는 점을 지적했습니다.

문 기업 집단의 경우 집단 전체의 경제적인 가치도 인정할 수 있지만 개별적인 회사의 경제적인 이익이나 가치와 일정한 균형을 이루었을 때만 인정된다는 것이지요. 계열회사 간에 서로 도와줄 때도 그 선정 과정에 공정성이 확보되어야 하고 도와준 회사에도 적정한 대가가 지급되지 않으면, 기업 집단 전체의 이익을 위해서 개별 회사의 이익을 희생한다는 것은 법으로 허용되지 않는다는 설시였습니다.

기업 집단의 개별 회사 이사들이 계열회사가 속해 있는 기업 집단 전체의 이익을 위해서 행동한다고 해서 그 계열회사의 이익을 훼손하는 것이 정당화될 수 없다는 것입니다. 법은 계열회사 각자를 독립된 법적인 주체로 보고 있기 때문입니다. 감사합니다.

배심제도와 국민참여재판

배심제도란 법률가가 아닌 일반 국민이 재판 또는 기소에 참여하여 평결을 하는 제도이다. 형사사건에서 기소 여부를 판단하는 대배심과 민형사 재판에서 사실 확인이나 판단을 하는 소배심으로 구별한다. 배심제도는 영국에서 12-13세기부터 시작된 것으로 알려져 있고 영미법계 국가 재판제도의 기초가 되었지만 지금은 많은 영미법계 국가에서도 중범죄 형사사건을 제외하고는 별로 활용되지 않는다. 미국이 유일한 예외로 일반 민사사건에서도 일상적으로 이용된다. 대륙법계 국가에서는 배심제도의 이념이나 방식이 재판에 여러 가지 형태로 반영이 되어 운영된다. 배심제와 구별할 제도로 참심제가 있다. 참심제는 일반 국민이 재판부의 일원이 되어 직업 법관과 함께 재판을 하는 것으로 독일과 프랑스에서 시행되고 있다.

우리나라에서는 "국민참여재판"이라는 이름으로 「국민의 형사재판 참여에 관한 법률」을 근거로 하여 2008년부터 시행되고 있는데 합의부 관할 형사사건을 대상으로 한다. 피고인이 국민참여재판을 원하는 의사를 법원에 제출하면 법원은 배심원을 선정하여 국민참여재판을 진행한다.

법원은 법원별로 작성된 배심원후보예정자명부에서 일정 수의 배심원후보자를 무작위로 추출하여 선정기일을 통지하고 법원에 출석하게 한다. 판사, 검사, 변호인은 배심원후보자에게 질문하여 공정하게 판단할 수 있는지를 확인한다. 검사와 변호인은 일정 수의 후보자에 대해 기피신청을 할 수 있고 법원이 최종 배심원과 배심원 후보자를 결정한다.

배심원은 법정 공방을 지켜본 후 재판장으로부터 사건의 쟁점과 증거, 적용할 법률과 판단원칙에 대한 설명을 듣고 평의에 참여한다. 유무죄에 대한 배심원의 평결은 만장일치로 정한다. 만장일치가 아닌 경우에는 재판부의 의견을 들은 후 평결을 한다. 재판부는 배심원의 평결에 구속되지는 않지만 대부분의 경우는 의견이 일치한다.

고 김모 가수의 타살의혹을 제기했다가 배우자의 명예를 훼손한 혐의로 기소된 이모 기자에 대한 형사재판(2020년 11월 4일)에서 배심원 7명은 12시간 심리와 3시간 평의를 거쳐 만장일치로 무죄를 평결했다. 재판부는 일부 표현이 부적절해도 공익적 목적이 있고 고의의 입증이 부족하다는 이유로 무죄를 선고한 바 있다. 이모 기자는 해당 배우자가 제기한 손해배상청구소송에서 1억원의 배상판결을 받았지만 형사재판에서는 무죄를 선고받은 것이다. 민사재판과 형사재판에서 입증의 기준이 다르기 때문에 두 재판에서 판단이 달라질 수 있다.

CHAPTER

4

노동법

1. 노동법의 생성배경과 특성
2. 개별적 노동관계
3. 집단적 노사관계
4. 노동법 관련 분쟁시 해결방안

법률가는 점진주의자다.
Lawyers are incrementalists.

CHAPTER 4

노동법

1 노동법의 생성배경과 특성

농사를 짓거나 수렵을 하면서 자급자족하는 원시시대와 사무실이나 공장에서 일을 하고 급여를 받거나 급여를 주는 산업사회와의 큰 차이는 자신의 노동력을 제공하고 그 대가를 받아 생활하는 '근로자'라고 하는 새로운 직역이 생긴 점이다. 오늘날 대부분의 사람들은 급여를 받는 근로자이든지 급여를 주는 사용자이다. 현대사회에서 노동의 문제는 모든 사람의 문제가 되었다. 근로자라고 하는 새로운 직역의 출현과 확대는 근로의 문제를 규율하는 노동법이라는 영역을 탄생시켰다. 노동법이 어떤 내용인지 노동법 교수님과 대담을 통해 알아본다.

문 노동법은 어떻게 해서 만들어지게 되었습니까?

답 근대 시민법이 계약자유라든가 국가로부터 시민의 자유를 확보해주는 여러 순기능을 하고 또 자본주의 사회를 발전시키는 데 많은 역할을 했습니다. 그런데 그 역할이 한계에 부딪히는 상황이 오게 됩니다. 자본주의가 발전될수록 기존의 근대 시민법에서 역할을 했었던 가장 대표적인 원리인 계약자유의 원칙이 한계에 부딪히게 됩니다.

근대 시민법
유럽의 봉건질서가 서서히 해체되는 시기에 자본을 바탕으로 한 부르주아 혁명에 의해 탄생한 시민사회에서 형성된 법. 계약자유의 원칙, 사유 재산제, 과실 책임의 원칙 등을 기본 원리로 한다. '로마 시민법'과 구별하기 위해 '근대 시민법'이라고 부른다.

예를 들어서 말씀드리면, 기존의 계약자유의 원칙에 따르면 모든 계약은 자유롭게 보장됩니다. 그래서 어린 애가 하루 종일 일을 하고도 빵 하나만 받기로 하는 계약을 그대로 인정을 해야 하는 상황이 되었습니다. 계약자유의 원칙이 사람을 착취하고 생존에 위협을 가하게 되는 폐해를 가져온 것입니다.

그런 상황을 그대로 방치하다 보니까 인간의 존엄성이라든가 생존이 심각하게 위협을 받게 되고요. 나아가 근로자들의 건강이 심각한 위협을 받게 되다 보니 노동력 자체가 더 이상 유지되기 어려워져서 과연 '이 사회가 계속 존립할 수 있을까?'하는 위기에까지 봉착하게 됩니다.

그 이후 두 가지의 흐름이 나타나게 되는데요. 한 쪽은 "자본주의를 더 이상 인정할 수가

근대 시민법 원리에 대한 저항
- 부정 : 공산주의 법이론으로 대체
- 수정 : 사회주의적 원리 가미

없다. 사회주의, 공산주의 혁명을 하자."는 자본주의 자체를 전복시키려는 흐름입니다. 실제로 우리가 알고 있는 소비에트 혁명과 같은 공산주의 혁명에 의해서 자본주의가 붕괴되는 모습을 보게 됩니다.

다른 한 쪽은 인권적인 측면에서 인간의 존엄성을 어떻게 보장해야 될 것인지, 그것을 과연 근대 시민법의 원리로 계속 보장할 수 있을 것인지에 대한 고민들이 나타나게 됩니다. 기존의 근대 시민법의 원리를 수정해서 건강한 자본주의, 수정된 자본주의로 나아가야 한다. 그렇지 않으면 이 사회 자체가 붕괴되고, 인간의 존엄성이 완전히 파괴되고 말 것이라는 주장이 힘을 얻으면서 기존 시민법 원리에 대한 반성의 차원에서 노동법이 등장하게 됩니다. 근대 시민법의 원리를 수정하는 흐름 속에서 노동법이 탄생을 했습니다. 사회를 건강하게 계속 수정해서 발전시키자는 차원에서 노동법이 나타났다고 보시면 됩니다.

문 그렇군요. 시민법이 갖고 있었던 계약자유의 원칙에 따르면 노동력을 공급하고 그것에 대해서 대가를 지급하는 것도 계약의 하나로 당사자들이 계약자유의 원칙에 따라서 자유롭게 결정할 수 있었는데, 그렇게 하다 보니까 인권을 도저히 보장할 수 없는 극심한 상황에 이르렀고, 그것을 개선하기 위해서 계약자유의 내용을 수정하고 노동력을 공급하는 사람들이 인간답게 살 수 있고 또 사회가 계속 노동력을 교환하면서 발전할 수 있는 사회로 갈 수 있는 제도적인 장치로 노동법이 마련되었군요. 그러면 노동법에서는 계약자유의 원칙은 이제 더 이상 인정되지 않는 것인가요?

답 그렇지는 않습니다. 계약자유의 원칙이라는 것은 우리 헌법에서도 보장이 되는 가장 중요한 원리라고 할 수 있고 노동법에서도 기본적으로는 계약자유의 원칙을 중요하게 생각합니다. 사적자치의 원칙은 중요한 법원리로서 노동법에서도 인정이 되지만, 무제한의 자유가 아니라 수정된 자유, 약간의 제한을 통해서 모두가 함께 건강하게 공존할 수 있는 자유를 인정한다고 보시면 되겠습니다.

문 노동법은 계약자유의 원칙에 일정한 수정을 가한 법률체계라고 생각하면 되겠군요. 우리가 노동법이라는 용어를 사용하는데 노동법이라는 법률이 있는 것인가요? 아니면 여러 개의 법률이 노동법이라는 영역을 이루고 있는 건가요?

노동법 체계
- 개별적 노동관계법
- 집단적 노사관계법

답 노동법이라는 이름의 법률은 없습니다. 여러 가지 다양한 법률들을 총체적으로 노동법이라고 부릅니다.

문 어떤 법률이 노동법의 범주에 있는지 소개해 주십시오.

답 노동법에서 가장 중요한 분류는 개별적 노동관계법과 집단적 노사관계법입니다. 개별적 노동관계법은 개별 근로자와 사용자 간의 관계를 규율합니다. 개별적 노동관계법에 속하는 대표적인 법률이 「근로기준법」입니다. 요즈음에 많이 논의되고 있는 최저임금을 규율하는 「최저임금법」, 남녀고용평등 문제에 대해서 다루고 있는 「남녀고용평등과 일·가정 양립 지원에 관한 법률」, 비정규직에 대해서 규율하는 「기간제 및 단시간근로자 보호 등에 관한 법률」 및 「파견근로자 보호 등에 관한 법률」들도 개별적 노동관계법 영역에 해당되는 법률입니다.

개별적 노동관계법
- 근로기준법
- 최저임금법
- 남녀고용평등과 일·가정 양립 지원에 관한 법률
- 기간제 및 단시간 근로자 보호 등에 관한 법률
- 파견 근로자 보호 등에 관한 법률

집단적 노사관계법은 주로 근로자 단체에 관한 법입니다. 우리 헌법에서 노동기본권의 하나로 근로자들이 자치적으로 자신들의 단체를 만들어서 사용자와 교섭을 할 수 있고 필요한 경우에는 단체행동을 할 수 있다고 보장하고 있습니다. 헌법에서 보장하는 그러한 권리를 구체화시키는 법률이 있습니다. 대표적인 법률로는 「노동조합 및 노동관계조정법」이라고 해서 근로자들이 노동조합을 조직하고, 노동조합에서 활동하는 것을 보호하고 보장하고, 사용자와 단체교섭을 하고 또 필요한 경우에는 단체행동을 통해서 근로자들의 권익을 보장할 수 있도록 하는 법률입니다. 공무원이나 교원들도 그런 집단적 노사관계법에 해당되는 노동조합 활동을 할 수 있는 내용들을 담고 있는 법률들이 또 있습니다.

집단적 노사관계법
- 노동조합 및 노동관계조정법
- 공무원의 노동조합 설립 및 운영 등에 관한 법률
- 교원의 노동조합 설립 및 운영 등에 관한 법률

문 교수님 말씀을 들어보니까 우리가 언론에서 자주 보는 용어가 계속 나와서 노동법이 정말 우리 생활에 많이 들어와 있다는 걸 느낄 수 있습니다. 정리하면 노동법은 여러 개의 법률에 의해서 구성이 되어 있는데, 개별 노동자와 사용자와의 관계를 규율하는 개별적 노동관계법이 한 그룹이고, 노동자들이 노동조합이라는 단체를 통해서 활동하는 것을 규율하는 집단적 노사관계법이 다른 그룹을 이루고 있군요.

답 그렇습니다.

2 개별적 노동관계

오늘날에는 혼자 힘으로 자신의 의식주를 충족시켜 나가는 사람보다는 급여를 주거나 혹은 급여를 받으면서 사는 사람이 훨씬 더 많다. 산업사회에서는 근로의 문제가 거의 모든 사람의 문제이다. 근로관계를 규율하는 법을 노동법이라고 하는데, 노동법은 여러 법률로 구성되어 있다. 노동법은 크게 개별 노동자와 사용자의 관계를 규율하는 개별적 노동관계법과 근로자들의 노동조합 활동을 규율하는 집단적 노사관계법으로 나눠볼 수 있다.

문 교수님, 개별적 노동관계의 큰 얼개를 소개해 주십시오. 개별적 노동관계라는 것이 왜 중요한 의미를 갖는지 또 어떤 법률에 의해서 규율되는지.

답 근로자들이 취업을 해서 일을 하게 되면 노동조합에 가입을 할 수도 있지만 노동조합에 가입하지 않고 개별 근로자로서 일을 하게 되는 경우도 많죠. 그런 경우에 노동법이 전혀 관여하지 않고 사용자와 근로자에게 모든 것을 맡겨놓았다고 가정해 보지요. 예를 들어서 하루 종일 일을 시키고 임금은 정말 생존이 어려울 정도로 적게 준다고 해도 그것을 제한할 방법이 없습니다. 그래서 근로자들의 생존과 자유 그리고 인권을 보장하기 위해 국가가 개별적 노동관계를 규율하는 여러 법률들을 통해서 개입을 하게 됩니다.

헌법 제32조
① 모든 국민은 근로의 권리를 가진다. 국가는 사회적·경제적 방법으로 근로자의 고용의 증진과 적정임금의 보장에 노력하여야 하며, 법률이 정하는 바에 의하여 최저임금제를 시행하여야 한다.

우리 법체계에서 가장 중요한 헌법을 보면 제32조에 근로자의 권리가 규정되어 있습니다. 모든 근로자들은 헌법이 보장하는 근로의 권리를 갖습니다. 또 국가는 헌법 제32조 규정에 따라 근로자들의 근로할 권리를 적정하게 보호해주고 보장해줘야 할 의무가 있다고 해석합니다. 그러한 차원에서 근로자들이 건강하게 근로할 수 있도록 「근로기준법」이라는 법률을 통해서 근로관계를 규율하고 근로자들을 보호하고 있습니다.

문 근로기준법은 어떤 내용인가요?

답 근로기준법의 중요한 내용으로는 우선 해고에 관한 규정을 들 수 있습니다. 만일 사용자가 적법하지 않은 방법으로 부당하게 해고를 한 경우 근로자 입장에서는 부당한 해고로부터 보호를 받을 수 있도록 여러 규정들을 근로기준법에 두고 있습니다.

또 근로기준법은 근로시간에 대해서도 '1일 8시간 근로, 1주 40시간 근로'와 같은 내용들을 담고 있습니다. 요즈음에 휴가에 대한 권리도 많이 부각되고 있는데요. 근로자가 일을 하게 되면 언제 어떻게 며칠 동안 휴가를 갈 수 있는가 하는 내용들도 근로기준법에 규정되어 있습니다. 근로기준법은 개별적 노동관계법의 중심 법률로서 근로시간, 임금, 해고, 휴가 등을 규율하는 법으로 이해하시면 됩니다.

문 그렇군요. 개별적 노동관계를 규율하는 법 중에 근로기준법 외의 다른 법률은 또 어떤 것이 있습니까?

답 「최저임금법」이 있습니다. 최저임금법에 따라 매년 최저임금위원회는 최저임금을 결정하고 최저임금 이상의 임금을 주도록 강제합니다. 또 「남녀고용평등과 일·가정 양립에 관한 법률」은 여성 근로자가 여성이라는 이유만으로 남성 근로자에 비해서 차별을 받는다거나 해고를 당하는 것을 규율하는 법률입니다. 비정규직과 관련해서는 기간제 근로자가 다른 근로자들과 부당하게 차별당하는 것을 금지하고 또 기간제 근로자들이 2년을 초과해서 근무하게 되면, 그때부터는 기간의 정함이 없는 계약으로 취급을 해서 2년이 지난 이후에는 마음대로 사용자가 해고할 수 없도록 하는 「기간제 및 단시간근로자 보호 등에 관한 법률」도 있습니다.

문 최저임금을 말씀하셨는데 어느 근로자가 자기는 최저임금보다 낮은 임금을 받고도 얼마든지 근로할 의사가 있고, 그렇게 낮은 임금을 받아도 자기 생활에 문제가 없으니까 근로

하고 싶다고 합니다. 그런 근로자와 사용자가 최저임금보다 낮은 임금을 주는 것을 내용으로 근로관계를 맺을 수 없습니까?

답 최저임금법의 최저임금 규정은 강행규정입니다. 최저임금에 미달하는 임금에 대해서 합의를 했다고 하더라도 무효입니다. 그 경우 사용자는 최저임금을 지급해야 하는 의무가 있습니다.

문 그 계약이 무효가 된다는 것은 그 근로자가 원래 한 합의와는 달리 최저임금만큼 다 달라고 청구하면 줘야 되는 의미인가요?

답 그렇습니다.

문 만약 근로자가 그런 청구는 안 하지만, 최저임금보다 낮은 임금을 줬을 때 행정적인 혹은 형사상의 처벌도 있습니까?

답 최저임금을 제대로 지급하고 있는지를 근로감독관들이 감독을 할 수 있습니다. 근로자가 문제제기를 안 했다 하더라도 만일 적발이 되면 최저임금법 위반에 대하여 형사처벌이 가해질 수 있습니다.

문 최저임금보다 낮은 임금을 주는 것은 우리나라에서는 범죄가 되는 것이군요.

답 그렇습니다.

문 아까 말씀하신 해고에 대해서 궁금한 게 있습니다. 사용자가 판단하기에 적절하게 근로를 하지 않는 근로자를 적법하게 해고하는 방법이나 절차는 있습니까?

답 기본적으로 근로자를 해고하고자 할 때에 근로기준법이 인정하는 정당한 이유가 반드시 있어야 합니다. 근로의 양태가 다양하기 때문에 해고의 정당한 이유가 무엇인지는 근로기준법의 규정뿐만 아니라 법원 판례나 학설 등 여러 해석론을 통해서 판단해야 합니다.

사용자가 근로자에게 어떤 근로의무를 부과하고 그 부과된 근로의무를 근로자가 이행해야 될 의무가 있다는 것이 근로계약상에 인정이 된다고 할 때, 만일에 근로자가 자신에게 부과된 근로의 의무를 제대로 이행하지 못한다면, 기본적으로 사용자 입장에서는 거기에 대해서 문제제기를 하고 제대로 의무를 이행하도록 요구할 수 있는 권리는 있습니다. 그러나 근로자가 제대로 이행했는지의 여부가 곧바로 해고의 정당한 사유가 된다고 단정할 수는 없습니다. 해고라는 것은 근로자와 더 이상 근로관계를 지속할 수 없을 정도로 근로자의 책임 있는 사유가 있어야 한다는 것이 대법원 판례의 일관된 입장입니다.

과연 어느 정도의 근로의무 불이행, 잘못된 이행, 부족한 이행 등이 해고사유가 될 수 있는지는 사안마다 구체적인 상황을 종합적으로 판단해야 되기 때문에 사용자가 자기가 원

최저임금법 제28조(벌칙)
① 제6조 제1항 또는 제2항을 위반하여 최저임금액보다 적은 임금을 지급하거나 최저임금을 이유로 종전의 임금을 낮춘 자는 3년 이하의 징역 또는 2천만원 이하의 벌금에 처한다. 이 경우 징역과 벌금은 병과(倂科)할 수 있다.

근로기준법 제23조(해고 등의 제한)
① 사용자는 근로자에게 정당한 이유 없이 해고, 휴직, 정직, 전직, 감봉, 그 밖의 징벌(懲罰)(이하 "부당해고등"이라 한다)을 하지 못한다.

하는 만큼의 근로를 근로자가 이행하지 못한다는 사유가 해고사유가 되는지의 여부를 일률적으로는 말하기 어렵습니다. 일반적으로는 회사에 취업규칙이라고 하는 사규가 있는데, 그 사규에서 '근로자가 어떤 잘못을 하면 해고할 수 있습니다.'라는 규정이 있기도 합니다.

무단결근의 예를 들어보겠습니다. 근로자가 사용자에게 미리 알리지도 않고 특별한 사정이 없는데도 일주일 동안 그냥 무단결근을 하고 전혀 근로를 제공하지 않았다면 사용자 입장에서는 해고를 고려해 볼 수 있습니다. 그러나 이 경우도 일률적으로 판단할 수는 없습니다. 근로자가 왜 그런 무단결근을 했는지 또 그 근로자가 그 이전에 근로를 얼마큼 제대로 제공하고 잘 근무를 했는지 등의 상황들을 종합적으로 판단을 해야 한다는 것이 판례의 입장입니다. 근로자가 근로를 잘못했다, 제대로 이행을 못했다는 것 그 자체만으로 해고의 정당한 사유인지 아닌지를 단정하기는 어려운 측면이 있습니다. 해고라는 것이 근로자 입장에서는 곧바로 생존의 위협으로 연결되는 문제이다 보니까 해고의 법리는 좀 더 엄격하게 해석하는 경향이 있습니다.

근로기준법 제24조(경영상 이유에 의한 해고의 제한)
① 사용자가 경영상 이유에 의하여 근로자를 해고하려면 긴박한 경영상의 필요가 있어야 한다. 이 경우 경영 악화를 방지하기 위한 사업의 양도·인수·합병은 긴박한 경영상의 필요가 있는 것으로 본다.
② 제1항의 경우에 사용자는 해고를 피하기 위한 노력을 다하여야 하며, 합리적이고 공정한 해고의 기준을 정하고 이에 따라 그 대상자를 선정하여야 한다. 이 경우 남녀의 성을 이유로 차별하여서는 아니 된다.

문 해고의 요건이라든가 절차 같은 것은 나라마다 차이가 있고 결국 노동이나 해고에 대해서 어떤 정책적 태도를 갖느냐에 따라서 달라지는 문제인가요?

답 나라마다 조금씩 차이는 있습니다. 오늘날에 우리가 보통 선진국이면서 법치국가라고 한다면 대체적으로는 해고를 할 때는 사용자의 자유나 자의를 무한정으로 인정하는 경우는 거의 찾아보기 어렵고 대부분은 어느 정도 정당한 사유와 적법한 절차를 통해서 근로자를 해고할 수 있도록 법적인 장치를 마련해두고 있는 경우들이 많이 있습니다.

취업규칙
근로자가 사업장에서 준수하여야 할 규율과 임금이나 근로시간 등 근로조건을 정한 것으로, 사용자가 작성한 규범

문 앞서 '근로계약', '취업규칙'을 말씀하셨는데, 체계를 갖춘 회사의 경우에는 그런 것들이 잘 정비되어 있겠지만 소규모 사업장이라든가 개인 사업자인 경우에는 근로계약이나 취업규칙이라는 개념 자체가 잘 정립되어 있지 않고 또 준비가 안 된 경우도 있을 것 같습니다. 근로계약이나 취업규칙이 명확히 작성되어 있지 않은 경우에는 근로계약의 내용이 무엇인지, 해고가 정당한지, 근무시간은 적절한지 등은 어떻게 판단해야 되나요?

고용노동부 표준근로계약서
https://www.moel.go.kr/mainpop2.do

답 먼저 중요한 것은 현재 우리나라에서 법적으로 근로기준법상 근로계약 체결 의무는 모든 사업장에 적용이 됩니다. 아르바이트생을 단기간 고용한다고 해도 반드시 근로계약을 체결하도록 하고 있습니다. 근로계약을 체결하는 것은 법적 의무이고 사용자가 반드시 지켜야 되는 중요한 사항입니다. 취업규칙 작성도 마찬가지입니다. 근로기준법상 10인 이상 사용 사업장, 그러니까 10명 이상의 근로자를 사용하고 있는 경우에는 취업규칙을 작성해야 할 의무가 있습니다.

만일 교수님께서 말씀하신 것처럼 사용자가 그런 의무를 지키지 않고 그냥 방치하고 있다면, 근로기준법상의 처벌 등과 같은 제재를 받는 것과는 별도로 과연 근로자들이 근로계

약도 없고 취업규칙도 없는 상황에서 일했던 것들에 대해서 어떻게 국가가 근로자를 보호하고 규율할 것인가 하는 문제가 현실적으로 발생하겠죠. 근로계약이 명시적으로 서면에 작성되어 있지 않더라도 실제 근로를 제공했다면 그 부분에 대해서만큼은 보호되어야 한다는 것이 판례의 입장입니다.

만일에 전혀 근로계약도 없고 취업규칙도 없다면 최저임금법상의 최저임금규정과 근로기준법상의 여러 강행규정들이 그대로 적용된다고 보시면 됩니다. 다만 근로기준법은 기본적으로 5인 이상 사업장에 적용되고 4인 이하의 사업장에 대해서는 일부 규정들만 적용되도록 규정을 하고 있기 때문에 만일에 4인 이하의 작은 영세사업장에서 근로계약도 없고 취업규칙도 없는 상황에서 법률 분쟁이 발생했다면 해당 근로자에게 어떤 규정이 적용되는가를 따져보고 그에 따른 보호를 하게 됩니다.

문 그렇군요. 개별 노동자와 사용자 간의 법률관계를 규율하게 되는 개별적 노동관계에서는 근로계약과 취업규칙과 같은 근로조건들을 명시적으로 규정한 문건들을 잘 정비하는 것이 중요하고 근로기준법이 적용되는 여러 상황을 잘 파악해서 그에 대비하는 것이 근로자나 사용자 모두에게 중요하다는 것을 배우게 되었습니다.

3 집단적 노사관계

근로자와 사용자를 규율하는 법률관계는 크게 두 가지로 나누어진다. 개별 근로자와 사용자의 관계를 규율하는 개별적 노동관계법과 근로자들이 단체를 구성하고 행동하는 관계를 규율하는 집단적 노사관계법으로 나눠볼 수 있다. 집단적 노사관계법은 근로자들의 단체인 노동조합의 결성과 활동을 주로 규율한다.

문 '집단적 노사관계'라고 하면 맨 처음에 노동조합이라는 말이 생각납니다. 우선 노동조합이 어떤 것인지 설명해 주십시오.

답 노동조합은 근로자들이 자신들의 사회적 경제적 지위향상 그리고 근로조건 향상을 위해서 자치적으로 자율적으로 조직한 단체입니다. 중요한 것은 근로자들이 누구의 간섭이나 개입 없이 자주적으로 자신들의 근로조건 향상이라든가 사회적·경제적 지위 향상을 위해서 만들어낸 자치조직이라는 점입니다.

헌법 제33조에 근로자들이 노동조합을 결성할 권리와 그것을 통해서 활동할 권리들이 규정이 되어 있습니다. 그것을 보통 '노동3권' 또는 '노동기본권'이라고 부릅니다.

헌법 제33조
① 근로자는 근로조건의 향상을 위하여 자주적인 단결권·단체교섭권 및 단체행동권을 가진다.
② 공무원인 근로자는 법률이 정하는 자에 한하여 단결권·단체교섭권 및 단체행동권을 가진다.
③ 법률이 정하는 주요방위산업체에 종사하는 근로자의 단체행동권은 법률이 정하는 바에 의하여 이를 제한하거나 인정하지 아니할 수 있다.

문 시장에서 보면 대립적 위치에 있을 수 있는 당사자들 간의 관계가 있습니다. 예를 들면 대기업과 중소기업의 관계, 기업과 소비자의 관계 등 여러 가지 대립적 관계가 있는데, 특별히 노동자와 사용자와의 관계에서는 노동조합이라는 집단을 만드는 것을 허용할 뿐만 아니라 헌법에서까지 보장해 주는 이유는 무엇인가요?

답 그것은 노동법이 탄생하게 된 역사와 사회적 상황 속에서 이해해야 합니다. 과거에는 노동조합이라든가 노동자들의 단체행동이 철저하게 억압되고 금지되던 시절이 있었습니다. 자본주의 초기 단계에서는 아직 노동법이 만들어지지 않았고 근로자들을 전혀 보호하지도 않고 계약자유의 원칙 등 근대법의 기본 원리에 의해서만 규율을 하던 시기가 있었습니다. 당시에는 근로조건도 열악했고 참정권이라든가 공식적으로 근로자들이 의사표시를 할 수 있는 법적 장치가 전혀 없었습니다.

그러다 보니까 생존을 위협을 받을 정도로 생활은 궁핍하고 근로조건은 열악하고 처참한 상황에서 근로자들이 법적·공식적으로 자신들의 의사표현을 할 통로가 없어서 굉장히 과격한 행동들을 하는 일들이 자본주의 초기사회에 많이 있었습니다. 기계파괴운동이 대표적인 예입니다. 기계 때문에 하루에 24시간 일을 해야 되고 굉장히 비참한 생활을 해야 된다는 의식이 확산되면서 노동운동이 사회를 전복시키는 수준으로 과격화되는 양상을 보였습니다.

노동조합
노동자가 근로조건의 개선 및 노동자의 경제적 사회적 지위의 향상을 목적으로 자주적으로 조직한 단체 또는 그 연합단체

과격한 노동운동을 그냥 두면 사회를 유지할 수 없겠다는 우려가 커지면서 근로자들의 노동운동을 일정한 수준에서 합법화하는 것이 오히려 건강한 자본주의 사회 유지에 도움이 될 것이라는 자각을 하게 됐습니다. 노동법이 생성되던 초기 단계에서는 노동운동을 일정한 수준에서 용인하는 정도로 허용을 했습니다. 점점 자본주의 사회가 발전이 되면서 용인의 단계를 넘어서 오히려 적극적으로 보장하고 사용자가 노동조합을 합법적인 단체로 교섭의 파트너로서 인정을 하면서 그것을 보호하고 보장하는 것이 건전한 노사관계라든가 건강한 사회 발전을 위해서 오히려 더 많이 도움이 될 수 있다는 인식이 사회적으로 자리를 잡게 되었습니다. 노동조합이 근로자들의 건강한 생존 유지를 위해서 매우 중요한 것이라는 인식들이 발전하게 되면서 헌법에서 근로자들의 단체 활동을 적극적으로 보장하는 수준에까지 이르게 됩니다.

문 노동조합이 법 제도 안에 들어온 것은 두 가지 측면이 있군요. 하나는 개별 근로자보다는 집단화된 노동조합의 협상력을 사용자와 협상할 수 있는 위치까지 올리는 측면이 있고 또 노동조합을 통한 활동이 사회 불안이나 혼란을 주는 과격한 쪽으로 가지 않고 일정한 절차에 의해서 사회 전체에서 용인할 수준으로 가게 하는 다른 측면이 있는 것을 알게 되었습니다. 노동조합이 만들어지면 노동조합은 구체적으로 어떤 일을 하게 되나요?

답 노동조합이 하는 가장 중요한 역할은 노동조합원들의 근로조건을 유지하고 향상시키기

위하여 사용자와 교섭을 하는 것입니다.

문 노동조합이 사용자와 근로조건에 대해서 협상하는 것을 교섭이라고 부르는군요.

답 그렇습니다. 사용자는 근로자에게 임금을 주는 위치에 있고 근로자는 사용자가 주는 임금으로 자신의 생존을 유지해야 되는 관계에 있기 때문에 근로자 입장에서는 사용자에게 경제적·사회적으로 종속될 수밖에 없는 상황에 있습니다. 사용자와 근로자가 일대일로 만나서 협상을 하게 되면 사용자가 임금이라든가 근로조건을 제시할 때 근로자가 그것을 거부한다거나 더 나은 조건을 요구하는 것이 현실적으로 쉽지 않습니다. 만일 근로자가 그런 요구를 하면 사용자 입장에서는 "다른 근로자를 고용해서 더 값싼 임금을 주고 더 일을 많이 시킬 수 있다. 당신을 고용하지 않겠다."고 반응하는 경우가 많습니다.

그런데 노동조합이 있다고 하면 근로자와 사용자가 일대일로 만나는 것이 아니라 노동조합을 통해서 집단의 힘을 통해서 교섭력을 높이게 됩니다. 근로자 입장에서 열세에 놓이게 되는 상황을 노동조합이라는 집단을 통하여 교섭력을 보완하는 것입니다.

단체교섭(collective bargaining)
노동조합과 사용자가 임금, 노동시간, 근로조건 등에 관한 결정을 내리기 위해 행하는 협상

문 노동조합이 단체교섭을 해서 근로조건을 어떤 수준에서 정했으면, 사용자는 개별 노동자와의 근로계약에서 그것보다 더 높게 하거나 더 낮게 해서는 안 되는 의무를 지게 되나요?

답 단체교섭을 통해서 결정된 사항들은 단체협약이라는 문서로서 만들어지게 됩니다. 단체교섭의 결과물들이 산출되면 단체협약의 유효기간 동안은 사용자도, 노동조합도 또 노동조합원들도 그 내용들을 준수해야 될 의무가 있습니다.

문 단체협약이 만들어지면 단체협약에 있는 여러 근로조건들이 곧바로 개별 노동자와의 근로계약의 내용이 되는 것인지요?

답 단체협약 중에서 근로조건에 관한 내용이 있으면 그 부분은 이른바 규범적 효력을 인정받게 됩니다. 규범적 효력으로 인정을 받는다는 것은 개별 근로자 입장에서는 자신의 개별 근로계약의 내용처럼 인정을 받는다는 의미입니다.

노동조합 및 노동관계조정법(약칭: 노동조합법) 제33조(기준의 효력)
① 단체협약에 정한 근로조건 기타 근로자의 대우에 관한 기준에 위반하는 취업규칙 또는 근로계약의 부분은 무효로 한다.
② 근로계약에 규정되지 아니한 사항 또는 제1항의 규정에 의하여 무효로 된 부분은 단체협약에 정한 기준에 의한다.

문 그러면 단체교섭의 내용 중에는 근로조건 외의 사항도 있습니까?

답 그렇습니다. 근로조건 외의 중요한 것들로 노동조합의 활동이라든가 노동조합 업무에만 종사하는 노조 전임자의 대우, 노동조합이 사용자와의 관계에서 부담해야 되는 의무 또 사용자에게 요구할 수 있는 권리 등 다양한 내용들이 있습니다.

문 감사합니다.

4 노동법 관련 분쟁시 해결방안

국민의 대부분이 근로자이거나 사용자인 산업사회에서 근로자와 사용자 간의 법적인 다툼이 생기는 것은 드문 일이 아니다. 임금체불, 해고, 파업 등은 일상적으로 듣는 용어가 되었다. 이렇게 근로관계에 다툼이 생겼을 때 법체계 내에서 이것이 어떻게 해결되는지 노동법 교수님과의 대담으로 알아본다.

문 '임금체불'이라는 말을 자주 듣게 되는데, 근로자가 자기가 근로한 대가로 받아야 할 임금을 받지 못하는 일이 벌어지면 법에서는 그것을 어떻게 처리하고 있나요?

지방고용노동청
- 서울
- 중부(경기, 인천, 강원)
- 부산(부산, 경남)
- 대구(대구, 경북)
- 광주(광주, 전라, 제주)
- 대전

답 만일에 일을 했는데도 임금을 받지 못하게 되는 상황이 발생하게 되면 그에 대한 구제절차를 법에서 정하고 있습니다. 근로자는 각 지방에 설치되어 있는 고용노동부 산하의 지방노동관서에 가서 자신이 일을 했음에도 불구하고 임금을 받지 못했다는 것에 대해서 진정을 할 수 있습니다. 지방노동관서는 각 지방의 지방고용노동청을 말합니다. 지방고용노동청 산하에 지청들이 설치되어 있습니다. 그곳에는 근로감독관이라는 공무원들이 근로자들의 애로사항들을 조사하고 진정을 처리하는 업무를 수행합니다.

근로자가 임금체불을 신고하면 근로감독관은 받지 못한 임금이 얼마인지 사실 확인을 하고 확인된 체불임금을 지급하라는 명령을 사용자에게 내립니다. 사용자가 곧바로 지급을 하면 그 사건은 종결이 되지만 지급을 하지 않으면 형사처벌 대상이 됩니다. 만일에 근로자가 처벌을 원치 않는다고 의사를 밝히게 되면 처벌은 하지 않고 있습니다.

문 우리나라에서 사용자가 임금을 주지 않으면 민사상 책임을 지는 것뿐만 아니라 형사상의 처벌을 받게 되는군요. 만일 사용자가 끝까지 임금 지급을 안 하면 그때는 민사소송을 해서 임금을 받는 수밖에 없는 것인가요?

답 그렇습니다. 형사처벌과는 별개로 민사 절차를 통해서 지급을 받아야 됩니다.

문 해고에 대해서 설명해 주시죠. 내가 부당하게 해고를 당했다고 생각하는 사람이 있으면 그 사람이 취할 수 있는 조치는 무엇인가요?

해고시 취할 수 있는 조치
- 법원에 해고무효확인소송 제기
- 지방노동위원회에 구제 신청
- 법원에 손해배상청구소송 제기

노동위원회
- 중앙노동위원회
- 12개 지방노동위원회

답 두 가지의 방법을 생각할 수 있는데요. 하나는 누구나 이용할 수 있는 것으로 법원에 해고무효확인소송을 제기하는 방법입니다. 법원에 이런 소송을 제기한다는 것이 근로자 입장에서는 금전적으로나 시간적으로 부담이 됩니다. 다른 방법은 노동위원회를 통한 구제제도를 이용하는 것입니다. 각 지방별로 지방노동위원회가 설치되어 있습니다. 해고를 당한 근로자가 자신이 부당하게 해고를 당했다고 생각하면 지방노동위원회에 부당해고 구제신청을 할 수 있습니다.

지방노동위원회는 근로자위원, 사용자위원 그리고 공익위원의 3자로 구성된 준사법적인 기구입니다. 지방노동위원회에서 해고가 부당한 해고인가 아닌가에 대한 판단을 합니다. 지방노동위원회에서 내린 판단에 대해 사용자나 근로자가 수긍할 수 없고 이의를 제기하면, 중앙노동위원회에서 재심을 받게 됩니다. 재심에 대해서도 불복을 하는 당사자는 행정법원에 재심 결과의 취소를 요구하는 소송을 제기할 수 있습니다.

문 해고의 경우는 법원의 최종 판단을 받기 전에 노동위원회에서 해고가 정당한지에 대한 판단을 받을 기회가 주어지는군요. 파업은 어떻습니까? 어떤 경우에 파업을 하게 되는지, 불법 파업과 적법한 파업은 어떻게 구분을 하나요?

답 노동법상 파업은 '쟁의행위'의 한 유형입니다. 파업은 근로자들이 근로 제공을 하지 않는 상태, 즉 집단적으로 근로를 제공하지 않음으로써 자신들의 요구사항을 관철하고자 하는 행동입니다. 노동조합 및 노동관계조정법에는 파업을 하는 경우에 지켜야 되는 여러 가지 사항들이 규정되어 있습니다. 절차적으로는 근로자들이 찬반투표를 통해서 파업을 결정해야 되고, 파업 전에 노동위원회를 통한 조정을 받아야 합니다.

조정은 단체교섭이 결렬되었을 때 파업으로 들어가기 전에 거쳐야 하는 절차입니다. 노동조합과 사용자가 임금 등 근로조건들을 결정하기 위해서 단체교섭을 하게 되는데 원만하게 합의가 돼서 단체협약이 성립되면 문제가 없지만 사용자와 노동조합이 계속 교섭을 했음에도 불구하고 합의가 안 되면 곧바로 파업을 하는 것이 아니고 노동위원회에서 조정을 받아야 합니다. 조정절차는 근로자와 사용자 간에 합의가 이루어질 수 있도록 국가가 제공하는 서비스라고 볼 수 있습니다. 조정을 거쳤음에도 불구하고 더 이상 협의를 하거나 또 합의에 이를 가능성이 없으면 근로자들은 자신들의 요구를 관철하기 위해서 파업이라는 수단을 사용하게 됩니다.

파업 절차
1. 노사협상
2. 파업찬반투표
3. 냉각기간
4. 신고
5. 조정

노동조합 및 노동관계조정법에서 파업의 절차와 파업 시 준수해야 하는 사항을 자세하게 규정하고 있습니다. 그런 규정을 지키지 않았을 때 불법파업이라고 할 수 있습니다. 그 경우 노동조합 및 노동관계조정법상 벌칙이 적용되는 경우도 있습니다. 파업이 정당하지 못하다고 할 때는 사용자는 파업으로 인한 손해에 대해서 민사상 손해배상 청구를 할 수도 있고, 또 그 파업이 업무를 방해한 것이라고 해서 형사상 업무방해죄가 적용될 수도 있습니다.

문 설명 감사합니다.

특수고용직 종사자의 근로자성에 관한 대법원 판례

(대법원 2019. 4. 23. 선고 2016다277538 판결)

【사실관계】

집배원 업무 일부를 민간에 위탁하는 위탁집배원제도에 따라 우정사업본부 산하 우체국장과 우편집배재택위탁계약(이하 '이 사건 위탁계약')을 체결하고 재택위탁집배원으로 근무하는 자(원고)가 우편, 택배, 금융, 쇼핑 등 우정사업을 영위하기 위해 과학기술정보통신부 소관기관인 우정사업본부를 두고 있는 대한민국(피고)을 상대로 하여 피고 산하 우정사업본부 소속 근로자의 지위에 있음을 확인하고 연차휴가수당 일부의 지급을 구했다. 간행물이나 아동에 유해한 만화 등을 출판하여 공중도덕이나 사회윤리를 침해하였다고 인정되는 경우

【판결요지】

[1] 근로기준법상 근로자에 해당하는지 아닌지는 계약의 형식이 고용계약인지 도급계약인지보다 그 실질에 있어 근로자가 사업 또는 사업장에 임금을 목적으로 종속적인 관계에서 사용자에게 근로를 제공하였는지에 따라 판단하여야 한다. (중략) 다만 기본급이나 고정급이 정하여졌는지, 근로소득세를 원천징수하였는지, 사회보장제도에 관하여 근로자로 인정받는지 등의 사정은 사용자가 경제적으로 우월한 지위를 이용하여 마음대로 정할 여지가 크다는 점에서, 그러한 점들이 인정되지 않는다는 것만으로 근로자성을 쉽게 부정하여서는 안 된다.

[2] 국가가 위탁계약 등에 따라 재택위탁집배원의 업무 내용과 범위, 처리 방식, 매일 처리할 우편물의 종류와 양을 정한 점, 우편업무편람, 각종 공문, 휴대전화 메시지를 통하여 우편배달업무 관련 정보를 알리는 정도를 넘어 구체적인 업무처리 방식 등을 지시한 점, 획일적인 업무 수행을 위하여 재택위탁집배원에게 정해진 복장을 입고, 관련 법령 등에서 정해진 절차에 따라 배달하도록 하였으며, 정기적 또는 비정기적으로 교육을 시행한 점, 현지점검 등을 통하여 재택위탁집배원의 업무처리 과정이나 결과를 지속적으로 관리·감독한 점, 갑 등으로 하여금 정해진 장소에서 우편배달업무를 처리하도록 하였고, 일정 기간 근무상황부, 인계인수부 등을 마련하여 재택위탁집배원의 근태를 관리한 점, 우편물 배달업무의 중요성과 업무 수행에 따르는 책임, 국가가 재택위탁집배원들에게 근무복과 용품을 무상 대여한 취지 등을 고려하면 재택위탁집배원이 제3자로 하여금 배달업무를 대신하게 하거나 다른 일을 겸업하는 것은 사실상 어려운 점, 갑 등은 우편배달업무를 수행하는 다른 근로자인 상시위탁집배원·특수지위탁집배원과 본질적으로 같은 업무를 동일한 방식으로 처리한 점 등에 비추어, 갑 등이 종속적인 관계에서 국가 산하 우정사업본부의 지휘·감독 아래 노무를 제공하는 근로자라고 본다.

CHAPTER

5

조세법

1. 조세제도 개관
2. 법인세
3. 부가가치세

대표 없이 과세 없다.

No taxation without representation.

CHAPTER 5

조세법

1 조세제도 개관

세금을 내는 것을 좋아하는 사람은 없지만 세금이 없는 상태에서 경제생활을 하는 것은 거의 불가능하다. 어느 곳에서 기업 활동을 하든지 조세는 중요한 원가 요소이기 때문에 경영상 의사결정을 하는 데 큰 영향을 미친다. 조세의 구조와 주요한 개념을 회계사님과 대담 형식으로 알아본다.

1) 조세 개요

문 조세는 왜 있을까요?

답 오늘날 국가는 눈에 보이거나 보이지 않는 수많은 일들을 하고 있습니다. 국가는 개인이 할 수 없는 일들을 하는데 이를 '공공 서비스를 제공한다.'라고 표현할 수 있습니다. 국가는 외국의 침략이나 도둑이나 폭력 등의 위협으로부터 국민을 보호해 주는 역할도 합니다. 또 사회기반 시설을 관리하고 일자리 창출 같은 국민의 생활을 보다 윤택하고 행복하게 할 수 있는 여러 가지 서비스를 제공하고 있습니다. 국가가 그런 일들을 하려면 돈이 필요한데 우리가 내는 세금으로 필요 자금을 조달합니다.

조세법률주의
납세자인 국민의 대표기관인 국회가 정한 법률에 의하지 아니하고는 조세를 부과하거나 징수할 수 없다는 원칙

문 국가 운영에 필요한 비용을 세금으로 충당하기 때문에 우리가 세금을 내야 되는 것이군요. 그러면 국세는 어떤 것들이 있나요?

답 국세는 정부가 부과하는 조세인데 국경의 통과 여부에 따라서 내국세와 관세로 구분할 수 있습니다.

문 국경 안에서 이루어지는 거래나 활동과 관련해서 부과되는 것은 내국세, 국경을 넘을 때 부과가 되는 것은 관세라고 부르는군요. 관세도 세무서에서 부과합니까?

답 국경을 넘는 물품에 대해서 부과하는 세금을 관세라고 하고 관세청에서 관할합니다.

조세체계

수입 물품과 수출 물품에 대해서 관세가 부과될 수 있는데 일반적으로 각국은 수출 관세는 부과하지 않는 실정이어서 보통 관세라고 하면 수입관세를 의미한다고 볼 수 있습니다.

문 정부가 아닌 지방자치단체도 조세를 부과할 수 있습니까?

답 그렇습니다. 지방자치단체가 부과하는 것은 지방세라고 부르는데 지방자치단체의 수입이 됩니다. 무엇을 국세로 하고 무엇을 지방세로 하는지는 법률에서 정합니다. 지방세로는 재산세, 취득세, 자동차세 등이 있습니다.

문 재산세, 취득세, 자동차세는 개인과 법인의 차이는 없습니까?

답 그런 세금은 과세 대상으로 열거하고 있는 세목에 대해서 부과하는 세금이기 때문에 법인과 개인 간의 차이는 없습니다.

문 내국세에도 여러 가지 조세가 있는 것 같습니다. 내국세에는 어떤 조세가 있습니까?

목적세
특정 목적에 충당하기 위해 과징하는 세금. 교육세, 교통세, 도시계획세, 지역개발세, 공동시설세 등이 그 예이다. 보통세와 대비되는 개념이다.

답 내국세는 보통세와 목적세로 구분됩니다. 보통세와 목적세의 구분은 세금을 부과하는 목적에 따라서 구분한 것입니다. 세금을 지출할 수 있는 재원이 제한되어 있는지 아니면 일반적으로 쓸 수 있는지에 따른 분류입니다. 보통세는 일반적인 재원으로 쓸 수 있는 세금을 말하고 목적세는 정해진 특정한 목적에 한해서만 세금을 쓸 수 있는 세금입니다.

문 구체적으로 어떤 세금이 목적세인가요?

답 비교적 많이 들어보신 법인세, 소득세, 부가가치세가 보통세에 해당하고 교육세, 농어촌특별세 같은 것들이 목적세입니다.

문 교육세로 징수가 된 세금은 꼭 교육에만 써야 됩니까?

답 그렇습니다.

문 여러 가지 종류의 내국세가 있는데 기업이 특별히 유념해야 될 조세는 무엇인가요?

답 기업의 소득에 대해서 부과하는 세금을 법인세라고 부릅니다. 이익을 내고 있는 법인이라면 법인세를 내야 하므로 모든 기업이 법인세와는 관련이 있습니다. 또 상거래시 부가가치세를 내야하므로 부가가치세도 기업 활동에서 늘 다루는 세금입니다. 그리고 기업이 고용하고 있는 종업원들에게 급여를 지급하게 되는데, 기업은 지급한 급여에 대해서 근로자들의 근로소득세를 원천징수하여 납부해야 합니다. 원천징수는 고용을 하는 기업에서 항상 처리하게 되는 조세관련 업무입니다.

2) 원천징수

문 원천징수란 무엇인가요?

답 원천징수란 소득을 지급하는 자가 소득을 지급받는 자의 소득에서 세금을 미리 떼어내서 대신 세무관서에 납부하는 제도를 말합니다.

문 원천징수할 의무가 기업에게 있는 것인가요?

답 그렇습니다.

문 기입은 임금을 지급하고, 임금에서 세금을 원천징수하고, 원천징수한 세금은 세무서에 납부하는 구조인가요?

답 그렇습니다.

3) 세금 징수와 분쟁

문 좀 엉뚱한 질문이긴 한데, 세금을 안내면 어떻게 됩니까?

답 세금을 내지 않으면 세무서에서 당연히 세금을 내라고 고지서를 발부합니다. 고지서를 발부하였음에도 불구하고 세금을 내지 않는다면, 납부기한을 지나서 납부하지 않은 금액에 대해서 일종의 벌칙을 부과하는 형식으로 '가산세'를 부과합니다. 그리고 시간에 따라서 '가산금'을 부과하기도 합니다. 그래도 계속 세금을 내지 않으면 납세의무자의 재산을 압류하

가산세와 가산금

- 가산세: 내야할 세금을 납부하지 않았을 때 본래 부과된 금액에 일정 비율로 금액을 부과하는 세금으로 일종의 벌금이다.
- 가산금: 납부기한이 지난 후 일정기한까지 납부하지 않을 때 그 금액에 다시 가산하여 징수하는 금액으로 일종의 연체이자이다.

고 그 재산을 매각해서 납부하지 않은 체납세액을 충당합니다.

문 압류할 재산도 없으면 결국 세금을 안 내는 상태로 계속 가게 되는 것인가요?

답 세금을 내지 않고 상습적으로 체납하는 고액 상습 체납자에 대해서는 여러 가지 불이익이 주어집니다. 관련 금융 정보를 신용기관에 제공을 해서 금융 거래상 불이익을 받기도 하고 출국을 제한하기도 합니다.

문 만약 과세관청이 세금을 부과했는데 자기에게 부과된 세금이 잘못됐다고 생각하는 사람은 어떤 조치를 취할 수 있습니까?

사전적 구제제도
- 과세전 적부심사청구
- 조기결정신청

사후적 구제제도
- 이의신청
- 심사청구/심판청구
- 행정소송

답 여러 가지 구제제도가 마련되어 있습니다. 구제제도에는 세금이 확정적으로 고지가 되기 전에 이용할 수 있는 사전적 구제제도와 고지된 후에 이용할 수 있는 사후적 구제제도가 있습니다. 사전적 구제제도는 세무조사 결과 통지나 과세예고통지를 받은 경우에 취할 수 있는 조치로 두 가지를 들 수 있습니다. 하나는 과세 전에 과세가 적법한지에 대해서 심사해달라고 청구하는 것입니다. 그것을 '과세전 적부심사청구제도'라고 부릅니다. 과세 전에 과세가 옳은지에 대한 판단을 받는 것인데 과세 전에 자신의 주장을 할 수 있는 기회를 갖는 것입니다.

다른 하나는 조기결정신청입니다. 과세전 적부심사청구를 하지 않겠으니 통지받은 내용의 전부 또는 일부에 대하여 과세표준이나 세액을 조기에 결정해 달라고 신청하는 것입니다. 조기결정신청으로 세금을 조기에 납부하여 납부불성실가산세 등을 절감할 수 있습니다.

그리고 사후적 구제제도로는 이의신청, 심사청구, 심판청구 등을 제기할 수 있고 이것에 대해서도 불만이 있다면 행정소송법에 따라서 행정소송을 제기할 수 있습니다.

문 기업에 법인세가 부과됐는데 잘못되었다고 생각하면 이의신청을 세무서에 하게 되나요?

답 네. 이의신청은 지방국세청이나 세무서에 하도록 되어 있습니다.

문 이의신청이 받아들여지지 않으면 심사청구를 합니까?

답 이의신청 결과에 불복하여 감사원이나 국세청장에게 심사청구를 하거나 조세심판원에 심판청구를 할 수 있습니다.

문 행정소송은 언제 제기할 수 있습니까?

답 심사청구나 심판청구가 받아들여지지 않았을 때 행정소송을 제기할 수 있습니다.

문 이의신청, 심사청구, 심판청구, 행정소송을 해서 다투는 동안은 세금은 안 내고 다툴 수 있습니까, 아니면 일단 세금은 내고 다퉈야 합니까?

답 세금을 내지 않고 다퉜을 경우에 본인의 의사대로 승소를 한 경우에는 별다른 불이익이 없습니다. 그러나 종국적으로 관련 세금이 부과되는 경우에는 해당 세금과 관련된 가산세나 가산금 부담이 있을 수 있기 때문에 일단 세금을 납부하고 그 결과에 따라서 자신이 납부할 필요가 없는 세금은 돌려받는 것이 안전합니다. 납부할 필요가 없는 세금은 환급을 받는 절차가 마련되어 있습니다.

문 감사합니다.

2 법인세

최근 사회복지를 강화하기 위한 재원을 마련하기 위해 법인세율을 높여야 한다는 주장이 제기되고 있다. 반면에 기업활동을 촉진하기 위해 법인세를 낮추어야 한다는 주장도 계속되고 있다. 각국이 기업활동을 장려하기 위해 법인세를 인하하는 경향도 있다. 법인의 소득에 대해 부과되는 법인세가 어떻게 계산이 되는지 대담형식으로 알아본다.

1) 법인세 개요

문 법인세는 어떤 세금인가요?

답 법인의 소득에 대해 내는 세금을 법인세라고 하고, 개인의 소득에 대해 내는 세금을 소득세라고 부르는데 법인세와 소득세의 가장 큰 차이점은 과세소득을 규정하는 방식이 다른 점입니다. 법인세는 소득의 성격이나 원천을 따지지 않고 법인의 자산을 증가시키는 모든 소득에 대해서 과세하는데 이를 순자산증가설에 따른 것이라고 설명합니다. 반면에 소득세는 소득의 원천에 따라서 과세하는 소득을 열거하고 있습니다. 그래서 소늑세는 소득원천설에 따라 부과한다고 합니다.

소득에 대한 과세
- 개인 : 소득세
- 법인 : 법인세

문 기본적으로 소득세는 개인이 내는 것이고 법인세는 법인이 내는 것인데 둘 다 소득에 대해서 과세하는 것은 같지만 무엇을 소득으로 보느냐 하는 것이 다르군요. 법인세는 어떻게 벌었는지는 묻지 않고 시작하는 시점과 끝나는 시점에서 자산이 얼마큼 달라졌느냐를 갖고 과세를 하는 데 비해서 소득세는 무엇으로 벌었는지 소득의 원천별로 따져보는군요.

답 그렇습니다.

2) 법인세 납부 시기

법인세 납부시기
12월말 결산법인 : 다음 해 3월 31일까지

문 법인세는 언제 내나요?

답 법인세는 법인의 과세기간 종료일로부터 3개월 이내에 신고·납부하도록 되어 있습니다. 과세기간은 기업의 회계연도에 맞추어집니다. 우리나라 대부분의 기업들이 1월 1일부터 12월 말까지를 회계연도로 정하고 있어서 12월 말 결산 법인이 대부분입니다. 12월 말 결산 법인의 경우에는 3월 31일까지 법인세를 신고·납부하여야 합니다.

과세기간을 1월 1일부터 12월 31일이 아니라 달리 정하고자 한다면 정관에서 회계연도를 달리 정하면 되고 정관에 규정이 없는 경우에는 별도의 신고를 통해서 과세기간을 정할 수도 있습니다. 어느 경우든지 회계연도 종료일로부터 3개월 이내에 법인세를 신고하고 납부하면 됩니다.

3) 법인세 계산

문 기업의 회계연도가 과세기간이 되는데, 과세기간이 시작하는 시점에서의 순자산과 과세기간이 끝나는 시점에서의 순자산을 비교해서 그 차액에 대해 법인세가 부과되는군요. 그러면 기업회계기준에 따라 기초와 기말의 순자산을 계산하여 그 차액을 기준으로 법인세를 내면 됩니까?

소득금액
= 익금총액 - 손금총액

답 기본적으로는 회계기준에 따른 회계처리를 하면 되는데 정확한 법인세를 계산하기 위해서는 법인세법에서 규정하는 대로 회계처리를 해야 합니다. 법인세법상 법인의 소득금액은 법인세법에서 수익으로 인정하는 익금 총액에서 법인세법에서 비용으로 인정하는 손금 총액을 빼서 구할 수 있습니다.

문 소득금액 산정은 익금 총액에서 손금 총액을 빼는 것이 시작이군요?

답 그렇습니다.

문 익금 총액에서 손금 총액을 뺀다면 사업이 안 되는 회사는 마이너스가 되니 더 이상 계산할 게 없겠지요. 플러스로 나오면 그다음에는 어떻게 계산하나요?

과세표준
소득금액
- 이월결손금
- 비과세소득
- 소득공제

= 과세표준

답 해당 사업연도 소득금액이 플러스 금액이 나왔으면 거기에서 이월결손금과 비과세 소득 그리고 소득공제 이렇게 세 가지 항목을 차감해서 과세표준을 구하게 됩니다.

문 이월결손금을 차감한다는 것은 지난해 혹은 그 전에 적자가 나서 마이너스가 넘어온 것을 빼주는 것인가요?

답 네, 그렇습니다.

문 비과세소득은 어떤 것인가요?

답 개인이 납부하는 소득세에서는 비과세소득이 다양한데 법인세법상 비과세소득은 다양하지는 않습니다. 법인세법상 비과세소득은 공익신탁에서 생기는 소득이 있습니다.

문 법인세법에서는 비과세소득이 별로 없군요. 소득공제는 무엇입니까?

답 모든 기업에 해당하는 것은 아니고 유동화전문회사 등 법인세법에서 열거하는 회사가 배당가능이익의 90% 이상을 배당하는 경우 그 배당금을 사업연도의 소득금액에서 공제합니다. 대상기업은 유동화전문회사, 투자회사, 기업구조조정투자회사, 부동산투자회사, 선박투자회사, 임대사업 목적의 SPC, 문화사업전문회사, 해외자원개발투자회사로서 법인세법이 규정한 요건을 충족해야 합니다. 이들 회사는 대부분 직접 사업을 하는 것이 아니고 투자와 투자수익금의 배당을 목적으로 설립된 특수목적회사(Special Purpose Corporation)입니다.

문 그러면 소득공제는 일반기업에 적용되는 것은 아니군요. 소득금액에서 비과세소득과 소득공제를 빼면 과세표준이 나오는데 과세표준을 구한 다음 단계는 무엇입니까?

답 과세표준에 세율을 곱하면 법인이 납부해야 할 산출세액이 계산됩니다.

산출세액
= 과세표준 × 세율

문 과세표준×세율=산출세액이군요. 우리나라는 법인세율이 어떻게 되나요?

답 현행 법인세법상 세율은 과세표준의 구간('과세구간'이라고 합니다.)에 따라서 세 가지로 구분됩니다. 과세표준이 2억원 이하인 경우에는 10%, 2억원 초과 200억원 이하인 경우에는 20%, 그리고 200억 원을 초과하는 경우에는 22%입니다.

문 과세구간이라는 말씀을 하셨는데 어떤 의미인가요?

답 예를 들면 5억 원이 과세표준으로 나왔다면, 0원부터 2억원까지는 10%를 적용하고 2억원을 넘는 부분 즉 3억원은 그다음 세율인 20%를 적용합니다.

문 최고세율이 22%인데 다른 나라하고 비교하면 높은 것인가요, 낮은 것인가요?

답 우리나라의 법인세율은 다른 나라에 비해서 높은 편이라는 평가가 있습니다. 우리나라 기업이 해외로 진출해서 사업을 하기도 하고 해외 기업들도 우리나라에 들어와서 사업을 하는 국제적인 이동이 활발해진 상황에서 법인세율은 기업 경쟁력에 직접적인 영향을 미치는 요소라고 볼 수 있습니다. 전세계적으로 보면 법인세율 자체를 인하하는 추세에 있습니다.

문 그러면 22%보다는 더 낮은 세율을 부과하는 나라가 많이 있군요. 법인세율과 관련하여 22%는 명목세율이고 우리나라는 이렇게 저렇게 조세를 감면해 주기 때문에 실효세율은 그것보다 낮다는 말을 하는데 실효세율이라는 어떤 것인가요?

답 명목세율이란 세법상 규정하고 있는 세율 즉 10%, 20%, 22%를 가리킵니다. 실효세율이란 법인세법상 과세표준을 계산할 때 비과세소득이나 소득공제 등으로 과세소득의 일정 부분을 감해주는 부분이 있는데 그런 부분들을 다 감한 후에 법인이 납부하는 세액이 실질적으로 소득금액의 몇 퍼센트인지에 해당하는지가 실효세율입니다.

문 우리나라의 실효세율이 외국보다 그렇게 높지 않다는 주장이 있군요. 법인세법상 소득금액을 계산하는 단계에서 익금과 손금을 계산한다고 하셨는데, 쉽게 생각하면 익금이란 기업이 벌어들이는 금액일 것 같은데 기업이 벌어들인 것이지만 익금이 아닌 것이 있습니까?

익금불산입 항목 예시

- 주식발행액면 초과액
- 주식의 포괄적 교환, 이전 차익
- 감자차익, 합병차익, 분할차익
- 이월익금
- 자산재평가차액

답 많이 있습니다. 그것을 법인세법상 익금불산입항목이라고 부릅니다. 익금불산입항목을 세 가지로 분류할 수 있습니다. 첫째 자본거래에서 발생하는 수익금액은 과세소득에 포함하지 않습니다. 둘째 이중과세를 방지하기 위하여 소득으로 보지 않는 항목이 있습니다. 셋째 조세 정책적인 목적에서 익금으로 보지 않는 항목들이 있습니다.

문 이중과세는 무엇인가요?

답 이중과세의 예로 이월익금이라는 항목을 생각해볼 수 있습니다. 이월익금이란 과거 과세기간에 이미 익금에 포함해서 세금을 납부하였는데 그것이 다시 이번 과세연도에 익금으로 계상되면 해당 금액에 두 번 세금을 내는 결과가 됩니다. 이중과세가 되는 것이지요. 배당소득도 이중과세 대상이 됩니다. 법인이 다른 법인의 주식을 갖고 있어 배당을 받으면 배당받은 금액이 수익으로 잡혀 과세대상이 되는데 사실 그 금액은 배당한 회사에서 이미 과세가 되었던 금액입니다. 이러한 문제를 해결하기 위해 이중과세 조정규정으로 법인세법상 수입배당금 익금불산입 제도가 있습니다.

손금불산입 항목 예시

- 법인의 경비 중 대통령령이 정하는 바에 따라 직접 그 업무에 관련이 없다고 인정되는 금액
- 법인이 임원에게 지급하는 상여금 중 대통령령이 정하는 한도를 초과한 금액
- 감가상각비 중 대통령령이 정하는 한도를 초과한 금액
- 일정한도액을 넘는 기부금 및 접대비 등

문 기업에서는 분명히 현금이 나갔는데 손금으로 인정되지 않는 것도 있습니까?

답 대표적인 경우로는 의무를 불이행했기 때문에 일종의 벌칙으로 부과하는 세금 혹은 공과금 등이 있습니다. 의무를 불이행했기 때문에 내는 세금이나 공과금은 비용으로 인정해주면 그 금액만큼 법인세를 깎아주는 효과가 있기 때문에 그것에 대해서는 제재 목적으로 손금으로 산입하지 않습니다.

문 앞에서 세금을 안내면 가산세나 가산금을 내게 된다고 하셨는데, 가산세나 가산금을 낸 것은 손금으로 인정되지 않습니까?

답 네, 손금으로 보지 않습니다.

문 이렇게 법인세법상 익금과 손금을 계산하는 방식이 기업회계기준과 차이가 있으면 별도로 절차가 필요하겠네요?

> **세무조정**
> 기업회계상 당기순이익을 기초로 세법의 규정에 따른 세무조정 사항을 가감하여 과세소득을 계산하는 절차

답 맞습니다. 법인세법상 각 사업연도 소득금액을 계산하는 방식은 두 가지로 구분해볼 수 있습니다. 첫 번째 방법은 앞에서 설명한 대로 익금 총액에서 손금 총액을 빼서 구하는 방법입니다. 이것은 법인세법의 규정에 따라 법인세액을 계산하는 절차를 개념적으로 적용한 방법입니다. 또 다른 방법은 회사가 이미 기업회계기준에 따라서 산출한 당기 순이익을 이용하는 방법입니다. 기업회계기준에 따라 산출한 당기순이익에서 법인세법의 규정과 기업회계기준의 차이를 조정하는 것입니다. 이를 세무조정이라고 부릅니다. 당기순이익에서 세무조정을 가감한 금액으로 각 사업연도 소득금액을 산출할 수 있습니다.

문 세무조정 방식으로 법인세액을 산출할 때는 기업은 기업회계기준에 따라서 당해 연도 순이익을 먼저 산출하고, 회사에 돈이 들어왔지만 익금으로 보지 않는 항목이나 회사에서 돈이 나갔지만 손금으로 보지 않는 항목들을 가감해서 법인세액을 계산하게 되는군요.

답 그렇습니다.

문 그러면 기업에서 회계 처리가 끝나야 법인세가 얼마가 될지 알 수 있는 것인가요?

답 네, 그렇습니다. 실무에서는 세무조정 방식으로 법인세액을 산출하기 때문에 통상적으로 12월 말 법인의 경우에는 결산 절차를 2월까지 마무리를 하고, 그 계산 자료를 기초로 해서 3월 말까지 법인세를 계산하는 구조입니다.

문 설명 감사합니다.

3 부가가치세

식당에서 음식 값을 치르고 영수증을 보면 맨 밑에 '부가가치세' 혹은 'VAT'라고 쓰인 문구를 보게 된다. 부가가치세는 우리가 거의 모든 상품이나 서비스의 거래에 수반되는 경제 활동의 일부가 되었다. 기업은 거래할 때마다 부가세를 내기도 하고 받기도 할 뿐만 아니라 정기적으로 세무서에 부가세를 납부하고 환급받기 때문에 부가세 업무는 기업 경영에서 필수적인 항목이다. 부가가치세가 어떤 세금이고, 어떻게 부과가 되고, 기업에 어떤 영향을 미치는지 대담의 형식으로 알아본다.

1) 부가가치세 개요

문 부가가치세, 줄여서 부가세라고 부르는 이 세금은 어떤 것인가요?

답 사전적인 의미로 볼 때 부가가치세는 부가가치에 부과하는 세금입니다. 부가가치는 사

업자가 각 거래 단계에서 독자적으로 새롭게 창출하는 가치를 의미합니다. 생산이나 유통 단계에서 새롭게 창출된 부가가치의 금액을 산출해서 그것에 대해서 부과하는 세금을 부가가치세라고 합니다.

문 부가가치라는 것이 자기가 노력해서 가치를 높였다는 의미인 것 같은데 예를 하나 들어 주시면 좋겠습니다.

답 시장에서 재료를 사다가 빵을 만들어 파는 경우를 생각해 보지요. 빵을 만드는 데 든 재료비가 100원인데 빵을 만들어서 130원에 팔았다면 130원에서 100원을 뺀 30원을 부가가치로 봅니다.

문 그러면 물건을 만드는 데 들인 비용과 물건을 판 금액의 차액을 부가가치라고 생각해도 될까요?

답 그렇게 생각할 수 있습니다.

문 앞의 예에서 부가가치세는 30원에 대해서 부과될 터인데 우리나라는 부가가치세 세율이 얼마인가요?

답 10%입니다.

문 모든 경우에 다 똑같습니까?

답 네. 부가가치세는 법인세나 소득세와 달리 10% 단일세율이 적용되고 있습니다. 다만, 10%의 세율이 아닌 영(0)의 세율이 적용되는 제도가 있습니다. 이것을 바로 영세율 제도라고 합니다. 영세율 제도는 수출하는 재화나 국외에서 제공하는 용역 그리고 선박이나 항공기 같은 외국 항해 용역 그리고 기타 외화를 획득하는 재화 용역 등에 대해서는 영(0)의 세율을 특별히 적용하고 있습니다.

2) 부가가치세 계산

문 부가세는 부가가치에 부과된다고 하셨는데 실제로 우리가 음식점에서 영수증을 받아보거나 부가가치를 별도로 계산하지 않고 그냥 총액에 10%가 부과되지 않습니까, 왜 그런가요?

답 부가세의 특징입니다. 부가가치세는 간접세입니다. 간접세는 직접세에 대비되는 개념으로 직접세는 세금을 부담하는 자와 납부하는 자가 동일한 세금을 의미합니다. 그런데 간접세는 세금을 납부하는 자와 부담하는 자가 다릅니다. 법인세는 세금을 부담할 사람도 법인이고 납부할 사람도 법인입니다. 그런데 부가가치세는 세금을 부담할 사람은 물건을 산

사람이고 세금을 납부할 사람은 판 사람입니다. 이것이 간접세입니다.

부가가치세 계산 구조

	매입	매출	부가가치	징수한 부가세 (상대방이 지급한 부가세)	납부할 부가세
甲	0원	100원	100원	10원	10원
乙	100원	130원	30원	13원	3원(13원-10원)
丙	130원				
					부가세 총액 : 13원

간접세가 어떻게 부담되고 어떻게 납부되는지 앞의 예를 갖고 설명해 드리겠습니다. 먼저 부가세의 구조를 개념적으로 설명하겠습니다. 甲은 乙에게 빵 재료를 100원에 팔았습니다. 이때 100원에 대한 10%인 10원을 부가세로 받습니다. 甲은 乙에게서 110원을 받아서 10원을 부가세로 세무서에 납부합니다. 乙은 이 빵 재료로 빵을 만들어 丙에게 130원에 팔았습니다. 이때 乙은 丙으로부터 총액의 10%인 13원을 부가세로 받습니다. 乙은 丙으로부터 143원을 받아서 세무서에 13원을 부가세로 납부하게 됩니다.

간접세
납세의무자와 조세부담자가 다른 조세로 직접세에 대비된다. 간접세는 납세의무자가 납세하지만 그 조세가 물품의 가격에 포함되는 등의 방법으로 조세부담자에게 전가되는 것이 특징이다. 주세의 납세의무자는 주조업자지만 주세를 실질적으로 부담하는 자는 주류 소비자이다. 부가가치세, 개별소비세, 주세, 인지세, 증권거래세, 교통에너지환경세 등이 간접세이다.

그런데 납세의무자는 거래가 있을 때마다 부가세를 받아서 세무서에 내는 것이 아니고 일정기간 동안 이루어진 거래에서 발생한 부가세를 모아서 납부합니다. 위 예에서 甲은 乙에게서 받은 부가세 10원을 세무서에 냅니다. 乙은 丙에게서 받은 13원에서 자신이 납부한 10원을 차감한 3원을 부가세로 납부합니다. 甲, 乙, 丙 간의 거래에서 부가가치의 총액은 130원이므로 부가가치세는 13원입니다. 부가가치세로 甲이 10원, 乙이 3원을 납부했으므로 제대로 납부가 되었습니다. 이 거래에서 부가세 13원은 결국 최종 소비자가 부담한 것을 알 수 있습니다.

부가가치세법의 계산 구조를 전단계세액공제법이라고 설명합니다. 전 단계에서 부과된 세액을 공제하고 자신이 창출한 부가가치에 대한 세금을 납부하는 것으로 먼저 낸 부가세를 빼고 차액을 납부하면 됩니다. 앞의 예에서 乙은 빵 재료를 사면서 지급한 부가세 10원을 차감하고 3원을 부가세로 납부하면 됩니다.

부가가치세는 간접세이기 때문에 최종 소비자에게 전가되는 구조를 갖고 있습니다. 그래서 최종 소비자가 영수증에서 볼 수 있는 부가가치세는 총액에 대한 것으로 표시됩니다.

문 거래가 계속되면 부가세도 계속 누적되어 최종소비자에게 전가됩니까?

답 그렇습니다. 앞의 예에서 丙이 빵을 130원(부가세 13원 별도)에 사서 샌드위치를 만들어 200원에 팔았다면 丙은 최종 소비자에게서 220원을 받고 부가세로는 자신이 받은 20원에서 자신이 낸 13원을 차감한 7원을 세무서에 부가세로 납부합니다. 부가세는 최종소비자가 모두 부담하고 납부는 판매자가 나누어서 하는 구조입니다.

3) 부가가치세 환급

문 부가가치세 환급이라는 말을 하는데 어떤 의미입니까?

답 부가세 납부의무자는 매출세액(물건을 팔 때 받은 부가세액)에서 매입세액(물건을 살 때 받은 부가세액)을 차감하는 금액을 세무서에 납부합니다. 그런데 매입세액이 매출세액보다 큰 경우에는 매출세액에서 매입세액을 차감한 금액이 마이너스가 됩니다. 마이너스 금액은 돌려받을 수 있는데 이를 부가가치세 환급이라고 합니다. 부가가치세로 낸 액수가 부가가치세로 받은 액수보다 크면 부가가치세를 환급받게 됩니다. 다만 면세사업자는 부가가치세를 환급받지 않습니다.

면세사업자 예시
- 기초생활 필수품 재화 : 미가공 식료품, 연탄과 무연탄, 주택 임대
- 국민후생용역 : 병의원, 혈액, 학원, 버스, 국민주택 건설
- 문화 관련 : 도서, 신문, 잡지, 방송

문 면세사업자란 무엇인가요?

답 재화나 서비스를 공급하면 부가가치세가 부과되는 것이 원칙입니다. 그런데 예외적으로 부가세를 내지 않는 재화나 서비스가 있습니다. 정육점에서 고기를 사보면 부가세가 없습니다. 시장에서 콩나물을 사도 부가세가 없습니다. 이렇게 기초생활 필수품으로 미가공 식료품에는 부가가치세를 내지 않습니다.

문 그러고 보니까 책에도 부가가치세를 안 내는 것 같습니다.

답 그렇습니다. 도서도 면세 대상입니다. 학원비나 의료비도 마찬가지입니다.

문 앞서 면세사업자는 부가세 환급을 받지 못한다고 하셨는데 왜 그렇습니까?

답 부가가치세는 매출세액에서 매입세액을 차감하는 방식으로 계산을 하는데 면세사업자는 부가가치세를 면제해주는 대신에 매입세액을 공제하지 않도록 규정하고 있습니다. 면세사업자는 공제할 매입세액이 없어서 부가가치세 환급이 발생할 여지가 없는 것입니다.

문 그러면 생선가게를 하시는 분은 자기가 생선을 팔 때 부가가치세를 받아서 세무서에 납부하지 않으니까 이분이 가게에 필요한 진열대를 샀을 때 낸 부가가치세를 돌려받을 여지가 없는 것이군요.

답 네, 그렇습니다.

4) 부가가치세 납부 기간

부가가치세 납부기간
1, 4, 7, 10월말

문 부가가치세는 언제 납부하나요?

답 부가가치세도 과세기간이 규정되어 있습니다. 과세기간을 제1기와 제2기라고 해서 1기를 1월 1일부터 6월 30일 그리고 2기를 7월 1일부터 12월 31일까지로 규정하고 있습니다. 그런데 1기 6개월, 2기 6개월 사이에 3개월씩 끊어서 예정신고기간이 규정되어 있습니다. 그래서 1기의 반인 1월부터 3월까지는 1기의 예정신고기간이 되고, 2기의 반인 7월 1일부터 9월 말까지는 2기의 예정신고기간입니다. 결국 부가가치세는 예정신고와 확정신고기간마다 내야 되기 때문에 분기별로 신고·납부한다고 생각하시면 됩니다.

문 3개월마다 분기별로 낸다면 1월부터 3월까지 거래에서 발생한 부가가치세를 4월에 내나요?

답 그렇습니다.

문 그 다음 4월부터 6월까지 거래한 것은 7월에 내고 그렇게 1년에 4번을 내는군요.

답 맞습니다.

문 그러면 환급은 언제 받나요?

부가가치세 환급 기간
1, 7월 말

답 환급은 6개월 단위로 이루어집니다. 이미 3개월까지 예정신고기간에 대해서 납부한 세금들이 있으므로 확정기간 중에 예정신고기간에 납부한 세금을 정산하는 방식으로 환급이 이루어집니다.

문 그러면 1월부터 3월까지 거래한 부가가치세를 4월에 내고, 6월 말을 기준으로 해서 7월에 세금 낼 때 환급받을 것이 있으면 반영해서 낼 것이 있으면 내고 돌려받을 것이 있으면 돌려받게 됩니까?

답 네, 그렇습니다.

문 설명 감사합니다.

원천징수, 연말정산, 종합소득세

연말정산은 근로소득에 한해서 1년 동안 원천징수한 세금과 실제로 낼 세금을 비교해서 원천징수한 세금이 많으면 돌려받고(환급) 모자라면 세금을 더 내는 정산과정이다. 연말정산이 필요한 이유는 원천징수하는 금액과 실제 낼 세금이 다르기 때문이다. 원천징수할 금액은 "근로소득간이세액표"에 따라 결정된다. 근로소득자는 원천징수액을 기준액의 80%, 100%, 120% 중 선택할 수 있다. 100%를 선택한 경우 월소득이 500만원이고 자녀가 1명인 경우에는 소득세 234,100원과 지방소득세 23,410원을 합한 257,510원이 매월 원천징수된다.

연말정산에서는 각종 공제를 적용하여 최종 세액을 결정한다. 각 공제항목별로 공제액의 상한이 정해져 있다. 연말정산은 2월에 서류를 제출하여 정산을 완료하고 기납부세금을 환급받거나 추가 납입한다. 공제항목에 해당하는 지출이 많으면 그만큼 세금을 덜 내게 된다. 공제항목에는 다음과 같은 것이 있다.

■ 인적공제항목
- 기본공제(부녀자, 한부모)
- 경로우대(장애인)
- 출산입양

■ 각종 소득 세액 공제항목
- 보험료(건강고용등, 보장성, 장애인전용보장성)
- 의료비
- 교육비
- 주택임차금원리금상환액
- 장기주택저당 차입금 이자상한액
- 신용카드사용액등(신용카드, 직불카드, 현금영수증, 전통시장사용액, 대중교통이용액)
- 연금저축소득공제
- 기부금

근로소득 외에 이자소득, 배당소득, 부동산임대소득, 사업소득, 기타소득이 있으면 이를 합산하여 5월말에 신고하고 납부한다(종합소득세 신고 납부). 각 소득별로 공제항목이 있다. 근로소득 연말정산에서 공제된 항목은 추가로 공제되지는 않는다. 일정 금액 이하의 이자소득과 배당소득은 종합소득에서 제외되며 퇴직소득과 양도소득은 종합소득에 합산되지 않고 별도로 계산하여 부과한다.

CHAPTER

6

민법과 상법

1. 법의 적용범위
2. 상법의 적용범위
3. 소멸시효와 법정이율
4. 대리관계
5. 매수인의 검사의무

권리 위에 잠자는 자는 보호받지 못한다.

CHAPTER 6

민법과 상법

1 법의 적용범위

1) 공간적 적용범위

한 나라가 국가로서의 체계를 갖추었는지 판단하는 여러 기준 중에 하나는 자신의 법체계를 갖고 있는가이다. 조선이 국가로서의 체계를 정비한 시기를 경국대전이라는 법령을 갖춘 성종 때로 보는 것이 그 예이다. 각국은 자신의 법체계를 갖고 있다. 원칙적으로 나라마다 자신의 법체계가 있고 자신의 법령을 적용한다. 한국에서는 한국법이 적용되고 독일에서는 독일법이 적용된다.

각국 법의 적용 범위가 공간적으로 쉽게 결정될 것 같지만 실제로 사건을 들여다보면 복잡한 문제들이 있다. 예를 들면 한국 회사와 미국 회사가 TV를 사고파는 계약을 일본에서 맺었다면 파는 사람의 법인 한국법을 적용해야 하는지, 사는 사람의 법인 미국법을 적용해야 하는지 아니면 그 계약이 체결된 장소인 일본의 법을 적용해야 하는지와 같은 문제가 발생한다. 세 나라 법의 내용이 다르다면 어느 법을 적용하는지에 따라서 법률관계의 내용도 달라질 수 있다. 이런 것이 바람직한 것은 아니시만 각국이 자신의 고유한 법체계를 유지하는 한 불가피하게 발생할 수밖에 없다.

외국과 관련된 요소를 갖는 법률관계에 적용할 법을 정하는 법이 따로 있다. 우리나라에서는 「국제사법」이 외국 관련 요소가 있는 사건에 적용되는 법(이를 '준거법'이라고 한다)을 정하는 기준을 규정하고 있다. 외국 관련 요소가 있어서 국제사법에 따라 외국법이 준거법으로 적용되는 경우를 제외한다면 원칙적으로 우리나라 영토에는 우리나라 법이 적용된다.

준거법
외국관련 요소가 있는 법률관계를 규율하는 특정 국가의 법. "국제사법 제3조(행위능력) ① 사람의 행위능력은 그의 본국법에 의한다."에서 본국법이 준거법이다.

2) 시간적 적용범위

법은 어느 시점에서 제정되어 시행되다가 개정되기도 하고 폐지되기도 한다. 아래 그림에서 행위 2에 제정된 법이 적용되고 행위 3에 개정된 법이 적용되는 것은 분명하다. 그러

헌법 제13조
① 모든 국민은 행위시의 법률에 의하여 범죄를 구성하지 아니하는 행위로 소추되지 아니하며, 동일한 범죄에 대하여 거듭 처벌받지 아니한다.
② 모든 국민은 소급입법에 의하여 참정권의 제한을 받거나 재산권을 박탈당하지 아니한다.
③ 모든 국민은 자기의 행위가 아닌 친족의 행위로 인하여 불이익한 처우를 받지 아니한다.

면 법이 만들어지기 전에 있었던 일(행위 1)에도 새로 만들어진 법이 적용되는가, 혹은 개정되기 전의 행위(행위 2)에 대해서 개정된 법이 적용되는가? 원칙적으로 법의 제정 전에 있었던 일에는 새로 제정된 법이 적용되지 않는다고 본다. 법은 소급하여 적용하지 않는 것이 원칙이다. 헌법은 소급입법에 의해 형사 소추하는 것을 금하고 있고, 참정권을 제한하거나 재산권을 박탈할 수 없다고 명시하고 있다(헌법 제13조). 법령의 소급 적용으로 권리 침해가 없고 당사자에게 이익을 주는 경우 예외적으로 소급 적용이 인정된다.

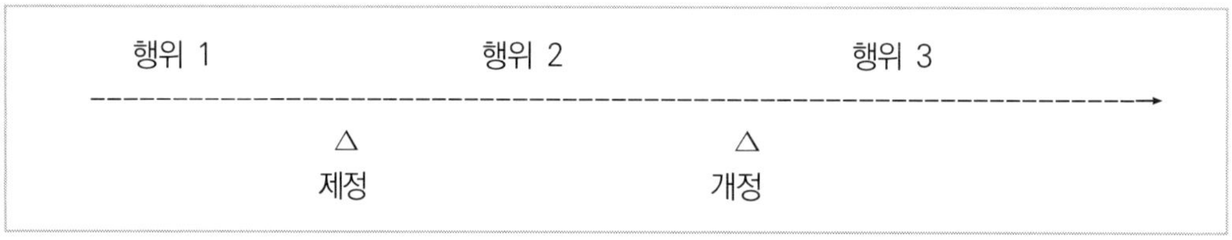

법의 적용시점이 중요하기 때문에 법을 만들 때는 그 법이 언제부터 시행되는지 정한다. 시행일을 대통령이 법률에 서명을 하고 공포한 날로 할지 아니면 그 날로부터 3개월 뒤로 할지 1년 뒤로 할지는 국회가 정한다.

3) 인적 적용범위

우리나라의 법령은 원칙적으로 대한민국 영토 내에 있는 모든 사람에게 동일하게 적용된다. 당사자의 국적, 성별, 연령, 직업을 불문하고 적용된다. 그러나 법령 자체에서 인적 적용 대상을 한정하는 일이 드물지 않다. 예를 들면, 부정청탁 및 금품 등 수수의 금지에 관한 법률(일명 김영란법)은 '대가와 결부되지 않는 금품 등 수수'를 금지하기 위해 제정된 법률인데 법에서 명시적으로 적용 대상을 공무원, 교사, 언론기관 종사자로 한정하고 있어 사기업에서 일하는 사람들에게는 적용되지 않는다.

법률에서 직접적으로 인적 적용범위를 규정하지 않았지만 해석을 통해서 인적 적용범위가 한정되어 있음을 알 수 있는 경우도 있다. 공정거래법은 '사업자'를 적용대상으로 규정한다. 사업자의 의미를 공정거래법이 직접 규정하고 있지는 않으나 영리활동을 하는 기업(상인)으로 이해한다. 따라서 공정거래법은 지속적으로 영리활동을 하지 않는 법적 주체(개인과 법인 모두 포함)나 지방자치단체에는 적용되지 않는다. 주택임대차보호법은 주거안정을 목적으로 제정된 법이므로 자연인에게만 적용되고 법인에는 적용되지 않는다고 본다. 상법은 상행위를 하는 자에게 적용된다고 규정하여 인적 적용범위를 한정하고 있다. 절을 바꾸어 알아본다.

2 상법의 적용범위

1) 민법과 상법의 구별

우리는 살면서 자주 물건을 산다. 친구나 가족에게 돈을 빌려주는 일도 많다. 물건을 사고 파는 일이나 돈을 빌려주는 일을 영업으로 할 때와 영업과 관련 없는 일상적인 일로 할 때의 법률관계(권리와 의무)가 같아야 할까, 달라야 할까? 영업으로 할 때는 이윤추구가 목적이므로 대가를 받는 것이 당연하고 일상적으로 할 때는 이윤추구가 목적이 아니므로 대가를 안 받거나 적게 받는 것이 당연하다고 생각하면 법률관계를 달리 구성할 것이다. 영업을 위한 거래에서는 이윤추구의 목적에 맞게 권리와 의무를 인정하고 영업과 무관한 거래에서는 그러지 않을 것이다. 어느 쪽을 택하는가는 입법정책의 문제로 입법자가 결정할 문제이다. 우리나라는 민법과 상법을 별도로 두어 민법에서는 영업과 무관한 일상적인 거래를 규정하고 상법에서는 영업을 목적으로 하는 거래를 규정하는 법체계를 채택했다. 이른바 민상법 이원주의이다.

민상법 일원주의와 이원주의
한국, 일본, 독일은 민법과 상법이 분리된 이원주의 법제를 갖고 있고, 스위스는 민법과 상법이 하나로 되어 구분이 없는 일원주의 법제를 갖고 있다.

우리나라는 상법과 민법을 별도로 갖고 있으므로 어떤 사항에 대해서 민법과 상법의 내용이 다른 경우 해당 사안에 민법을 적용하는지, 상법을 적용하는지에 따라 당사자의 권리와 의무가 다르게 된다. 예를 들면 민법에 따르면 돈을 빌려줄 때 이자를 정하지 않았으면 이자율로 연 5%를 적용하지만 상법이 적용되면 연 6%를 적용한다. 그래서 법률관계를 파악할 때 민법을 적용할지 상법을 적용할지가 중요한 과제가 된다.

상법 제3조(일방적 상행위)
당사자중 그 1인의 행위가 상행위인 때에는 전원에 대하여 본법을 적용한다.

상법 제3조는 상법이 적용되는 경우를 명시하고 있다. 거래 당사자 중 1인의 행위가 상행위에 해당하면 전원에 대해 상법을 적용한다. 예를 들면 개인이 은행에서 돈을 빌리면 은행이 돈을 빌려주는 행위가 상행위이므로 상법이 적용된다. 한 사람에게 상행위가 되면 그 사람에 대해서만 상법을 적용하고 상행위가 아닌 사람에게는 민법을 적용할 수도 있지 않은가? 만일 그렇게 되면 민법과 상법의 규정이 다른 경우 각 당사자가 갖는 권리와 의무의 내용이 달라진다. 예를 들어 상법이 적용되는 사람에게는 이자율이 6%인데 민법이 적용되는 사람에게는 이자율이 5%가 되는 결과가 된다. 하나의 거래에 적용되는 법률은 하나이어야 하므로 당사자 중 1인이 상인이면 전원에 상법을 적용한다.

질권
채무자의 동산이나 권리를 담보로 하여 우선변제를 받을 수 있는 권리. 전당포에 보석을 맡기고 돈을 빌릴 때 전당포 주인이 시계 위에 갖는 권리를 질권이라고 하고 시계를 질물이라고 한다.

유질계약
채무자가 변제를 하기 못했을 때 질권자가 질물의 소유권을 취득하거나 질물을 처분할 수 있는 권한을 부여하는 계약. 민법은 금하나 상법은 허용한다.

유치권
타인의 물건을 점유하는 자가 그 물건에 대하여 채무의 변제를 받을 때까지 그 물건을 유치할 수 있는 권리. 예를 들어 자동차 수리를 맡겼을 때 수리비를 낼 때까지 자동차를 내주지 않을 수 있는 권리이다.

상법은 제48조부터 제64조까지에서 모든 상행위에 적용될 민법의 특칙으로 규정하고 있다. 아울러 각 상행위별로 해당 상행위에 적용될 특칙을 규정한다.

2) 상행위

상법의 적용범위를 정하는 기준은 상행위이다. 거래 당사자 중 한 명에 대해서 상행위가 되는 거래에 대해서는 모든 당사자에게 상법이 적용된다. 상법은 먼저 기본적 상행위를 열거한 후 기본적 상행위에 속하지는 않지만 상행위가 되는 것을 보충적으로 규정한다.

상행위의 종류
- 기본적 상행위
- 보조적 상행위
  - 상인이 하는 행위

제46조는 경제 활동에서 관찰될 수 있는 23가지 행위(매매, 제조, 운송, 광고 보험 등)를 유형화하여 기본적 상행위로 규정하고 있다. 이 행위를 '영업'으로 하면 상행위가 된다. '영업으로 한다'는 것은 ① 영리를 목적으로 ② 계속해서 한다는 의미로 해석한다. 오로지 임금을 받을 목적으로 물건을 제조하거나 노무에 종사하는 자의 행위는 상행위가 아니다. 그 경우에는 상법을 적용하지 않는다.

제47조(보조적 상행위)
① 상인이 영업을 위하여 하는 행위는 상행위로 본다.
② 상인의 행위는 영업을 위하여 하는 것으로 추정한다.

유형화된 상행위를 열거하면 쉽게 인식할 수 있는 장점이 있지만 불가피하게 빠지는 것이 있기 때문에 보충이 필요하다. 제47조가 보충적 규정을 두고 있다. 제46조 제1호부터 제22호까지의 행위를 영업으로 하면 당연히 상행위가 되지만 그 외에도 상인이 영업을 위해서 행위를 하면 그것은 상행위가 되므로 상법이 적용한다. 누가 상인인지 알면 그 행위에 상법을 적용한다. 나아가 상인의 행위는 영업을 위하여 하는 것으로 추정한다. 상인의 행위는 영업을 위해서 한 것으로 추정하므로 그렇지 않다는 반증이 없는 한 상인의 행위는 상행위가 되어 상법을 적용한다. 이제 누가 상인인지 알면 상법의 적용범위를 판단할 수 있다.

모든 상행위에 적용되는 특칙

제48조(대리의 방식) : 대리인이 본인을 표시하지 않아도 유효한 대리가 된다(비현명주의).
제49조(위임) : 위임의 뜻에 반하지 않는 한 위임받지 않은 행위를 할 수 있다.
제50조(대리권의 존속) : 본인이 사망해도 대리권이 소멸하지 않는다.
제51조(대화자간의 청약의 구속력) : 즉시 승낙하지 않으면 대화자간 청약은 효력을 잃는다.
제53조(청약에 대한 낙부통지의무) : 지체 없이 승낙 여부를 통지해야 한다.
제54조(상사법정이율) : 민사이율은 5%인데 상사이율은 6%이다.
제55조(법정이자청구권) : 상인이 돈을 빌려주면 이자를 청구할 수 있다.
제56조(지점거래의 채무이행장소) : 채권자의 지점에서 거래하면 그 지점이 이행지가 된다.
제57조(다수채무자간 또는 채무자와 보증인의 연대) : 채무자가 여럿이면 연대책임을 진다.
제58조(상사유치권) : 상인이 보관하는 채무자의 다른 재산도 유치할 수 있다.
제59조(유질계약의 허용) : 유질계약이 허용된다.
제60조(물건보관의무) : 청약시 받은 샘플을 보관하여야 한다.
제61조(상인의 보수청구권) : 보수를 청구할 수 있다.
제62조(임치를 받은 상인의 책임) : 임치시 선량한 관리자의 주의를 하여야 한다.
제63조(거래시간과 이행 또는 그 청구) : 채무의 이행은 영업시간 중에 해야 한다.
제64조(상사시효) : 일반민사시효는 10년인데 상사시효는 5년이다.

3) 상인

'상인(商人)'의 문자적 의미는 '장사하는 사람'이라는 뜻이다. 상법에서 '상인'이라는 표현은 단순히 직업을 가리키는 것보다 넓게 영리행위를 하는 법적 주체를 의미한다. 상인은 상거래를 할 수 있는 신분에서 유래했다. 중세 유럽에서 상인은 상거래를 할 수 있는 사회적 신분이었다. 상거래를 하려면 국가로부터 상인 자격을 부여받아야 했다. 상법(law of merchant, *lex macatoria*)은 그런 상인에게 적용되는 법이었다. 오늘날에는 상거래를 할 수 있는 자격을 특별히 제한하고 있지 않지만 아직 그 잔재가 조금 남아 있어서 상법을 상인의 행위에 적용한다고 규정한다. 상인이라는 용어에 부합되는 현대어는 '기업'이다. 기업에는 개인기업, 조합기업, 법인기업이 포함되는데 모두 상인이다.

상법은 상인을 세 가지 측면에서 정의한다. 첫째 당연상인으로 자기명의로 상행위를 하는 자는 상인이다(제4조). 자기 이름으로 상행위를 하면 상인이 된다. 둘째 의제상인으로 점포 기타 유사한 설비에 의하여 상인적 방법으로 영업을 하는 자는 상인인데 설사 상행위를 하지 아니하더라도 상인으로 본다. 셋째 회사로 회사는 상행위를 하지 아니하더라도 상인으로 본다.

상인의 유형
- 당연상인 : 자기 명의로 상행위를 하는 자
- 의제상인 : 상인적 방법으로 영업을 하는 자
- 회사

상행위와 상인을 함께 생각해 보면 제46조에 열거된 행위를 영업으로 하면 상행위가 되고, 상인이 영업을 위해서 하면 상행위가 된다(제47조). 그런데 자기명의로 상행위를 하면 상인이고 상인적 방법으로 영업을 하면 상인이다. 이렇게 보니 상행위에 대한 정의와 상인에 대한 정의가 서로 맞물려 돌아가고 있는 것을 볼 수 있다. 상행위가 되든지 아니면 상인으로 인정되든지 두 가지 가운데 하나가 인정되면 상법이 적용된다.

제4조(상인-당연상인) 자기명의로 상행위를 하는 자를 상인이라 한다.

제5조(동전-의제상인) ① 점포 기타 유사한 설비에 의하여 상인적 방법으로 영업을 하는 자는 상행위를 하지 아니하더라도 상인으로 본다.
② 회사는 상행위를 하지 아니하더라도 전항과 같다.

3 소멸시효와 법정이율

1) 시효의 의미

사인(국가가 아닌) 간의 법률관계에 적용되는 민법과 상법의 내용이 서로 다른 부분이 있기 때문에 민법이 적용되느냐 상법이 적용되느냐에 따라서 권리나 의무의 내용이 달라질 수 있다. 양자 간에 차이가 있는 항목 중의 하나가 소멸시효이다. 법은 보통 시간의 흐름 자체에 대해서는 특별한 의미나 법적 효과를 부여하지 않는다. 그런데 시간이 흘러갔다는 사실만으로 있던 권리가 없어지거나 없던 권리가 생기는 일이 발생하는데 그것을 '시효(時效)'라고 부른다. '시간의 효력'이란 의미이다.

시효를 인정하는 것은 크게 2가지 이유 때문이다. 하나는 신뢰 보호이다. 어떤 상태가

장기간 계속됐으면 사람들은 그 장기간 계속된 상태를 신뢰한다. 기존 상태를 신뢰하는 사람들이 생기고 그 신뢰에 기반하여 행동하는데 나중에 봤더니 자신이 신뢰하고 있던 상태가 실제와 다르면 법률관계가 복잡해지기 때문에 기존 상태를 법이 그대로 인정하려는 것이다.

예를 들어 권리자가 권리 행사를 안 하고 있는 상태가 지속되면 의무자는 의무가 없다고 알고 있었는데 갑자기 권리행사를 하게 되면 혼란이 생기니까 일정한 시간이 지나면 권리행사를 더 이상 할 수 없도록 해서 권리행사를 안 한 상태를 신뢰한 것을 보호해 주려는 취지이다.

다른 예로는 토지 소유권을 들 수 있다. 오랫동안 자신의 땅이라고 생각해서 집도 짓고 농사도 지었는데 나중에 보니까 자기 것이 아니라고 하면 자기 것이라고 생각하고 그 땅을 개량한 사람이나 그 땅을 일부 빌려 쓰고 있던 사람은 곤란한 처지에 빠지게 된다. 그래서 자신의 소유로 알고 있었던 사람의 신뢰를 보호하여 소유권을 취득하게 한다.

시효를 인정하는 또 하나의 이유는 장기간 권리 행사를 하지 않은 권리자를 보호할 필요가 없다는 것이다. 이른바 '권리 위에 잠자는 자'를 보호하기 위하여 장기간에 걸쳐서 형성된 법률관계를 흔들 필요가 없다는 이유이다.

법이 시효를 인정하는 경우는 매우 제한적이다. 시효를 인정하게 되면 실제의 권리자가 권리 행사를 못하게 되므로 정의의 관점에서 실제 권리자의 권리 제한을 정당화할만한 이유가 있는 경우에만 시효가 인정된다. 실제 권리자의 권리 보호와 권리가 행사되지 않는 상태에 대한 신뢰 보호의 균형점에서 시효를 인정하게 된다.

2) 취득시효

시효에는 소멸시효와 취득시효가 있다. 원래 권리가 있었지만 장기간 행사하지 않았기 때문에 권리행사를 더 이상 할 수 없는 것을 소멸시효라고 부르고 원래 권리가 없는데 장기간 자기 소유라고 생각하고 그런 상태가 지속됐을 때는 그 권리를 취득하게 하는 시효를 취득시효라고 부른다. 소멸시효나 취득시효는 반드시 법률의 규정이 있어야 인정된다.

취득시효의 대표적인 예는 부동산을 오랫동안 자기 소유라고 생각하고 사용하고 있으면 민법 제245조에 따라 소유권을 취득하게 되는 경우이다. 등기한 경우에는 10년, 등기하지 않은 경우에는 20년 동안 자신의 소유라고 생각하고 부동산을 점유하고 원 소유자가 소유권을 주장하지 않으면 부동산의 소유권을 취득할 수 있다. 동산에서도 취득시효가 인정된다.

민법 제245조(점유로 인한 부동산소유권의 취득기간)
① 20년간 소유의 의사로 평온, 공연하게 부동산을 점유하는 자는 등기함으로써 그 소유권을 취득한다.
② 부동산의 소유자로 등기한 자가 10년간 소유의 의사로 평온, 공연하게 선의이며 과실없이 그 부동산을 점유한 때에는 소유권을 취득한다.

민법 제246조(점유로 인한 동산소유권의 취득기간)
① 10년간 소유의 의사로 평온, 공연하게 동산을 점유한 자는 그 소유권을 취득한다.
② 전항의 점유가 선의이며 과실없이 개시된 경우에는 5년을 경과함으로써 그 소유권을 취득한다.

3) 소멸시효

소멸시효 역시 법률의 규정이 있어야 인정된다. 민법 제162조, 제165조와 상법 제64조에서 소멸시효를 규정하고 있다. 시효는 민법과 상법뿐만 아니라 다른 법률에서도 규정한다. 국가가 세금을 징수하는 국세징수권에도 시효가 있다(5억원 이상 국세는 10년, 그 외는

5년). 시효 기간이 지나면 세금을 안 냈더라도 국가가 그 세금을 더 이상 부과하지 못한다. 형사법에서는 '공소시효'라는 개념이 있다. 국가가 어떤 범죄에 대해서 일정한 기간 내에 공소를 제기하지 않았으면 그 기간 이후에는 공소를 제기할 수 없는 것을 공소시효라고 부른다. 형사소송법 제249조가 유형별로 1-25년의 공소시효를 규정하고 있다.

공소시효
범죄행위 후 일정 기간이 경과하면 공소 제기를 할 수 없는 제도. 공소시효 기간은 형량에 따라 1년부터 25년까지 규정되어 있다. 형사처분을 피할 목적으로 국외에 있는 등 일정한 사유가 있으면 공소시효의 진행이 정지된다.

민법 제162조(채권, 재산권의 소멸시효)
① 채권은 10년간 행사하지 아니하면 소멸시효가 완성한다.
② 채권 및 소유권 이외의 재산권은 20년간 행사하지 아니하면 소멸시효가 완성한다.

상법 제64조(상사시효)
상행위로 인한 채권은 본법에 다른 규정이 없는 때에는 5년간 행사하지 아니하면 소멸시효가 완성한다. 그러나 다른 법령에 이보다 단기의 시효의 규정이 있는 때에는 그 규정에 의한다.

민법과 상법에서 규정하고 있는 소멸시효 규정을 비교해 보자. 채권이란 다른 사람에게 "이러이러한 일을 해 주십시오." 또는 "이러이러한 것을 하지 마십시오."라고 요구하는 권리이다. 예를 들면 빌려준 돈을 돌려받을 권리가 채권이다. 채권은 "빌린 돈 갚으세요."라고 청구할 수 있는 권리이지 돈을 갚을 사람의 주머니에서 강제로 돈을 꺼낼 권리는 아니다. 채권을 갖고 있는 사람이 10년간 행사하지 않으면 소멸시효가 완성된다. 소멸시효가 완성되면 그 권리를 더 이상 행사할 수 없다. 돈을 돌려 받을 날이 지났는데 10년 동안 아무 이야기 안 하고 있으면 소멸시효가 완성되어 더 이상 그 돈을 달라고 할 수 없다. 민법 제162조 제1항뿐만 아니라 제165조 등 다른 조문에서도 개별적인 소멸시효를 정하고 있다. 거래가 있은 후 상당한 시간이 지났다면 법률관계에 적용될 소멸시효에 관한 규정을 찾아서 확인해야 한다.

상법 제64조에서 '상행위로 인한 채권'의 시효를 규정하고 있다. 민법과는 달리 소멸시효 기간이 5년이고, 다른 법령에 이보다 단기의 시효규정이 있는 때에는 그 규정에 의하도록 한다. 상법은 왜 상행위로 인한 채권에 대해서 민법보다 단기의 시효를 정하고 또 한 걸음 더 나아가서 다른 법령에서 더 단기의 시효 규정이 있을 때는 그 규정에 따른다고 했을까? 입법자는 민법이 적용되는 법률관계보다 상법이 적용되는 법률관계는 더 빨리 확정되고 기존 상태를 더 많이 보호해야 한다고 생각한 것이다. 똑같이 돈을 빌려줬는데 민법이 적용되면 10년이 지나야 소멸시효가 완성되는데 반해서, 상법이 적용되면 5년만 지나도 소멸시효가 완성돼서 그 권리를 더 행사할 수 없게 된다.

소멸시효 규정을 사실관계에 적용해 보자. 자연인 甲과 주식회사 A는 함께 2002년 12월 29일 자연인 乙에게 1억원을 빌렸다. 변제일은 1년 뒤인 2003년 12월 29일로 정했다. 甲과 주식회사 A는 변제기에 변제를 하지 않았다. 2011년 7월 12일 乙은 甲과 A주식회사에게 차용한 금액과 이자의 상환을 청구했다. 그 동안에는 아무 연락이 없었다. 甲과 A회사는 乙의 상환청구권이 시효로 소멸했다고 주장한다. 민법상 채권의 소멸시효는 10년이고 상사

소멸시효는 5년이므로 민법이 적용되면 소멸시효가 완성되지 않아 채권 행사를 할 수 있지만 상법이 적용되면 소멸시효가 2008년 완성되었으므로 채권을 행사하지 못한다.

위 사안에서 돈을 빌린 한 사람은 자연인이고 다른 한 사람은 주식회사이다. 상법 제3조에 따라 거래 당사자 중 한 사람의 행위가 상행위인 때에는 전원에 대하여 상법을 적용한다. 회사는 상인이고 상인의 행위는 상행위로 보므로 이 사안에는 상법이 적용된다. 유사한 사안에서 대법원은 판결은 다음과 같이 판단했다. "상법 제3조는 그 문언대로 다수 당사자 중 1인의 행위가 상행위인 때에는 같은 방면의 당사자이건 반대 당사자이건 전원에 대하여 상법을 적용한다는 취지로 봄이 상당하다. 따라서 피고의 원고에 대한 채무에 대해서도 상법이 적용되어 변제기로부터 5년이 경과하면 소멸시효가 완성된다고 할 수 있다."

4) 법정이율

법률에서 정한 이자율을 법정이율이라고 한다. 법정이율은 당사자가 정한 이자율인 약정이율에 대비되는 개념으로 약정이율이 없을 때 금전채권의 손해배상 계산에 사용한다. 금전채권이란 상대방에게 금전의 지급을 청구할 수 있는 권리를 뜻한다.

민법 제379조(법정이율)
이자 있는 채권의 이율은 다른 법률의 규정이나 당사자의 약정이 없으면 연 5%로 한다.

상법 제54조(상사법정이율)
상행위로 인한 채무의 법정이율은 연 6%로 한다.

위 조문을 사안에 적용해 보자. 甲이 乙에게서 돈을 빌릴 때 丙이 보증을 섰다. 甲이 돈을 갚지 않으니까 乙은 丙에게 보증채무의 이행을 청구했다. 금전채무는 변제기 이후에 이자를 지급해야 하는데 어떤 이자율을 적용하는가에 따라 채무액이 달라진다. 보증을 한 것이 상행위가 아니고 甲, 乙, 丙 세 사람이 모두 상인이 아니라면 민법이 적용되어 연 5%의 이자율이 적용된다. 세 사람 중에 상인이 있으면 전원에게 상법이 적용돼서 6%의 이자율이 적용된다.

4 대리관계

1) 대리의 의미

권리나 의무가 변동(발생, 변경, 소멸)하는 원인은 두 가지 중 하나이다. 법률에서 권리의 변동을 규정했거나 당사자의 의사에 따른 것이다. 후자를 당사자 자치의 원칙 혹은 계약자유의 원칙이라고 한다. 자기에게 어떤 권리나 의무가 발생하고 변경하고 소멸할지 자신이 스스로 결정하도록 하는 것이다. 개인들 간의 법률관계에서는 당사자 간의 합의에 따라서 당사자들의 권리나 의무가 변동하는 것이 원칙이다.

당사자 자치의 원칙에 따라 권리나 의무의 변동은 당사자 간의 의사표시에 따른다. '의사표시'라는 용어가 생소하게 들릴 수 있는데 당사자가 원하는 바를 외부로 표시하는 것을 뜻한다. 예를 들어 어느 가게에 가서 물건을 하나 사고자 할 때 그 물건을 얼마에 사겠다는 의사표시를 하게 된다. 그 물건을 파는 사람은 얼마에 팔겠다는 의사표시를 하여 두 의사표시가 합쳐지면 각자에게 일정한 권리·의무가 생긴다. 한 사람에게는 돈을 받을 권리, 다른 사람에게는 물건을 받을 권리, 또 한 사람에게는 물건을 줄 의무 상대방에게는 돈을 지급할 의무가 생긴다.

의사표시
일정한 법률효과를 발생시키려는 의사를 외부에 표시하는 것. 계약을 체결하기 위한 청약이나 승낙이 의사표시이다.

어떤 권리·의무를 갖느냐는 것이 각자의 의사표시에 달려 있다. 의사표시에 의하여 권리·의무가 발생하도록 하는 것은 당사자의 의사를 존중한다는 장점이 있지만 바로 그 이유 때문에 두 가지 제약이 있다. 하나는 한 사람이 동시에 복수의 의사표시를 할 수 없기 때문에 법률관계 형성이 제한된다. 예를 들어 WWW의 대표자는 한 번에 하나의 계약밖에 체결하지 못하기 때문에 사업을 확장하는 데 장애가 된다. 이 문제를 해결하려면 자신의 의사표시가 아닌 다른 사람의 의사표시에 의해서 권리나 의무를 취득할 수 있게 해야 한다.

다른 하나는 의사표시를 할 수 없는 사람들의 문제이다. 아주 어리거나, 많이 아프거나 혹은 의사표시를 할 수 없는 상태에 있는 사람들이 자신의 의사표시 외에는 다른 방법으로는 권리·의무를 가질 수 없다고 하면 그 사람들은 권리·의무 자체에서부터 배제되는 결과가 될 것이다.

그래서 자신의 의사표시에 의해 권리·의무를 취득하는 원칙에 대한 예외로 다른 사람의 의사표시에 의해서도 권리·의무를 가질 수 있도록 하는 법원리가 형성되었는데 그것을 '대

대리의 3변관계

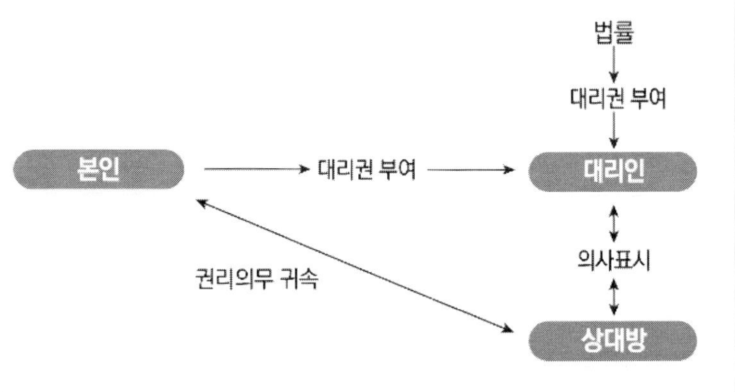

리(代理)'라고 한다. 대리는 본인으로부터 대리권을 부여받거나 혹은 법률에 의해서 대리권이 있는 사람이 자신의 의사표시를 해서 상대방과 일정한 법률관계를 맺게 되면 그 효과로 생긴 권리·의무가 대리인에게 미치지 않고 본인에게 미치는 법률 현상을 의미한다.

대리 관계에는 세 사람의 등장인물이 있다. 본인, 대리권을 가진 대리인, 대리인과 법률관계를 맺는 상대방이다. 대리인과 상대방이 각기 자신의 의사표시로 계약을 맺으면 그 계약의 효과가 본인에게 귀속된다. 계약에서 의사표시는 대리인과 상대방이 했는데 그 의사표시로 인해 생긴 권리·의무는 의사표시를 한 대리인과 상대방에게 미치는 것이 아니라 본인과 상대방에게 미친다.

2) 무권대리와 표현대리

대리의 3면관계는 대리인이 자기가 받은 대리권의 범위 내에서 상대방과 법률행위를 하고 그 법률행위의 효과가 본인에게 귀속되는 구조이다. 그런데 대리인이 상대방과 계약을 맺었는데 실제로는 대리권이 없는 상황이 있을 수 있다. 원래 대리권이 없는데 있다고 속일 수도 있고 대리권이 있었는데 없어졌을 수도 있고 실제 부여받은 대리권의 범위를 넘어서서 계약을 할 수도 있다. 대리권 없이 대리행위를 하는 것을 무권대리(無權代理)라고 하는데 무권대리가 있으면 대리행위로 인해서 생긴 권리·의무가 본인에게 귀속되지 않는다. 예를 들면 내가 집을 소유하고 있는데 나도 모르게 다른 사람이 내 집을 팔았다고 하여 내가 집에서 나가야 한다는 것은 있을 수 없는 일이다. 대리권 없이 대리행위를 하면 본인에게는 아무런 법적 효과가 미치지 않는다.

그런데 무권대리이기는 하지만 상대방이 봤을 때 대리인에게 대리권이 있는 것과 같이 보일 수 있는 상황이 있다. 대리인은 대리권이 있는 것처럼 행동했고 본인도 대리권을 준 것처럼 행동해서 상대방이 대리인이 정말 대리권이 있다고 믿어서 계약을 체결했다. 그런데 대리인이 무권대리인이라 하여 계약에서 생긴 권리·의무가 본인에게 미치지 않는다면 상대방은 난처한 상황에 처하게 된다.

이런 상황을 법이 방치한다면 사람들은 대리인과 거래하는 것을 기피할 것이고 본인하고만 법률행위를 하려고 할 것이다. 그러면 전체적으로 거래가 줄어들게 된다. 그래서 법은 상대방이 대리권이 있다고 믿을만한 상황이었으면 상대방의 신뢰를 보호해주는 원칙을 만들었는데 그것을 '표현대리'라고 부른다. '표현(表見)'의 사전적 의미는 "밖으로 나타나다"이다. 표현대리는 밖으로는 대리권이 있는 것으로 나타난 대리라는 의미이다.

표현대리의 법원칙은 대리인에게 대리권이 실제로 없더라도 대리권이 있는 것과 같은 외관이 만들어졌고 그 외관이 만들어진 것에 대해서 본인이 책임이 있고 상대방이 대리인에게 대리권이 있다고 믿었으면 법률행위의 효과는 본인에게 귀속된다.

민법에서는 표현대리가 인정되는 경우를 세 가지로 규정하고 있다. ① 대리권 소멸이 된 다음에도 계속 대리권이 있는 것과 같이 행동하는 것, ② 대리권을 수여한 것과 같은 표시를 한 경우, ③ 자신이 받은 대리권의 범위를 넘은 대리를 한 경우이다. 상법은 민법이 규정하는 표현대리의 법리를 상사관계에 적용하여 표현지배인과 표현대표이사라는 법원칙으로 확장하고 있다. 해당되는 부분에서 상세히 설명한다.

3) 대표관계

대리의 법리는 법인의 경우에 유사한 구조로 적용된다. 법인은 법률이 만든 사람인데 법인도 의사표시를 해서 권리·의무를 갖는다. 법인은 자연인처럼 스스로 의사를 결정해서 표시할 수 있는 능력이 없다. 그래서 법인에는 의사결정을 하고 그 의사결정을 외부로 표시할 수 있는 기관이 존재한다. 법인은 대표기관이 의사표시를 한다. 예를 들면 법인의 대표자가 "우리 법인이 이 부동산을 사겠다." 또는 "우리 법인이 당신과 건축계약을 체결하겠다."는 의사를 표시한다. 그런 의사표시가 상대방의 의사표시와 합치되면 계약이 성립된다. 그 계약의 효력은 대표기관에 귀속되는 것이 아니고 법인에 귀속된다. 이를 대표관계라고 하는데 대리관계와 같은 구조이다.

대리관계
본인 ─ 대리인
|
상대방

대표관계
법인 ─ 대표자
|
상대방

법인의 대표기관은 법인으로부터 대표권을 받았다. 대표권을 받은 기관이 자신의 의사표시로 상대방과 거래를 하면 그로부터 생긴 법적 효과가 법인에게 미친다. 대리관계가 본인, 대리인, 상대방 사이에 생기는 것이라면 대표관계는 법인, 대표기관, 상대방 사이에서 생기는 관계이다.

무권대리를 대표관계에 적용해 보자. 만약 대표권 없는 사람이 대표행위를 하면 법인에게는 그 결과가 구속되지 않는다. 그런데 실제로는 대표권이 없지만 대표권이 있는 것과 같은 외관이 있었고 상대방이 그 외관을 신뢰했고 또 법인이 그런 대표권이 있는 것과 같은 외관이 만들어진 것에 대해서 책임이 있다면 표현대표의 문제가 생길 것이다.

5 매수인의 검사의무

물건을 사고팔 때 매수인(물건을 사는 사람)은 그 물건에 아무런 흠이 없어서 물건을 사는 목적에 그대로 부합되기를 기대한다. 그러나 물건을 샀을 때 그 물건에 결함이 있어서 생각했던 것에 미치지 못하는 경우가 적지 않다. 법률에서는 거래 목적물의 결함을 '하자'라고 부르고 하자가 있는 경우에 매도인(물건을 파는 사람)은 하자가 없는 물건을 주거나 혹은 하자로 인해서 생긴 손해를 배상하도록 한다.

물건에 하자가 있는데 민법과 상법 중 어느 법을 적용하는가에 따라 법률관계가 달라지는 사안을 살펴보자. 이 사건에서 매도인은 300ml 유리병 20,000개를 매수인에게 판매하였다. 매수인은 이 중에서 13,000개가 불량품이라는 이유로 매도인에게 반품을 했고 나머지 7,000개의 유리병에는 인삼탕액을 달여서 담았다. 그리고 병마개를 닫고 수출을 했는데 이 유리병 뚜껑과 병이 제대로 밀봉이 되지 않아 그 액이 다 흐르면서 제품을 모두 폐기하게 되었다. 매도인이 판매한 유리병에 하자가 있었던 것이다. 그래서 매수인은 매도인에게 하자담보책임으로 손해배상을 청구하는 소송을 제기한다.

매매의 목적물에 하자가 있는 경우에 매수인에게 2가지 선택지가 있다. 하나는 계약을 해제해서 그 계약이 없었던 원상태로 돌려놓는 방법이다. 구매한 물건을 돌려주고 내가 준 물건 대금을 돌려받는 것이다. 다른 하나는 하자로 인해서 생긴 손해의 배상을 받는 방법이다(민법 제580조, 제575조).

상법 제69조 하자담보책임에 관한 민법의 특칙을 규정하고 있다. 먼저 상인 간의 매매에서 매수인은 목적물을 수령한 때에는 지체없이 이를 검사하고 검사한 결과 하자 또는 수량의 부족을 발견한 경우에는 즉시 매도인에게 통지할 의무를 부과한다. 통지 의무를 위반하면 계약해제, 대금감액 또는 손해배상을 청구하지 못한다. 그런데 매매의 목적물에 즉시 발견할 수 없는 하자가 있는 경우에는 매수인이 6월내에 이를 발견한 때에도 즉시 통지를 하고 계약해제, 대금감액 또는 손해배상을 청구할 수 있다. 매수인에게 신속한 조사 의무를 부과한 이유는 빈번하게 이루어지는 상거래에서 하자를 둘러싼 다툼이 신속하게 확정되어야 상거래가 원활하게 이루어진다고 보기 때문이다. 상인 간의 매매에 대해서 상법이 민법의 하자담보책임 외에 별도의 의무를 매수인에게 부과한 것이다.

판례(대법원 1990. 12. 21. 선고 90다카28498,28504(반소) 판결)는 이 법원칙을 다음과 같이 풀어서 설시하고 있다. "상인 간에는 매수인이 목적물을 수령한 때에는 지체 없이 이를 검사하여야 하며 하자 또는 수량의 부족을 발견한 경우에는 즉시 매도인에게 그 통지를 발송하거나 매매의 목적물에 즉시 발견할 수 없는 하자가 있는 경우에 매수인이 6월 내에 이를 발견하여 통지하는 것이 하자담보책임을 묻기 위한 전제이다."

상법 제69조는 상인 간의 매매에 적용된다. 상인과 상인이 아닌 비상인의 매매에는 적용이 안 되고 매수인과 매도인 모두 상인인 경우에만 제69조가 적용된다. 사안에서는 매도인과 매수인이 모두 사업을 하는 상인이다. 상법 제69조가 적용되므로 언제 하자를 통지했는가가 중요하다. 이 사안에서는 매수인이 하자를 통지한 것이 6개월이 넘었기 때문에 손해배상 청구가 인용되지 못했다.

민법 제580조(매도인의 하자담보책임)
① 매매의 목적물에 하자가 있는 때에는 제575조제1항의 규정을 준용한다. 그러나 매수인이 하자 있는 것을 알았거나 과실로 인하여 이를 알지 못한 때에는 그러하지 아니하다.

민법 제575조(제한물권있는 경우와 매도인의 담보책임)
① 매매의 목적물이 지상권, 지역권, 전세권, 질권 또는 유치권의 목적이 된 경우에 매수인이 이를 알지 못한 때에는 이로 인하여 계약의 목적을 달성할 수 없는 경우에 한하여 매수인은 계약을 해제할 수 있다. 기타의 경우에는 손해배상만을 청구할 수 있다.

상법 제69조(매수인의 목적물의 검사와 하자통지의무)
① 상인간의 매매에 있어서 매수인이 목적물을 수령한 때에는 지체없이 이를 검사하여야 하며 하자 또는 수량의 부족을 발견한 경우에는 즉시 매도인에게 그 통지를 발송하지 아니하면 이로 인한 계약해제, 대금감액 또는 손해배상을 청구하지 못한다. 매매의 목적물에 즉시 발견할 수 없는 하자가 있는 경우에 매수인이 6월내에 이를 발견한 때에도 같다.
② 전항의 규정은 매도인이 악의인 경우에는 적용하지 아니한다.

CHAPTER

7

어음과 수표

1. 유가증권
2. 약속어음과 수표의 발행
3. 환어음의 발행과 이용
4. 어음/수표의 발행과 유통
5. 배서의 담보적 효력
6. 배서의 자격수여적 효력과 선의취득
7. 배서의 인적항변 절단

주장하는 자가 입증해야 한다.

CHAPTER 7

어음과 수표

1 유가증권

1) 권리의 유가증권화

법률관계는 권리와 의무로 구성되어 있고 법률가는 권리와 의무를 분석대상으로 한다. 그러면 권리는 어떤 모양인가? 예를 들어 친구에게 돈을 빌려주면 그 친구에게 돈을 돌려받을 권리가 있는데 그 권리는 어떤 모양인가?

권리는 모양을 가지고 있지 않다. 권리는 유체물(有體物)이 아니어서 우리 눈에 보이지 않는다. 권리라고 하는 것이 관념 속에서 형성되었기 때문이다. 혹시 내가 입고 있는 옷이나 내가 소유하고 있는 가방이 옷이나 가방의 소유권을 나타내는 것이 아닌가 생각할지 모르지만 옷이나 가방은 권리의 대상이지 권리 자체는 아니다.

권리의 대상은 눈에 보일 수 있지만 권리 자체는 눈에 보이지 않는다. 그러다 보니 눈에 보이지 않는 권리를 다른 사람에게 넘겨주든지 혹은 그 권리를 행사하는 것이 불편하다는 것을 알게 되었다. 그래서 눈에 보이지 않는 권리를 유형물의 형태로 바꾸는, 즉 권리에 몸을 입히게(embody) 되었다. 이렇게 눈에 보이지 않는 권리를 유제물의 형태로 바꾼 것을 '유가증권(有價證券)'이라고 한다.

유가증권
재산권이 표창된 증권. 권리의 발생, 이전, 행사의 전부 또는 일부가 증권에 의해서만 이루어진다.

권리가 유가증권화되면 우리는 유가증권을 보면서 '저기에는 어떤 권리가 있다.'고 인식할 수 있다. 이제 유가증권을 가지고 있는 사람이 권리를 가지고 있는 것이고, 권리를 넘겨주려면 그 유가증권을 넘겨주면 된다. 권리가 유가증권화돼서 우리 눈으로 확인할 수 있으면 제일 큰 효용은 누가 권리자인지 금방 알 수 있다는 점이다. 그 유가증권을 갖고 있는 사람이 권리자이다. 그 권리를 다른 사람에게 넘겨줄 때도 유가증권 자체를 넘겨주면 된다. 또 권리를 행사하고자 할 때 그 유가증권을 보여주면 된다. 유가증권의 다양한 효용 때문에 여러 가지 유가증권이 만들어졌다.

개념적으로는 대부분의 권리를 유가증권화할 수 있다. 예를 들면 우리 집에 대한 소유권을 유가증권화하고 가방에 대한 소유권을 유가증권화하고 친구에게 돈을 돌려받을 권리를 유가증권화할 수 있다. 그러나 권리의 대상이 옷이나 가방처럼 유체물이면 유가증권화할 필요가 줄어든다. 권리의 대상을 통해 권리를 인식할 수 있기 때문이다. 권리의 대상이 눈에 보이지 않는 권리를 유가증권화할 때 유가증권의 효용을 크게 느낄 수 있다.

2) 유가증권의 사례

유가증권의 예
약속어음
환어음
수표
화물상환증
창고증권
주권
사채권
선하증권
버스표
항공권

지금은 사용하지 않지만 전에는 버스표라는 것이 있었다. 버스표를 가지고 있으면 원하는 목적지까지 한 번 탈 수 있다. 그런 권리를 담고 있는 버스표는 유가증권이다.

주주가 회사에 대해서 갖는 권리를 '주주권'이라고 부르는데 그런 주주권을 유가증권화한 것을 주권(株券)이라고 부른다. 회사는 주식이 만들어지면 주권을 발행해야 한다. 주권을 가지고 있는 사람은 주주로 추정이 된다.

주식회사가 여러 사람으로부터 돈을 빌리기 위해서 회사채(會社債) 혹은 사채(社債)라고 부르는 것을 발행할 수 있다. 주식회사에 돈을 빌려주고 싶은 사람은 회사채를 구입하면 된다. 회사채를 갖고 있는 사람은 회사에 대해서 원리금 상환청구권이 있다. 회사채 보유자가 회사에 대해서 갖는 권리 즉, 회사에 대한 원리금상환청구권을 유가증권화한 것을 사채권(社債券) 또는 채권(債券)이라고 한다.

유가증권이 아닌 예
영수증
차용증서
물품보관증
예금통장
보험증권
우표
지폐
수입인지

이런 여러 가지 유가증권이 있지만 유가증권의 특색을 제일 많이 갖춘 것은 어음과 수표이다. 주권이나 사채권이 기존에 존재하던 주주권이나 회사에 대한 원리금상환청구권을 유가증권화한 것인데 반해 어음과 수표는 그 유가증권을 만들면서 새로운 권리가 창설된다. 어음과 수표의 법적 특성은 다음 절에서 자세히 알아본다.

한편 유가증권이라고 생각할 수 있지만 그렇지 않은 것도 있는데 예금통장이 그 예이다. 예금통장 자체는 고객이 은행에 대해서 갖고 있는 권리를 표창하는 것은 아니기 때문에 유가증권이 아니다.

3) 탈유가증권화

상법 제356조의2(주식의 전자등록)
① 회사는 주권을 발행하는 대신 정관으로 정하는 바에 따라 전자등록기관(유가증권 등의 전자등록 업무를 취급하는 것으로 지정된 기관을 말한다. 이하 같다)의 전자등록부에 주식을 등록할 수 있다.

눈에 보이지 않는 권리를 표창한 유가증권을 만들어서 편리하게 사용했는데 최근에는 유가증권에 담았던 권리를 다시 꺼내 전자적 정보로 바꾸고 유가증권은 폐기하는 현상이 발생하고 있다. 이를 탈유가증권화(desecuritization)라고 한다. 탈유가증권화가 진행된 이유는 전자정보를 이용한 권리의 유통이 용이해졌고, 유가증권에 따라서는 보관비용이 많이 들기 때문이다. 우리나라의 상장회사들이 모두 주권을 발행하는데 그 주권을 예탁 받아서 보관하는 비용이 1년에 800억원 이상이다.

상법은 실물 주권을 발행하는 대신 전자적 방법으로 주주권을 등록하는 주권의 전자등록제도를 채택하고 있다. 약속어음도 실물어음이 아닌 전자어음을 쓰는 방식이 있다. 이렇게 한편에서는 유가증권화하는 현상이 일어나고, 다른 한편에서는 유가증권화된 권리를 전자적 정보로 바꾸는 탈유가증권화 현상이 동시에 일어나고 있다. 실물 유가증권은 그것이 갖는 현실적인 유용함이 있기 때문에 탈유가증권화가 모든 유가증권에서 일어나기는 어렵다.

4) 어음법과 수표법

유가증권을 규율하는 법률은 여러 가지인데 그 중심에는 어음법과 수표법이 있다. 어음과 수표가 유가증권의 성격을 가장 잘 지니고 있어 '완전 유가증권'이라고 불리기도 한다. 어음법과 수표법에서 규정하는 법원리가 유가증권을 규율하는 법원리의 기초가 된다.

전자어음의 발행 및 유통에 관한 법률(약칭: 전자어음법) 제1조(목적)
이 법은 전자적 방식으로 약속어음을 발행·유통하고 어음상의 권리를 행사할 수 있도록 함으로써 국민경제의 향상에 이바지함을 목적으로 한다.

보통 '어음수표법'이라는 표현을 쓰는데 어음법과 수표법은 독립된 별개의 법이다. 어음법은 2가지 어음을 규정하고 있는데 하나가 환어음이고 다른 하나가 약속어음이다. 환어음은 제1조부터 제74조까지 규정되어 있고, 약속어음에는 제75조부터 제78조까지 3조문이 있을 뿐이다. 약속어음은 들어본 적이 있지만 환어음은 그렇지 않을 수 있다. 왜냐하면 환어음은 일부 예외를 제외하고는 대부분 무역거래에서 사용하고 국내에서는 잘 사용하지 않기 때문이다. 국내에서 약속어음을 많이 사용하고 환어음은 별로 사용하지 않는데 어음법에서 약속어음을 앞에서 규정하고 있다. 환어음을 뒤에서 규정하지 않고 환어음을 먼저 규정하고 약속어음은 뒤에서 규정하는 이유는 무엇일까? 어음법이 1930년대에 유럽에서 만든 통일어음법을 받아들였기 때문이다. 유럽에서는 환어음을 많이 쓰기 때문에 환어음을 먼저 규정하고 약속어음을 뒤에 규정했다.

수표법에는 수표 하나만 규정하고 있다. 일상적으로 사용되는 용어를 보면 수표에는 여러 가지가 있다. 자기앞수표, 당좌수표, 가계수표, 선일자수표, 백지수표, 부도수표, 여행자수표, 그리고 국고수표라는 것도 있다. 이렇게 수표 앞에 여러 가지 접두사가 붙어 있는데 그 접두사에 관계없이 수표는 모두 다 수표법 하나로 규율할 수 있다. 앞에 어떤 접두사가 있든지 수표의 법률 구조는 항상 동일하다.

2 약속어음과 수표의 발행

1) 약속어음의 발행

눈에 보이지 않는 권리를 볼 수 있는 유형물로 바꾼 것을 유가증권이라고 하는데 유가증권의 전형적인 예로 약속어음과 수표를 들 수 있다. 먼저 약속어음과 수표를 직접 발행해보면서 약속어음과 수표의 법 원리를 공부한다. 약속어음과 수표를 발행하는 방법은 어음법과 수표법에 명시되어 있다.

어음법 제75조(어음의 요건)
약속어음에는 다음 각 호의 사항을 적어야 한다.
1. 증권의 본문 중에 그 증권을 작성할 때 사용하는 국어로 약속어음임을 표시하는 글자
2. 조건 없이 일정한 금액을 지급할 것을 약속하는 뜻
3. 만기
4. 지급지
5. 지급받을 자 또는 지급받을 자를 지시할 자의 명칭
6. 발행일과 발행지
7. 발행인의 기명날인 또는 서명

약속어음을 발행하는 구체적인 방법이 어음법 제75조에 기재되어 있다. 제75조의 제목이 '어음의 요건'이라고 되어 있다. 정확하게 표기한다면 '약속어음의 요건'이다. 제1조의 제목도 '어음의 요건'이라고 표기되어 있지만 그것은 '환어음 요건'이고, 제75조는 '약속어음의 요건'이다. 약속어음의 '요건'이 충족되면 약속어음의 '효과'가 발생한다. 제75조 본문은 "약속어음에는 다음 각 호의 사항을 적어야 한다."고 되어 있는데 그 의미를 풀어보면 각 호에 열거된 사항을 모두 기재하면 약속어음의 요건을 충족한 것이어서 약속어음으로서의 '효과' 즉, 약속어음이 부여하는 여러 가지 권리와 의무가 생긴다는 뜻이다.

① **증권의 본문 중에 그 증권을 작성할 때 사용하는 국어로 약속어음임을 표시하는 글자** : 약속어음임을 표시하는 글자를 적는다. 간단히 '약속어음'이라고 적으면 된다.

② **조건 없이 일정한 금액을 지급할 것을 약속하는 뜻** : 첫째 조건이 없어야 한다. 지급을 약속해야 하는데 조건을 달면 안 된다. 예를 들면 "내게 돈이 생기면 지급하겠다."고 하거나 "네가 약속을 지키면 지급하겠다."고 하면 이는 조건을 붙인 것이어서 제2호의 요건을 충족하지 않게 된다. 둘째 일정한 금액의 지급을 약속하여야 한다. 금액이 정해져야지 미확정인 상태로 있으면 안 된다. 셋째 약속하는 문구는 특별한 제한이 없다. "지급하겠습니다." 혹은 "지급을 약속합니다." 등 일정한 금액을 지급할 것을 약속하는 뜻이 전달되면 된다.

어음법 제33조(만기의 종류)
① 환어음은 다음 각 호의 어느 하나로 발행할 수 있다.
1. 일람출급
2. 일람 후 정기출급
3. 발행일자 후 정기출급
4. 확정일출급

② 제1항 외의 만기 또는 분할 출급의 환어음은 무효로 한다.

③ **만기** : 지급을 할 날을 기재한다. 날짜를 특정해도 되고(예를 들면 10월 10일), 지금부터 얼마 뒤(예를 들면 3개월 후)로 기재해도 된다.

④ **지급지** : 지급을 하는 곳의 행정구역을 적으면 된다. 예를 들면 서울특별시.

⑤ **지급받을 자 또는 지급받을 자를 지시할 자의 명칭** : '지급받을 자'는 약속어음이 표창하는 금전지급청구권을 가질 사람이다. '지급받을 자를 지시할 자의 명칭'에서 '지시'라는 말은 누구를 가리키는 행위이다. 그런데 특별히 어음법이나 수표법에서는 '다음의 권리자가 누구다. 내가 누구에게 권리를 양도한다.'는 뜻을 표하는 사람을 '지시할 자'라고 본다. '지시할 자'란 결국 자기가 권리를 갖고 있다가 다른 사람한테 넘겨줄 사람이므로 약속어음이 표창하는 금전지급청구권을 가질 사람이다.

⑥ **발행일과 발행지** : 발행을 한 날과 발행한 곳의 행정구역을 적으면 된다.

⑦ **발행인의 기명날인 또는 서명** : 발행인의 성명을 표시하고 도장을 찍든지 이름을 직접 기재하면 된다.

약속어음이 되기 위한 위와 같은 요건에 맞추어 다음과 같은 내용의 약속어음을 발행해 본다. "甲(서울에서 거주하며 개인사업을 한다)은 2018년 8월 20일 주식회사 X에게 지급할 물품대금 1000만원의 지급을 위하여 한 달 뒤에 지급하기로 하는 약속어음을 발행한

다." 甲이 발행한 약속어음은 다음과 같은 내용이 된다.

> **약속어음**
>
> 주식회사 X 귀하
>
> 금일천만원 ₩10,000,000-
>
> 위의 금액을 이 약속어음과 상환하여 귀하 또는 귀하의 지시인에게 지급하겠습니다.
>
> 지급일 2018년 9월 20일 발행일 2018년 8월 20일
>
> 지급지 서울특별시 발행지 서울특별시
>
> 발행인 甲 (인)

위와 같은 약속어음을 깨끗한 종이에 작성했을 수도 있고 연습장이나 메모지에 적었을 수도 있다. 어디에 기재했든지 약속어음 요건 7가지를 다 적음으로써 그 종이는 약속어음이 된다. 그 종이는 약속어음이기 때문에 일정한 권리·의무를 나타내는, 혹은 일정한 권리·의무를 알 수 있는 문서가 되었다.

어음법 제75조에 규정된 사항을 기재하고 발행인으로 기명날인 또는 서명을 한 甲은 이제 '발행인'이 되었다. 발행인으로부터 약속어음을 받은 사람을 '수취인'이라고 부른다. 수취인은 한 달 뒤까지 그냥 가지고 있다가 발행인에게 약속어음금의 지급을 청구할 수도 있고 그전에 다른 사람에게 주면 그 사람이 만기에 약속어음금을 청구하게 된다. 이렇게 만기에 약속어음을 갖고 있다가 약속어음금 지급을 청구하는 사람을 '소지인'이라고 한다.

약속어음의 등장 인물
발행인 → 수취인
↓
소지인

한 달 뒤에 소지인은 발행인인 甲에게 1,000만원을 달라고 요구할 권리가 있는가? 甲은 약속어음금을 지급할 의무가 있는가? 甲이 지급을 약속했으므로 지급할 의무가 있고 소지인은 지급을 청구할 권리가 있다. 甲이 약속어음을 발행해서 수취인에게 주는 순간 수취인은 만기에 발행인 甲에게 천만 원의 지급을 청구할 권리를 갖게 된다. 수취인이 그 약속어음을 소지인에게 주면 약속어음에 담겨 있는 약속어음금 지급청구권도 소지인에게 넘어간다. 약속어음의 요건을 충족하자 약속어음에 권리가 담기고 그에 따른 권리와 의무가 생긴 것이다.

2) 수표의 발행

수표법 제1조(수표의 요건)
수표에는 다음 각 호의 사항을 적어야 한다.
1. 증권의 본문 중에 그 증권을 작성할 때 사용하는 국어로 수표임을 표시하는 글자
2. 조건 없이 일정한 금액을 지급할 것을 위탁하는 뜻
3. 지급인의 명칭
4. 지급지(支給地)
5. 발행일과 발행지(發行地)
6. 발행인의 기명날인(記名捺印) 또는 서명

수표는 유럽에서 영주가 자신의 재산을 관리하는 재무관한테 "이 사람에게 이만큼의 돈을 내줘라."라고 메모를 써 주면서 시작됐다. 돈을 관리하는 사람에게서 돈을 꺼내는 수단으로 사용된 것이다. 오늘날의 수표는 은행 계좌에 있는 자신의 돈을 찾아서 다른 사람에게 주는 용도로 만들어졌다. 실무에서는 원래 의도했던 기능 외에도 다양한 역할을 하고 있다.

甲이 '이화은행'이라는 가상의 은행에 예금계좌를 갖고 있다. 예금에서 일백만원을 찾아

서 사무용품 가게인 척척상사에 대금을 지급하려고 한다. 은행에 가서 현금을 찾아 직접 주는 방법도 있지만 수표를 발행해서 척척상사에 주면 척척상사는 그 수표를 갖고 은행에 가서 현금을 찾을 수도 있고 자신의 거래은행에 맡기면 현금을 받아다 준다. 甲이 발행할 수표를 작성해 보자. 수표의 작성 방법은 수표법 제1조에 규정되어 있다. 약속어음과 같이 수표요건을 충족하면 수표의 법률관계가 형성된다. 수표 요건은 약속어음 요건과 조금 다르다. 그 차이가 법률관계의 차이를 가져온다.

① **수표의 본문 중에 그 증권을 작성할 때 사용하는 국어로 수표임을 표시하는 글자** : '수표'라고 기재하면 된다. 사안에 따라서는 '당좌수표', '자기앞수표', '여행자수표' 등으로 그 특성을 기재하기도 한다.

② **조건 없이 일정한 금액을 지급할 것을 위탁하는 뜻** : 조건을 달면 안 되고, 금액이 정해져야 하고, '위탁'의 문구를 적는다. 위탁은 부탁하는 것이다. 명령하는 것이 아니다. 약속어음에서 '약속' 문구를 적는 것과 대비된다.

③ **지급인의 명칭** : 자신이 계좌를 갖고 있는 은행

④ **지급지** : 지급인이 있는 행정구역

⑤ **발행일과 발행지**

⑥ **발행인의 기명날인 또는 서명**

수표의 등장인물
발행인 → 수취인
↕ ↓
지급인 ← 소지인

약속어음과 비교하면 수표에는 등장인물이 한 명이 더 있다. 약속어음에서는 발행인, 수취인, 소지인이 있었는데 수표에는 이에 더하여 지급인이 등장한다. 앞의 예에서 이화은행이 지급인이 된다. 보통의 경우 수표 발행인과 지급인이 될 은행은 계좌에 있는 돈을 인출할 때 수표를 사용하기로 합의한다(이를 '수표계약'이라고 한다.). 지급인이 인정하는 수표를 갖고 있는 사람에게 계좌에서 돈을 인출해 지급한다는 합의이다. 수표의 발행인이 수표를 발행해서 수취인에게 교부하면 수취인이 직접 은행에 가서 현금을 찾을 수도 있고 이 수표를 다른 사람에게 교부하여 다른 사람이 현금을 찾을 수도 있다.

당 좌 수 표

이화은행 앞

금일백만원정 ₩1,000,000-

이 수표금액을 척척상사에게 지급하여 주십시오.

2018년 8월 28일

지급지 서울특별시 발행지 서울특별시

발행인 이응순 (인)

소지인이 지급인에게 수표금을 달라고 했을 때 수표의 지급인이 수표금을 지급할 의무가 있을까, 또는 소지인이 지급인에게 수표금을 달라고 요구할 권리가 있을까? 수표를 갖고 있는 소지인은 지급인이 지급을 할 것이라고 기대할 수 있지만 지급을 청구할 권리는 없고 지급인도 지급을 할 의무는 없다. 왜냐하면 지급인이 소지인에게 지급을 약속한 일이 없기 때문이다. 수표에서는 발행인이 지급인에게 지급을 부탁했을 뿐이므로 지급인과 소지인 사이에는 직접적인 법률관계가 없을 수 있다. 심지어는 발행인이 지급인과 사전에 아무 합의 없이 수표를 발행할 수도 있고 합의사항과 다르게 발행할 수도 있다. 그래도 그 수표는 수표로써 유효하다. 발행 시점에서 수표에는 소지인이 지급인에게 지급을 요청해서 지급인이 지급을 하면 그 수표금을 수령할 자격만 있다. 수표에 권리가 담기는 것은 수표의 지급인이 지급을 안 했을 때이다. 지급인이 수표금을 지급하지 않으면 발행인이 지급할 책임을 진다. 그때 소지인은 발행인에게 지급을 청구할 권리를 갖는다.

3 환어음의 발행과 이용

환어음은 주로 무역거래에서 사용되므로 무역과 관련된 사항을 함께 이해할 필요가 있다. WWW는 맞춤형 신발 제작과 판매에 성공하여 일본에 진출하게 되었다. 일본에서 주문한 사양에 맞추어 제작된 신발 10,000켤레를 3,000,000달러에 수출하기로 일본 수입회사 YY과 약정하였다.

WWW가 YY와 위 거래를 하는 것과 비슷한 내용의 거래를 국내 기업과 할 때의 차이는 무엇일까? 국내 거래와 외국과의 거래는 몇 가지 점에서 차이가 있다. 첫째 외국 기업의 신용을 잘 알 수 없는 경우가 있나. 국내 기업은 여러 가지 방법으로 신용을 알아볼 수 있지만 외국 기업의 신용을 알기는 상대적으로 어렵다. 제품을 보내고 제대로 대금을 받을지 걱정이 된다. 그래서 무역에서는 '신용장(Letter of credit, L/C)'이라는 보증서가 사용된다. 신용장이란 수입업자가 대금을 납부할 것을 보증하는 문서이다. 신용장은 주로 은행이 발부하며 신용장 발급의 대가로 수수료를 받는다. 신용장 발급 수수료는 은행의 주요한 수입원이다.

당좌예금(current deposit)

자금의 입출금이 빈번한 회사나 개인사업자가 현금지급사무를 은행에 위임하기 위하여 개설하는 예금계좌이다. 당좌수표 또는 약속어음을 발행하여 예금을 인출한다. 당좌거래 시 대출약정을 체결하여 대출한도 내에서 자금을 융통할 수도 있다.

추심
대금을 받아내는 일을 의미한다. 법률에서는 채권자가 채무자에게 가서 대금을 받아내는 것을 뜻한다.

둘째는 대금을 받는 방법이다. 국내 거래에서는 현금뿐만 아니라 약속어음이나 수표를 받을 수도 있지만, 외국과의 거래에서는 당사자가 지리적으로 떨어져 있는데다가 통화도 서로 다를 수 있어서 대금을 받는 방법이 간단하지 않다. 채권자와 채무자가 떨어져 있는 무역 거래에서 대금을 추심하는 방법으로 환어음이 이용된다.

셋째는 물건을 운송하는 방법이다. 국내 거래에서는 보통 차에 실어서 배달하면 된다. 철도나 선박을 이용할 수도 있다. 그러나 무역거래에서는 생산지와 납품지가 멀리 떨어져 있기 때문에 운송이 중요한 의미를 갖는다. 많은 경우 선박이 이용되는데 선박을 운행하는 운송인이 화물을 받아 배에 실었다는 것을 증명하는 서류를 발급하는데 이 서류를 선하증권(Bill of lading, B/L)이라고 한다. 앞으로 이 물건을 찾으려면 반드시 선하증권을 갖고 가서 운송인에게 넘겨주어야 한다. 선하증권에 물건의 인도를 청구하는 권리가 담겨있다.

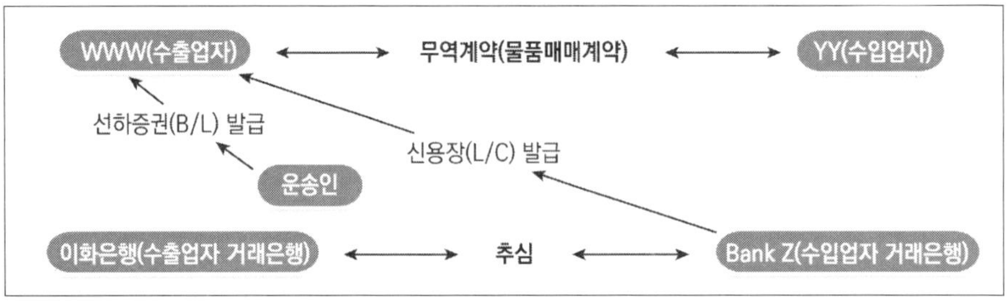

화환어음의 구성
- 환어음
- 선하증권
- 해상보험증권
- 송장
- 원산지증명

WWW가 제품을 생산한 후에 이를 운송인에게 보내면 운송인은 선하증권을 발급한다. WWW는 수입업자 YY와 체결한 수출계약서, YY의 거래은행 Bank Z가 발급한 신용장(L/C), 운송인이 발급한 선하증권(B/L)을 갖고 있다. 이제 WWW는 추심을 위하여 환어음을 발행한다. 환어음을 발행하는 사람은 WWW이고 환어음의 대금을 지급할 사람은 YY가 된다. 이 대금은 WWW의 거래은행이 받으면 편리하므로 수취인은 WWW의 거래은행인 이화은행이다. 매수인을 지급인으로 하는 매도인이 발행한 환어음에 선하증권 등이 첨부된 것을 화환어음(貨換어음, documentary draft)이라고 부른다.

이화은행에서는 화환어음을 받고 현금을 내줘도 괜찮다. 왜냐하면 화환어음에 있는 선하증권이 없으면 물건을 찾을 수 없고, 수입업자의 거래은행이 물건대금을 주겠다고 보증했으므로 충분한 담보가 확보되었기 때문이다. 이화은행은 서류가 다 갖추어졌는지를 확인하고 그 어음을 구입한다. 그것을 법률적으로 '어음을 할인한다.'라고 하고 무역거래에서는 '네고' 한다고 표현한다. 어음에 배서를 하는 것을 영어로 negotiation이라고 부르는데 수출업자가 어음을 할인 받기 위해 화환어음을 은행에 줄 때 배서를 하기 때문에 '네고'라는 명칭을 사용하게 되었다.

WWW는 네고를 해서 현금을 찾아가고 이화은행은 Bank Z에 자신이 화환어음을 갖고 있다는 통지를 한다. "내가 신용장, 선하증권, 환어음 다 가지고 있다. 나한테 돈을 보내면 화환어음을 보내겠다."는 통지다. Bank Z는 YY에게 돈을 입금시킬 것을 요청하고 YY가 돈을 입금시키면 Bank Z는 이화은행에 대금을 입금시키고 화환어음을 찾아간다. 그리고 YY가 선하증권으로 물건을 찾으면 이 거래가 종료된다. 환어음은 이렇게 무역 거래에서 추심을 하는 역할을 한다.

위의 사안에서 사용된 환어음을 작성해 본다. 환어음의 작성은 어음법 제1조에 따른다. 어음법 제1조는 환어음의 요건을 규정하고 있는데 약속어음이나 수표의 요건과 겹치지만 서로 차이가 있다.

환 어 음

YY 귀하

금삼십삼억원(₩3,300,000,000-)

(외화 UD$3,000,000-)

위의 금액을 이 환어음과 상환하여 WWW 또는 그 지시인에게 지급하여 주십시오.

거절증서작성불요

발행일 2018년 8월 28일

지급지 서울특별시 발행지 서울특별시

지급장소 이화은행 발행인 WWW

어음법 제1조(어음의 요건)

환어음(換어음)에는 다음 각 호의 사항을 적어야 한다.

1. 증권의 본문 중에 그 증권을 작성할 때 사용하는 국어로 환어음임을 표시하는 글자
2. 조건 없이 일정한 금액을 지급할 것을 위탁하는 뜻
3. 지급인의 명칭
4. 만기(滿期)
5. 지급지(支給地)
6. 지급받을 자 또는 지급받을 자를 지시할 자의 명칭
7. 발행일과 발행지(發行地)
8. 발행인의 기명날인(記名捺印) 또는 서명

4 어음/수표의 발행과 유통

1) 채권양도

우리가 가지고 있는 권리는 대부분 양도할 수 있다. 내가 갖고 있는 가방도 다른 사람에게 줄 수 있고, 임대보증금 반환청구권도 다른 사람에게 넘겨줄 수 있고, 친구한테서 논을 돌려받을 권리도 다른 사람한테 넘겨줄 수 있다. 재산적 가치를 갖는 권리는 다른 사람한테 양도할 수 있다.

채권(債權)은 다른 사람에게 일정한 급부, 즉 어떤 일을 하거나 혹은 하지 말거나 하는 것을 요구할 수 있는 권리이다. 채권의 대표적인 예는 다른 사람한테 빌려준 돈을 돌려받는 대여금 반환청구권이다. 법률을 공부할 때 익숙하지 않은 개념들이 많이 나온다. 개념의 정의를 정확히 이해하는 것이 중요한데 정의를 이해할 때 효과적인 방법의 하나는 그 개념의 대표적인 예를 함께 기억하는 것이다. 채권이라는 용어를 보고 '대여금 반환청구권'을 연상하면 채권의 개념을 이해하기 시작한 것이다.

급부(給付)

독일어 Leistung의 번역어로 채무자의 행위(작위 또는 부작위)를 가리킨다. 금전을 지급하는 일, 건물을 짓는 일, 손해를 배상하는 일 등 채무자가 해야 할 일을 '급부'라고 표현한다.

채권 특히 금전지급청구권을 양도하는 경우가 많다. 현금을 직접 주는 대신에 앞으로 현금이 될 수 있는 금전지급청구권을 양도하는 것이다. 민법은 제449조 이하에서 채권양도에

대해 규정하고 있다. 채권을 양도하려면 두 단계의 작업이 필요하다. 첫 번째 채권의 양도인과 양수인 간에 합의가 있어야 한다. 일방적으로 양도한다고 하거나 일방적으로 양수한다고 하면 안 되고 당사자 간에 합의가 있어야 한다. 당사자 간의 합의가 첫 번째 단계이다.

민법 제449조(채권의 양도성)
① 채권은 양도할 수 있다. 그러나 채권의 성질이 양도를 허용하지 아니하는 때에는 그러하지 아니하다.
② 채권은 당사자가 반대의 의사를 표시한 경우에는 양도하지 못한다. 그러나 그 의사표시로써 선의의 제삼자에게 대항하지 못한다.

양수인과 양도인 간의 합의만으로는 채무자가 채권양도 사실 즉, 원래 채권자가 자기가 갖고 있던 권리를 양수인에게 넘겨줬다는 것을 모르기 때문에 채무자로서 역할을 하기 어렵다. 그래서 양도사실을 채무자에게 알려줘야 한다. 채무자에게 양도 사실을 통지하는 것이 두 번째 단계이다.

채권양도의 당사자
양도인(채권자) ↔ 통지 ↔ 채무자
↓
양도합의
↓
양수인

법에서는 첫 번째 단계와 두 번째 단계를 구별해서 이름을 붙이는데 첫 번째 단계, 즉 양도인과 양수인이 합의하는 것을 '채권양도의 성립요건'이라고 부른다. 성립요건이기 때문에 두 사람이 합의하면 채권양도는 이루어진다. 당사자 간에는 이미 권리의 이전이 이루어졌다. 그런데 그것만 가지고는 채무자에게 양수인이 "내가 새로운 권리자다."라고 주장하거나 다른 사람에게 "내가 누구에 대한 채권을 가지고 있는 권리자다."라고 주장할 수 없다. 채무자나 제3자에게 자신이 새로운 권리자라고 주장하기 위해서는 양도사실을 통지해 줘야 한다. 이것을 '대항요건'이라고 부른다. 대항요건에 대해서는 민법 제450조에서 자세히 규정하고 있다. 채권양도는 성립요건과 대항요건이라는 두 단계를 거쳐서 완성된다.

민법 제450조(지명채권양도의 대항요건)
① 지명채권의 양도는 양도인이 채무자에게 통지하거나 채무자가 승낙하지 아니하면 채무자 기타 제삼자에게 대항하지 못한다.
② 전항의 통지나 승낙은 확정일자 있는 증서에 의하지 아니하면 채무자 이외의 제삼자에게 대항하지 못한다.

금전지급청구권이라는 채권은 눈에 보이지 않는다. 눈에 보이지 않는 상태의 권리를 넘겨받는 것이기 때문에 금전지급청구권을 양수하는 사람은 여러 가지 불안한 마음이 있다. 양도인(채권자)이 자기에게 금전지급청구권이 있다고 했는데 정말 있는 것인지 또 금액이 100만원이라고 주장했는데 그것이 사실인지 염려된다. 금전지급청구권이 눈에 보이지 않으니까 이것을 나한테만 파는 게 아니라 다른 사람한테도 파는 거 아닌가하는 이중양도의 불안감이 있다. 또 금전지급청구권이 유형물이 아니므로 권리를 양수했다고 하더라도 내가 새로운 양수인이라고 주장하는 것도 부담이다.

뿐만 아니라 권리를 행사할 때 채무자가 "당신이 그런 권리를 가지고 있는 건 맞다. 그런데 내가 원 채권자(양도인)에 대해 채권이 있어 상계를 했다. 그래서 내가 당신에게 더 줄 채무가 없다."는 주장을 할지도 모른다. 100만원의 금전지급청구권을 양수했는데 과연 채무자가 100만원을 줄지, 100만원을 안 주면 어떻게 될지 불안감이 있다.

민법 제492조(상계의 요건)
① 쌍방이 서로 같은 종류를 목적으로 한 채무를 부담한 경우에 그 쌍방의 채무의 이행기가 도래한 때에는 각 채무자는 대등액에 관하여 상계할 수 있다. 그러나 채무의 성질이 상계를 허용하지 아니할 때에는 그러하지 아니하다.

이런 불안감을 해소하는데 유가증권이 유용하다. 특히 유가증권을 양도할 때 배서라고 하는 방법이 등장하면서 불안이 많이 해소되었다. 앞에서 언급한 불안감이 어떻게 해소되었는지 살펴보자. 유가증권, 예를 들면 약속어음이 표창하는 금전지급청구권은 약속어음 없이는 권리를 넘겨받을 수 없다. 약속어음을 교부받았다면 약속어음이 표창하는 금전지급청구권을 양도받은 것이므로 이제 이중양도의 위험은 없다. 또 약속어음에 '누구에 대한 얼마의 권리다.'라는 것이 표현되어 있으니까 권리의 존부나 내용에 대한 불안은 많이 없어졌다.

권리의 내용은 약속어음에 기재된 대로 정해지기 때문이다. 또 다른 사람에게 "내가 권리자다."라고 주장하며 권리를 행사할 때 그 약속어음을 보여주면 되니까 자신의 권리를 입증해야하는 불안도 많이 없어졌다.

만약 약속어음을 배서의 방식으로 양수했으면 설사 양도인이 권리를 넘겨줄 자격이 없는 무권리자이더라도 권리를 취득한다. 배서의 방법으로 권리를 양수하면 일정한 항변은 절단된다. 약속어음의 소지 이외에 권리양수의 사실을 증명할 필요가 없다. 만일 채무자가 지급을 하지 않으면 지급을 배서인에게 청구할 수 있다. 법에 따라 배서인은 담보책임을 진다. 이러한 여러 법원리가 어음법과 수표법에 규정되어 있다. 유가증권이라는 그릇에 권리를 담고 배서라는 방법으로 양도할 때 특별한 효과를 줌으로써 눈에 보이지 않는 금전지급청구권을 양도할 때 갖게 되는 염려를 해소한다. 그 중심에 유가증권을 배서에 의해서 양도하는 법원칙이 자리 잡고 있다.

2) 배서의 방법

어음법 제13조는 배서를 어떻게 하는지 규정하고 있다. 제1항은 "배서는 환어음이나 이에 결합한 보충지에 적고 배서인이 기명날인하거나 서명하여야 한다."고 규정한다. 조문에 '환어음'이라고 된 부분은 약속어음으로 바꿔서 읽으면 된다. 환어음에 관한 제1조부터 제75조의 규정 중 많은 규정이 약속어음에 준용된다(어음법 제77조). 배서는 약속어음에다가 적든지 아니면 이에 결합한 보충지(약속어음 용지 크기가 손바닥만 해서 여러 번 배서하기가 어려워서 배서를 더 하기 위하여 약속어음에 붙인 종이)에 적으면 된다.

제1항이 "보충지에 적고"라는 표현을 사용하는데 어법적으로 보면 완전한 문장이 아니다. '적고'의 목적어가 빠져 있다. 배서 문구를 적어야 한다. 배서 문구란 '이 권리를 누구에게 양도하니 그 사람한테 어음금을 주세요.'라는 내용의 문구이다. 인쇄된 은행도 어음 용지에서는 "앞면의 금액을 __________에게 지급하여 주십시오."라는 표현을 사용한다. 배서 문구를 적고 배서인이 기명날인이나 서명을 하면 배서를 하는 것이고 그렇게 배서가 되면 법이 예정하고 있는 권리와 의무가 생긴다. 그 효력이 앞에서 금전지급청구권을 양도할 때 했던 여러 가지 우려를 상당히 없애주는 효과가 생긴다.

백지식배서와 백지배서
- 백지식배서: 배서문구를 전혀 적지 않거나 피배서인을 적지 않은 배서
- 백지배서: 일부 어음요건이 기재되지 않은 어음에 한 배서

은행도어음과 문방구어음

은행과 어음거래약정을 하면 은행에서는 인쇄된 약속어음용지를 준다. 이 약속어음 용지를 '은행도어음'이라고 한다. 어음교환소에서 교환하는데 용이하도록 통일된 양식에 따라 작성되어 있다. 인쇄된 약속어음용지는 문방구에서도 구입할 수 있는데 이를 '문방구어음'이라고 부른다. 은행도어음이나 문방구어음이나 약속어음 요건만 제대로 적었으면 모두 어음으로서의 효력을 갖는다.

제2항은 “배서는 피배서인을 지명하지 아니하고 할 수 있으며 배서인의 기명날인 또는 서명만으로도 할 수 있다(백지식 배서).”고 규정한다. 백지식 배서란 무엇을 적지 않은 배서라는 의미이다. 백지식 배서에는 두 가지가 있다. 하나는 배서 문구 중 피배서인을 적지 않는 것이고, 다른 하나는 배서문구 전체를 기재하지 않는 것이다. 어느 경우나 배서인이 기명날인하거나 서명해야 한다.

정상 배서	백지식 배서 1	백지식 배서 2
앞면의 금액을 홍길동에게 지급하여 주십시오. 2018년 10월 10일 WWW주식회사 대표이사 甲	앞면의 금액을 ＿＿＿＿＿에게 지급하여 주십시오. 2018년 10월 10일 WWW주식회사 대표이사 甲	WWW주식회사 대표이사 甲

위의 예시처럼 인쇄된 어음용지에는 배서 문구가 인쇄되어 있고 피배서인을 직접 기재할 수 있는 공간이 마련되어 있다. 그 공란에 피배서인을 기재하는 것인데 그런 기재를 하지 않고 기명날인 또는 서명을 하면 백지식 배서가 된다. 백지에 직접 어음을 작성하고 그 뒷면에 수취인이 배서 문구를 적지 않고 기명날인 또는 서명만 하면 그것도 백지식 배서이다. 백지식 배서가 된 약속어음을 받은 사람(백지식 배서의 피배서인)은 어음법 제14조 제2항이 정하고 있는 네 가지 선택지 중 하나의 방법을 사용할 수 있다.

① 피배서인이 자신의 성명을 적는다.

② 자신의 권리를 넘겨받을 사람의 성명을 적을 수도 있다.

③ 배서하여 양도하는데 배서를 백지식으로도 할 수 있고 피배서인을 표시해서 할 수도 있다.

④ 백지식 배서로 받은 약속어음을 받은 대로 그냥 준다.

3) 배서의 효력

배서를 하면 어음법과 수표법이 규정한 다음과 같은 5가지 효력이 발생한다. 구체적인 내용은 장을 바꾸어 설명한다.

① 권리이전의 효력 : 채권양도와 마찬가지로 권리가 양도되는 효력이 일어난다. 배서를 한 사람으로부터 배서를 받은 사람에게 어음 또는 수표의 권리가 이전된다.

② 담보적 효력 : 배서를 한 사람은 만일 어음금이나 수표금이 지급되지 않으면 자기가 대신 지급할 의무를 진다.

③ 자격수여적 효력 : 배서가 연속이 된 어음을 가지고 있는 사람은 적법한 소지인으로 추정된다. 소지인은 자기가 권리자인 것을 증명할 필요가 없다.

④ 선의취득 : 배서가 연속되어 있는 어음을 양수하면 자기에게 넘겨준 사람이 권리가 없는

무권리자인 경우에도 권리를 취득한다.

⑤ 인적항변의 절단 : 배서로 넘겨받은 어음은 인적 항변에 속하는 항변의 대항을 받지 않아서 권리를 행사하는 데 문제가 없다.

5 배서의 담보적 효력

1) 담보 일반

약속어음이 시장에서 안전하고 신속하게 유통이 될 수 있게 하기 위해서 법은 배서라고 하는 특별한 양도 방법을 규정하고 있다. 약속어음의 소지인은 약속어음이 만기에 변제가 되지 않는 상황을 우려하게 되는데 법은 배서의 담보적 효력으로 그러한 우려를 완화하고 있다.

법률적으로 '담보'라는 말은 기대했던 것이 실현되지 않으면 이 담보를 통해서 기대했던 상황을 그대로 만든다는 의미가 있다. 단순히 '확보한다' 또는 '보장한다'보다 강한 의미가 있다. '주택담보대출'이란 채권자에게 주택을 담보로 제공하고 받는 대출을 의미한다. 만약 대출금을 상환하지 못하면 담보로 제공된 주택을 처분해서 빌린 돈을 갚게 된다. '담보물'은 채무를 제대로 변제하지 못했을 때 대신 변제할 재원이 된다.

담보
채무불이행에 대비하여 채권확보를 위하여 채권자에게 제공되는 수단
- 인적담보 : 보증, 연대채무
- 물적담보 : 유치권, 질권, 저당권

일반적으로 담보책임은 당사자 간의 약정에 의해서 생긴다. 주택담보대출은 주택 소유자(채무자일 수도 있고 아닐 수도 있다)가 채권자와 담보약정을 맺는다. 은행에서 돈을 꿀 때 담보가 제공되면 은행은 좋은 조건에 돈을 꿔준다. 담보가 있으면 채무자가 돈을 못 갚는 경우 담보물을 처분해서 꿔준 돈을 회수할 수 있기 때문이다. 담보는 채무자가 제공해도 되고 제3자가 제공해도 된다. 담보가 성립하기 위해서는 담보물을 제공하는 사람과 채권자가 약정을 맺는다. 저당권을 설정한다면 저당권설정약정을 할 것이고, 예금을 담보로 한다면 질권설정약정을 한다. 약정의 내용은 채무자가 돈을 갚지 않으면 담보물을 처분해서 채무변제에 사용한다는 것이다.

재산적 가치가 있으면 담보로 사용할 수 있지만 보통은 부동산, 예금, 주식, 사채 등 환가가 쉬운 재산이 담보물로 이용된다. 이런 개별적인 재산 외에 한 사람(자연인이든 법인이든)의 전 재산이 담보가 될 수도 있다. 이를 보증이라고 한다. 개별적인 재산을 물적담보라고 하고 보증을 인적담보라고 하기도 한다.

2) 어음에서 담보책임

어음법 제15조(배서의 담보적 효력)
① 배서인은 반대의 문구가 없으면 인수와 지급을 담보한다.

인수
환어음의 지급인이 지급을 약속하는 것

어음법 제28조(인수의 효력)
① 지급인은 인수를 함으로써 만기에 환어음을 지급할 의무를 부담한다.

어음과 수표에서는 누가 어떤 과정을 거쳐서 담보책임을 지는 지 알아본다. 어음법 제15조는 배서인은 배서책임을 지지 않는다고 하는 문구가 없으면 인수와 지급을 담보한다고 선언한다. 앞에서 설명한 것과 같이 약정에 의해서 담보책임이 발생하는 것이 아니고 어음법이 일방적으로 배서인에게 담보책임을 부과한다. 만약 배서인이 담보책임을 질 생각이 없으면 '반대의 문구' 즉, 담보하지 않는다는 문구(예를 들면 '담보하지 않음', '담보책임 없음', '무담보' 등)를 적어야 한다. 그렇지 않으면 지급을 담보한다.

지급을 담보한다는 것은 지급이 안 되면 배서인의 전 재산으로 지급한다는 의미이다. 배서인의 재산이 지급을 하는 재원이 된다. 이를 법률적으로 표현하면 배서인의 전 재산이 어음금의 지급을 위한 책임재산이 된다는 것이다. 발행인이 약속어음금을 지급하지 않으면 소지인은 배서인에게 어음금 지급을 청구할 수 있고, 배서인이 담보책임을 이행하지 않으면 권리자는 배서인의 재산을 압류해서 강제집행하여 변제에 충당할 수 있다. 이것이 배서인이 담보 책임을 진다는 의미이다.

배서인의 담보책임이 채권자와 배서인 간의 약정에 의해서 발생한 것이 아니어서 배서인 중에는 배서를 하면 담보책임을 지는 것을 몰랐을 수도 있다. 배서라는 것이 어음의 뒷면에 배서문구를 적고 기명날인 또는 서명날인을 하는 건데 거기에는 '담보한다' 또는 '담보책임을 진다'는 말이 들어 있지 않다. 그럼에도 불구하고 어음법은 배서인은 반대의 문구가 없으면 지급을 담보한다고 규정한다. 어음법을 안 배워서 배서하면 담보책임을 지는 줄 몰랐다는 변명이 통하지 않는다.

3) 수표에서 담보책임

수표법 제18조는 '배서의 담보적 효력'이라는 제목 아래 제1항에서 "배서인은 반대의 문구가 없으면 지급을 담보한다.

수표법 제12조(발행인의 책임)는 "발행인은 지급을 담보한다. 발행인이 지급을 담보하지 아니한다는 뜻의 모든 문구는 적지 아니한 것으로 본다."고 규정한다.

수표의 담보채무자
- 배서인
- 발행인

수표법도 제18조에서 배서인의 담보책임을 규정한다. 수표 배서인이 담보할 의사가 없었어도 수표법 제18조에 따라서 수표의 배서인은 지급을 담보할 책임이 있다. 만약 담보할 생각이 없으면 담보하지 않는다는 문구를 적어야 한다.

수표법에는 배서인 외에 담보책임을 지는 사람이 한 사람 더 있다. 수표법 제12조에 따라 발행인은 지급인이 지급을 하지 않으면 대신 지급할 책임이 있다. 수표는 발행인이 지급인에게 지급을 위탁하는 것이었는데 지급인이 지급을 안 하면 대신 발행인이 지급하라는 수표법의 명령이다. 배서인과는 달리 담보책임을 지지 않는다는 문구를 적어도 아무 소용이 없다. 수표 발행인이 기재한 무담보 문구는 없는 것으로 본다. 지급인이 지급할 것이 확실치 않은데 발행인이 수표를 발행하면 자신이 책임을 져야 한다.

4) 담보책임 묻기 – 상환청구

약속어음의 소지인이 발행인에게 지급을 청구했다. 지급을 하면 지급액을 받음으로써 약속어음의 일생은 끝난다. 그런데 지급을 못 받으면 소지인은 담보책임을 지는 사람에게 지급을 청구할 수 있다. 그것을 상환청구라고 한다. 개정 전 법에서는 '소구'라고 불렀다. 약속어음에서는 배서인이 담보책임을 지므로 배서인에게 상환청구를 한다. 수표에서는 발행인과 배서인이 담보책임을 지므로 수표 소지인이 수표 발행인이나 배서인에게 상환청구를 한다.

주의할 것은 상환청구를 하려면 몇 가지 요건을 갖추어야 한다는 점이다. 특히 두 가지가 중요하다. 하나는 지급제시기간 안에 완전한 어음으로 지급제시를 해야 한다. 약속어음은 발행인에게, 수표는 지급인에게 지급제시기간 내에 자신에게 지급하라고 요구해야 한다. 약속어음의 지급제시 기간은 만기일부터 2 거래일까지다. 월요일이 만기였으면 휴일이 아닌 화, 수 이렇게 3일 내에 지급제시를 해야 한다. 수표는 발행일로부터 열흘 내에 지급제시를 해야 한다.

적법한 지급제시
- 지급제시기간 내 지급제시
- 완전한 어음으로 지급제시

두 번째 요건은 완전한 어음, 완전한 수표여야 한다. 여기서 완전하다는 말은 어음과 수표를 작성했을 때 이용한 어음법 제75조(약속어음), 어음법 제1조(환어음), 수표법 제1조(수표)에 있는 요건을 하나도 빠지지 않고 다 기재된 어음을 가지고 지급제시를 해야 한다는 의미이다. 만일 지급제시 기간을 넘어서 지급제시를 하거나 완전한 어음이 아닌 요건이 빠진 어음을 가지고 지급제시를 하면 적법한 지급제시가 아니어서 상환청구를 하지 못한다.

적법한 지급제시 기간 안에 완전한 어음을 갖고 지급제시를 했을 때 지급이 거절되면 상환청구를 할 수 있다. 상환청구는 상환의무를 지는 자, 즉 약속어음의 배서인, 환어음과 수표의 발행인과 배서인에게 할 수 있다. 상환의무자가 여러 명 있으면 모든 상환의무자에게 할 수도 있고 특정 상환의무자를 골라서 할 수도 있다. 재산이 많은 사람에게 상환청구를 하는 것이 유리할 것이다. 상환의무자 중에서 상환청구를 받고 자기 재산에서 어음/수표금을 지급한 사람은 자기 앞의 상환의무자에게 다시 상환청구를 할 수 있다. 이것을 재상환청구라고 한다.

5) 지급거절증서

상환청구와 관련해서 오늘날에는 거의 흔적만 남아 있는 제도이지만 인쇄된 어음문구에 '지급거절증서'라는 문구가 있다. 유럽에서 어음이 사용된 것이 중세 말이었는데 그때는 한 도시 내에서 사용하는 것이 아니라 도시국가, 예를 들면 프랑크푸르트, 함부르크, 파리, 밀라노, 피렌체에 있는 상인들 간에 어음 거래를 하였다. 프랑크푸르트 상인이 약속어음을 발행했고 파리 상인이 배서했고 밀라노 상인이 소지한 약속어음을 프랑크푸르트에서 지급제

지급거절증서작성 면제 방법
- 면제 문구 기재
  - "거절증서작성 면제"
  - "무비용상환"
- 기명날인 또는 서명

시했는데 지급이 거절되었다. 파리 상인에게 상환청구를 했을 파리 상인으로서는 적법한 지급제시가 있고 지급이 거절되었는지를 확인하는 것이 어려웠다. 그래서 "네가 적법하게 지급제시를 했지만 지급이 거절됐다는 것을 공적 문서로 확인을 받아와라."라고 요구하였는데 그 문서가 지급거절증서이다. 지급거절증서를 작성하는 비용은 담보책임을 지는 상환의무자가 내야 한다. 오늘날은 지급거절증서를 작성하지 않아도 은행을 통해서 적법한 지급제시가 있었는지 또 지급이 거절됐는지를 확인할 수 있기 때문에 지급거절증서 작성을 면제하는 것이 보통이다.

6 배서의 자격수여적 효력과 선의취득

1) 증명책임

법적인 판단은 많은 경우 과거에서 일어났던 일에 대한 것이다. 지금 눈앞에 벌어지는 일이 아니고 과거의 일이기 때문에 사실관계가 어떻게 됐는지 아는 것이 생각보다 쉽지 않다. 그래서 법은 권리를 주장하는 사람에게 자신의 주장이 사실임을 증명하도록 하는 증명책임을 부여하고 있다. 증명책임을 부여받은 사람이 자신이 증명해야 할 것을 증명하지 못하면 불이익을 받게 된다.

전설적인 예화가 있다. 사람이 많이 붐비는 시장에서 가게들이 대부분 파해갈 무렵에 한 청년이 와서 100만원짜리 현금을 보이면서 "아저씨, 이것 좀 맡아주세요."라고 했다. 그 가게 주인이 "아니, 이것을 왜 은행에 넣지 않고 여기에 가져와?" 그랬더니 "은행이 다 문을 닫았어요." 가게 주인이 그 돈을 받았다. 가게 문을 내리고 가려고 하는데 그 청년이 다시 와서 "아저씨, 아까 맡긴 돈 좀 주세요. 급히 쓸 일이 생겼어요."라고 했다. 이미 날은 다 어두웠고 시장에는 사람들이 거의 없기 때문에 청년들이 그렇게 돈을 받아간 것을 본 사람이 없었다. 그 다음 날 시장이 붐비는 시간에 그 청년이 와서 어제 맡긴 돈을 달라고 요구한다. 가게 주인은 "무슨 얘기 하냐? 어제 네가 가져가지 않았냐?" 이 청년은 "내가 언제 가져갔냐?" 그렇게 시비가 붙었고 청년은 가게 주인을 상대로 해서 맡긴 돈을 돌려달라는 소송을 제기했다.

이 장면을 실제 보지 않은 사람은 청년과 가게 주인의 주장을 듣고 사실관계가 어떠했는지 판단하기가 쉽지 않다. 청년이 돈을 맡긴 건 사실이다. 가게 주인이 맡았다고 한다. 청년은 돈을 찾아가지 않았다고 하고 가게 주인은 돌려줬다고 한다. 본 사람이 없다. 유일하게 본 사람은 그 가게 주인의 배우자이다. 배우자의 말을 믿어야 할지 아닐지 고민이 된다. 법은 이 문제를 한쪽 당사자에게 증명책임을 부과하여 해결한다. 원칙적으로 권리를 주장하는 사람에게 증명책임을 부과한다. 증명책임을 지는 사람은 부담이 될 수밖에 없다.

2) 배서의 자격수여적 효력

어음/수표의 소지인에게 권리를 행사할 때마다 자신이 권리자임을 증명하도록 하면 어음/수표를 양수한 사람은 자기에 앞서 어음/수표를 소지한 사람이 어떻게 권리를 취득했고 그 권리가 자신에게 어떻게 이전했는지 증명해야 한다. 이를 위해 앞 사람의 거래내역과 자기의 거래내역을 다 알고 그것을 증명해야 한다. 그런 증명책임을 부여하면 어음/수표의 유통은 많이 줄어들 것이다.

이 문제를 해결하기 위해서 어음법과 수표법은 특별한 규정을 두고 있다. 어음법 제16조는 제목이 '배서의 자격수여적 효력 및 어음의 선의취득'이라고 되어 있고, 제1항은 "환어음의 점유자가 배서의 연속에 의하여 그 권리를 증명할 때에는 그를 적법한 소지인으로 추정한다."고 규정한다. 여기서 '환어음'은 '약속어음'으로 바꿔 읽으면 된다. 배서가 연속되어 있으면 소지인을 적법한 소지인으로 추정한다. 적법한 소지인으로 추정했기 때문에 배서가 연속되는 어음을 가지고 있는 사람은 자기가 권리자라는 것을 증명할 필요가 없다.

추정이 이루어지면 증명책임은 상대방에게 넘어간다. 상대방은 현재 어음의 소지인이 적법한 소지인이 아니라는 것을 증명해야 소지인의 권리 행사를 막을 수 있다. 어음법 제16조로 인해서 어음을 소지하는 사람은 자신이 권리자임을 증명하는 책임을 많이 덜었다.

같은 규정이 수표법에도 있다. 수표법 제19조(배서의 자격수여적 효력) "배서로 양도할 수 있는 수표의 점유자가 배서의 연속에 의하여 그 권리를 증명할 때에는 그를 적법한 소지인으로 추정한다." 수표도 배서가 연속되어 있으면 소지인은 자신이 권리자임을 증명할 필요가 없게 되었다. 배서가 증명책임을 덜어주는 효력이 있는데 그것을 배서의 자격수여적 효력이라고 한다.

3) 승계취득과 선의취득

사법상 권리를 취득하는 방법은 두 가지이다. 하나는 이 세상에서 처음 그런 권리를 갖게 되는 것이다. 빈터에다가 집을 짓고 그 집에 관한 권리를 취득하는 것이 한 예이다. 이를 원시취득이라고 한다. 다른 하나는 다른 사람이 가지고 있는 권리를 넘겨받는 것이다. 이를 승계취득이라고 한다. 권리를 취득하는 방법에는 원시취득과 승계취득이 있다.

권리취득 방법
- 원시취득
- 승계취득

승계취득에는 '누구도 자신의 전자보다 더 많은 권리를 가질 수 없다.'는 원칙이 있다. 지금 5명의 사람이 일렬로 서 있는데 앞에 사람이 물병을 뒤에 있는 사람에게 넘긴다. 뒷사람은 앞사람이 갖고 있는 물병을 넘겨받았으므로 뒷사람은 앞사람이 갖고 있던 것과 똑같은 물병을 갖게 된다. 만약 그 물병의 물이 꽉 채워져 있으면 뒷사람은 꽉 채워진 물병을 가질 것이고 물이 없는 빈 병이라면 빈 병을 갖게 될 것이다. 이 사실은 두 번째 사람이나 다섯 번째 사람이나 마찬가지이다. 이것이 승계취득의 원칙이다.

승계취득의 원칙은 당연한 이치지만 실생활에 적용하게 되면 거래를 불안정하게 하는 문제가 있다. 예를 들어 과일을 하나 살 때도 가게 주인이 권리자인지 확인해야 한다. "당신이 과일에 대한 소유권이 있는 것이 맞지요?" 혹시라도 과일을 다 먹었는데 가게 주인이 무권리자라고 해서 먹은 과일을 내놓으라고 하면 곤란해진다.

민법 제249조(선의취득)
평온, 공연하게 동산을 양수한 자가 선의이며 과실없이 그 동산을 점유한 경우에는 양도인이 정당한 소유자가 아닌 때에도 즉시 그 동산의 소유권을 취득한다.

법은 거래의 안전을 위해서 승계취득의 원칙에 대한 예외를 인정했다. 일정한 경우 앞사람이 무권리자일지라도 뒷사람이 그 사실을 몰랐으면 권리를 취득하게 한다. 이를 '선의취득'이라고 한다. 선의취득은 승계취득 원칙에 대한 예외이므로 법률이 명시한 일정한 경우에만 인정된다. 민법은 동산의 선의취득을 인정한다.

선의취득이 인정되는 경우
- 동산
- 지시채권
- 무기명채권
- 환어음
- 약속어음
- 수표

선의취득은 앞사람이 무권리자이지만 소지인이 권리를 취득한다는 의미이다. 선의취득이 착한 사람을 보호해 주는 좋은 제도라는 인상을 갖고 있다면 선의취득의 의미를 정확히 이해한 것이 아니다. 선의취득이 인정되면 소지인이 권리를 취득하므로 무권리자 이전에 권리를 갖고 있던 사람이 권리를 잃게 된다. 반대로 선의취득이라는 예외가 적용되지 않고 승계취득의 원칙이 적용되면 이전의 권리자가 권리를 계속 갖게 되고 앞사람이 무권리자라는 사실을 모르고 취득한 사람은 권리를 취득하지 못한다. 승계취득이라는 원칙과 선의취득이라는 예외는 원래의 권리자와 무권리자로부터 권리를 취득한 사람 중에서 법이 누구를 더 보호할 것인가 하는 선택의 문제이다.

4) 어음/수표의 선의취득

어음/수표의 유통에서는 승계취득이 일어나므로 어음/수표 유통과정에서 앞사람이 아무런 권리도 갖고 있지 않았다면 뒷사람도 아무런 권리를 갖지 못하게 된다. 그렇게 되면 어음/수표를 양수하는 사람은 자신보다 앞서 어음/수표를 소지한 모든 사람이 권리자인지를 확인해야 하므로 정상적인 어음/수표의 유통은 기대하기 어렵다. 이 점을 해결하기 위해 어음법과 수표법은 선의취득을 인정한다.

어음법 제16조(배서의 자격수여적 효력 및 어음의 선의취득)
② 어떤 사유로든 환어음의 점유를 잃은 자가 있는 경우에 그 어음의 소지인이 제1항에 따라 권리를 증명할 때에는 그 어음을 반환할 의무가 없다. 그러나 소지인이 악의 또는 중대한 과실로 인하여 어음을 취득한 경우에는 그러하지 아니하다.

어음법 제16조 제2항 본문은 '어떤 사유로든 환어음의 점유를 잃은 자가 있는 경우에'로 시작하는데 여기서 '환어음'은 '약속어음'으로 바꿔서 읽으면 된다. '점유를 잃은 자가 있는 경우'란 진정한 약속어음의 소유자가 약속어음을 잃어버린 경우이고 그때 약속어음을 주운 사람은 정당한 소유자가 아닌 무권리자이다. 결국 무권리자가 있는 경우라는 뜻이다.

'제1항에 따라 권리를 증명할 때'란 배서가 연속됐다는 것을 증명한 때를 의미한다. '어음을 반환할 의무가 없다'는 표현은 권리를 취득한다는 의미이다. 원래 권리자가 어음상의 권리를 행사하기 위해서는 어음을 소지해야 하므로 현재 소지인으로부터 어음을 넘겨받아야 하는데 현재 소지인이 반환할 의무가 없으면 원래 권리자는 권리를 취득하지 못하고 현재 소지인이 권리를 취득한다.

본문을 풀어서 다시 쓰면 "약속어음의 유통과정에 무권리자가 있는 경우 소지인이 배서의 연속을 증명하면 소지인은 약속어음의 권리를 취득한다."가 된다. 어음법이 약속어음의 선의취득을 인정했으므로 약속어음을 취득하는 사람은 앞사람이 무권리자인지 걱정할 필요가 없다. 배서가 연속되어 있는지를 확인하면 된다.

다만 단서에서 규정한 사항에 유의하여야 한다. 소지인이 악의 또는 중대한 과실로 어음을 취득한 경우에는 선의취득이 인정되지 않는다. 승계취득의 원칙에 대한 예외인 선의취득을 인정하는 것은 앞사람이 권리자라고 믿고 거래한 사람의 신뢰를 보호하기 위함이다. 소지인이 앞사람이 무권리자라는 사실을 알았던지 무권리자라는 사실을 모른 것에 대해서 중대한 과실이 있으면 선의취득은 적용되지 않는다.

7 배서의 인적항변 절단

1) 항변

상대방이 어떤 주장을 했을 때 그 주장을 배척해서 상대방이 권리행사를 못 하게 하거나 혹은 자신이 의무이행을 안 할 수 있다. 상대방의 주장을 배척하는 것을 법에서는 항변이라고 부른다. 항변이 있게 되면 권리를 가진 사람은 자기 권리를 행사할 수 없기 때문에 권리를 갖고 있는 사람으로서는 자기 권리에 항변사유가 있는지 없는지에 대해 유의할 수밖에 없다.

어음/수표 거래에서도 항변사유가 있는지가 상당히 중요한 의미를 갖는다. 항변사유가 있으면 기대했던 어음/수표상의 권리를 행사할 수 없기 때문이다. 어음법과 수표법은 항변을 제기할 수 있는 경우와 항변을 제기할 수 없는 경우를 나누고 항변을 제기할 수 있는 경우를 일정한 한도에서 제한해서 소지인을 보호하고 있다. 어음/수표의 유통을 위해 권리자가 갖게 되는 우려를 조금 덜어준 것이다.

2) 물적항변

어음항변
- 물적항변
- 인적항변

어음법과, 수표법에서는 항변사유를 물적항변과 인적항변으로 구분한다. 법학에서는 '인적'과 '물적'이라는 말을 많이 쓰는데, 그 정의가 쓰는 곳마다 조금씩 다르다. '물적항변'에서 '물적'이라는 의미는 '누구에 대해서든지 제기할 수 있다.'는 뜻이다. 물적항변을 갖고 있는 사람은 소지인이 누구든지 그 항변을 갖고 대항할 수 있다. 예를 들어 A가 약속어음을 발행해서 B, C, D, E로 배서양도된 경우 A가 가지고 있는 항변사유가 물적항변이라면 누가 소지인이든지 항변을 제기할 수 있다. 반면에 그 항변이 인적항변이라면 누가 소지인인지에 따라 일정한 경우 항변을 제기할 수 없다.

물적항변
- 어음 문면에서 확인할 수 있는 사항
  - 만기미도래
  - 어음요건 불비
- 상위의 법원칙
  - 행위능력 제한자
  - 무권대리
  - 위조

물적항변으로 인정되는 것은 크게 두 가지이다. 하나는 어음/수표의 문면에서 확인할 수 있는 사항이다. 예를 들면 어음요건을 갖추지 못한 완전한 어음이 아니라는 항변은 물적항변이다. 어음요건을 갖췄는지 안 갖췄는지는 어음 문면을 확인하면 알 수 있으므로 이를 물적항변으로 인정해도 어음/수표의 유통에 장애가 되지 않는다. 변제기가 아직 도래하지 않았다는 항변도 어음 문면에서 알 수 있으므로 물적항변이다. 이런 항변은 소지인이 누구이든지 간에 제기할 수 있는 물적항변 사유이다.

다른 하나는 어음/수표의 유통성 촉진이라는 이념보다 상위의 이념이 있는 경우이다. 예를 들면 미성년자가 배서했다. 민법은 미성년자가 적법한 의사표시를 충분히 할 수 없다고 가정하고 미성년자의 의사표시를 취소할 수 있도록 했다. 미성년자 보호는 어음/수표의 유통성 보호보다 상위의 법적 이념이다. 따라서 미성년자가 배서했으면 어음/수표의 소지인이 누구든지 취소한다는 항변을 제기하여 미성년자가 의무를 부담하는 것을 막을 수 있다. 배서인이 미성년자라는 점을 물적항변으로 본다.

3) 인적항변의 절단

인적항변
- 원인관계에서 발생한 항변
- 어음외적 합의
- 상계

甲이 乙에게서 물건을 샀다. 甲은 물건 대금을 지급하기 위해서 약속어음을 발행해서 乙에게 주었다. 그 후 甲이 납품받은 물건을 조사해봤더니 불량품이었다. 甲은 乙에게 그 물건을 다 돌려주고 매매계약을 취소했다. 취소할 때 그 약속어음까지 회수했어야 하는데 약속어음을 회수하지 않았다. 이 상태에서 乙이 甲에게 약속어음금 청구를 했다면 甲은 乙에게 "무슨 소리하나? 물건대금을 지급하기 위해서 발행해 준 약속어음인데 물건이 불량품이어서 다 돌려주었는데 무슨 대금 청구를 하나"라고 그 주장을 배척할 수 있다. 乙이 소지인으로 있을 때는 그 항변을 제기할 수 있다.

그런데 乙이 그 약속어음을 받은 다음에 자기의 물건대금을 주느라고 丙에게 배서양도하였다면 상황이 달라진다. 丙이 소지인이 되어서 만기에 甲에게 약속어음금을 청구했을 때 甲이 丙에게 "당신 몰랐어요? 이 약속어음이 원래 乙이 물건을 나한테 팔고 내가 그 물건의 대금으로 준 건데 그 물건이 모두 불량품이라서 반환했습니다. 그러니까 이 어음은 무효예요."라고 말할 수 있나?

어음법 제17조(인적항변의 절단)
환어음에 의하여 청구를 받은 자는 발행인 또는 종전의 소지인에 대한 인적 관계로 인한 항변으로써 소지인에게 대항하지 못 한다. 그러나 소지인이 그 채무자를 해할 것을 알고 어음을 취득한 경우에는 그러하지 아니하다.

어음법 제17조를 위 사례에 대입하여 다시 적어보면 이렇게 된다. "약속어음에 의하여 청구를 받은 甲은 종전의 소지인 乙에 대한 원인계약의 취소로 인한 항변으로 소지인 丙에게 대항하지 못 한다." 약속어음을 발행하게 된 원인이 된 계약이 취소되었다는 항변은 그 당사자인 乙에게만 대항할 수 있는 것이고 현재 소지인인 丙에게는 대항하지 못한다. 원인관계가 취소됐다는 항변사유는 특정 당사자에게만 제기할 수 있는 인적항변사유이다. 인적항변사유를 제기하지 못하는 것을 어음법과 수표법은 인적 항변의 '절단'이라는 표현을 사용한다.

인적항변의 절단에 대해서는 한 가지 예외가 있다. 어음법 제17조 단서에 따라 소지인이 채무자를 해할 것을 알고 어음을 취득한 경우에는 인적항변이 절단되지 않는다. 채무자를 해할 것을 알고 어음을 취득했다고 하는 것은 소지인이 전자로부터 어음을 취득할 때에 소지인에 대한 항변사유가 있는 것을 알고 있고, 자신이 그 어음을 취득하면 자신에게는 항변사유로 대항할 수 없다는 것을 알면서도 일부러 어음을 취득하는 것을 뜻한다.

주관적 요건

선의	무과실
	경과실
	중과실
악의	
해의	

4) 백지어음 부당보충의 항변

어음법 제17조가 규정하는 인적항변과는 별도로 항변이 절단되는 즉 항변을 제기할 수 없는 사례가 있다. WWW가 이화은행에서 1억원을 꾸면서 앞으로 매달 500만원씩 20개월 동안 갚기로 했다. 이화은행은 대금 지급을 담보하기 위해 약속어음을 발행해 줄 것을 요구한다. 그 때 금액을 얼마로 적어야 할까? 원리금 상환을 한 번도 못하여 채무 총액이 1억원을 넘을 수도 있고 열 달 동안은 잘 갚고 그 다음부터 연체를 했다면 채무액은 1억원보다 작을 것이다. 이런 경우에는 약속어음의 금액란을 공란으로 둔 채로 발행한다. 이를 백지어음이라고 한다.

약속어음에는 어음법 제75조에 있는 요건을 다 적어야 되지만 발행 당시에 요건을 확정할 수 없는 경우에는 요건을 다 기재하지 못하고 나중에 요건을 보충하기로 하고 백지어음으로 발행한다. 나중에 미기재 요건의 내용이 확정이 되어 백지부분을 적어 넣는 것을 '보충'한다고 한다. 백지어음은 무효인 어음이 아니고 유효인 어음이지만 아직은 미완성인 어음이다.

이화은행은 WWW와 약속한대로 연체가 발생했을 때 그 때의 채무총액을 보충하여 어음상의 권리를 행사할 수 있다. 만일 약속한 것과 다르게 더 많은 금액을 보충하여 청구하면 어떻게 되는가? 어음법 제10조는 바로 그런 상황을 규율한다.

어음법 제10조를 위 사례에 대입하여 풀어쓰면 다음과 같다. "약속어음요건을 다 기재하지 않고 금액을 백지로 발행한 약속어음에 미리 합의한 사항과 다른 금액을 보충한 때에서는 미리 한 합의와 다르게 보충되었다는 것을 이유로 소지인에게 대항하지 못 한다. 그러나 소지인이 미리 한 합의와 다르게 보충되었다는 것을 알거나 중대한 과실로 몰랐다면 소지인에게 대항할 수 있다."

어음법 제10조(백지어음)
미완성으로 발행한 환어음에 미리 합의한 사항과 다른 내용을 보충하는 경우에는 그 합의의 위반을 이유로 소지인에게 대항하지 못 한다. 그러나 소지인이 악의 또는 중대한 과실로 인하여 환어음을 취득한 경우에는 그러하지 아니하다.

어음법 제10조의 전체적인 구조는 인적항변을 규정한 어음법 제17조와 유사한데 차이가 있다. 어음법 제17조에서는 소지인에게 대항할 수 있는 경우를 '채권자를 해함을 알고 취득한 경우'로 규정한 반면에 어음법 제10조에서는 '악의 또는 중대한 과실로 취득한 경우'로 규정하여 양자의 주관적 요건에 차이가 있다.

전자어음

전자어음은 전자문서로 작성되고 전자어음관리기관(금융결제원)에 등록된 약속어음을 말한다. 전자어음은 발행, 배서, 보증 등 모든 거래가 거래 당사자의 은행을 경유하여 이루어지고 전자어음관리기관의 전자어음 원장에 등록된다. 실물어음과는 아래 표와 같은 차이가 있다. 전자어음의 만기는 최초에는 1년이었는데 2018년 6월로 축소된 후 매년 1개월씩 축소되고 있다. 전자어음 수취인이 경제적 불이익을 받는 것을 막기 위한 조치이다.

	실물어음	전자어음
존재형태	서면	전자문서
종류	약속어음 및 환어음	약속어음
적용법률	어음법	전자어음의 발행 및 유통에 관한 법률
발행등록	없음	전자어음관리기관에 등록
발행·배서방법	기명날인 또는 서명	전자문서에 전자서명
배서제한	무제한	총 배서회수 20회
만기제한	무제한	발행일로부터 3개월(2021. 5. 30.부터)
지급장소	제한 없음	은행
백지어음	가능	금지
관리기관	없음	전자어음관리기관(금융결제원)

CHAPTER

8

기업의 법적 형태

1. 개인기업과 법인기업
2. 민법상 조합
3. 익명조합
4. 회사기업과 상장기업
5. 주식회사법의 기본원리

법률가는 맥락 안에서 판단한다.
Lawyers are contextualists.

CHAPTER 8

기업의 법적 형태

1 개인기업과 법인기업

1) 개인기업의 의미

기업의 법적 형태
- 개인기업
- 조합기업
- 법인기업

개인이 자연인으로서 사업을 하는 일은 흔하다. 이런 사람들을 '개인기업'이라고 부르며(세법에서는 '개인사업자'라는 용어를 주로 사용하는데 같은 의미이다), 개인이 자연인의 법적 지위에서 사업자가 되는 것이다. 개인기업은 기업의 법적인 형태로 가장 흔한데 과거에도 그랬고 지금도 그렇고 우리나라도 그렇고 다른 나라도 마찬가지이다. 개인기업의 장점은 쉽게 사업을 시작할 수 있다는 점이다. 자신의 신용을 가지고 직접 거래를 할 수 있는 장점이 있다.

개인기업에서는 사업에서 발생하는 자산, 부채, 이익, 손실 등이 사업 주체인 개인에게 귀속되고 개인을 기준으로 회계처리를 한다. 사업을 위한 현금의 입출금이나 개인을 위한 수입이나 지출이 구별되지 않는다. 비유하자면 개인적인 돈은 오른쪽 주머니에 있고 사업을 위한 돈은 왼쪽 주머니에 있지만 오른쪽 주머니와 왼쪽 주머니의 돈이 쉽게 섞이고 또 섞여도 법적인 문제가 일어나지 않는다.

개인기업을 법적인 관점에서 보면 사업에서 생기는 권리와 의무나 사업 외적으로 발생하는 권리와 의무가 아무 구별 없이 개인에게 귀속되는 상황이다. 그 결과 개인은 사업에서 생기는 채무에 대해서도 책임을 지고 개인의 재산이 사업에서 발생한 채무 변제에 사용된다. 양자를 구분하려면 사업의 주체를 자연인에게서 분리하여 별도의 법적 주체에게 맡겨야 한다.

한 사업을 개인기업이 하는 경우와 법인기업이 하는 경우는 여러 면에서 차이가 있다. 개인기업은 사업에서 이루어지는 모든 거래가 개인을 기준으로 처리되는데 법인기업은 개인과는 별도의 주체인 법인을 기준으로 회계 처리된다. 재무적으로도 개인기업은 개인적인 돈과 사업에서의 돈을 구별할 의무가 없지만 법인기업의 경우는 양자를 구분하지 않고 사용하면 횡령이나 배임죄의 처벌을 받을 수 있다. 법적으로 보면 법인기업은 법인과 법인의 소유자가 구분되므로 법인기업의 채권이나 채무가 법인 소유자의 채권이나 채무가 아니다.

2) 조세 관점에서 개인기업의 법인 전환

개인기업은 사업으로 인한 권리·의무가 개인에게 모두 귀속되는 반면에 법인기업에서는 법인에 귀속되어 개인의 권리나 의무와는 분리된다. 만일 법인이 주식회사라면 개인은 주주로서의 책임만 지고 그 이상의 책임은 지지 않는 것이 원칙이다. 일반적으로는 개인기업이 사업을 하다가 사업의 규모가 커지면 개인기업을 법인기업으로 전환하는 예를 많이 볼 수 있다. 이를 법인화 또는 법인 전환이라고 한다. 법인 전환의 중요한 계기가 조세문제이다. 개인기업에 부과되는 조세와 법인기업에 부과되는 조세가 다르기 때문에 개인기업에서 법인기업으로 전환할 유인이 있다.

소득세법상 종합소득
근로소득, 사업소득, 이자소득, 배당소득, 연금소득, 기타소득을 종합하여 산정한다.
각 소득별로 과세대상액을 계상하는 방법이 다르다.

조세의 관점에서 개인기업과 법인기업의 차이를 보면 우선 적용되는 세법이 다르다. 개인기업에는 소득세법이 적용되고 법인기업에는 법인세가 적용된다. 개인사업자에게는 소득세법상 규정하고 있는 소득 중에서 '사업소득'이 발생한다. 사업소득은 소득세법이 규정하는 6가지의 종합소득 중 하나이다. 법인세의 세율과 사업소득에 대한 세율이 다르기 때문에 같은 이익이 발생하는 경우에도 개인기업과 법인기업의 차이가 발생한다. 소득세는 최저 6%에서 최고 40%까지 6단계의 초과누진세율의 구조를 가지고 있는데, 법인세는 10%, 20%, 22%의 3단계의 세율 구조를 가지고 있다.

개인기업의 경우에는 사업을 해서 벌어들인 소득은 사업소득이라는 이름으로 과세가 되고 그 사업소득이 다른 소득과 합쳐져서 종합소득을 구성하고 종합소득에 대해서 세율이 적용된다. 법인기업의 경우는 법인이 벌어들인 전체가 법인세 과세의 대상이 되고 그것에 대해서 세율이 적용되는데 세율에서 차이가 있다. 세율을 생각하면 사업을 해서 벌어들이는 소득이 많지 않을 때는 개인사업자의 형태로 낮은 세율의 소득세를 내고 소득이 많이 창출되면 법인사업자로 전환해서 법인세를 내면 세금에서 유리하다. 개인사업자가 법인사업자로 전환하기 위해서는 우선 법인을 설립해야 한다. 주식회사를 설립한다면 자본금을 준비하고 개인 명의로 되어 있던 가게라든가 차량 등을 법인에 출자하거나 양도하고 거래도 법인 명의로 해야 한다. 법인설립과는 별도로 사업자등록을 해야 한다. 사업자등록은 사업자들을 관리하기 위한 조세 행정적인 절차이다. 대한민국에서 사업을 하는 사람은 개인이든 법인이든 단체든 법적 형태에 관계없이 세무관서에 사업자등록을 해야 한다. 사업자등록을 하면 사업자등록번호와 사업자 명칭이 확정되고 그것으로 거래 시 누구와 어떤 거래를 했는지를 파악하게 된다. 사업자등록을 함으로써 세금을 내는 주체, 세금을 내는 단위가 된다. 개인사업을 하다가 법인사업자로 전환을 하면 거래의 주체가 달라지기 때문에 사업자등록을 다시 해야 한다. 사업자의 명칭이 개인명의에서 법인 명의로 바뀌게 되고 주소도 달라질 수 있다.

2 민법상 조합

1) 민법 제703조

'조합'이라는 용어는 일상적으로 많이 사용된다. '농업협동조합'이나 혹은 요즘 많이 볼 수 있는 '영농조합법인'이라는 명칭도 사용례의 하나이다. 그러나 지금부터 공부하는 '조합'은 앞의 용어에서 사용된 의미와는 법적으로 다른 뜻을 갖는다. 법률에서는 민법에서 조합에 관해 규정하고 있다. 그래서 일상적으로 사용되는 의미의 조합과 구분하기 위해 특별히 '민법상 조합' 혹은 '민법의 조합'이라는 표현을 사용하기도 한다.

민법상 조합이 아닌 예
농업협동조합
건설공제조합
산림조합중앙회
신용협동조합
영농조합법인

어떤 조직이나 기관이 '조합'이라고 불릴 때는 민법상 조합인 경우도 있고 법인이지만 조합이라는 표현을 쓰기도 한다. 조합이라는 명칭을 보고 법률의 규정에 따라 설립된 법인인지, 민법상 조합계약인지를 구분하는 것이 해당 조합의 법률관계를 판단하는 데 도움이 된다.

민법에서 조합은 계약의 한 유형으로 '조합계약'이라는 표현이 그 실질을 더 잘 나타낸다. 조합이 계약의 한 유형이므로 조합에 대해서는 민법 채권편 계약장 조합절에 규정이 있다. 민법 제703조에 규정된대로 조합은 2인 이상이 상호출자하여 공동사업을 경영할 것을 약정하는 것이다.

민법 제703조(조합의 의의)
① 조합은 2인 이상이 상호출자하여 공동사업을 경영할 것을 약정함으로써 그 효력이 생긴다.
② 전항의 출자는 금전 기타 재산 또는 노무로 할 수 있다.

WWW 맞춤형 운동화 사업에서 세 명의 청년이 모여서 맞춤형 신발을 만들어 파는 사업을 하기로 했다. 한 사람은 기술, 한 사람은 디자인, 한 사람은 영업능력을 투자하기로 했다. 모두가 투자를 하고 맞춤형 신발제작 판매라는 공동의 사업을 경영할 것을 약속하였으므로 이들은 조합계약을 맺은 것이고 이 세 사람의 관계는 조합계약관계이다. 이 세 사람의 약속을 민법에서는 '조합'이라고 부른다.

다시 제703조 제1항으로 돌아가 보면 조합은 2인 이상의 계약이다. 따라서 혼자서는 조합이 될 수 없다. 2인 이상이면 수의 제한은 없지만 조합원의 수가 많아지면 상호 합의하여 계약을 체결하는 것이 어려워지므로 조합원의 수에는 물리적인 한계가 있다.

조합원은 '상호출자'를 해야 하므로 모든 조합원이 출자를 해야 한다. 한 사람은 출자를 하고 다른 사람은 출자를 안 하면 조합계약이 아니다. 출자를 반드시 금전으로 할 필요는 없다. 제703조 제2항이 조합의 출자는 금전뿐만 아니라 다른 재산 또는 노무로 할 수 있다고 규정하고 있으므로 노무도 출자할 수 있고 금전도 출자할 수 있다. 출자에 제한이 없어서 공동사업을 경영하는데 필요한 노무, 기술, 금전 등을 모으는 데 적합한 형태이다. 조합원 각자가 모두 출자하여 공동사업을 하기로 약정하면 민법상의 조합이 되고 영리를 목적으로 공동사업을 하게 되면 조합기업이 된다.

2) 조합의 법률관계

(1) 대내관계와 대외관계

대내관계

甲
(조합) ⇔ 거래 상대방
乙 丙

대외관계

민법상 조합이나 회사와 같이 복수의 내부 구성원이 있고 외부와 거래를 하는 경우에는 법률관계를 대내관계(내부관계)와 대외관계(외부관계)로 나누어 분석한다. 대내관계는 구성원(조합에서는 조합원, 주식회사에서는 주주) 간의 법률관계로 조합원의 자격 취득과 상실, 의사결정의 방법, 출자한 재산의 귀속 등이 쟁점이다. 대외관계는 누가 외부에 조합을 대표할지 또 외부에서 조합과 거래한 채권자에 대해서 누가 책임을 지는가의 문제이다.

(2) 조합원의 자격 득실

민법 제716조(임의탈퇴)
① 조합계약으로 조합의 존속기간을 정하지 아니하거나 조합원의 종신까지 존속할 것을 정한 때에는 각 조합원은 언제든지 탈퇴할 수 있다. 그러나 부득이한 사유없이 조합의 불리한 시기에 탈퇴하지 못한다.
② 조합의 존속기간을 정한 때에도 조합원은 부득이한 사유가 있으면 탈퇴할 수 있다.

조합계약은 각 당사자의 자유의사로 체결한다. 그렇게 조합계약으로 조합의 구성원이 된 다음에 그 조합에서 나가는 것이 '탈퇴'이다. 조합계약에서 조합의 존속기간을 정하지 아니하였거나 조합원의 종신까지 존속할 것을 정한 때에는 언제든지 탈퇴할 수 있다. 마치 계약을 맺었다가 계약을 해지하는 것처럼 자유롭게 탈퇴할 수 있다. 물론 제716조 제1항에서 규정한 대로 조합의 존속기간을 정한 경우라면 그 존속기간까지 조합원이 될 의무를 조합계약의 상대방에게 진다. 계약의 일반원칙에 따라서 존속기간을 정했으면 존속기간 중에 조합원으로 남아있는 것이 원칙이지만 부득이한 사유가 있으면 탈퇴할 수 있다. 조합은 이렇게 느슨한 형태의 공동체이다.

(3) 조합 재산

민법 제704조(조합재산의 합유)
조합원의 출자 기타 조합재산은 조합원의 합유로 한다.

조합이 결성되면 다시 말해서 조합계약이 이루어지면 상호출자를 해야 한다. 출자는 금전, 기타 재산, 노무 등으로 할 수 있으므로 출자된 금전이나 기타 재산이 누구의 것이 되느냐는 문제가 있다. 민법 제704조는 조합재산은 조합원의 합유로 한다고 규정하고 있다.

소유의 형태
- 단독소유
- 공동소유
  - 공유
  - 합유
  - 총유

'합유'라는 말이 처음 나왔는데 합유는 소유의 한 형태이다. 소유는 소유자가 한 명인지 여러 명인지에 따라 단독소유와 공동소유로 구분한다. 한 명이 소유하면 단독소유, 여러 명이 소유하면 공동소유가 된다. 여기에서 '한 명이다.'라고 할 때 자연인만 이야기하는 것은 아니고 법인도 포함된다. 즉 한 법인이 건물을 가지고 있다면 공동소유가 아니고 단독소유다. 만약 한 법인과 한 자연인이 같이 가지고 있다면 공동소유가 된다.

그런데 조합재산은 조합원이 합유한다는 것이다. 합유의 의미에 대해서는 아래 '3) 공동소유'에서 자세히 설명한다. 합유의 대상에는 적극재산 뿐만 아니라 채무와 같은 소극재산도 포함된다.

(4) 조합의 운영

조합을 결성해서 출자가 이루어지면 공동사업을 위하여 조합을 운영하여야 한다. 이에 관한 기본 원칙과 조합의 업무집행자를 조합계약에서 정할 수 있다. 만약 정하지 않았으면 조합원의 3분의 2 찬성으로 업무집행자를 선정할 수 있다. 의사결정과 관련해서는 업무집행자가 여러 명 있을 때는 업무집행자 여러 명의 과반수로 정하고 일반적인 조합의 업무집행은 조합원의 과반수로 정한다. 조합의 통상 업무는 업무집행자가 없으면 각 조합원이 수행하고 업무집행자가 있으면 업무집행자가 수행한다. 다만 다른 조합원이나 업무집행자의 이의가 있으면 통상적인 업무수행을 중지하여야 한다.

민법 제706조(사무집행의 방법)
① 조합계약으로 업무집행자를 정하지 아니한 경우에는 조합원의 3분의 2 이상의 찬성으로써 이를 선임한다.
② 조합의 업무집행은 조합원의 과반수로써 결정한다. 업무집행자가 수인인 때에는 그 과반수로 정한다.
③ 조합의 통상 사무는 전항의 규정에 불구하고 각 조합원 또는 각 업무집행자가 전행할 수 있다. 그러나 그 사무의 완료 전에 다른 조합원 또는 다른 업무집행자의 이의가 있는 때에는 즉시 중지하여야 한다.

(5) 손익배분

조합이 공동의 사업을 경영하기 때문에 손실이나 이익이 날 수 있다. 그 손실이나 이익을 어떻게 배분하는지에 대해서 민법 제711조가 규정하고 있는데 별도로 손익배분의 비율을 정하지 않았다면 각 조합원의 출자 가액의 비율에 따라 정한다. 출자가액의 비율에 따라서 손실도 부담하고 이익도 분배한다. 만일 이익이나 손실 중 어느 하나의 분배 비율만 정했다면 양쪽에 공통된 것으로 추정을 한다. 이익이나 손실의 분담 비율을 달리 정했다면 반증으로 추정을 깰 수 있다.

민법 제711조(손익분배의 비율)
① 당사자가 손익분배의 비율을 정하지 아니한 때에는 각 조합원의 출자가액에 비례하여 이를 정한다.
② 이익 또는 손실에 대하여 분배의 비율을 정한 때에는 그 비율은 이익과 손실에 공통된 것으로 추정한다.

3) 공동소유

민법은 공동소유의 세 가지 유형을 규정하고 있다. 첫 번째는 '공유'이다. '공유'는 앞에서 나온 '공동소유'와 같은 뜻이 아니고 공동소유의 한 유형이다. '공동소유'와 '공유'를 엄격하게 구분할 수 있어야 한다. 공유의 한 예는 부부가 공동으로 주택을 소유하는 예이다. 공유에서는 공유자 각자가 지분을 가지고 있고 언제든지 지분을 처분할 수 있나. 공동소유의 형태 중에는 제일 느슨한 형태이다.

공동소유 ≠ 공유

공동소유
- 공유
- 합유
- 총유

두 번째는 '합유'이다. 합유는 조합 재산을 소유하는 형태이다. 조합이 소유한다고 했을 때 조합 자체는 소유의 주체가 될 수 없고 그 조합을 구성하는 조합원이 소유를 하게 된다. 합유의 특징은 각자의 지분은 인정하지만, 마음대로 처분은 못한다. 다른 조합원의 동의가 있어야 처분이 가능하다. 앞서 살펴봤던 공유보다는 조금 더 탄탄한 공동소유 형태이다.

세 번째는 '총유'이다. 총유의 대표적인 예는 교회 재산이다. 교회는 기본적으로 법인이 아니다. 그런데 교회는 여러 사람으로 구성되어 있다. 법인은 아니지만 사단의 실체를 갖춘 조직을 '비법인사단'이라고 부른다. '비법인'이므로 법인이 아니다. 법률의 규정에 따라서 설립 절차를 밟아야 법인이 되고, 법인이 되어야 독자적인 법적 주체가 되는데 비법인사단은 그런 설립절차에 따라 조직된 단체가 아니다. 그런데 법인은 아니지만 사람들이 모인

비법인사단 요건
- 고유목적
- 규약
- 의사결정 기관
- 대표자
- 다수결에 의한 의사결정
- 구성원의 변경과 무관하게 단체 존속

단체로 일정한 규칙이 있고 대표자를 선임하고, 의사결정 기구도 가지고 있기 때문에 사단법인에 버금가는 또는 사단법인과 유사한 형태라고 법이 인정하여 그런 조직을 비법인사단이라고 부른다. 교회나 문중이 그 예이다. 총유에서는 개별 지분을 인정하지 않는다. 예를 들어서 종중의 회원이나 교회의 신도라고 해서 종중 재산의 몇 분의 일, 교회 재산의 몇 분의 일을 갖지 않는다. 개별지분은 인정하지 않는다. 총유 재산을 처분하려면 사원총회의 결의가 있어야 한다.

아래 표는 공동소유의 유형별 특징을 정리한 것이다.

	공유	합유	총유
대상	약정	조합	비법인사단
지분	공유지분	합유지분	없음
목적물 처분/변경	공유자 전원 동의	합유자 전원 동의	사원총회 결의 필요
지분 처분	자유	합유자 전원 동의	지분 없음
분할 청구	자유 5년 이내 금지특약가능	불가 조합체 해산 후 가능	불가
보존 행위	각자가 단독으로 가능	각자가 단독으로 가능	총회결의를 얻어야 함
사용/수익	지분비율로 전체 사용함	조합계약에 의함	정관이나 규약에 의함
등기	공유자 전원 명의로 지분 등기	합유자 전원 명의로 등기	비법인 사단의 단독명의로 등기

3 익명조합

1) 익명조합의 의미

2005년 개봉돼서 크게 관객을 모았던 '웰컴 투 동막골'이라는 영화가 있다. 6.25 전쟁이라는 무거운 주제를 재미있는 터치로 그리면서 전쟁이 무엇인지 생각하게 했던 영화이다.

법률용어 익히기

공유, 합유, 총유, 비법인사단과 같이 낯선 법률용어를 배우고 익히는 것이 쉽지 않다. 대부분의 법률용어가 관념적이고 추상적이다. 일상적으로 사용하는 의미와 차이가 있기도 하고 일상적으로 사용하지 않기도 한다. 한 가지 방법은 낯선 법률용어가 의미하는 구체적인 사례를 같이 공부하는 것이다. 예를 들어서 민법상 조합은 '두 사람이 출자해서 김밥장사를 하기로 한 것이 조합이다.' 공유는 '부부가 공동으로 주택을 소유하는 것', 합유는 '조합원이 조합재산을 소유하는 관계', 총유는 '교회 신도가 교회재산을 소유하는 관계', 비법인사단은 '종중이나 교회' 라고 구체적인 예를 기억하면 관념적인 용어를 이해하고 기억하는 데 도움이 된다.

영화의 마지막에 엔딩크레딧이라고 해서 영화를 만드는 데 참여하는 사람들의 이름이 길게 나오는데 투자자 중에 '익명조합'이라는 말이 등장했다. 많은 분들이 "익명조합이 뭐지?"하는 의문을 가졌는데 당시만 해도 '익명조합'이라는 말을 듣지 못한 분들이 많았다. '웰컴 투 동막골'이 영화 제작에 필요한 자금의 일부를 익명조합의 형태로 모집을 하면서 익명조합이 자금을 모집하는 데 좋은 수단이 될 수 있다는 것을 사람들이 알게 됐고, 이후 익명조합의 이용이 확대되었다.

익명조합이라는 용어에서 '익명(匿名)'이라는 말은 사람 이름이 감춰졌다는 의미이다. '조합'은 민법상 조합을 의미하여 여러 사람이 공동사업을 경영하기 위해서 출자를 하는 약정이라는 뜻이다. 두 용어의 의미를 합하면 익명조합의 문자적 의미는 여러 사람이 공동사업을 경영하기 위해서 출자를 하는 약정을 맺었는데 출자자의 이름이 드러나지 않은 약정이라는 것이다.

익명조합

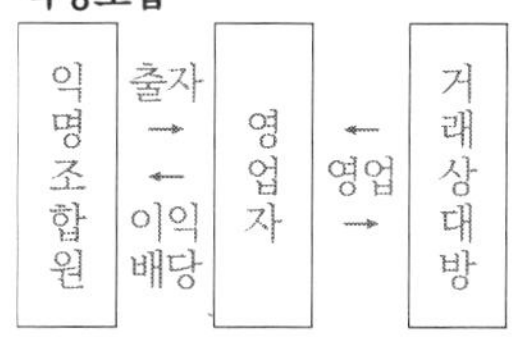

상법 제78조가 규정하고 있는 익명조합의 정의를 보자. 익명조합이 약정이므로 계약 당사자가 있다. 한 쪽 당사자(일방 당사자)는 '상대방의 영업을 위하여' 출자하고 다른 쪽 당사자(상대방)는 영업을 하고 영업으로 인한 이익을 분배할 것을 약정한다. 그것이 익명조합이다. 익명조합은 한 사람은 출자하고 다른 사람은 그 출자금을 가지고 영업을 하여 영업에서 생긴 이익을 분배해 주는 약속이다. 이때 출자자를 '익명조합원'이라고 하고 상대방을 '영업자'라고 한다. '익명조합원'은 영업을 하지 않으므로 익명조합원의 이름은 외부에 알려져 있지 않고 외부에서는 영업자만 알 수 있다.

연원적으로는 출자는 하지만 대외적인 활동을 할 수는 없는 사람과 출자금으로 사업을 할 사람의 법적 관계가 익명조합으로 정리되었다. 익명조합에는 2부류의 등장인물이 등장한다. "익명조합원과 영업자". 웰컴 투 동막골에 출자한 여러 개인이나 단체는 익명조합원이 되고 영화제작자가 영업자가 된다.

2) 출자, 영업, 이익배분

익명조합원이 출자했는데 출자한 금전 기타의 재산이 조합의 재산이 아니고 영업자의 재산이 된다(상법 제79조). 이것이 익명조합의 큰 특징이다. '영업자의 재산이 된다'는 의미는 출자한 금전 기타의 재산의 소유권이 영업자에게 넘어간다는 뜻이다. '웰컴 투 동막골'에서 출자자들의 출자금은 영화제작자의 재산이 된다.

상법 제79조(익명조합원의 출자)
익명조합원이 출자한 금전 기타의 재산은 영업자의 재산으로 본다.

익명조합에서 '영업자가 영업을 한다'의 의미는 사업의 경영을 영업자가 하고 거래행위를 영업자의 명의로 한다는 뜻이다. 익명조합의 모든 대외활동이 영업자에 의해 이루어지므로 영업자와 거래한 제3자에 대해서는 익명조합원이 아무 권리나 의무가 없기 때문이다(상법 제80조). 영업자가 익명조합원이 출자한 금전을 가지고 영업을 하면서 제3자에게 채권

상법 제80조(익명조합원의 대외관계)
익명조합원은 영업자의 행위에 관하여서는 제3자에 대하여 권리나 의무가 없다.

을 가질 수도 있고 채무를 질 수도 있지만 익명조합원은 제3자에 대해 아무런 권리·의무가 없다. 익명조합원은 영업자의 거래 상대방과 법률적으로 완전히 절연되어 있어 익명조합원과 영업자의 거래 상대방과는 영업에 관하여 서로 권리·의무를 갖고 있지 않다.

'웰컴 투 동막골'에서 출자한 익명조합원들이 여러 사람 있었는데 그 사람들은 제작자가 갖는 권리나 의무와 아무 상관이 없는 사람들이다. 제작자가 영화 판권을 제3자에게 매각하여 받을 채권이 많이 있더라도 익명조합원은 제작자의 권리에 대해 아무 주장을 할 수 없고 제작자가 채무를 많이 지더라도 익명조합원은 아무 책임이 없다.

상법 제82조(이익배당과 손실분담)
①익명조합원의 출자가 손실로 인하여 감소된 때에는 그 손실을 전보한 후가 아니면 이익배당을 청구하지 못한다.
②손실이 출자액을 초과한 경우에도 익명조합원은 이미 받은 이익의 반환 또는 증자할 의무가 없다.
③전2항의 규정은 당사자간에 다른 약정이 있으면 적용하지 아니한다.

임의규정
의사표시가 없는 경우에 그 의사표시를 대신할 보충적인 규정. 계약 당사자는 모든 문제에 대해 미리 다 합의를 하지 못 한다. 당사자들이 법률전문가도 아니고 설사 법률전문가라고 할지라도 모든 상황을 다 예견해서 규정을 만들어놓지는 못 한다.

손익 배분과 관련하여 상법 제82조의 내용을 세 가지로 요약할 수 있다. ① 익명조합원이 출자한 것을 가지고 영업자가 영업을 했는데 영업으로 인해서 이익이 난 게 아니라 손실이 나서 출자한 재산이 줄었을 때 그 손실을 전보(줄어든 출자재산을 메꾸는 일)한 후가 아니면 이익배당을 청구하지 못 한다. ② 익명조합원이 일단 이익의 배당을 받은 다음에 손실이 발생해서 출자액이 줄어드는 상황이 되어도 그 이전에 받은 이익을 반환을 할 의무도 없고 또 더 출자할 의무도 없다. ③ 상법 제82조 1항과 2항은 당사자 간에 다른 약정이 없을 때 적용되는 것이고 만약 다른 약정을 하면 그것이 우선한다. 이렇게 당사자가 다른 약정을 했으면 그 약정에 따르고 별도의 약정이 없을 때 보충적으로 적용되는 규정을 임의규정이라고 부른다.

제82조는 익명조합원과 영업자 사이에 균형을 맞추고 있다. 첫째 당사자의 의사를 우선한다. 익명조합이 익명조합원과 영업자간의 약정이므로 당사자가 원하는 대로 이익배분의 원칙을 정할 수 있다. 당사자가 이익배분에 대해서 별도의 합의를 하지 않았다면 다음 두 가지 원칙으로 익명조합원과 영업자 간의 이익을 조정한다. 첫째는 출자금 보전이다. 제1항에 따라 일단 출자한 액이 손실로 인해서 감소된 때에는 손실이 전보되기 전에는 이익배당을 받지 못 한다. 익명조합원으로서는 결국 출자한 것이 감소됐을 때는 이익배당을 받지 못하는 위험이 있다. 출자금을 초과하는 수익이 나지 않았는데 이익배분을 받아가는 것은 출자금을 환급받는 것이나 다름이 없다. 둘째 추가 출자는 없다. 제2항에 따라 이익배당을 받은 다음에는 손실이 발생해서 출자액이 감소해도 새로 출자를 하거나 이익반환을 할 필요는 없다.

3) 익명조합의 종료

상법 제85조(계약종료의 효과)
조합계약이 종료한 때에는 영업자는 익명조합원에게 그 출자의 가액을 반환하여야 한다. 그러나 출자가 손실로 인하여 감소된 때에는 그 잔액을 반환하면 된다.

익명조합이 종료가 되는 경우로 여러 가지를 생각할 수 있다. 익명조합 약정 시 존속기간을 정해놓을 수도 있고, 어떤 사업을 특정해서 그 사업이 끝나는 것을 조합계약의 종료시점으로 할 수도 있다. 영화사업 같으면 그 해당되는 영화의 제작이 끝나면 조합계약이 종료되는 것으로 할 수 있다. 그렇게 종료한 때에는 영업자는 익명조합원에게 출자의 가액을 반환할 의무가 있다. 그러나 출자가 손실로 인하여 감소된 때에는 그 잔액을 반환하면 된다.

'웰컴 투 동막골'에서 이용된 익명조합의 구체적인 내용을 보면 전형적인 익명조합의 계약과는 조금 차이가 있다. 익명조합은 이익이 났을 때 이익배당을 하고, 이익이 나지 않으면 이익배당을 못 하고, 손실이 나면 출자금에서 손실분을 감하고 돌려주는 구조이다. 당사자 간의 약정도 이 원칙에 따라 이루어질 때 익명조합이라고 할 수 있다. 그런데 '웰컴 투 동막골'에서는 손실 여부와 관련 없이 원금을 반환하기로 하는 약정이 있었다. 그래서 법률상 익명조합에 해당한다고 할 수 있느냐는 문제가 있다.

4) 합자조합

2017년에 상법이 개정되면서 익명조합 다음에 '합자조합'이 신설되었다. 상법 제86조의 2(의의) "합자조합은 조합의 업무집행자로서 조합의 채무에 대하여 무한책임을 지는 조합원과 출자가액을 한도로 하여 유한책임을 지는 조합원이 상호출자하여 공동사업을 경영할 것을 약정함으로써 그 효력이 생긴다."

익명조합과 합자조합

익명조합		합자조합
익명 조합원	출자	모든 조합원
영업자	영업	무한책임 조합원
영업자	무한 책임	무한책임 조합원
익명 조합원	유한 책임	유한책임 조합원

익명조합에서 출자는 익명조합원이 하고 영업자가 영업을 하는 것이었는데, 합자조합에서는 모든 조합원이 출자를 하도록 했다(상호출자). 조합원은 유한책임 조합원과 무한책임 조합원으로 구분하여 조합의 채무에 대한 책임 범위를 달리하고 있다. 유한책임 조합원은 출자액을 한도로 조합채무에 대해 책임을 지지만 무한책임 조합원(합자조합에서는 '업무집행자'라고 한다.)은 무한책임을 진다. 익명조합에서도 익명조합원은 출자액 한도에서 책임을 지므로 유한책임이고 영업자는 자신의 명의와 계산으로 거래하고 무한책임을 진다.

4 회사기업과 상장기업

1) 개인기업, 조합기업, 법인기업

기업의 법적 형태로 개인기업과 조합기업 외에 법인기업이 있다. 기업활동에서 발생하는 권리와 의무가 귀속되는 별도의 법적 주체가 있고 그 법적 주체의 명의와 계산으로 기업활동을 한다. 그것을 법인기업이라고 부르는데 법인기업은 그 법인을 만든 사람과는 별개의 독립된 법인격이 부여되는 존재이다. 법인기업을 회사기업이라고도 한다.

회사의 종류
- 합명회사
- 합자회사
- 유한책임회사
- 주식회사
- 유한회사

상법은 회사의 법률관계를 5가지 회사의 종류별로 법에서 규정해 놓았다. 왜 회사를 만들고 싶은 사람들이 자신들이 원하는 내용의 회사를 만들게 하지 않고 법률에서 그 내용을 미리 정해놓고 정해진 회사의 종류 중에서 하나를 선택을 하도록 했을까?

조합기업에서는 당사자가 계약을 통해서 자신들이 원하는 기업의 법적 형식을 만들 수 있게 하였다. 조합기업 상태에서는 법률관계를 이루는 기본 단위가 자연인이다. 우리 법은 자연인을 포괄하는 상위의 개념을 갖고 있지 않다. 그런데 법인기업이 되면 자연인과는 별도의 법인이라고 하는 존재가 법률관계의 구성단위가 된다. 법은 법인을 둘러싼 법률관계의 형성을 당사자의 의사에 모두 맡기지 않는다. 법인이라는 것 자체가 법률에 근거해서 작위적으로 만들어진 것이고 법인과 관련하여 형성되는 법률관계에는 관련된 당사자가 많아서 법률관계의 안정을 위해 권리와 의무를 획일 확정할 필요가 크다. 그래서 회사의 종류별로 관련자들 간의 법률관계를 상법이 직접 규정한다.

우리나라에서 법인기업을 하고 싶은 사람은 이 5가지 종류의 회사 중에 어느 하나를 선택해서 설립하고 그 설립한 회사를 통해서 기업 활동을 하게 된다. 다른 나라에서도 회사의 종류를 법에서 정하는 것은 마찬가지이다. 모두 각 회사마다 법률관계가 일정하게 형성되도록 하기 위함이다.

각국의 회사가 이름은 비슷할 수 있지만 구체적인 법률관계는 각국의 회사마다 차이가 있다. 예를 들면 똑같이 주식회사라고 번역이 되는 회사도 구체적인 법률관계에서는 차이가 있다. 외국 회사는 이름만으로 판단하지 말고 해당 회사법의 규정을 구체적으로 살펴보고 법률관계를 판단하여야 한다.

2) 회사기업의 진화

회사의 성격
- 인적요소 ⇔ 물적요소
- 무한책임 ⇔ 유한책임

상법이 규정하고 있는 5가지 회사는 합명회사, 합자회사, 유한책임회사, 주식회사, 유한회사이다. 이 5가지 종류의 회사는 회사의 발생 순서와도 상관이 있다. 회사가 만들어진 초기 역사를 보면 맨 처음에는 여러 명이 조합기업의 형태로 사업을 하다가 그 조합을 법인화하는 것이었다. 조합이라고 하는 인적 결합 위에 회사라는 법인격이 부여된 것이다. 그것이 바로 합명회사이다.

합명회사(合名會社)의 문자적 의미는 '이름을 합쳤다'라는 것인데 그 이름이 의미하는 바는 이 회사의 이름을 구성하는 한 사람 한 사람이 다 중요한 의미를 갖는다는 말이다. 합명회사는 기본적으로 조합을 법인으로 만들었기 때문에 조합원이었던 사람들이 합명회사의 사원이 되며 합명회사의 사원은 회사 채무에 대해서 무한책임을 지는 특성을 가지고 있다.

논리적으로 보면 회사가 법인격을 별도로 가지고 있기 때문에 회사의 채무는 사원의 채무가 아니다. 그래서 사원들이 회사의 채무에 대해서 책임을 지지 않는다. 또 회사의 자산은 회사의 자산이지 사원의 자산이 아니기 때문에 사원의 채권자들이 회사의 재산을 강제집행할 수도 없다.

그런데 합명회사는 원래 조합에서 발생한 것이어서 각 조합원이 조합의 채무에 대해서 무한책임을 지고 있었던 조합을 법인화한 합명회사에서도 사원들은 여전히 회사의 채무에 무한책임을 지도록 하였다(상법 제212조). 상법에서 합명회사의 사원은 회사의 재산으로 채무를 모두 변제할 수 없는 경우에는 그 채무를 변제할 책임이 있다고 별도의 규정을 둔 것에는 그러한 역사적인 배경이 있다.

제212조(사원의 책임)
① 회사의 재산으로 회사의 채무를 완제할 수 없는 때에는 각 사원은 연대하여 변제할 책임이 있다.

무한책임이라는 것이 채권자의 관점에서 보면 유리한 면이 있는 것이 사실이지만 다른 관점에서 보면 기업가의 활동범위를 제한하여 기업 활동을 위축시켜 궁극적으로 채권자들에게도 불리한 점이 있다. 사업을 하던 개인이 회사의 채무에 대해서 무한책임을 지게 되면 개인들이 모험을 하지 않고 위험이 수반되는 사업을 회피하게 된다. 그런데 유한책임을 지게 되면 그 위험을 사업자와 채권자가 나누어지게 되어 고위험 고수익의 사업을 시도하게 된다.

이런 유한책임의 필요성이 공유되면서 회사제도가 급격하게 확산되게 되었다. 개인이 주체가 되는 개인기업이나 조합기업에서는 각 개인이 유한책임을 진다는 개념이 수용되기 어려웠다. 자연인이 자신의 채무에 대한 일정 한도만 책임을 진다는 법원칙은 낯선 것이었다. 그런데 회사라는 법인을 만들어 회사가 독립된 법적 주체가 되어 사업을 하고 회사의 채무에 대해서는 회사만 무한책임을 진다는 논리는 상대적으로 쉽게 수용이 되었다. 회사와 회사에 출자한 사람은 법적으로 독립된 존재이기 때문이다. 회사에 출자한 사람은 자신이 출자한 것 이상에 대해서는 책임을 지지 않는다는 유한책임의 원칙은 대규모 투자가 높은 수익을 올리게 되는 경제상황과 맞물리면서 회사기업을 급속하게 확산시켰다.

투자자 유한책임의 원칙이 받아들여지면서 사업가들은 좀 더 모험적인 사업을 할 수 있게 되었고 위험이 수반되는 사업을 하면서 사업의 영역이 확장되었고 그렇게 사업의 영역이 확장되면서 산업혁명이 일어났고 엄청난 물질문명의 진보가 있었다.

조합이 법인으로 바뀌는 과정에서 조합원의 성격에 분화가 일어났다. 조합원들 중에는 업무집행을 맡는 조합원은 무한책임을 지지만 일부 조합원은 투자자의 역할을 하며 유한책임을 지게 된 것이다. 이런 조합이 법인화된 것이 합자회사이다. 합자회사에는 유한책임을 지는 사원과 무한책임을 지는 사원이 있어 업무집행은 주로 무한책임사원이 하고 유한책임사원은 주로 투자자의 역할을 하게 된다. 무한책임사원이 회사의 경영에 직접 참여하는 것은 경영의 결과에 대해 무한책임을 지기 때문이다. 반면에 유한책임사원은 회사 경영에는 참여하지 않고 출자만 하게 된다. 책임과 참여가 비례하는 것이 유한책임의 논리적 기반이다.

합명회사에서 시작해서 합자회사를 거쳐 모든 투자자가 유한책임을 지는 회사가 만들어졌는데 그것이 주식회사이다. 주식회사 단계로 오면 출자자가 경영을 하지 않거나 경영을 할 수 없는 상황이 되었다. 왜냐하면 출자자의 숫자가 많아졌고 그 출자자들이 경영을 하기 위해서 출자한 것이 아니라 경영으로 인한 수익을 얻기 위해서 출자를 했기 때문에 기본적으로 경영에 관심이 없는 사람들도 많았다. 그런 사람으로 만들어진 회사가 주식회사이다.

대신 주식회사가 갖는 여러 가지 특성, 예를 들면 철저한 유한책임 원칙, 출자한 사람이 경영하지 않고 대리인에 의해서 회사를 경영하는 데서 생기는 문제, 소액주주와 대주주 간의 갈등 등의 문제 때문에 회사법이 주식회사에 대해서는 여러 가지 법적인 규제 장치를 두고 있다.

주식회사가 대규모 투자를 유도하는데 적합한 여러 법적 장치를 갖고 있지만 투자자의 관점에서 보면 회사 운영과 관련된 법적 규제가 과중하다고 생각한 독일의 법학자들이 주식회사에 있는 여러 규제는 완화하고 주식회사의 장점인 유한책임과 제3자에 의한 경영의 원칙을 남긴 회사를 책상 위에서 만들었는데 그게 유한회사이다. 독일 회사의 대부분은 유한회사이다. 독일의 대부분 중소기업들은 대부분 유한회사이고 대규모 상장법인들이 주식회사이다.

우리나라에서는 97% 정도의 회사가 주식회사이다. 왜 그런지 여러 가지 설은 분분하지만 주식회사가 일반적으로 많다 보니까 회사를 만들게 되는 분들도 유한회사나 합작회사 대신 주식회사를 선호한 것으로 생각된다. 반면에 외국기업이 한국에 회사를 설립할 때에는 자신의 목적에 가장 부합하는 형태의 회사를 골라서 이용한다.

최근에 유한책임회사라고 하는 새로운 회사가 법에 규정되었다. 주식회사나 유한회사가

한국거래소

증권 및 장내파생 상품의 공정한 가격 형성과 매매, 그 밖의 거래의 안정성 및 효율성을 도모하기 위한 시장으로 2005년 증권거래소, 선물거래소, 코스닥 위원회, (주)코스닥증권시장 등 4개 기관이 통합되어 설립되었다. 한국거래소(Korea Exchange, KRX)에는 주식시장(유가증권시장, 코스닥시장, 코넥스시장), 채권시장, 증권상품시장, 파생상품시장, 일반상품시장(금시장, 석유시장, 배출권시장), 해외연계상품 등의 시장이 있다. 본사는 부산광역시 남구에 위치하고 있다.

유가증권시장(KOSPI Market)

우리나라 대표 증권시장이다. 1956년 개장되었고 2020년 12월 말 현재 800개 기업의 주식이 상장되어 있고, 일평균일 거래대금은 약 9천억원이고, 시가총액은 1,980조원이다. KOSPI는 Korea Composite Stock Price Index의 약자이다.

코스닥시장(KOSDAQ Market)

코스닥 시장은 IT, BT, CT 기업과 벤처기업의 자금조달을 목적으로 1996년 7월 개설된 벤처기업 중심 시장이다. 2020년 12월 말 현재 1,468개 기업의 주식이 상장되어 있고, 일평균일 거래대금은 약 1.6조원이고, 시가총액은 약 385조원이다. KOSDAQ는 Korea Securities Dealers Automated Quotation의 약자이다.

물적인 성격이 강한 회사인데 반해서 유한책임회사는 물적 성격이 있으면서도 조합적 성격을 갖는 회사로 설계되었다. 사원이 모두 회사 채권자에 대해 유한책임을 지는 점은 주식회사나 유한회사와 같지만 사원은 정관에 기재되므로 새로운 사원을 입사시키기 위해서는 정관을 변경해야 한다. 지분의 양도에는 원칙적으로 다른 사원 전원의 동의가 필요하다. 업무집행자는 사원이나 제3자 중에서 정해야 한다.

3) 상장회사

'상장(上場)'의 사전적 의미는 '시장에 내놓는다, 시장에서 팔린다'는 뜻이다. 상장회사란 그 회사의 주식이나 채권이 증권거래소에서 거래가 되는 기업이다. 주식이 거래되는 시장이 왜 중요한가? 어떤 물건이나 서비스, 재화의 가치를 결정하는 여러 요인이 있는데 그중의 하나가 서비스나 재화가 팔릴 수 있는 시장이 존재하느냐는 것이다. 시장이 존재해서 사람들이 많이 사고 많이 팔면 그 가치가 올라간다. 시장이 형성되지 않으면 가치가 있는 것일지라도 수요가 형성되지 않기 때문에 가치가 높게 평가되지 않는다. 어떤 회사의 주식이나 사채가 거래될 수 있는 시장이 있다면 사고자 하는 사람이 많기 때문에 그 가치가 올라간다.

상장
거래소가 정한 요건을 충족한 기업이 발행한 주권을 증권시장에서 거래할 수 있도록 허용하는 것

나라마다 주식이 거래될 수 있는 시장을 만들어 놓고 그 시장에서의 거래에 적합한 주식을 사고팔게 한다. 그것을 증권시장이라고 부른다. 우리나라는 증권시장이 한국거래소 하나가 있다. 나라에 따라서는 증권시장이 복수로 있는 나라들도 많이 있다. 기업은 증권시장에서 주식을 팔아서 회사에 필요한 자금을 조달한다. 우리나라 기업이 2017년에 증권시장에서 조달한 자금은 주식 약 11조원, 사채 144조 238억원에 이른다.

증권시장에서 거래가 되면 회사로서는 좋은데 아무 주식이나 시장에서 거래하게 하지 않는다. 왜냐하면 시장을 신뢰하여 시장에서 거래에 참여하는 투자자들의 이익을 보호해야 시장이 계속 유지될 수 있기 때문이다. 그래서 시장에서 거래하기 위한 요건을 엄격하게 제한해서 요건에 맞는 회사만 상장하게 하는데 그 요건을 상장요건이라고 부른다. 상장기업일지라도 중간에 상장요건을 결하게 되면 상장이 폐지된다.

상장요건의 예
- 자기자본 300억원 이상
- 상장주식수 100만주 이상
- 일반주주 700명 이상
- 매출액 1000억원 이상
- 이익 30억원 이상
- 설립 후 3년 이상 경과

5 주식회사법의 기본원리

주식회사법의 여러 가지 법 원칙을 공부하기 전에 주식회사법의 근간을 이루는 기본적인 원리에 대해서 생각해 본다. 이 원리는 주식회사 제도를 도입한 나라에서 대부분 논의되는 것으로 주식회사법을 입법하거나 해석할 때 지침이 되는 내용이다.

1) 주주 유한책임과 채권자 보호

전통적으로 알고 있는 법 원리나 상식에 비춰보면 내가 어떤 사업을 했을 때 그 사업에서 생긴 부채가 있다면 그것은 내가 다 책임을 져야 한다. 그런데 주식회사에서는 투자자인 주주들이 자기가 출자한 금액까지만 책임을 지고 그 이상은 책임을 지지 않는다는 유한책임의 원칙을 제도적으로 정립했다.

자본주의 역사에서 보면 이 주주의 유한책임이라는 것은 혁명적인 사건이었다. 왜냐하면 그 전까지는 기업에 투자한 사람은 기업의 전 채무에 대해서 책임을 지는 방식이었는데 주주 유한책임이 등장하면서 주주들은 자기가 출자한 금액 이외에는 더 책임을 지지 않으므로 출자의 위험이 줄어들어 더 투자할 수 있게 된 것이다. 자본주의가 발전한 여러 요인 중의 하나로 주주 유한책임제도에 기반한 주식회사를 꼽는 것에는 이론이 없다.

주주 유한책임을 인정하는 것은 출자자에게 유리한 법 원리이지만 채권자의 관점에서 보면 상당히 불리할 수 있는 법 원칙이다. 왜냐하면 채권자는 그 기업에서 활동하고 출자를 한 사람들이 자기의 채무를 모두 변제해 줄 것이라는 기대를 가질 수 있기 때문이다. 그런데 실제로는 그렇지 않고 출자자는 출자한 재산까지만 책임을 지고 일단 출자한 후에는 더 이상 기업의 채무에 대해서는 책임을 지지 않기 때문에 채권자는 오직 회사의 재산만 믿고 의지해야 하는 상황이 되므로 유한책임과 채권자 보호는 서로 상충할 수밖에 없는 법 원리이다.

주주 유한책임을 주식회사의 기본원리로 삼아 주식회사법을 만들고 적용하지만 채권자의 기대나 이익을 어떻게 보호해야 하느냐는 문제가 항상 있다. 상법은 채권자들이 믿고 있는 주식회사의 재산이 채권자의 기대대로 온전히 있을 수 있도록 이른바 자본금충실책임의 원칙하에 회사에 온전한 자본이 들어오게 하고, 회사의 재산이 채권자에게 귀속되기 전에 주주에게 귀속되지 않도록 하고 있다.

2) 대리인 문제와 이사에 대한 통제

본인-대리인 사례
- 사용자 - 근로자
- 의뢰인 - 변호사
- 회사 - 이사

주식회사는 회사의 경영을 투자자인 주주가 하지 않고 다른 사람에게 맡기는 구조로 설계되어 있다. 주주가 이사를 선임하여 이사가 회사를 경영하게 한다. 소규모의 주식회사에서는 주주가 직접 경영을 하는 것이 대부분이고 실제로 우리나라에서도 아주 극히 예외적인 회사를 제외하고는 대부분의 회사가 대주주가 경영하는 시스템이다. 그러나 주주 중에는 경영에 참여하지 않는 많은 주주가 있다. 많은 수의 주주가 경영에 참여하지 않기 때문에 이것을 '소유와 경영의 분리'라고 부른다.

'주주=이사'가 아닌 상황에서 이사가 주주의 대리인이 되어 주주의 재산을 관리하고 운영을 한다. 관리인이 재산을 관리하면서 염려되는 것이 있다. '대리인이 나를 위해서 최선의 노력을 다 할까?' 혹은 '대리인이 내 재산을 빼돌려서 자기가 갖는 건 아닌가?' 하는 걱정이 있다. 이것을 대리인 문제라고 한다.

주식회사는 대리인 문제가 발생하는 전형적인 경우이다. 그래서 주식회사법에 많은 부분이 '주주가 이사를 어떻게 통제하나?'라는 데 초점을 맞추고 있다. 주주가 이사를 통제하는 방법은 주주가 이사를 선임하도록 하는 규정에서부터 시작한다. 그래서 주주가 이사를 선임하고 또 주주가 이사를 해임할 수 있도록 했다. 또 주주가 이사에게 얼마의 보수를 주는지 주주가 결정하도록 했다. 만약 그 이사가 회사의 이익이나 주주의 이익을 위해서 일하지 않고 손해를 끼쳤다면 그 이사에게 손해배상을 청구할 수 있는 근거도 마련했다. 회사법의 여러 규정들이 대리인 비용과 관련이 있다.

3) 다수결제도와 소액주주 보호

주식회사에서는 의사결정을 하는 기구가 크게 주주총회, 이사회, 대표이사가 있다. 그런데 주주총회, 이사회 모두 다수결로 의사결정을 한다. 주주총회에서는 각 주주가 가진 주식의 수를 세어서 일정한 수 이상의 사람들이 원하는 대로 의사결정을 한다. 또 이사회에서는 각 이사들이 한 표의 투표권을 갖고 그 한 표의 투표권을 행사해서 다수인 쪽이 의사결정을 한다.

민주사회에서 다수결제도는 가장 민주적인 의사결정 방법으로 받아들여진다. 그런데 다수결제도에서 소수자 보호라는 것이 상당히 어려운 문제이다. 만약 다수자는 항상 다수이고 소수자는 항상 소수이면 다수자가 소수자에게 기회도 주지 않고 횡포를 부려서 억압할 것이다. 정치에서는 이 문제가 자연스럽게 해결될 기회가 있다. 정권교체이다. 정권이 교체된다는 것은 한 사회에서 투표의 결과 다수자와 소수자가 서로 바뀌는 것을 의미한다. 정치학에서 한 나라가 민주국가인지 아닌지 판단하는 기준으로 평화적 정권교체의 여부를 묻는다. 평화적 정권교체가 있다는 말은 다수자와 소수자가 바뀌는 것이고 그렇게 되는 사회에서는 다수결로 의사결정을 하면 민주적인 의사결정을 할 수 있다는 의미이기 때문이다.

주식회사에서 의사결정을 다수결의 원칙에 따르도록 했는데 정치에서와는 달리 주식회사에서는 다수자와 소수자가 바뀌지 않는다. 한번 대주주가 됐으면 영원히 대주주이다. 그 사람이 대주주의 자리에서 내려올 때는 자기가 가진 지분을 처분했을 때이다. 이렇게 주식회사에서는 다수를 점하고 있는 주주와 소수를 점하고 있는 주주의 지위가 바뀌지 않기 때문에, 다수자가 소수자에 대해서 횡포를 부리거나 소수주주의 권리를 침해할 개연성이 높다.

주식회사법은 다수결에 의한 의사결정제도를 한 축으로 하면서도 동시에 다수결제도로 인해서 자신의 의견을 의사결정에 반영할 수 없는 소액주주들을 어떻게 보호할 것이냐에 대한 고민을 가지고 있다. 회사법에서는 주주 중에 이사가 되거나 혹은 경영진에 참여하는 사람에게는 필요 없는 권리를 소액주주들에게 주고 있다. 예를 들면 주주총회 소집을 청구할 수 있는 권리, 주주총회에 의안을 제안할 수 있는 권리, 회사의 장부를 열람할 수 있는 권리 혹은 이사를 해임할 수 있는 권리를 주어 의사결정에 영향을 미치지 못하는 소액주주들을 보호해 주고 있다.

4) 단체법적 원리

단체법
단체의 조직과 운영을 규율하는 법. 개인법과 대비된다.

주식회사 안에는 여러 계층의 이해당사자가 있다. 회사 자체도 법인으로서의 이해당사자이고 기관을 이루는 주주총회, 이사회, 주주, 이사, 대표이사, 감사 등 다수의 여러 이해관계자가 있다. 주식회사에서 한 주주와 회사와의 법률관계가 다른 주주와 회사와의 법률관계와 다르면 안 된다. 주주와 회사 간, 이사와 회사 간, 주주와 이사 간의 법률관계가 항상 일정해야 하는 법 원리를 단체법적 원리라고 한다.

단체법적 원리와 대비되는 것은 개인법적 원리이다. 개인법에서는 당사자들 사이에서만 적용되는 법을 정하면 된다. 그러나 주식회사법에서는 개별 당사자만이 아니라 모든 이해당사자에게 적용되는 일정한 법을 정해야 하기 때문에 단체법적 법률관계의 획일 확정이 중요한 법원칙이 된다.

5) 기업유지의 이념

기업이 사회에 긍정적인 역할을 하기 때문에 그 기업 활동이 계속될 수 있도록 유지하는 것이 회사법의 이념이다. 주식회사에서 이루어진 일 중에 일정한 하자가 있더라도 그 기업이 기업 활동을 계속할 수 있게 도와주는 것을 주식회사법의 사명이라고 생각한다.

CHAPTER

9

주식과 주주

1. 주식, 주권, 주주명부
2. 여러 종류의 주식
3. 주식양도 방법
4. 주식양도 제한
5. 주주가 갖는 권리
6. 이익배당

예외를 알기 전에는 원칙을 안다고 할 수 없다.

CHAPTER 9

주식과 주주

1 주식, 주권, 주주명부

주식회사는 '주식으로 이루어진 회사'이다. 주식회사는 사람이 설립하여 운영하는 것인데 사람이 모여 있다고 표현하지 않고 주식이 모여서 회사가 됐다고 이야기하는 것은 큰 차이이다. 주식회사는 자본을 많이 모을 수 있는 구조로 설계되었다. 주식회사는 누가 투자하느냐 즉, 누구의 자본이냐를 묻지 않고 얼마의 자본이 투자되느냐에 더 관심을 갖는다. 그런 의미에서 주식회사를 물적회사라고 부르기도 한다.

1) 주식의 의미

주식의 의미
- 자본금을 일정한 단위로 자른 것
- 주주의 회사에 대한 권리

주식회사를 구성하는 기본 단위가 주식인데, 주식은 두 가지 의미를 갖는다. 하나는 자본을 일정한 단위로 분할을 한 것이다. 회사에는 자본금이라는 개념이 있는데 이것은 주식회사 재무의 기초가 된다. 자본금을 일정한 단위(같은 단위)로 분할을 한 것이 주식이다. 자본금을 일정한 단위로 자른다는 것은 자본 조달과 관련하여 중요한 의미를 갖는다. 자본조달을 촉진하기 위해서는 자본조달 과정에서 의사결정이 용이해야 하는데 단독주택과 아파트의 거래를 비교해 보면 시사점을 얻을 수 있다. 개인적으로 아파트를 좋아하는 사람들도 있고, 마당이 있는 단독 주택을 좋아하는 사람들도 있다. 그런 개인적인 선호는 차이가 없다고 가정할 때 아파트를 사고파는 것이 쉬울까 아니면 단독 주택을 사고파는 것이 쉬울까? 아파트의 거래량이 많을까, 단독주택의 거래량이 많을까? 아파트가 거래하기가 더 쉽고 거래량도 많은 것이 분명하다.

아파트가 거래하기 쉬운 이유는 아파트는 내용이 균일하기 때문이다. 한 단지에 있는 아파트는 지은 사람도 똑같고, 구조도 똑같고, 방향도 똑같고 차이가 나는 것은 크기와 위치 정도이다. 그런데 단독주택을 보면 땅의 모양도 다르고, 집의 모양도 다르고, 지은 사람의 모양도 다르고, 내부의 평면 구조도 다르다. 그래서 아파트를 사는 사람이 고민해야 될 부분과 단독 주택을 사는 사람들이 고민해야 되는 양을 비교해본다면 아파트가 훨씬 적다.

이러한 차이는 거래량의 차이를 가져온다. 이렇게 회사의 자본을 균일한 금액으로 나눠서 주식을 만든 가장 큰 이유는 거래를 편하게 하기 위해서 그렇다. 주식에 투자하는 사람은 회사를 정한 다음에는 어떤 주식을 살까를 고민할 필요가 없다. 그 회사 주식은 일정하게 분할된 같은 내용이기 때문에 이제 정할 것은 몇 주를 살 것인가이다.

주식이 갖는 두 번째 의미는 주주가 회사에 대해서 갖는 권리, 즉 주주권이다. 주식회사가 법인이기 때문에 법인인 회사는 주주에서 독립된 법적 실체이다. 주주가 된 사람들이 주식회사를 만들었다고 하더라도 또는 출자를 했다고 하더라도 주주와 주식회사는 법률적으로 남남이다. 주주는 회사에 대해서 일정한 권리를 갖는 존재이다. 이렇게 주주와 주식회사를 이어주는 법적인 끈이 주주권이고, 그 주주권이 주식이다.

2) 액면가

회사가 주식을 발행할 때 이 주식의 가격은 얼마라고 정한 금액이 액면가이다. 액면가가 있는 주식이 액면주식이고 액면가가 없는 주식이 무액면주식이다. 회사는 액면주식과 무액면주식 중에서 한 가지를 선택하여 그 주식만 발행할 수 있다.

회사가 액면주식을 발행하는 경우 액면주식의 금액은 균일하여야 한다(상법 제329조 제2항). 즉, 액면가는 균일해야 한다. 자본금을 일정한 단위로 나눈 것이 주식이라고 했는데 그때 일정한 단위가 바로 액면가다. 상법 제329조 3항은 "액면주식의 1주의 금액은 100원 이상으로 하여야 한다."고 규정하므로 액면주식을 발행할 때 최저가는 100원이다. 우리나라에서 주식회사를 만들 때 액면가를 제일 적게 잡으면 100원으로 정할 수 있다. 100원 이상이면 그 금액은 얼마가 돼도 괜찮다. 물론 한 회사에서 액면가는 하나만 있어야 한다.

자본금
액면가×발행주식 총 수

액면가는 회사가 임의로 정한 가격이다. 액면가는 자본금을 산정하는 기준이 된다. 회사가 정한 액면가에 회사가 발행한 주식 수를 곱한 액수가 자본금이 된다. 예를 들어서 어떤 회사에서 주식을 한 주 발행을 하면서 액면 주식으로 액면가가 100원인 주식을 발행했다면, 이 회사 자본금은 100원이 된다.

액면가와 시장가

회사명	액면가	시장가	회사명	액면가	시장가
두산중공업	5,000	13,900	대림산업	5,000	8,300
삼성전자	5,000	83,000	현재자동차	5,000	207,500
포스코	5,000	273,000	대한항공	5,000	27,650
SK	200	249,500	LG화학	5,000	889,000
유한양행	5,000	79,200	아모레퍼시픽	500	203,000

2021. 1. 4. 현재

액면가는 자본금을 계산하는 기초가 되지만 그 액면가가 그 회사 주식의 실제 가치, 즉 시장가를 표시하지는 않는다. 액면가를 얼마로 정했든지 그 회사가 이익을 많이 내면 시장가가 올라갈 것이고, 이익을 내지 못하면 시장가가 떨어질 것이다. 액면가와 시장가는 별개이다.

주식의 가격과 관련하여 액면가와 시장가 외에 발행가라는 개념이 있다. 회사에서 주식을 발행할 때 한 주 당 얼마를 내야 주식을 취득할 수 있다고 정한 금액이 발행가이다. 발행가는 액면가와 같거나 그보다 높은 것이 정상이고, 액면가보다 낮은 것은 비정상이다. 발행가가 액면가보다 미달하면 회사의 자본금으로 표시된 것보다 회사에 현금이 덜 들어오기 때문이다. 이를 '액면 미달 발행'이라고 한다. 액면 미달 발행을 하려면 법원의 허가를 얻어야 한다. 액면가와 발행가가 같으면 회사에 들어오는 액수가 그대로 자본금으로 계상이 된다. 만약 발행가가 액면가보다 높으면 발행가와 액면가의 차액이 생긴다. 그 차액도 역시 회사로 들어오지만 자본금이 아닌 액면발행초과금이라는 자본준비금으로 계상된다.

액면가와 발행가
액면가 100원인 주식 1주를 150원에 발행
현금 150원
/ 자본금 100원
액면발행초과금 50원

우리나라는 액면가가 없는 주식 즉, 무액면주식을 발행하는 것을 허용한다. 액면주식을 발행할지, 무액면주식을 발행할지를 회사가 선택한다. 액면주식으로 발행할 것이면 전부 액면주식으로 발행해야 되고, 무액면주식으로 발행하면 전부 무액면주식으로 발행해야 된다.

상법 제329조(자본금의 구성)
① 회사는 정관으로 정한 경우에는 주식의 전부를 무액면주식으로 발행할 수 있다. 다만, 무액면주식을 발행하는 경우에는 액면주식을 발행할 수 없다.
② 액면주식의 금액은 균일하여야 한다.
③ 액면주식 1주의 금액은 100원 이상으로 하여야 한다.

무액면주식으로 발행하면, 액면가가 없는데 회사의 자본금은 어떻게 정할까? 제291조 제3호는 "무액면주식을 발행하는 경우에는 주식의 발행가액과 주식의 발행가액 중 자본금으로 계상하는 금액을 정하라."고 규정하고 있다. 이에 의거하여 회사에서 무액면주식을 발행하여 회사에 들어오는 금액 중의 전부 또는 일부를 자본금으로 정하면 된다. 자본금은 정관에 기재된다.

무액면주식의 장점은 회사가 액면가에 구애되지 않고 시장 상황에 맞추어 주식을 발행할

애플사의 무액면주식 사진

출처 : 중앙일보, 2018. 2. 28.자 기사, "존재감 잃은 무액면주식 …도입 후 6년간 국내기업 발행 0"

수 있다는 점이다. 액면주식을 발행할 때는 액면미달발행이 쉽지 않은데 무액면주식의 경우에는 그런 제한이 없다. 또 액면가가 투자자들이 그 회사 주식의 가치를 판단하는 데 잘못된 정보를 줄 수 있다. 외국에서는 무액면주식을 쉽게 볼 수 있는데 아직 우리나라에서 무액면주식은 찾기 힘들다.

3) 주권

주권은 주식이 나타내는 주주권을 표창한 유가증권이다. 앞에서 주식이 두 가지 의미, 즉 자본금을 일정한 단위로 분할한 것과 주주가 회사에 대해서 갖는 권리를 의미한다고 했는데 그 때의 주주권을 표창한 유가증권을 주권이라고 한다.

주권 사진

상법 제423조(주주가 되는 시기, 납입해태의 효과)
① 신주의 인수인은 납입 또는 현물출자의 이행을 한 때에는 납입기일의 다음 날로부터 주주의 권리·의무가 있다. 이 경우 제350조제3항 후단의 규정을 준용한다.

회사는 반드시 주권을 발행해야 한다. 상법 제355조(주권발행의 시기) 제1항은 "회사는 성립 후 또는 신주의 납입기일 후 지체 없이 주권을 발행하여야 한다."고 규정한다. '회사 성립 후'란 회사가 처음에 설립해서 법인격을 갖게 된 후를 말하므로 회사가 법적 주체가 되면 지체 없이 주권을 발행하라는 것이다. 회사가 설립된 후에 추가로 신주를 발행하게 되면 신주는 신주 인수대금의 납일기일 다음 날부터 주식으로써 효력이 발생한다. 따라서 신주가 성립하는 때 지체 없이 주권을 발행하도록 하였다. 회사를 처음 설립했을 때나 설립 후 신주를 발행하게 된 때 모두 주식이 성립하면 지체 없이 주권을 발행하도록 한 것이다. 주권을 발행하지 않으면 이사에게 과태료를 부과할 수 있지만 주식 자체의 효력에는 영향이 없다. 주권이 없어도 주식은 그 자체로 유효하게 존재한다.

주식이 없는데 발행된 주권은 효력이 없다. 주권은 주식이 갖는 권리를 표창하는 유가증권이므로 근거가 되는 권리가 존재하지 않으면 효력을 갖지 못한다. 유가증권 중에는 약속어음이나 수표처럼 그 자체가 만들어지면서 권리도 발생하는 것이 있지만 주권은 그렇지 않다. 주식이라는 권리가 존재해야 유효한 주권을 발행할 수 있다.

법이 주식회사에서 주권을 발행하도록 규정한 이유는 주주권 행사(주주총회에서 의결권 행사, 이익배당 수령, 신주 인수 등), 주식 양도, 주식에 대한 질권 설정 등을 간편하고 안전하게 하기 위함이다. 주권을 소지하는 것으로 주주임을 확인할 수 있고 다른 양도방법에 비해 주권을 교부하는 것이 더 간명하기 때문이다. 그런데 실무에서는 주권이 없는 회사도 많이 존재한다. 주권을 사용할 일이 없으면 회사가 굳이 비용을 들여서 주권을 발행하지 않기 때문이다. 소규모 폐쇄회사의 경우에 특히 그렇다.

주권의 용도
- 주식 양도
- 주식을 담보로 이용(질권, 양도담보)
- 명의개서 시 주주임을 증명
- 상장

주주의 권리행사를 용이하게 하고 주식 거래를 간편하게 하기 위하여 주권을 발행하도록 법이 규정했지만 주권을 발행하고 보관하는데 상당한 비용이 수반된다. 뿐만 아니라 유형물이므로 도난 분실 등의 위험도 있다. 그래서 「주식·사채 등의 전자등록에 관한 법률(일명 '전자증권법', 2019. 9. 16. 시행)」이 제정되어 종이 주권을 발행하지 않고 주식을 전자적으로 등록하는 제도가 시행된다.

4) 주주명부

주식은 항상 유통될 수 있는 상태에 있다. 주식이 매매되면서 과거의 주주였던 사람이 없어지고 새로운 주주가 등장한다. 주주가 유동적인 상태에 있으므로 회사는 주주총회를 하게 됐을 때 어떤 사람에게 통지를 해서 주주총회에 참석하여 의결권을 행사하게 할지, 이익배당을 할 때 누구에게 이익배당금을 지급해야 할지, 신주를 발행할 때 누구에게 신주를 인수하게 해야 할지를 알 수 있어야 한다. 일정한 시점에 누가 주주인지를 확인하고 확정할 때 사용하는 서류가 주주명부이다.

주주명부에는 상법 제352조 제1항에서 열거하고 있는 사항이 기재되어 있다. ① 주주의 성명과 주소, ② 각 주주가 가진 주식의 종류와 그 수, ③ 각 주주가 가진 주식의 주권을 발행한 때에는 그 주권의 번호, ④ 각 주식의 취득 연월일을 기재한다. 만일 회사가 주식의 전자등록을 실시하는 회사인 경우에는 전자주주명부라고 하는 것을 비치하게 된다. 이 전자주주명부에는 종이 주주명부의 기재사항 외에 전자우편 주소를 적어야 한다.

상법 제352조의2(전자주주명부)
① 회사는 정관으로 정하는 바에 따라 전자문서로 주주명부(이하 "전자주주명부"라 한다)를 작성할 수 있다.
② 전자주주명부에는 제352조 제1항의 기재사항 외에 전자우편주소를 적어야 한다.

주주명부의 첫 번째 기능은 주주의 권리 행사 요건이 되는 것이다. 주주가 회사에 대해서 갖는 권리를 행사하기 위한 요건이 바로 주주명부에 자신을 주주로 기재하는 것이다. 상법 제337조 제1항은 "주식의 이전은 취득자의 성명과 주소를 주주명부에 기재하지 아니하면 회사에 대항하지 못한다."고 규정하고 있다. 주식을 새로 취득한 사람이 회사에 대해서 "내가 주주이니 이제부터 내가 회사에서 주주권을 행사하겠다."라고 하기 위해서는 먼저 취득자의 성명과 주소를 주주명부에 기재해야 한다. 이렇게 취득자의 성명과 주소를 주주명부에

주주명부 기능
- 주주권 행사 요건
- 주주로 추정
- 주주 연락처 확인

기재하는 것을 '명의개서'라고 한다. 즉, 명의개서를 하지 않으면 회사에 대해서 내가 주주라는 주장을 하지 못한다. 그러나 주주가 아닌 사람이 주주명부에 주주로 등재됐다고 해서 그 사람이 적법한 주주가 되는 것은 아니다.

주주명부의 두 번째 기능은 주주에 대한 통지 대상을 알려주는 것이다. 회사에서 주주에게 통지를 할 때 주주명부에 있는 사람에게 통지를 하면 된다. 상법 제353조 제1항은 "주주 또는 질권자에 대한 회사의 통지 또는 최고는 주주명부에 기재한 주소 또는 그 자로부터 회사에 통지한 주소로 하면 된다."고 규정하여 주주가 계속 바뀌는 상황에서 회사는 주주명부에 있는 사람에게 통지하면 책임을 다한 것이 된다. 주식을 담보로 돈을 빌려준 질권자에게 통지를 해야 되는 경우에도 주주명부에 기재된 질권자의 주소로 통지하면 된다.

주주총회를 하게 되면 누구에게 주주총회 소집통지를 하고 주주총회에서 누구에게 의결권을 행사하게 할지를 정해야 하는데 그때 주주명부에 기재된 사람을 주주로 보아 통지를 하고 의결권을 행사하게 하면 된다.

상법 제354조(주주명부의 폐쇄, 기준일)
① 회사는 의결권을 행사하거나 배당을 받을 자 기타 주주 또는 질권자로서 권리를 행사할 자를 정하기 위하여 일정한 기간을 정하여 주주명부의 기재변경을 정지하거나 일정한 날에 주주명부에 기재된 주주 또는 질권자를 그 권리를 행사할 주주 또는 질권자로 볼 수 있다.

제354조는 주주명부를 이용하여 주주를 정하는 방법을 규정하고 있다. "회사는 의결권을 행사하거나 배당을 받을 자 또는 주주 또는 질권자로서 권리를 행사할 자를 정하기 위하여 일정한 기간을 정하여 주주명부에 기재변경을 정지하거나 일정한 날에 주주명부에 기재된 주주 또는 질권자를 그 권리를 행사할 주주 또는 질권자로 볼 수 있다."

주 주 명 부

주주명(주민등록번호) 주소지	주식종류	취득연월일	주식수	주권 번호	지분율
홍길동(111111-1111111) 서울특별시 강남구 봉은사동 **	보통주	1999. 12. 1.	10,000주	A001~100	66.7%
홍길순(222222-2222222) 서울특별시 송파구 올림픽로 **	보통주	1999. 12. 1.	5,000주	A101~150	33.3%
합 계	보통주	5,000원		15,000주	100%

위 주주명부는 본사에 비치된 주주명부와 대조하여 틀림이 없음을 증명합니다.

2015년 11월 21일

회사명: 주식회사 멋진세상

소재지: 서울특별시 강남구 봉은사로 ****

대표이사 홍길동 (인)

첫 번째 방법은 주주명부를 잠시 덮어 그 기간 동안 주주명부의 기재 변경을 정지하는 것인데 이를 '주주명부의 폐쇄'라고 부른다. 주주명부를 일정한 기간 동안 폐쇄하면 기재 변경을 못하므로 폐쇄 직전의 상태로 주주나 질권자가 확정된다. 두 번째 방법은 주주명부를 폐쇄하지 않고 일정한 시점을 정해서 그 시점에 주주로 된 사람을 주주나 질권자로 보는 방법이다. 이것을 기준일 방식이라고 한다. 우리나라에서는 이 주주명부 폐쇄방식과 기준일 방식을 같이 쓰는 것이 보통이다.

주주 확정 방법
- 주주명부 폐쇄
- 기준일

2 여러 종류의 주식

1) 종류주식

주식은 주주가 회사에 대해서 갖는 권리를 나타낸다. 주식의 내용이 일정하므로 주주권의 내용도 일정하다. 그런데 주식이 갖는 권리의 내용이 다른 주식들이 있다. 주식의 내용이 동일하다는 원칙에 대한 예외이다. 주식의 내용이 다른 것을 '종류주식'이라고 부르는데, 내용이 다를 수 있는 요소는 이익배당, 잔여재산의 분배, 의결권 행사, 상환, 전환이다.

상법 제344조(종류주식) ① "회사는 이익의 배당, 잔여재산의 분배, 주주총회에서의 의결권의 행사, 상환 및 전환 등에 관하여 내용이 다른 종류의 주식(이하 "종류주식"이라 한다)을 발행할 수 있다.

종류주식의 의미에 대하여 서로 다른 견해가 있다. 한 견해는 종류주식은 그야말로 다른 주식을 의미하므로 서로 내용이 다르면 그 다른 내용을 가진 주식 모두가 다 종류주식이라고 본다. 다른 견해는 기본이 되는 주식이 있고, 그 기본과 다른 내용을 갖는 주식을 종류주식이라고 본다. 이 견해에 따르면 기본이 되는 주식 이른바 보통주는 종류주식에 들어가지 않고, 그 보통주와는 다른 주식만 종류주식이 된다. 종류주식에 대한 두 가지 해석 중에 어떤 것을 택하느냐에 따라 회사법 관련 규정의 해석이 달라질 수 있다. 종류주식과 관련된 여러 논란의 시작은 종류주식의 의미에 대한 다른 이해에서 비롯된다.

종류주식을 만드는 요소
- 이익배당
- 잔여재산분배
- 의결권
- 상환
- 전환

종류주식을 인정하는 이유는 회사와 투자자의 이해관계에 부합하기 때문이다. 회사로서는 많은 자본을 저렴한 비용으로 조달하고 싶고, 투자자들은 자기의 투자 목적에 가장 알맞은 주식을 사고 싶어 한다. 양 당사자의 이해관계가 일치해서 일반적인 주식이 아닌 종류주식이 탄생하였다. 아래에서 종류주식을 하나씩 살펴본다.

2) 이익배당 종류주식

회사에서 어떤 주식에는 배당을 더 해주거나, 덜 해주거나, 혹은 배당을 다른 재산에서 해주거나 할 수 있다. 그런 이익배당 종류주식을 발행을 하려면 정관에 이익배당에 관한 사항 즉, 배당재산의 종류, 배당재산의 가액과 결정방법, 이익을 배당하는 조건 등을 규정해야 한다. 만약 정관에 이익배당 종류주식에 관한 규정이 없다면 정관변경을 해서 그 내용이

상법 제344조의2(이익배당, 잔여재산분배에 관한 종류주식) ① 회사가 이익의 배당에 관하여 내용이 다른 종류주식을 발행하는 경우에는 정관에 그 종류주식의 주주에게 교부하는 배당재산의 종류, 배당재산의 가액과 결정방법, 이익을 배당하는 조건 등 이익배당에 관한 사항을 정하여야 한다.

들어가야 된다(상법 제344조의2 제1항).

이익배당 종류주식에서 차이점
- 배당액
- 배당률
- 배당 재산

이익배당 종류주식에는 배당액 또는 배당률이 다른 주식이 있다. 어떤 주주에게 다른 주주보다 더 많이 배당을 하는 것, 이른바 '이익배당우선주'이다. 이익배당우선주에는 몇 가지 유형이 있다. 첫째 정액우선배당을 하는 경우로 우선 배당의 금액을 정하는 방법이다. 예를 들면 한 주당 1,000원을 우선적으로 배당하는 것이다. 둘째 배당률을 고정하는 방법이다. 예를 들면 액면가의 5%를 우선 배당하는 것이다. 정액우선배당이나 정율우선배당 모두 이익배당가능금액 중에서 이익배당 우선주주에게 해당 금액을 먼저 배당을 하는 것이다. 셋째 변동배당률이라고 해서 전체 배당액 중에 몇 %를 먼저 배당하는 방법도 있다.

이익배당 종류주식은 배당 재산의 내용에서도 차이가 날 수 있다. 배당재산의 종류로는 현금도 있고, 주식도 있고, 현물도 있다. 우리가 보통 경험하는 것은 현금 배당이지만, 배당을 주식으로 할 수도 있고, 현물로도 할 수 있다. 현물이라고 할 때 물건인 경우는 생각하기 어렵고, 회사가 보유하고 있는 다른 회사 주식이나 채권 같은 것이 보통이다. 배당재산이 현금이 아닌 경우에는 배당재산의 가액을 결정하여야 한다. 주식으로 배당할 때는 그 주식의 가액을 어떻게 결정할지, 현물로 배당할 때 그 현물의 가액을 어떻게 결정할지를 정해야 한다.

이익배당 우선주와 관련하여 두 가지 고려 요소가 있다. 하나는 어느 해에 이득이 많이 나서 다른 주주들이 이익배당 우선주주들보다 더 받게 되었을 때 정액 또는 정율 이상 더 받는 참가적 우선주가 있고, 정액 또는 정율 이상 더 받지 않는 비참가적 우선주가 있다. 다른 하나는 어느 회계연도에 이익이 안 나서 우선배당을 못 받았을 때 그 다음 해에 전에 못 받은 것까지 추가해서 받는 누적적 우선주가 있고, 그 해 못 받았으면 그 다음 해에는 받지 못하는 비누적적 우선주가 있다.

3) 의결권 종류주식

상법 제344조의3(의결권의 배제·제한에 관한 종류주식)
① 회사가 의결권이 없는 종류주식이나 의결권이 제한되는 종류주식을 발행하는 경우에는 정관에 의결권을 행사할 수 없는 사항과, 의결권행사 또는 부활의 조건을 정한 경우에는 그 조건 등을 정하여야 한다.

상법 제344조의3 제1항은 의결권 종류주식의 두 가지 유형을 규정하고 있다. 하나는 의

이익배당 우선주의 예

구분	발행한 주식 총수	자기주식수	이익배당에 관한 사항
우선주	25,109,982	2,043,959	-보통주 대비 연1% 추가배당(액면가 기준) -비참가적, 비누적적
2우선주	38,613,865	1,139,140	-최저우선배당률: 2%(액면가 기준) -참가적, 비누적적
3우선주	2,478,299	34,345	-최저우선배당률: 1%(액면가 기준) -참가적, 비누적적

[출처 : 2019년 현대자동차 사업보고서]

결권이 없는 종류주식이고 다른 하나는 의결권이 제한되는 종류주식이다. 이 두 가지 중에 하나를 발행하는 경우에는 정관에 의결권을 행사할 수 없는 사항과 의결권 행사 또는 부활의 조건을 정하는 경우에는 그 조건 등을 정하여야 한다.

첫 번째 유형이 의결권 없는 종류주식이라고 규정하고 있으니, 의결권 자체를 전면적으로 배제하는 의결권 종류주식이 가능하다. 과거에는 이익배당 우선주의 경우 우선적 이익배당을 받는 동안에는 의결권이 없는 무의결권주식이 많이 발행되었다. 그러나 현행 상법에서는 이익배당 우선주라고 해서 반드시 의결권이 없는 주식이 될 필요는 없고 의결권이 있으면서도 이익배당에 우선권이 있는 주식도 발행할 수 있다. 또 우선 배당을 하지 않으면서도 의결권이 없는 주식을 발행할 수 있는 것이다.

의결권 종류주식에서 차이점
■ 의결권이 없음
■ 의결권 행사가 제한됨
※ 의결권이 복수로 있을 수는 없음

의결권 종류주식의 두 번째 유형은 의결권이 제한되는 종류주식이다. 의결권이 제한되는 종류주식의 예로는 "감사 선임에는 의결권이 없다." 또는 "이사 선임에서는 의결권이 없다."는 의결권 종류주식을 들 수 있다.

의결권을 제한하거나 의결권이 전혀 없는 주식이 많이 발행되면 회사의 의결권에 큰 영향을 미친다. 예를 들어 90%의 주식은 의결권이 없는 것으로 하고, 10%만 의결권이 있는 것으로 하면 결국 그 10%를 가진 주주가 회사의 모든 의사결정을 하게 될 것이다. 이런 문제가 발생하지 않도록 의결권 종류주식의 발행에 대해서 양적 제한을 가하고 있다. 제344조의3 제2항은 "제1항에 따른 종류주식의 총수는 발행주식총수의 4분의 1을 초과하지 못한다."고 규정한다. 의결권이 없거나 제한되는 종류주식이 발행주식총수의 4분의 1을 초과하여 발행된 경우에는 회사는 지체 없이 그 제한을 초과하지 아니하도록 하기 위한 필요한 조치를 하여야 한다. 따라서 의결권 종류주식이 발행주식 총수의 4분의 1을 넘어서는 경우에는 그 주식을 상환하거나 소각하든지 아니면 다른 주식을 더 발행해서 4분의 1을 초과하지 않도록 해야 한다.

상법 제344조의3(의결권의 배제 · 제한에 관한 종류주식)
② 제1항에 따른 종류주식의 총수는 발행주식총수의 4분의 1을 초과하지 못한다. 이 경우 의결권이 없거나 제한되는 종류주식이 발행주식총수의 4분의 1을 초과하여 발행된 경우에는 회사는 지체 없이 그 제한을 초과하지 아니하도록 하기 위하여 필요한 조치를 하여야 한다.

의결권 종류주식과 관련된 논란의 하나는 어떤 특정한 주식에 대해서 의결권을 하나가 아니라 복수로 줄 수 있는가 하는 문제이다. 원래 의결권은 한 주식당 하나인데, 어떤 주식에 대해서는 의결권을 두 개나 세 개를 줄 수 있는가 하는 문제이다(이른바 차등의결권 주식). 나아가 특정 주식에 일정한 사안에 대한 거부권을 줄 수 있는가도 논의된다(이른바 황금주, treasury stock). 현행 상법에 따르면 불가하다는 것이 일반적인 견해이다. 왜냐하면, 상법 제344조의3이 의결권 종류주식으로 발행할 수 있는 것을 의결권이 없는 종류주식 또는 의결권이 제한되는 종류주식이라고 못 박고 있기 때문에 문헌 해석상 복수의결권을 갖거나 거부권을 갖고 있는 의결권 종류주식은 불가하다고 본다.

상법 제369조(의결권)
① 의결권은 1주마다 1개로 한다.

4) 상환주식

상환주식이란 회사가 이미 발행한 주식을 거두어들여 없애는, 그래서 주식이 발행되었다가 없어지는 주식이다. 상법은 주식을 대가로 지급하고 소각할 때 조심한다. 회사가 발행한 주식을 유상으로 소각한다는 것은 그 주식을 갖고 있던 주주가 출자한 것을 환급받는 결과가 되기 때문이다. 주주는 자기가 출자한 것을 회사로부터 환급받을 권리가 원칙적으로 없다는 것이 상법의 기본 원리이다. 회사법은 회사가 채권자에게 채무를 모두 변제한 후 남은 재산이 있으면 돌려받을 권리만 주주에게 인정한다. 회사에 채권자가 있는데 회사가 주주에게 출자금을 환급해 주면 주주가 채권자보다 먼저 변제를 받는 결과가 되기 때문이다. 주주가 출자금을 회수할 수 있는 길은 그 주식을 다른 사람에게 양도하거나, 이익 배당을 받거나, 혹은 회사에서 공식적으로 이익으로 소각하는 경우이다.

상법 제345조(주식의 상환에 관한 종류주식)
④ 제1항 및 제3항의 경우 회사는 주식의 취득의 대가로 현금 외에 유가증권(다른 종류주식은 제외한다)이나 그 밖의 자산을 교부할 수 있다. 다만, 이 경우에는 그 자산의 장부가액이 제462조에 따른 배당가능이익을 초과하여서는 아니 된다.

상환주식을 발행하는 이유는 지금 회사가 자금이 필요해서 주식을 발행하지만 계속 그 주식이 있으면 이익 배당을 해야 되기 때문에 오히려 한 번에 상환하고 장래에 이익 배당을 안 하는 장점이 있고, 주주로서는 회사에 투자를 했지만 어느 시점에서 그 투자에 대한 대가를 완전히 회수하고 싶다는 두 목적이 일치할 때 상환주식을 발행하고 또 인수하게 된다. 회사가 상환주식을 상환할 때 상환의 대가는 현금뿐만 아니라 유가증권이나 다른 재산도 가능하다.

상법 제345조(주식의 상환에 관한 종류주식)
① 회사는 정관으로 정하는 바에 따라 회사의 이익으로써 소각할 수 있는 종류주식을 발행할 수 있다. 이 경우 회사는 정관에 상환가액, 상환기간, 상환의 방법과 상환할 주식의 수를 정하여야 한다.
③ 회사는 정관으로 정하는 바에 따라 주주가 회사에 대하여 상환을 청구할 수 있는 종류주식을 발행할 수 있다. 이 경우 회사는 정관에 주주가 회사에 대하여 상환을 청구할 수 있다는 뜻, 상환가액, 상환청구기간, 상환의 방법을 정하여야 한다.

상법 제345조 제1항은 회사가 상환권을 갖는 경우를 규정하고 제3항은 주주가 상환권을 갖는 경우를 규정한다. 상환주식은 회사가 주식을 유상으로 소각하는 경우의 하나이다. 회사가 활동을 하여 발생한 이익을 주주에게 배당하는 대신 주식을 소각할 수 있는데 소각할 예정으로 발행하는 주식이 상환주식이다. 주주에게 배당할 이익으로 소각을 하므로 채권자의 이익을 해하지 않는다. 상환주식을 발행하려면 회사는 정관에 상환가액, 상환기간, 상환의 방법과 상환할 주식의 수를 정하여야 한다. 얼마로 상환하는지, 그 상환 기간은 언제인지, 어떤 절차로 상환하는지, 그렇게 상환될 때 소각되는 주식은 얼마인지를 정하는 것이다.

주주가 회사에 대해 상환을 청구할 수 있는 상환주식을 발행하려면 회사는 정관에 주주가 언제 상환을 청구할 수 있고, 그렇게 상환을 청구하면 한 주당 가격은 얼마이고, 상환하는 방법은 현금인지, 다른 주식인지 등을 정관에 정하여야 한다.

상환의 대가
- 현금
- 유가증권
- 기타 자산

5) 전환주식

전환주식은 한 종류의 주식이 다른 종류의 주식으로 바뀌는 것이다. 예를 들면 우선주가 보통주로 바뀌는 것을 전환주식이라고 한다. 전환주식과 구별해야 되는 개념으로 전환사채가 있다. 전환사채는 회사채인데 나중에 주식으로 바뀌는 것이다. 반면에 전환주식은 한 종류의 주식이 다른 종류의 주식으로 바뀌는 것을 의미하는 주식이다.

전환주식에는 주주가 전환을 청구할 수 있는 경우도 있고, 회사가 일정한 주식을 다른 종류의 주식으로 전환할 수 있는 경우도 있다. 상법 제346조 제1항은 주주가 전환권을 행사하는 경우를 정하고 있고, 제2항은 회사가 전환권을 갖는 경우를 규정한다. 전환주식을 발행하려면 전환의 사유, 전환의 조건, 전환의 기간, 전환으로 인하여 발행할 주식의 수와 내용을 정하여야 한다.

이상과 같이 종류주식을 만드는 요소, 즉 이익배당, 잔여재산분배, 의결권, 상환, 전환은 개별적으로 주식에 반영되어 이익배당 우선주, 무의결권주, 상환주식 등이 될 수도 있고 복합적으로 한 주식에 반영될 수도 있다. 아래 주식은 이익배당, 상환, 전환이 반영된 주식의 예이다.

상법 제346조(주식의 전환에 관한 종류주식)
① 회사가 종류주식을 발행하는 경우에는 정관으로 정하는 바에 따라 주주는 인수한 주식을 다른 종류주식으로 전환할 것을 청구할 수 있다. 이 경우 전환의 조건, 전환의 청구기간, 전환으로 인하여 발행할 주식의 수와 내용을 정하여야 한다.
② 회사가 종류주식을 발행하는 경우에는 정관에 일정한 사유가 발생할 때 회사가 주주의 인수 주식을 다른 종류주식으로 전환할 수 있음을 정할 수 있다. 이 경우 회사는 전환의 사유, 전환의 조건, 전환의 기간, 전환으로 인하여 발행할 주식의 수와 내용을 정하여야 한다.

전환권자
■ 회사
■ 주주

상환 전환주식 발행의 예

신주의 종류와 수 : 기타주식 1,562,499
증자방식 : 제3자 배정
〈기타주식에 관한 사항〉
■ 주식의 내용
1. 상환전환우선주(이하 RCPS) : 1,116,071주(49,999,980,800원)
2. 전환우선주(이하 CPS) : 446,428주(19,999,974,400원)
■ 상환조건
1. RCPS
- 발행일로부터 5년이 경과한 후 언제든지 상환청구 가능
- 상환시 발행금액의 연 2%복리 가산(기지급한 배당금 차감)
- 조기상환조건 : 본 건 RCPS 발행일로부터 2년이 되는 날 및 그로부터 매 6개월이 경과한 날마다 조기상환 청구 가능
■ 상환방법 : 현금 상한
■ 상환기간: 2023년 07월 23일 ~ 2028년 06월 23일
■ 전환조건(전환비율 변동여부 포함)〉
1. RCPS
- 발행일로부터 1년후부터 보통주 전환 청구 가능
- 전한가격익 조정[생략]
2. CPS
- 발행일로부터 1년후부터 보통주 전환 청구 가능
- 전환가격의 조정[생략]
■ 전환청구기간 2019년 07월 23일 ~ 2028년 07월 23일
■ 전환으로 발행할 주식의 종류: 보통주
■ 이익배당에 관한 사항
1. RCPS(참가적, 누적적) : 우선배당률: 액면금액의 2%
2. CPS(참가적, 누적적) : 우선배당률: 발행금액의 2%
[한국콜마주식회사 2018. 6. 29. 공시사항(발췌)]

3 주식양도 방법

1) 주식의 양도성

주식회사는 대규모의 자본을 조달하는 것을 목적으로 설계된 회사이기 때문에 투자에 유리한 여러 가지 법 원칙들을 두고 있다. 그 중에 하나가 주식의 양도성이다. 투자시 고려하는 요소들에는 수익성이나 안정성 외에 환금성이 있다. 투자했지만 필요한 경우에 다시 그 투자액을 회수할 수 있는 환금성이 중요한 요소이다. 그런데 주식에 투자를 하면 주주는 회사에 대해서 자기 투자 분을 돌려달라고 요구할 권리는 없다. 만약 그 권리를 인정하면 회사의 자산 중에 채권자보다도 먼저 주주가 회사의 자산을 가져가는 결과가 되기 때문에 인정되지 않는다. 상법은 주주가 자기의 투자 분을 회수할 길을 열기 위해 주식의 양도를 자유롭게 할 수 있는 여러 법 원칙을 규정하고 있다.

상법 제335조(주식의 양도성)
① 주식은 타인에게 양도할 수 있다. 다만, 회사는 정관으로 정하는 바에 따라 그 발행하는 주식의 양도에 관하여 이사회의 승인을 받도록 할 수 있다.
②제1항 단서의 규정에 위반하여 이사회의 승인을 얻지 아니한 주식의 양도는 회사에 대하여 효력이 없다.

상법 제335조 제1항 본문은 주식의 양도성을 천명하고 있는데 이 본문이 없더라도 주식이 재산권이므로 타인에게 양도할 수 있는 것은 분명하다. 본문은 그 원칙을 다시 한 번 선언한 것이다.

제335조가 갖는 큰 의미는 단서에 있다. "다만, 회사는 정관으로 정하는 바에 따라 그 발행하는 주식의 양도에 관하여 이사회의 승인을 받도록 할 수 있다."는 규정은 회사가 정관으로 주식의 양도에 대해서 제한을 가할 수 있는 최대치를 규정한 것이다. 자본조달이 목표인 물적 회사에서 누가 사원인지는 중요하지 않기 때문에 주식의 양도는 자유롭게 하도록 보장하는데 만일 누가 주주인지가 중요하여 주식의 양도를 제한하고자 한다면 주식 양도할 때 이사회의 승인을 받게 하는 것이 최대한이라는 규정이다. 자본조달이 중요한 물적

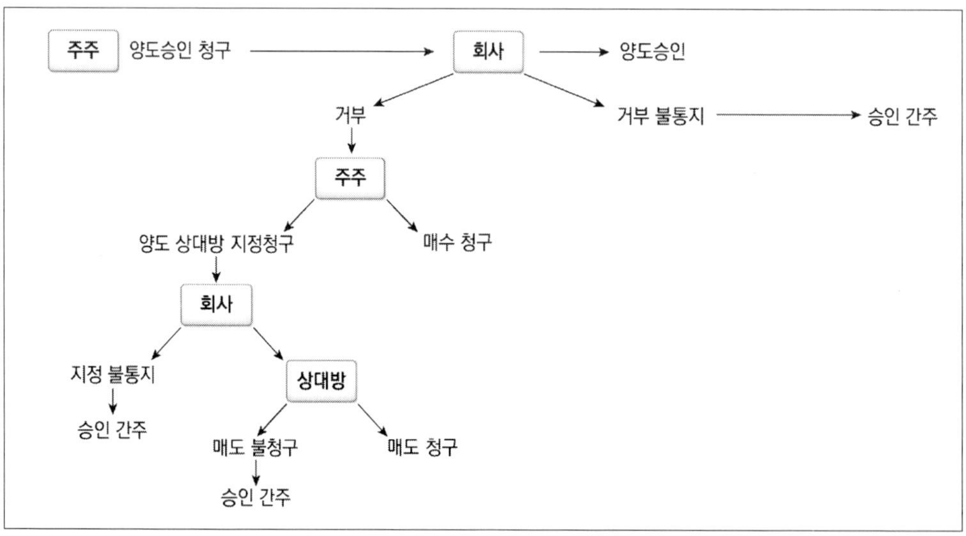

회사에서도 누가 주주인지가 중요할 수 있는데 그렇다고 하여 주식의 양도성을 본질적으로 훼손하면 안 되고 이사회 승인을 받도록 하는 정도까지만 제한할 수 있다는 것이다.

주식양도에 대한 이사회 승인 과정은 다음과 같다(상법 제335조의2~제335조의7). 양도인이 회사에 양도의 승인을 청구하면 회사는 1월 이내에 승인 여부를 통지하여야 한다. 그 기간 내에 거부의 통지가 없으면 승인한 것으로 본다. 회사로부터 양도승인 거부의 통지를 받은 양도인은 양도 상대방의 지정이나 주식의 매수를 청구할 수 있다. 양도 상대방 지정의 청구가 있으면 회사는 2주간 내에 상대방을 지정하여 통지하여야 한다. 이 기간 내에 상대방을 지정하지 않으면 승인한 것으로 본다. 양도 상대방이 양도인에게 10일 이내에 매도청구를 하지 않으면 양도를 승인한 것으로 본다. 매도가격은 상호 협의하여 정하되 협의가 되지 않으면 법원에 결정을 청구할 수 있다. 이사회 승인 청구는 양수인도 할 수 있다.

2) 주식의 양도방법

권리의 이전에는 각 권리에 특유한 이전 방법이 있다. 부동산의 이전을 위해서는 당사자 간의 합의와 등기가 필요하고 동산의 이전을 위해서는 당사자 간의 합의와 인도가 필요하다. 주식을 양도하기 위해서는 양도인과 양수인 간 합의와 주권의 교부가 필요하다. 제336조 제1항을 우리말 어법에 맞춰서 다시 읽으면 "주식을 양도할 때는 주권을 교부하여야 한다." 혹은 "주식을 양도하기 위해서는 주권을 교부하여야 한다."가 된다. 주권의 교부가 주식양도의 요건이다. 당사자 간 합의를 하고 주권을 교부하면 일단 주식양도가 성립한다. 당사자 간의 합의와 주권의 교부를 '주식양도의 성립요건'이라고 한다.

상법 제336조(주식의 양도방법)
① 주식의 양도에 있어서는 주권을 교부하여야 한다.

상법 제337조(주식의 이전의 대항요건)
① 주식의 이전은 취득자의 성명과 주소를 주주명부에 기재하지 아니하면 회사에 대항하지 못한다.

주식양도가 성립하면 그 양도인과 양수인 간에는 주주가 바뀐다. 양수인은 양도인에 대하여 자신이 새로운 주주라고 주장할 수 있다. 그런데 그것만으로는 양수인이 회사에 대해서 내가 새로운 주주라고 주장하고 주주권을 행사할 수 없다. 회사에 대해서 주주라는 것을 주장하고, 주주권을 행사하기 위한 요건은 제337조에서 별도로 규정하고 있다.

주식양도의 요건
■ 성립요건
- 당사자의 합의
- 주권의 교부

■ 대항요건: 명의개서

제337조 제1항은 주식양도의 대항요건을 규정하고 있다. 주식 취득자의 성명과 주소를 주주명부에 기재하는 것을 '명의개서'라고 한다. 명의개서가 주식양도의 대항요건이다. 주주명부에 명의개서를 하지 않으면 양수인은 회사에 대하여 주주라는 주장을 할 수 없고 주주총회 등에서 주주권을 행사할 수 없다. 제337조 제1항은 주주가 대항하지 못한다는 것만 규정했는데, 대법원은 이 규정을 확대 해석하여 회사에도 적용하였다. 대법원의 해석에 따르면 회사는 명의개서하지 않은 주주를 주주로 인정해서는 안 된다. 명의개서가 안되었으면 양수인(새로운 주주)을 회사가 알고 있어도 그를 주주로 인정하고 주주권을 행사하게 하면 안 된다.

명의개서는 주주명부에 양수인의 성명과 주소를 기재하는 일이다. 명의개서 업무를 담당

명의개서
주식 신소유자의 성명과 주소를 주주명부에 기재하는 것

해주는 사람을 별도로 둘 수도 있다. 그것을 '명의개서 대리인'이라고 하는데, 우리나라 한국예탁결제원과 몇 개의 금융기관이 명의개서 대리 업무를 하고 있다.

대항요건을 갖추어야 주주로서 회사에 대해서 권리를 주장할 수 있는데, 대항 요건을 갖추지 못한 즉, 명의개서를 하지 않은 주식을 '실기주(失期株)'라고 부른다. 실기주는 당사자 간에는 양수인이 새로운 주주가 되지만, 주주명부에는 양도인이 주주로 기재되어 있으므로 회사는 여전히 양도인을 주주로 본다. 회사는 이익배당을 양도인에게 하고 신주를 양도인에게 배정을 한다. 그 후 양수인은 양도인에게 이익배당금이나 신주의 이전을 청구할 수 있다.

3) 주권 없는 주식양도방법

상법 제335조(주식의 양도성)
③ 주권발행전에 한 주식의 양도는 회사에 대하여 효력이 없다. 그러나 회사성립후 또는 신주의 납입기일후 6월이 경과한 때에는 그러하지 아니하다.

주식을 양도할 때는 주권을 교부하는 것이 표준적인 방법이지만, 회사가 주권을 발행하지 않는 경우도 있으므로 주권 없이 주식을 양도하는 방법이 필요하다. 원칙적으로 회사가 성립한 뒤에 혹은 주식이 발행된 후에 6개월 내에는 주권이 없는 채로는 주식을 양도할 수 없다. 주권을 발행할 시기가 6개월 이상 경과하였으나 주권이 없는 경우에 주식을 양도할 때는 '지명채권 양도방법'에 따른다.

지명채권
채권자가 특정되어 있는 채권. 채권자가 특정되지 않은 무기명 채권과 대비된다.

먼저 지명채권(指名債權)에 대해서 알아보자. 채권(債權)은 다른 사람에게 어떤 급부를 요구할 수 있는, 예를 들면 어떤 일을 하라고 요구하든지, 혹은 하지 말라고 요구하는 권리이다. 빌려준 돈을 받을 권리, 교통사고 가해자에게 피해배상을 받을 권리, 주문한 물건을 달라고 요구할 권리가 그 예이다. 지명채권이란 '지명' 즉, 사람의 이름이 지정이 된 채권이다. 사람의 이름이 지정이 되었다고 하는 것은 누가 채권자인지가 정해져 있다는 것이다. 우리가 알고 있는 채권의 대부분은 모두 지명채권이다. 예를 들어서, 내가 누구에게 돈을 빌려주고 돈을 받을 권리가 채권인데 내가 채권자이므로 지명채권이다. 내가 임대보증금을 주었고 그 임대보증금을 돌려받을 권리를 내가 가지므로 지명채권이다. 교통사고가 나서 가해자로부터 손해배상을 받게 되었는데 피해자가 손해배상청구권을 갖고 있으니 지명채권이다. 실제로 우리가 볼 수 있는 대부분의 채권은 채권자가 정해져 있으므로 지명채권이다.

상법 제450조(지명채권양도의 대항요건)
① 지명채권의 양도는 양도인이 채무자에게 통지하거나 채무자가 승낙하지 아니하면 채무자 기타 제삼자에게 대항하지 못한다.
② 전항의 통지나 승낙은 확정일자있는 증서에 의하지 아니하면 채무자 이외의 제삼자에게 대항하지 못한다.

지명채권의 대비되는 개념은 채권자가 정해지지 않은 채권으로 이를 무기명채권(無記名債權)이라고 부른다. 이름, 즉 채권자의 이름이 적혀 있지 않은 채권이라는 말이다. 채권자의 이름을 적지 않았다는 것은 그 채권이 유가증권 즉, 증서의 형태로 되어 있음을 의미한다. 채권자가 정해지지 않았어도 권리를 행사하는 시점에는 채권자가 누구인지 알 수 있거나 정할 수 있는 상태가 되어야 한다. 어떤 채권을 유가증권화하면, 즉 유형물로 바꾸어놓으면 이제 그 유형물(유가증권)을 갖고 있는 사람이 채권자가 되므로 채권자를 지정해 놓지 않아도 채권자가 누구인지를 아는 데 문제가 없다. 이제 그 유가증권이 표창하는 권리는 지명채권이 아니라, 채권자가 정해지지 않은 무기명채권이 된다. 유가증권화해서 소지인이 권리자가 되는 채권을 지명채권과 구분해서 무기명채권이라고 부른다.

지명채권을 양도하기 위해서는 두 가지 단계를 거치게 된다. 첫 단계는 성립요건으로 당사자 사이에 의사의 합치가 있으면 된다. 우리가 물건을 사고팔 때 합의하듯이 의사의 합치가 있으면 지명채권의 양도가 성립된다. 다음 단계는 대항요건이다. 채무자에게 내가 새로운 채권자라는 사실을 통보해야 한다(채무자가 양도 사실을 승인해도 된다.). 그런데 통보하는 일자가 중요해서 확정일자 있는 문서로 통보해야 한다.

확정일자
증서를 작성한 일자를 증명하는 것. 지명채권 양도 시 제3자에 대한 대항요건이고 임대차에서 우선변제권을 갖기 위한 요건이다. 법원이나 등기소 또는 공증인에게서 받을 수 있다. 내용증명우편의 발송일도 확정일자가 되고, 임대차계약서에 대해서는 주민센터에서도 확정일자를 부여한다.

주권 없이 주식을 양도할 때 지명채권 양도방법에 따르게 되면 당사자 간의 합의로 주식양도는 성립한다. 주식은 회사에 대한 권리이므로 회사에 대해서 대항요건을 갖추어야 하는데 그 방법은 지명채권 양도의 대항요건처럼 확정일자 있는 문서로 회사에 양도사실을 통지하는 것이다.

4 주식양도 제한

1) 주식양도 자유와 제한

주식회사는 대규모의 자본을 조달하기 위한 제도적 장치이고, 상법은 대규모 자본 조달에 유리하도록 주식회사에 특유한 법 원칙을 규정하고 있다. 그 중 하나가 주식의 양도를 자유롭게 하는 것이다. 주식의 양도를 통해서 투자자들이 투자 자금을 회수할 수 있다.

주식양도 제한 방법
- 법률
- 정관
- 주주 간 계약

주식양도 자유의 원칙은 회사법 원리에서 중요한 위치에 있지만 그 원칙 하에서 상법은 일정한 경우 다른 목적을 위하여 주식의 양도를 제한하고 있다. 주식양도의 제한은 법기술적인 차원에서 필요한 경우, 물적회사지만 인적회사의 요소로 인해 필요한 경우, 회사법의 다른 이념에서 필요한 경우 등으로 나누어 볼 수 있다.

2) 주권발행 전의 주식 양도

회사는 주식이 발행되면 지체 없이 주권을 발행해야 되는데, 주권이 당장 필요하지 않은 경우(예를 들면 상장을 하거나 주식을 담보로 사용하는 경우 등)에는 주권을 발행하지 않는 일이 많다. 그런데 상법 제336조에서는 주식을 양도할 때는 주권을 교부하도록 규정하고 있으므로 실무에서는 주권의 교부 대신 지명채권양도 방법에 의한 주식의 양도가 많았다. 이러한 현상에 대해 상법은 상법 제335조 제3항은 "주권발행 전에 한 주식의 양도는 회사에 대하여 효력이 없다. 그러나 회사 성립 후 또는 신주의 납입기일 후 6월이 경과한 때에는 그러하지 아니하다."고 규정하여 주권발행 전의 주식 양도 기간을 정하여 금지하는 태도

법률에 의한 주식양도 제한
- 주권발행 전의 주식양도
- 자기주식 취득
- 자회사의 모회사 주식 취득
- 10% 초과 취득시 통지

를 취한다. 이는 주식이 있으면 주권을 발행해야 한다는 원칙을 유지하면서도 주권 발행을 하지 않는 실무 관행을 고려한 것이다.

주권발행 전의 주식 양도

주권 발행할 시기　6개월 경과

▼　▼

① | ② | ③

①: 주식이 없는 때이므로 주식 양도는 무효

②: 양도시기부터 6개월이 경과하면 유효

③: 유효

회사가 주권을 발행해야 하는 시기 즉, 회사 성립 후 또는 신주의 납입기일 후 6개월 이내에는 주권 없이는 주식을 양도하여도(지명채권 양도 방법에 따른 대항요건을 갖추어도) 회사에 대해서 효력이 없다. 그러나 주권을 발행해야 하는 시기로부터 6개월이 경과하면 주권 없이(달리 표현하면 주권 발행 전에) 주식을 양도하더라도 회사에 대해서 효력이 있다. 물론 회사에 대한 대항력이 자동적으로 발생하는 것은 아니고 대항요건을 갖춘 때 발생한다.

다수의 견해는 주권 없이 양도한 것은 주권을 발행해야 하는 시점부터 6개월 이내였는데 시간이 흘러서 6개월이 경과하면 그 때부터는 회사에 대해 대항할 수 있다고 해석한다. 따라서 주권 발행 전의 주식 양도가 제한되는 것은 원칙적으로 주권을 발행해야 하는 시점부터 6개월 이내가 되고 그 기간에 주권 없이 양도했더라도 기준 시점부터 6개월이 지난 후에는 회사에 대해 효력을 주장할 수 있다.

3) 자기주식 취득

자기주식이란 회사 자신의 주식이다. 회사가 다른 회사 주식을 얼마든지 취득할 수 있다. 그러면 자기주식도 취득할 수 있는가? 자기주식 취득에는 부정적 측면과 긍정적 측면이 있다. 부정적 측면으로는 회사가 자기 스스로 주주가 된다는 것은 논리적으로 맞지 않다는 점이다. 회사가 자기주식을 유상으로 취득하면 그 주주에게 회사 자산이 나가는 것인데, 그것은 주주에게 투자한 투자금을 환급해주는 결과가 되기 때문에 바람직하지 않다. 회사가 자기주식을 취득할 때 회사는 자기 회사의 사정을 잘 알기 때문에 이른바 내부 정보를 이용해서 자기주식을 사면 공정한 거래가 아니다. 극단적으로 회사가 자기 자본금으로 자기 회사 주식을 다 사고 나면, 그 회사는 빈껍데기에 불과하다는 문제도 있다.

상법 제341조(자기주식의 취득)

① 회사는 다음의 방법에 따라 자기의 명의와 계산으로 자기의 주식을 취득할 수 있다. 다만, 그 취득가액의 총액은 직전 결산기의 대차대조표상의 순자산액에서 제462조제1항 각 호의 금액을 뺀 금액을 초과하지 못한다.

1. 거래소에서 시세(時勢)가 있는 주식의 경우에는 거래소에서 취득하는 방법
2. 제345조제1항의 주식의 상환에 관한 종류주식의 경우 외에 각 주주가 가진 주식 수에 따라 균등한 조건으로 취득하는 것으로서 대통령령으로 정하는 방법

긍정적 측면도 있다. 자기주식을 취득하는 재원이 배당가능이익이라면 경제적으로는 자기주식 취득은 배당과 마찬가지이다. 회사가 주주들에게 이익을 반환하는 방법의 하나는 회사 주가가 떨어지지 않게, 혹은 오르게 하는 것인데 이렇게 주가 관리를 할 때 자기 회사 주식을 사는 것이 주식 시장에서 공급을 줄이는 것이라서 상당히 유효한 수단이 된다. 현실적으로 이사들이 스톡옵션(stock option)을 행사했을 때, 그 이사들에게 자기 회사의 주식을 주어야 하는데, 자기주식을 보유하고 있다가 주면 편리하다. 경영권을 위협하는 적대적 M&A가 있을 때, 상대방이 갖고 있는 이 회사의 주식을 사면 경영권 보호에 도움이 된다. 이런 이유에서 자기주식 취득을 인정해야 된다고 하는 견해도 있다.

상법은 기본적으로 자기주식 취득은 금하면서 두 가지 예외를 인정하고 있다. 하나는 배

당가능이익의 범위 내에서 공정한 방법으로 취득하는 경우이고 다른 하나는 불가피하게 자기주식을 취득하는 경우이다. 회사가 배당가능한 이익의 범위 내에서 자기주식의 취득을 허용하는 것은 제341조가 규정하고 있다. 이 규정은 세 가지 요건을 정하고 있다.

① **자기의 명의와 계산으로 취득** : 회사가 소유자가 되고 회사가 취득 대금을 출연하여 그 경제적 효과가 회사에 귀속되어야 한다.

② **배당가능 이익 범위 내의 취득** : '직전 결산기의 대차대조표상 순자산액에서 제462조 제1항 각 호의 금액을 뺀 금액'이란 바로 배당가능 이익을 의미한다. 배당가능이익으로 자기주식을 취득하는 것은 사실상 이익배당을 하는 것이다.

③ **취득방법의 공정성** : 특정 주주에게만 혜택을 주면 안 되기 때문이다. 구체적으로는 한국거래소에서 거래되는 상장주식을 시세대로 취득하거나, 각 주주가 가진 주식의 수에 따라 균등한 조건으로 취득하는 것이다.

명의와 계산

명의 \ 계산	자기	타인
자기	①	②
타인	③	④

①: 나의 돈으로 사서 나의 소유가 되는 경우
②: 남의 돈으로 사고 나는 이름을 빌려 준 경우
③: 내 돈으로 사고 남의 이름을 빌려 소유자로 하는 경우
④: 남의 돈으로 사고 남의 소유가 되는 경우

유통주식수가 줄어드는 만큼 주주에게 돌아갈 몫이 커지기 때문이다. 자기주식 취득이 허용되는 또 다른 경우는 회사가 특정 목적을 위해서 혹은 불가피하게 자기주식을 취득하는 경우이다. 제341조의2는 자기주식 취득이 예외적으로 허용되는 경우를 열거한다.

① **회사의 합병 또는 다른 회사의 영업전부의 양수로 인한 경우** : 회사가 다른 회사를 합병했는데 그 회사에 자기주식이 있는 경우이다.

② **회사가 권리실행을 위해서 부득이 자기주식을 취득하는 경우** : 채무자의 재산을 압류하려고 하는데 채무자의 재산이 자기주식인 경우이다.

③ **단주의 처리를 위한 경우** : 단주는 일정한 단위 이하의 주식이다. 상법에서는 주식의 최저 단위가 한 주이므로 한 주 미만은 단주가 된다. 단주는 회사가 취득하여 현금화한 후 해당 주주에게 상응하는 금액을 지급한다.

단주가 발생하는 예

주주 A, B, C가 각기 10주, 5주, 3주의 주식을 갖고 있다. 회사가 30% 무상 증자를 하면, A는 3주, B는 1.5주, C는 0.9주를 배정받는다. 이때 B의 0.5주와 C의 0.9조는 1 미만이므로 주식이 아니고 단주이다.

증권시장에서 상장주식을 거래할 때는 10주가 거래 단위이므로 10주 미만의 주식을 단주라고 한다.

④ **주주가 주식매수청구권을 행사하는 경우** : 주식매수청구권이란 주주가 회사에 대해서 "내 주식을 사시오."라고 요구하는 권리이다. '요구한다'는 표현을 썼지만 그 순간 회사와 주주 간에는 주식매매계약이 체결된다고 해석한다. 주식매수청구권이 행사되면 회사는 무조건 주식을 매입하게 된다.

4) 자회사의 모회사 주식 취득

상법은 한 회사가 다른 회사 주식을 사는 것을 막지 않는다. 100%를 사도 된다. 그렇게 한 회사가 다른 회사 주식을 사는 것 자체는 아무 문제가 없는데, 그때 만일 주식 취득이 50%를 넘어서면, 50%를 초과한 주식을 갖고 있는 회사를 모회사, 그 대상 회사를 자회사라고 부른다. 두 회사 사이에서는 모자관계가 있을 때 자회사가 모회사 주식을 취득하면

상법 제342조의2(자회사에 의한 모회사주식의 취득)
① 다른 회사의 발행주식의 총수의 100분의 50을 초과하는 주식을 가진 회사(이하 "母會社"라 한다)의 주식은 다음의 경우를 제외하고는 그 다른 회사(이하 "子會社"라 한다)가 이를 취득할 수 없다.
1. 주식의 포괄적 교환, 주식의 포괄적 이전, 회사의 합병 또는 다른 회사의 영업전부의 양수로 인한 때
2. 회사의 권리를 실행함에 있어 그 목적을 달성하기 위하여 필요한 때

② 제1항 각호의 경우 자회사는 그 주식을 취득한 날로부터 6월 이내에 모회사의 주식을 처분하여야 한다.
③ 다른 회사의 발행주식의 총수의 100분의 50을 초과하는 주식을 모회사 및 자회사 또는 자회사가 가지고 있는 경우 그 다른 회사는 이 법의 적용에 있어 그 모회사의 자회사로 본다.

앞서 본 자기주식 취득의 부정적 측면이 다시 부각된다. 자회사가 모회사 주식을 취득하는 것은 자기가 자기의 사원이 되는 결과가 된다. 자회사가 모회사 주식을 갖고 있으면 그 자회사는 항상 모회사의 경영진이 원하는 대로 의결권 행사를 하기 때문에 모회사의 지배구조가 왜곡된다. 이런 문제 때문에 상법은 자회사가 모회사 주식을 취득하는 것을 금하고 있다.

상법 제342조의2에 따르면 모회사가 자회사 주식을 취득하는 데에는 아무 문제없지만 모자 관계가 성립하면 자회사가 모회사 주식을 취득하지 못한다는 것이다. 예외적으로 자회사의 모회사 주식 취득이 허용되는 경우(합병이나 영업양수 등)에는 자회사는 그 주식을 취득한 날로부터 6월 이내에 모회사의 주식을 처분하여야 한다.

상법 제342조의2 제3항은 자회사의 의미를 규정하고 있는데 규정의 의미를 다음 그림을 통해서 설명한다. 이 세 가지 경우 모두 자회사는 모회사의 주식을 취득하지 못한다.

A ↑ a	A ↑ ↖ a ← B	A ↑ a ← B
A가 a주식의 50%를 초과하여 소유 a는 A의 자회사	A와 a가 소유한 B의 주식이 B의 발행주식 총수의 50%를 초과하면 B도 A의 자회사	a가 B의 주식을 50% 초과하여 소유하면 B는 a의 자회사, 동시에 A의 자회사

5) 주식양도 통지

상법 제342조의3(다른 회사의 주식취득) 회사가 다른 회사의 발행주식총수의 10분의 1을 초과하여 취득한 때에는 그 다른 회사에 대하여 지체없이 이를 통지하여야 한다.

10% 룰
- A회사가 B회사 발행 주식의 10%를 초과하여 취득하면 A회사는 B회사에 그 사실을 통지하여야 한다.
- A회사가 B회사 발행 주식의 10%를 초과하여 보유하면 B회사가 갖고 있는 A회사 주식으로 A회사 주주총회에서 의결권을 행사할 수 없다.

주식양도 자체를 금하는 것은 아니지만 일정한 제한이 있는 경우가 있다. 모자관계는 아닌 두 회사 사이에 한 회사가 다른 회사 주식의 10%를 넘게 갖게 되는 경우에 그 10% 이상 주식을 가지면 통지를 하여야 한다. 상법 제342조의3은 "회사가 다른 회사의 발행주식총수의 10분의 1을 초과하여 취득한 때는 그 다른 회사에 대하여 지체 없이 이를 통지하여야 한다."고 규정하고 있는데, 그 이유는 다른 회사의 지배권을 상대방이 모르게 뺏어 가면 안 된다고 보기 때문이다. 10%를 초과하는 주식을 취득하는 것은 상대 회사의 의사결정에 중요한 영향을 미칠 수 있다고 본다. 이 경우 상대 회사에 취득 사실을 알려서 경영권을 방어할 기회를 주어야 된다는 취지이다. 이 규정에 위반하여 취득 사실을 통지하지 않으면 의결권을 행사할 수 없다.

통지를 받은 대상 회사는 주식을 취득한 회사의 주식을 매입하여 상대방의 의결권 행사를 막을 수 있다. 상법 제369조 제3항에 따라 주식회사 A가 주식회사 B의 주식의 10%를 초과하여 가지는 경우 B가 소유한 A회사 주식은 의결권이 없으므로 상대 회사의 주식을 10% 이상 매입하여 상대방의 의결권 행사를 무력화시킬 수 있다.

6) 계약을 통한 주식 양도의 제한

상법 제335조 제1항 단서에서 주식양도 시 이사회의 승인을 받도록 정관에 규정할 수 있다는 규정을 둔 것은 정관을 통한 주식양도 제한의 최대치를 규정한 것이다. 만일 정관에서 이보다 더 가중된 제한을 했다면 그 정관 규정은 무효이다.

그러면 주주들이 약정을 통해서 주식양도에 제한을 가할 수 있는가? 상법 제335조 제1항 단서가 제한의 최대치이므로 정관보다 하위의 규범인 주주 간 약정도 그 수준을 넘을 수는 없다. 판례는 전면적으로 양도를 금지하는 주주 간 계약은 무효라고 본다. 전면적 양도 금지는 주주의 투하자본 회수를 막기 때문이다. 그러나 일정한 제한은 가능하고 본다. 예를 들면, 일부의 주주 간에 일정한 기간 동안 주식 양도를 제한하고, 만일 그 기간 동안 팔고 싶은 사람이 있으면 그 당사자들끼리 거래할 수 있도록 약정하는 것은 유효하다고 본다.

주식양도 제한에 대한 주주 간 약정의 효력을 인정한 사례

"주식회사 000의 주주들인 원고들과 피고들이 적대적 M&A를 막기 위하여 주식양도금지계약을 체결하면서 그 계약에 위반하여 주식을 처분하는 경우 다른 주주들의 주식을 주당 50,000원을 산정한 위약금을 지급하기로 약정하였다.

피고들은 위 약정에 위반하여 자신들의 주식을 타에 처분하였고, 이에 원고들이 위 약정에 따라 위약금 중 일부를 청구하였다.

상법 제335조 제1항의 취지에 비추어볼 때 회사의 정관으로 혹은 회사와 주주간의 약정으로 주식의 양도를 전면적으로 금지하는 것은 무효라고 할 것이나, 주주가 자신의 이익 일부를 포기하면서 계약에 참여하는 주주간 주식양도제한약정에 있어서는 상법상 강행적 규율이 필요한 구조적 약자가 존재하지 아니하고, 계약에 참여한 주주를 특별히 보호하여야 할 이유도 존재하지 아니하므로, 원칙적으로 유효하고, 그러한 제한의 위반에 관하여 위약금을 부과하는 약정도 당사자 사이에서는 유효하다." (대법원 2008. 7. 10. 선고 2007다14193 판결, 부산고등법원 2007. 1. 11. 선고 2005나13783 판결)

주식양도 제한에 대한 주주 간 약정의 효력을 부정한 사례

"회사와 주주들 사이에서, 혹은 주주들 사이에서 회사의 설립일로부터 5년 동안 주식의 전부 또는 일부를 다른 당사자 또는 제3자에게 매각·양도할 수 없다는 내용의 약정을 한 경우, 그 약정은 주식양도에 이사회의 승인을 얻도록 하는 등 그 양도를 제한하는 것이 아니라 설립 후 5년간 일체 주식의 양도를 금지하는 내용으로 이를 정관으로 규정하였다고 하더라도 주주의 투하자본회수의 가능성을 전면적으로 부정하는 것으로서 무효라는 이유로 정관으로 규정하여도 무효가 되는 내용을 나아가 회사와 주주들 사이에서, 혹은 주주들 사이에서 약정하였다고 하더라도 이 또한 무효이다" (대법원 2000. 9. 26. 선고 99다48429 판결)

5 주주가 갖는 권리

1) 주주와 회사의 관계

주주와 회사
주주는 회사에 대해서 권리를 갖지만 의무는 없다.

주주는 회사에 대해서 일정한 권리를 갖고 있다. 주주가 회사를 만들고 혹은 회사에 출자를 했지만, 회사는 법인이기 때문에 주주와 회사 간은 법률적으로 남남이다. 두 사람을 연결시켜주는 끈이 주식이고, 주주는 회사에 대해서 일정한 권리를 갖는 관계에 있을 뿐이다.

주주는 회사에 대해서 일정한 권리를 갖는데, 의무는 없다는 특색이 있다. 주주가 되기 위해서 주금을 납입할 의무는 있지만, 회사에 대해서 주금을 납입한 후 주주가 된 이후에는 출자를 할 의무라든가 회사 채무를 부담한다는 등 다른 의무는 없다.

2) 주주권의 특색

(1) 주주권 불가분의 원칙

주주권은 하나의 권리가 아니라, 여러 개의 권리가 다발로 묶여 있는 상태이다. 마치 한 줄의 통신선 안에 여러 색의 전선이 들어 있듯이, 다양한 권리가 주주권 안에 들어 있다. 이런 권리의 다발에서 한두 개의 권리만 빼내서 처분한다든가 양도할 수 없다. 주주권은 전체가 하나로 거래되고 인식되는 특색을 갖고 있다. 그것을 주주권 불가분의 원칙이라고 부른다.

(2) 주주평등의 원칙

주주평등의 원칙
주주가 회사에서 그가 가지고 있는 주식의 수에 따라 대우받아야 한다는 원칙.

주주평등의 원칙의 예외
- 종류주식
- 단주
- 법률에 의한 의결권의 제한
- 소수주주권

주주권의 내용은 법률이 정하고 있기 때문에, 정관이나 주주총회의 결의로 주주권의 내용을 함부로 바꿔서는 안 된다. 주주는 주식의 수에 따른 비례적인 차별은 받지만 그 개별적인 내용에서는 평등한 취급을 받는다. 이것을 주주평등의 원칙이라고 부른다. 주주평등의 원칙은 상법이 명문의 규정으로 정하고 있지는 않지만, 상법상 기본적인 법원칙으로 받아들여지고 있다. 주주평등의 원칙이 종류주식에서는 같은 종류주식 내에서 적용되는 것은 물론이다.

3) 공익권과 자익권

주주권은 내용이 회사 경영과 관련된 것인지 아니면 주주 개인의 경제적 이익에 관한 것인지에 따라 공익권과 자익권으로 나눌 수 있다. 공익권은 회사의 운영과 관련된 권리이다. 회사의 운영과 관련된 권리, 예를 들면 주주총회 소집을 청구할 수 있는 권리, 주주총회에서 의결권을 행사할 수 있는 권리, 주주가 회사를 대신해서 회사에 손해를 끼친 이사에 대해서 손해배상을 청구하는 소송을 제기할 권리, 법원에 이사의 해임을 청구할 수 있는 권리 등을 공익권이라고 부른다.

공익권과 대비되는 것이 자익권이다. 자익권은 회사로부터 경제적인 이익을 받는 것과 관련된 권리들이다. 자익권의 예로는 이익배당이 결정되었을 때 이익배당금 지급청구권, 회사가 신주를 발행할 때 신주를 인수할 수 있는 권리, 회사가 해산할 때 회사의 재산을 전부 환가해서 채권을 변제한 다음에 남은 재산이 있으면 그 남은 재산을 나누어 갖는 권리(잔여재산 분배청구권)를 들 수 있다. 이런 이익배당금 지급청구권, 신주인수권, 잔여재산분배청구권 등은 모두 회사로부터 경제적인 이득을 받는 것과 관련 있어서 자익권이라고 부른다.

4) 단독주주권과 소수주주권

원래 주주권은 한 주만 가지고 있어도 행사할 수 있는 것이 원칙이다. 즉, 단독주주권이 원칙으로 의결권, 이익배당금 지급청구권, 신주인수권 등이 그 예이다. 그런데 상법은 일정 비율 이상의 주식을 가진 한 명의 주주 또는 여러 명의 주주만이 행사할 수 있는 주주권을 규정하고 있다. 그런 주식을 소수주주권이라고 하는데 소수주주권을 규정한 이유는 주식회사의 경영 구조와 관련이 있다. 주주는 이사를 선임해서 주주의 재산을 관리하는 역할을 맡겼다. 이사가 회사를 경영할 때 주주가 이사를 통제하는 것이 중요한 일이다. 이사에 대한 통제수단으로 가장 강력한 것은 이사의 선임이나 해임이다. 따라서 이사를 뽑는 데 결정적인 역할을 하는 대주주는 이사를 직접 통제하는 데 별 문제가 없다(경우에 따라서는 대주주 자신이 이사이기도 하다). 대주주는 이사에게 사실상 원하는 것을 요청할 수 있다. 장부가 보고 싶으면 장부를 볼 수도 있고 원하는 사업에 투자를 하게 할 수도 있다. 따라서 대주주는 이사를 통제하기 위해 별도의 권리가 필요하지 않다.

그런데 이사의 선임에 별다른 영향을 미칠 수 없는 소수의 주식만 갖고 있는 주주들은 이사를 통제하는 것이 쉽지 않다. 그래서 상법은 소수의 주식을 가진 주주들이 이사를 통제하는데 유용한 권리를 여럿 규정하여 힘의 균형을 이루고 있다. 이를 소수주주권이라고 한다. 물론 대주주도 소수주주권을 행사할 자격이 있지만 대주주에게는 별로 필요하지 않고 소수주주에게서 의미를 갖는 것이 소수주주권이다.

소수주주권은 한 주만 갖고 있으면 행사할 수 없다. 일정한 비율 이상의 주식을 가진 주주들만 행사할 수 있다. 이사를 통제하기 위한 이러한 권리를 단독주주권으로 하지 않은 이유는 한 개의 주식을 취득하여 회사나 대주주를 괴롭히는 것을 막기 위함이다. 권리행사로 인한 부담과 권리 행사의 필요성 간의 균형을 일정 비율 이상의 주식 보유에서 찾은 것이다. 소수주주권의 내용을 지분율을 기준으로 하여 정리하면 다음과 같다.

① 발행주식총수의 1%를 갖고 있어야 행사할 수 있는 소수주주권

- 이사가 회사에 손해를 끼치는 행동을 할 것 같을 때 "그 행동을 하지 마시오."라고 요구하는 유지청구권

소수주주권
- 1%
  - 유지청구권
  - 대표소송 청구권
  - 김사인 신임 청구권
- 3%
  - 주주제안권
  - 주주총회 소집권
  - 집중투표 청구권
  - 이사 감사 해임 청구권
  - 회계장부열람 청구권
  - 업무 재산상태 검사 청구권
  - 청산인 해임 청구권
- 10%
  - 해산판결 청구권

- 이사가 회사에 대해서 손해를 끼쳤을 때 회사를 대신해서 손해배상을 청구할 수 있는 대표소송청구권
- 총회의 소집절차나 결의방법의 적법성을 조사하기 위하여 총회 전에 검사인의 선임을 청구하는 권리

② 발행주식총수의 3%를 가져야 행사할 수 있는 소수주주권

- "주주총회에서 이런 의안을 다룹시다."라고 제안할 수 있는 주주제안권
- 임시 주주총회의 소집을 청구할 수 있는 권리
- 이사를 선임할 때 자기가 갖고 있는 의결권을 한 이사에게 집중적으로 줄 수 있는 집중투표청구권
- 법원에 "이사·감사를 해임해 주십시오."라고 청구할 수 있는 이사·감사 해임 청구권
- 회사에 대해서 회계장부를 보겠다고 요구할 수 있는 회계장부열람청구권
- 업무집행에 관하여 부정행위 또는 법령위반의 의심이 있을 때 회사의 업무 및 재산 상태를 조사하기 위한 검사인 선임 청구권
- 청산인이 업무집행에 부적임하거나 중대한 임무 위반이 있는 경우 청산인의 해임을 청구하는 권리

③ 발행주식총수의 10% 이상을 가져야 행사할 수 있는 소수주주권

- "이 회사가 불법적인 일을 하고 있기 때문에 해산해 주십시오."라고 하는 해산판결청구권

당사자적격
특정 소송에서 정당한 당사자로서 소송을 수행하고 본안 판결을 받기에 적합한 자격. 원고 적격이 없으면 법원은 청구를 각하한다.

이런 소수주주권을 행사하기 위해서는 원칙적으로 소송을 제기했을 때부터 사실심변론종결 시까지, 보통의 경우는 고등법원 변론 종결 시까지 지분율을 유지해야 원고 자격이 유지가 된다. 앞서 설명한 소수주주권의 주식 보유 비율은 상장회사가 아닌 일반 주식회사에 적용되는 것이다. 상장회사(한국거래소에서 주식이 거래되는 회사)에서 소수주주권 행사에 필요한 최저 지분 비율은 0.01%에서 1.5%까지 별도로 규정되어 있고, 남소를 막기 위하여 6개월 전부터 주식을 보유하도록 특례를 두고 있다(상법 제542조의6).

6 이익배당

주주가 갖는 권리 중 대표적인 것으로 이익배당청구권을 드는데 주주에게 그런 권리가 있는지 생각해 보자. 어느 회사가 엄청난 이익을 냈다. 수백억의 현금이 들어왔고, 부채도 없다.

주주들은 회사에 대해서 쌓여 있는 현금을 모두 배당해달라고 요구할 수 있는가? 이른바 이익배당청구권이 있는가? 관념적으로는 회사에 이익이 났으면 주주들이 배당을 요구할 권리가 있을 것 같다. 만약 그런 권리가 있다면 회사가 주주들에게 나누어줄 이익이 있으면서도 이익을 나누어주지 않을 때 회사를 상대로 이익 배당 청구소송을 제기하면 승소하여야 한다. 그런 권리가 있는지, 그런 소송을 제기하면 승소할 수 있는지는 상법의 규정을 근거로 판단해야 한다.

상법 제462조가 이익배당에 대해 직접적인 규정을 두고 있다. 제1항은 배당가능이익을 계산하는 방법을 기술하고 제2항은 이익배당의 결정 주체가 주주총회 또는 이사회임을 기술하고 있다.

상법 어디에도 주주가 회사에 대해 이익의 배당을 청구할 수 있다는 규정이 없다. 주식회사의 주주가 회사의 이익을 배당받는 게 가장 기본적인 권리일 것 같은데, 왜 그런 권리가 규정되어 있지 않은 것인가? 여기에서 우리는 권리가 갖는 두 가지 모습을 볼 수 있다. "주주는 회사의 이익이 났을 때 이익배당을 받을 권리가 있다."고 할 때 권리는 이른바 '잠재적 권리'이다. 수면 아래 있는, 구체적인 내용이 확정되지 않은 권리인 것이다. 이런 상태의 권리는 구체화되어 있지 않아 권리를 행사할 단계에 이르지 않았기 때문에 정식 권리로 인정되지 않는다. 잠재적인 권리가 실제로 행사될 수 있는 수준의 권리가 되기 위해서는 그 권리를 구체화하는 과정이 필요하다. 주주총회 또는 이사회가 이익 배당액을 결정했을 때 비로소 잠재적인 이익배당청구권은 구체화된 이익배당금 지급청구권이 되어 주주는 권리행사를 할 수 있다. 이익배당청구권이 구체화된 다음에도 회사가 배당금 지급을 안 하면 법원에 이익배당금 지급 청구소송을 제기하면 법원이 원고승소 판결을 내린다.

이익배당청구권 구체화 과정

재무제표 작성
↓
이사회 승인
↓
감사보고서 작성
↓
주주총회 승인

잠재적인 이익배당청구권이 구체적인 이익배당금지급청구권으로 현재화되는 과정을 알아보자. 회사는 자본상태표, 손익계산서, 이익잉여금처분계산서 등의 재무제표를 작성하게 되는데, 이익 배당에 관한 사항은 이익잉여금처분계산서에 있다. 회사에서 올해 이익이 얼마가 났는데, 그중에 법인세는 얼마를 내고, 회사에는 얼마를 잉여금으로 남겨놓고, 얼마는 배당을 하겠다고 하는 내용이 이익잉여금처분계산서에 기재된다.

그렇게 작성된 재무제표를 이사회가 승인을 하면 재무제표를 감사에 보내서 감사 보고서를 작성하게 한다. 이 단계에서 「주식회사 등의 외부감사에 관한 법률」에 따라서 외부감사인의 감사를 받아야 되는 회사는 외부감사도 동시에 진행한다. 그 다음 재무제표는 주주총회에 제출되고, 주주총회에서 재무제표를 승인을 하게 되면 그 재무제표 안에 있는 이익잉여금처분계산서에 작성된 이익 배당률이 확정된다. 재무제표가 승인되는 순간, 주주가 갖고 있었던 잠재적인 이익배당청구권이 구체화되어 이익배당금 지급청구권으로 바뀐다.

배당가능이익을 산정하는 제462조 제1항의 내용을 보자. 주식회사 초기 역사에 보면 회사가 이익이 나지도 않았는데, 주주들에게 배당을 하고 그 결과 회사의 채권자들이 변제를

배당가능이익 계산

<table>
<tr><td rowspan="8">자산</td><td colspan="2">부채</td></tr>
<tr><td colspan="2">자본금</td></tr>
<tr><td rowspan="2">이미 적립된 준비금</td><td>자본준비금</td></tr>
<tr><td>이익준비금</td></tr>
<tr><td colspan="2">이번 기에 적립할 이익준비금</td></tr>
<tr><td colspan="2">미실현이익</td></tr>
<tr><td colspan="2">배당가능이익</td></tr>
</table>

자산 - 부채(= 순자산액)
- 자본금액
- 결산기까지 적립된 자본준비금과 이익준비금(법에서 적립이 강제된 금액)
- 결산기에 적립할 이익준비금
- 대통령령으로 정하는 미실현이익(장부상으로 이익인 것으로 보이지만, 아직 그 현금이나 실물이 들어와 있지 않은 것)

받지 못 하는 일들이 벌어졌다. 그래서 회사법에서는 회사가 주주들에게 이익으로 배당할 수 있는 액을 계산하는 공식을 적어놓았다. 이런 규정에는 주주들은 유한책임을 지기 때문에 먼저 채권자들이 변제를 다 받은 다음에서야 비로소 주주들이 이익배당을 받아가게 한다는 채권자 보호의 이념이 깔려 있다. 배당가능이익은 대차대조표(회계용어로 재무상태표)를 기준으로 계산한다. 아래와 같이 배당가능이익을 산정하면 채권자에게 변제할 금액은 배당에서 제외되므로 채권자보호에 문제가 없다.

상법 제418조(신주인수권의 내용 및 배정일의 지정 · 공고)
① 주주는 그가 가진 주식 수에 따라서 신주의 배정을 받을 권리가 있다

원칙적으로 이익배당은 주주총회의 결의로 정해야 하는데 주주총회에서 정하지 않고 이사회에서 정할 수 있는 경우가 있다. 제449조의2에서 규정하는 대로 외부감사인의 적정의견이 있고 감사가 동의하는 경우에는 주주총회의 결의를 통하지 않고도 이사회에서 이익배당을 결정할 수 있다.

신주인수권 구체화 과정
이사회 신주 발행사항 결의
↓
기준일 경과

이렇게 잠재적인 권리가 현재화되는 과정을 거치는 예는 신주인수권에서도 볼 수 있다. 회사가 신주를 발행할 때, 그 신주를 배정받을 권리가 원칙적으로 주주들에게 있다. 주주는 그가 가진 주식의 수에 따라서 신주를 배정받을 권리가 있다. 이렇게 신주인수권을 상법이 규정하고 있다고 해서 내가 어느 회사 주식을 갖고 있는데, 그 주식을 좀 더 가져야겠다고 회사를 상대로 해서 신주인수를 하겠다고 소송을 제기하면 어떻게 되는가? 법원은 원고패소판결을 내린다. 아직 권리로서 구체화되지 않은 잠재적 상태이기 때문이다.

잠재적인 신주인수권은 이사회의 결의를 통해서 구체화된다. 제416조에 따라 이사회가 신주의 발행사항을 정하는데 이때 신주를 기존 주주들에게 배정하기로 정하면 주주들은 구체적인 신주인수권을 갖게 된다. 이렇게 구체화된 신주인수권은 양도도 할 수 있고 회사에 대해 행사도 할 수 있다.

CHAPTER

10

대표이사와 감사

1. 권한의 배분
2. 대표이사의 선임과 해임
3. 공동대표이사
4. 표현대표이사
5. 대표권의 제한과 남용
6. 감사

우리는 사물을 있는 그대로 보지 않고 우리의 처지에서 본다.
We don't see things as they are, but as we are.

CHAPTER 10

대표이사와 감사

1 권한의 배분

1) 지배구조

언론에서 "우리나라의 회사 지배구조에 문제가 있다. 개선이 필요하다."는 기사가 나오곤 한다. '지배구조'라는 말은 회사뿐만 아니라 행정부나 혹은 지방자치 영역에서도 사용되는 개념이다. 회사에서 '지배구조'라는 말이 쓰일 때는 의사결정구조를 의미한다. 즉 어떤 방식이나 절차에 의해서 의사를 결정하고, 그렇게 의사결정이 이루어지면 누가 어떻게 책임을 지느냐 하는 문제이다.

자연인의 경우는 자기 스스로 판단해 의사결정을 하고, 다른 사람의 의사결정을 듣고 행동을 하며 그 의사결정이나 행동에 대하여 자신이 책임을 진다. 따라서 특별히 자연인의 지배구조에 대해서는 논의가 없다. 그런데 법인의 경우는 의사결정과 행동을 할 존재를 따로 만들어야 한다. 인간의 머리나, 마음이나, 입이나 귀에 해당하는 존재가 필요한데, 그것을 법인의 '기관'이라고 부른다. 모든 법인에는 기관이 있다. 그 기관은 의사결정을 하고, 의사결정된 것을 외부에 표현하고 또 외부의 의사결정을 받아들이는 역할을 수행한다.

지배구조(governance)
지배구조의 의미는 학문 분야에 따라 다르다. 의사결정 구조라는 의미로 사용되는 일이 많지만 행정학에서는 '지배구조'라는 번역어 대신 '거버넌스'라고 읽고 '한 국가의 여러 업무를 관리하기 위하여 정치, 경제 및 행정적 권한을 행사하는 것(유엔개발계획의 정의)'으로 이해한다.
상법에서는 기업지배구조(corporate governance)라는 개념을 사용하는데 기업에서의 의사결정 구조를 가리키는 것으로 본다.

기관이 자연인일 수도 있고 회의체일 수도 있다. 상법에서도 회사라는 법인에 기관을 두고 여러 가지 역할을 부여하고 있다. 상법이 규성하고 있는 회사는 인적회사와 물직회사로 구분할 수 있다. 구성원이 누구인가가 중요한 의미를 갖는 회사를 인적회사라고 부르고, 구성원이 누구인지 중요한 것은 아니고 출자된 자산이 얼마인지가 중요한 회사를 물적회사라고 부른다. 구성원이 누구인지가 중요한 인적회사에서는 사원들에게 의사결정권과 업무집행권을 부여한다. 예를 들어 합명회사에서는 모든 사원들이 모두 합의해서 의사결정을 하고, 합명회사의 모든 사원들이 업무집행권을 갖는다.

인적회사와 물적회사
[인적 회사]
합명회사
|
합자회사
=
유한책임회사
|
주식회사
|
유한회사(물적회사)

물적회사에서는 사원들이 직접 의사결정을 하고 업무집행을 하는 것이 아니라, 별도의 기관을 두고 그 기관에 의사결정권과 업무집행권을 준다. 물적회사에서는 '사원 자격과 기관 자격이 분리된다.'는 특징이 있다. 사원자격이란 회사의 구성원이 되는 자격으로 주식회사에서는 주주를 의미한다. 기관자격이란 의사결정을 할 자격인데 주식회사에서는 주주총회, 이사회, 대표이사를 의미한다. 물적회사에서 사원자격과 기관자격이 분리되므로 주주라 하더라도 대표이사가 되지 않는다는 것이고 대표이사라고 하여 주주일 필요는 없다는 것이다. 반면에 인적회사에서는 사원 자격과 기관 자격이 일치한다. 사원이 직접 의사결정권과 업무집행권을 갖는다.

2) 대리인 문제

주식회사의 주주가 반드시 주식회사의 이사나 감사가 되는 것은 아니다. 주식회사의 이사, 감사, 대표이사가 반드시 주주일 필요는 없다. 주식회사에서는 주주가 아닌 사람이 업무집행권이나 대표권을 가질 수 있고 혹은 대표이사가 주주일지라도 모든 주식을 다 갖고 있지는 않은 상황이 흔히 발생한다. 회사에서 의사결정을 하는 이사, 감사, 대표이사 등은 결국 남의 재산과 관련된 의사결정을 하게 된다. 예를 들면 우리나라 대기업의 총수라고 불리는 사람들의 평균 지분율이 1%도 미치지 못한다. 총수가 그 회사의 의사결정권을 갖고 있다고 하더라도 그 사람은 99%가 남의 재산인 회사를 운영하는 것이다.

재산의 소유자가 직접 재산을 관리 운영을 하지 않고 다른 사람에게 맡겼을 때 '대리인'이 운영을 한다고 부르고, 그런 경우 대리인 문제가 발생한다. 대리인 문제는 이렇게 설명할 수 있다. 내가 사업을 하면 스스로 경영한다. 내가 직접 경영을 하니까 내가 잘하면 잘한 대로, 못하면 못한 대로 그 결과는 다 나에게 귀속이 된다. 그런데 만약 내 재산을 내가 직접 관리하지 않고 다른 사람한테 맡겨서 관리 운영하게 하면, 그 사람이 정말 나만큼 열심히 할지 아니면 그 사람이 정말 자기 이익을 취하지 않고 내 이익만 생각할지 의구심이 들 수밖에 없다. 자기 재산을 대할 때의 태도와 남의 재산을 대할 때의 태도가 다르기 때문에 대리인에게 맡기면 결국 그만큼 여러 가지 비용이 수반된다.

경제학에서는 이것을 '대리인 문제(agency problem)'라고 해서 중요한 연구 주제로 삼고 있다. 대리인 문제가 발생하는 전형적인 경우가 바로 주식회사에서 주주와 이사 사이이

소액 주주 수

회사	소액주주 수(보유주식 비율)	회사	소액주주 수(보유주식 비율)
삼성전자	568,313(62.03%)	포스코	165,829(65.57%)
대림산업	14,656(60.83%)	KB금융지주	115,470(74.49%)
한국전력	432,683(39.17%)	유한양행	20,006(43.2%)
KT	150,774(50.1%)	GS	37,955(51.03%)
농심	13,195(39.04%)	SK	20,415(27.66%)

(2019. 12. 31.기준)

다. 모든 주주가 기관의 구성원이 되지 않는 주식회사에서는 지배구조를 볼 때 대리인 문제를 늘 염두에 둘 수밖에 없다.

주식회사에서는 주주가 자기가 출자한 가액의 범위 내에서만 책임을 진다. 이른바 주주 유한책임의 원칙이다. 그렇기 때문에 유한책임을 지는 사람은 회사의 모든 경영에 다 관여해서는 안 된다는 원리가 도출된다. 만일 기업에서 무한책임을 지는 사람이 있다면 그 사람은 자신이 무한책임을 지게 되는 모든 경우의 의사결정에 다 참여해야 되지만, 유한책임을 지는 사람은 의사결정에 참여하는 범위를 제한해도 된다. 주주 유한책임이 주주가 회사의 의사결정 중에 일부에만 참여할 수 있게 되는 이론적인 근거이다. 모든 주주가 회사 경영에 참여하는 것이 아니기 때문에 회사를 직접 경영하는 사람과 주주 사이에 견제와 균형이 필요한 상황이 되었다. 이 사실을 바탕으로 회사법의 중요한 법원칙이 생성되었다.

더욱이 주식회사를 근간으로 하는 자본주의가 발전하면서 주주들이 회사 경영에는 무관심하고 주식의 배당을 많이 받거나 혹은 주가가 상승해서 차익을 얻는 것에 관심을 두게 되었다. 경영에는 별로 관심이 없는 사람이 늘면서 결국 주주라는 존재가 회사의 의사결정에서 점점 멀어지게 되었다. 주주의 숫자가 백 명, 천 명 수준이 아니라 만 명, 십만 명을 넘으면서 결국 다수의 주주들은 의사결정에서 점점 더 멀어지게 된 것이다.

3) 주식회사의 기관

이런 배경 하에 상법은 주식회사의 상설 기관으로 주주총회, 이사회, 대표이사, 감사를 설치하고 각 기관에 다음과 같이 권한을 부여했다.

① 흔히 일어나는 일상적인 경영상의 의사결정은 그 권한을 대표이사에게 부여한다. 회사에서 늘 하게 되는 경영상의 의사결정 권한은 대표이사가 갖는다.

주식회사 지배구조도

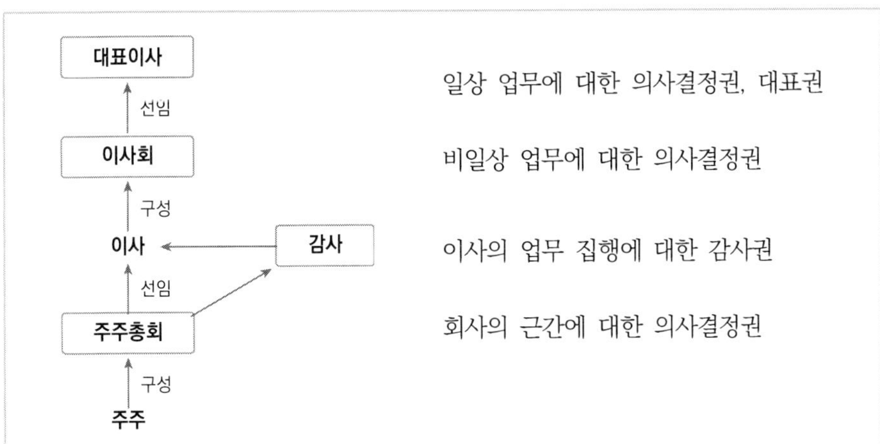

② 일상적인 것이 아닌 비일상적인 경영상의 의사결정으로 신속한 의사결정이 필요한 사항은 이사회에 결정 권한을 부여한다.

③ 주주가 이사를 통제하고 또 회사의 근본적인 구조를 변화하는 측면과 관련된 것은 권한을 주주총회에 준다.

④ 감사(監事)는 이사의 직무집행을 감사(監査)하는 권한을 갖는다.

4) 소유와 경영의 분리

1932년 Berle과 Means라는 두 사람이 The Modern Corporation and Private Property라는 책을 통해서 소유와 경영의 분리, 그리고 경영자 혁명을 주장한 이래 소유와 경영의 분리에 대한 다양한 견해들이 등장했다. 소유와 경영의 분리론을 둘러싸고 두 개의 상반되는 견해가 있다. 하나는 "소유와 경영이 분리되는 것이 좋다. 그래서 소유와 경영을 분리해야 된다."라는 당위명제로 접근하는 방법이다. 이 견해는 전문 경영인이 소유 경영자보다 경영을 더 잘한다고 주장한다. 다른 견해는 "소유와 경영은 분리될 수 있다. 소유의 경영이 분리될 수 있기 때문에 그런 상황에 맞춰서 법원리를 구성해야 한다."라고 보는 것이다.

소유와 경영이 분리될 수 있는 것은 분명한 사실이다. 상법이 주식회사에서 사원자격과 기관자격을 분리했기 때문이다. 또 지배주주가 사망하면서 재산이 상속되는 과정에서 지배주주의 지분율이 낮아질 수밖에 없고 그 결과 지배주주가 경영권을 갖지 못할 가능성이 커진다. 그러나 현재 우리나라의 대기업을 조사해 보면 소유와 경영이 분리돼서 대주주가 전혀 경영에 참여하지 않는 회사의 수는 다섯 개가 안 된다. 적어도 대주주가 있으면 그 대주주가 경영하는 것이 우리나라 현실이라고 실증적으로 말할 수 있다.

누가 경영을 잘 하는지를 무엇을 갖고 판단해야 하는가? 순이익을 많이 내는 것, 준법경영을 하는 것, 고용을 많이 하는 것, 매출액이 계속 늘어나는 것, 기부를 많이 하는 것, 직원들의 충성도가 높은 것? 무엇이 경영을 잘 하는지를 판단하는 기준인지에 대해서는 학문적으로나 실무적으로 분명한 답이 있지 않다. 소유 경영자가 전문 경영자보다 경영 능력이 떨어지는 예도 얼마든지 볼 수 있다. 그러나 적어도 현재 우리나라 기업의 상황을 놓고 볼 때 전문경영인이 소유경영자보다 경영을 더 잘한다고 실증적으로 확인되지는 않은 것 같다.

회사의 지배구조론은 전세계적인 흐름을 타고 있다. 경제가 어려워지고 회사가 도산을 많이 할 때마다 회사의 지배구조에 대한 논의가 있다. 1970년대 미국, 80년대 영국, 90년대 중반 남미, 90년대 후반 동아시아 국가에서 회사의 지배구조를 개선해야 된다는 움직임이 많이 일어났다. 특히 주주가 이사들에 대해 소송을 제기하면서 회사 지배구조론이 유행

했는데, 그런 논의의 결과가 '회사 지배구조 모범 규준'이라는 것으로 만들어졌고, 그것이 우리나라 회사법에 상당한 영향을 미쳤다. 이제는 국제적인 지배구조 모범 규준에 맞춘 법이 있는지가 국가나 기업을 평가하는 잣대가 되고 있다.

2 대표이사의 선임과 해임

1) 대표이사의 선임과 등기

회사를 위해서 외부에 의사표시를 하고 외부로부터 의사표시를 수령하는 기능을 하는 기관이 대표이사라는 기관이다. 법에서는 그런 기관을 '대표기관' 혹은 '대표권이 있는 기관'이라고 하는데, 주식회사에서는 대표이사가 그런 권한을 갖는다.

대표이사는 이사회 또는 주주총회에서 선임한다. 원칙적으로는 이사회에서 대표이사를 뽑는다. 만일 정관에서 주주총회에서 하도록 했으면 주주총회에서 뽑는다. 어디에서 뽑는 것이 왜 중요한가? 구성원과 의결 방법이 다르면 대표이사가 달라질 수 있기 때문이다. 이사회에서는 이사가 각자 1개의 의결권을 가지므로 대표이사가 되기 위해서는 과반수 이사의 지지를 확보해야 한다. 주주총회에서는 주주의 의결권으로 결정하므로 자신이 원하는 대로 의사결정을 하기 위해서는 과반수의 의결권을 확보해야 한다.

상법 제389조 (대표이사)
① 회사는 이사회의 결의로 회사를 대표할 이사를 선정하여야 한다. 그러나 정관으로 주주총회에서 이를 선정할 것을 정할 수 있다.

대표이사를 이사회나 주주총회에서 뽑은 때는 반드시 등기해야 한다. 외부에서 그 회사의 대표권이 있는 사람이 누구인지를 알아야 되기 때문이다. 대표이사를 등기했으면 거래상대방이 다른 사람을 대표이사로 알고 거래했다고 회사에 주장하지 못한다. 대표이사는 반드시 이사여야 한다. 따라서 대표이사가 이사의 지위를 상실하면, 대표이사의 지위도 함께 상실하게 된다. 역으로 대표이사의 지위를 상실했더라도 이사에서 해임되지 않는 한 이사의 지위는 계속 유지하게 된다.

대표이사
여러 명의 이사 중에서 대표권을 갖는 이사. 이사가 한 명인 회사에서는 '이사'라는 명칭으로 대표권을 행사한다.

2) 각자대표와 공동대표

대표이사가 대표권을 갖는데, 그 수가 반드시 1명일 필요는 없고 여러 명일 수 있다. 대표이사가 여러 명이 있을 때에는 대표권 행사 방식이 두 가지가 있다. 하나는 각자대표이고, 다른 하나는 공동대표이다. 단독대표는 각자가 대표권을 전부를 갖는다. 부분적인 대표권을 갖고 있는 것이 아니라, 대표권 전체를 다 갖고 있는 사람이 복수로 있는 것이다. 그런 것을 '각자대표' 혹은 '단독대표'라고 부른다. 큰 회사에 가면 대표이사가 여러 명 있는 것을 볼 수 있는데 각자대표인 경우가 많다.

대표권 행사
- 각자 대표
- 공동 대표

상법 제389조 (대표이사)
② 전항의 경우에는 수인의 대표이사가 공동으로 회사를 대표할 것을 정할 수 있다.

공동대표란 복수의 대표이사가 공동으로 대표권을 행사하는 경우이다. 공동 대표이사는 회사가 공동대표이사로 뽑는 경우에 존재한다. 상법 제389조 제2항은 공동대표이사의 근거 규정이다. 공동 대표이사가 되면, 각자가 단독으로 회사를 대표하지 못하고 공동 대표이사 전원이 함께 대표행위를 해야 한다.

3) 대표이사의 사임과 해임

상법 제382조
② 회사와 이사의 관계는 민법 위임에 관한 규정을 준용한다.

민법 제689조(위임의 상호 해지의 자유)
① 위임 계약은 각 당사자가 언제든지 해지할 수 있다.
② 당사자 일방이 부득이한 사유 없이 상대방이 불리한 시기에 계약을 해지한 때에는 그 손해를 배상하여야 한다.

상법 제382조 제2항이 회사와 이사의 관계에 민법 위임에 관한 규정을 준용하고 있어 대표이사도 이사이므로 대표이사와 회사 간에도 민법 위임에 관한 규정(민법 제680-692조)이 준용된다. 위임 계약은 원래 상대방에 대한 신뢰를 전제로 하기 때문에 그런 신뢰가 없다고 생각하면 언제든지 해지할 수 있다. 대표이사와 회사 간의 법률관계가 위임계약이므로 위 조항에 따라 상호 자유롭게 해지할 수 있다. 회사도 자유롭게 대표이사를 해임시킬 수 있고, 대표이사도 자유롭게 사임할 수 있다.

대표이사 해임 결정
- 이사회에서 선임했으면 이사회에서 해임
- 주주총회에서 선임했으면 주주총회에서 해임

대표이사의 해임은 어디서 결정할까? 대표이사를 이사회에서 선출했으면 이사회에서 해임 결의를 하면 된다. 대표이사를 해임하기 위해서는 이사회의 일반 결의요건, 예를 들면 이사 과반수 출석에 출석이사 과반수의 찬성으로 해임할 수 있다. 주주총회에서 선임했으면 주주총회 일반결의 요건에 따라 해임할 수 있다. 다만 민법 제689조 제2항에 따라서 상대방이 불리한 시기에 계약을 해지한 때에는 그 손해를 배상해야 한다.

상법 제389조
③ 제208조 제2항, 제209조, 제210조와 제386조의 규정은 대표이사에 준용한다.

상법 제386조(결원의 경우)
① 법률 또는 정관에 정한 이사의 원수를 결한 경우에는 임기의 만료 또는 사임으로 인하여 퇴임한 이사는 새로 선임된 이사가 취임할 때까지 이사의 권리·의무가 있다.

대표이사가 1명만 있는 회사에서 그 대표이사가 사임 또는 해임되어 대표이사가 없게 되면 신임 대표이사가 선임될 때까지 대표이사가 없는 상황이 올 수 있다. 이런 경우를 대비해서 법이 규정을 두고 있다. 상법 제389조에서 준용하는 제386조(결원의 경우) 제1항은 이사가 퇴임을 하더라도 이사의 수를 정한 경우 그 수보다 이사가 적게 된 경우에는 퇴임하는 이사는 새로 선임된 이사가 취임할 때까지 이사의 권리·의무가 있다고 규정한다. 이 규정이 대표이사에게도 준용이 되므로 대표이사의 인원수가 정해져 있을 때(상법상 대표이사

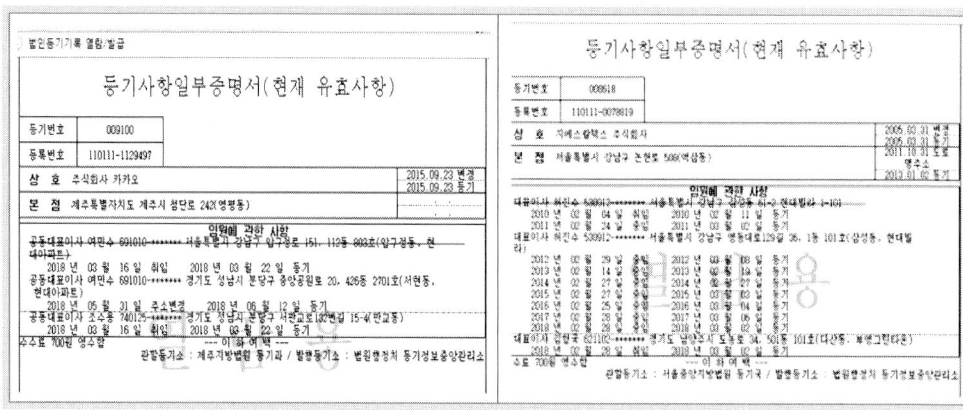
법인등기기록 열람/발급

등기사항일부증명서(현재 유효사항)

등기번호	009100
등록번호	110111-1129497

상 호 주식회사 카카오 (2015.09.23 변경 / 2015.09.23 등기)
본 점 제주특별자치도 제주시 첨단로 242(영평동)

임원에 관한 사항
~~공동대표이사 여민수 691010-******* 서울특별시 강남구 압구정로 151, 112동 803호(압구정동, 현대아파트)~~
2018 년 03 월 16 일 취임 2018 년 03 월 22 일 등기
공동대표이사 여민수 691010-******* 경기도 성남시 분당구 중앙공원로 20, 426동 2701호(서현동, 현대아파트)
2018 년 05 월 31 일 주소변경 2018 년 06 월 12 일 등기
공동대표이사 조수용 740125-******* 경기도 성남시 분당구 서판교로132번길 15-4(판교동)
2018 년 03 월 16 일 취임 2018 년 03 월 22 일 등기
수수료 700원 영수함 --- 이 하 여 백 ---
관할등기소 : 제주지방법원 등기과 / 발행등기소 : 법원행정처 등기정보중앙관리소

등기사항일부증명서(현재 유효사항)

등기번호	008618
등록번호	110111-0078819

상 호 지에스칼텍스 주식회사 (2005.03.31 변경 / 2005.03.31 등기)
본 점 서울특별시 강남구 논현로 508(역삼동) (2011.10.31 도로명주소 / 2013.01.02 등기)

임원에 관한 사항
~~대표이사 허진수 530912-******* 서울특별시 강남구 [illegible] 현대빌라 [illegible]~~
2010 년 02 월 04 일 취임 2010 년 02 월 11 일 등기
2011 년 02 월 24 일 중임 2011 년 03 월 02 일 등기
대표이사 허진수 530912-******* 서울특별시 강남구 영동대로129길 36, 1동 101호(삼성동, 현대빌라)
2012 년 02 월 29 일 중임 2012 년 03 월 08 일 등기
2013 년 02 월 14 일 중임 2013 년 02 월 19 일 등기
2014 년 02 월 27 일 중임 2014 년 02 월 27 일 등기
2015 년 02 월 27 일 중임 2015 년 03 월 03 일 등기
2016 년 02 월 25 일 중임 2016 년 03 월 04 일 등기
2017 년 02 월 28 일 중임 2017 년 03 월 06 일 등기
2018 년 02 월 28 일 중임 2018 년 03 월 02 일 등기
대표이사 [illegible] 621102-******* 경기도 남양주시 도농로 34, 501동 101호(다산동, 부영그린타운)
2018 년 02 월 28 일 취임 2018 년 03 월 02 일 등기
수수료 700원 영수함 --- 이 하 여 백 ---
관할등기소 : 서울중앙지방법원 등기국 / 발행등기소 : 법원행정처 등기정보중앙관리소

는 최소 1명이다) 임기의 만료 또는 사임으로 인하여 퇴임한 대표이사가 있으면, 새로 선임된 대표이사가 취임될 때까지 대표이사의 권리·의무가 있게 된다.

4) 대표권

대표이사는 회사를 대표할 권한이 있다. 대표권이 있다는 의미는 대표이사가 회사를 대표해서 계약을 맺으면, 그 계약의 효력이 회사로 직접 귀속된다는 것이다. 상법은 대표이사의 대표권에 대해 다음과 같이 규정하고 있다. 상법 제389조 제3항은 대표이사에 제208조 제2항, 제209조, 제210조를 준용하는데 상법 제209조는 합명회사의 대표 사원에 대한 규정이다. 제209조 제1항은 "회사를 대표하는 사원은 회사의 영업에 관하여 재판상 또는 재판 외의 모든 행위를 할 권한이 있다."고 규정한다. 이 조항을 대표이사에 준용하여 읽으면 '회사를 대표하는 대표이사는 회사의 영업에 관하여 재판상, 재판 외의 모든 행위를 할 권한이 있다.'가 된다.

법률에서는 재판이라는 것이 권리관계를 판단하는 가장 중요한 단계라고 보기 때문에 '재판상' 또 '재판 외'를 구분해서 썼다. 그런데 '재판상'까지 들어오면 이것은 모든 범위에서 행위를 할 권한이 있다는 의미이다. 이렇게 상법은 대표 사원에 관한 조항을 대표이사에게 준용을 해서 대표이사가 재판상, 재판 외의 모든 행위를 할 권한이 있다고 규정을 한다.

한편 대표권이 있는 대표이사의 행위만으로는 효력이 없고, 주주총회의 결의까지 있어야 효력이 발생하는 경우가 있다. 예를 들면 제374조가 그런 경우이다. 상법 제374조 제1항에 따라 회사가 영업 전부를 혹은 중요한 일부를 양도할 때는 주주총회의 특별 결의가 있어야 한다. 회사가 영업 양도를 하려면 회사의 대표이사가 양수인과 계약을 맺는다. 그런데 대표이사가 계약을 맺어도 제374조에 해당하는 영업의 양도는 대표이사의 계약만으로는 효력이 생기지 않고, 주주총회의 결의가 있어야 효력이 발생한다.

상법 제375조가 규정하는 사후설립도 대표이사의 대표권 행사만으로는 법률행위의 효력이 발생하지 않고 추가적인 요건이 충족되어야 법률행위의 효력이 발생하는 예이다. 원래 회사설립 시에 현물출자를 하려면 그 사실을 정관에 기재하고 검사인의 검사를 받아야 한다(변태설립사항). 이를 피하기 위하여 현물출자를 하지 않고 설립 후 재산을 인수하기로 약정하는 것도 변태설립사항이어서 정관에 기재해야 재산인수 약정의 효력이 생긴다. 그러한 제한을 피하기 위해 별도의 약정을 하지 않고 회사 성립 후 2년 내에 성립 전부터 존재한 재산을 취득하는 양수도계약을 체결하면 그 계약만으로는 효력이 발생하지 않고 주주총회의 특별결의가 있어야 한다. 재산 양수계약이라는 대표이사의 대표권 행사가 주주총회 특별결의라는 별도의 요건을 갖추어야 효력이 발생한다.

대표권 행사의 효력 발생
- 원칙 : 대표이사의 대표행위만으로 효력이 발생
- 예외 : 추가적으로 주주총회 특별결의가 있어야 효력이 발생
  - 영업양도(상법 제374조)
  - 사후설립(상법 제375조)

상법 제374조(영업양도, 양수, 임대등)
① 회사가 다음 각 호의 어느 하나에 해당하는 행위를 할 때에는 제434조에 따른 결의가 있어야 한다.
1. 영업의 전부 또는 중요한 일부의 양도
2. 영업 전부의 임대 또는 경영위임, 타인과 영업의 손익 전부를 같이 하는 계약, 그 밖에 이에 준하는 계약의 체결 · 변경 또는 해약
3. 회사의 영업에 중대한 영향을 미치는 다른 회사의 영업 전부 또는 일부의 양수

상법 제375조(사후설립)
회사가 그 성립 후 2년 내에 그 성립 전부터 존재하는 재산으로서 영업을 위하여 계속하여 사용하여야 할 것을 자본금의 100분의 5 이상에 해당하는 대가로 취득하는 계약을 하는 경우에는 제374조를 준용한다.

3 공동대표이사

1) 공동대표이사의 선임과 기능

공동대표 결정 및 취소
대표이사 선임기관(이사회 또는 주주총회)이 공동대표를 결정하기도 하고 취소하기도 한다.

주식회사에서 회사를 대표하는 대표이사는 한 명보다 많을 수 있다. 대표이사가 여러 명 있을 때 각자가 따로따로 회사를 대표할 수도 있고(각자대표), 여러 명이 공동으로 회사를 대표할 수도 있다(공동대표). 복수의 대표이사가 공동으로 대표 행위를 해야 하면 공동대표이사라고 부른다. 공동대표이사는 복수의 개별 대표이사와 구별된다. 회사가 공동대표이사를 두게 되면 공동대표이사라고 등기하여야 한다. 공동대표는 대표권에 대한 제한이어서 외부에 공시할 필요가 있기 때문이다.

복수의 개별 대표이사와 구별되는 공동대표이사를 두는 이유는 복수의 대표이사 중 한 사람이 자기 마음대로 회사를 대표하는 것을 막기 위해서이다. 동업(합작기업)의 경우에는 공동대표이사가 유효한 제도일 수 있다. 다만 공동대표이사 제도는 역기능도 있다. 공동대표이사 중 한 사람이 고집을 부리거나 비협조적인 경우 대표행위 자체가 불가능할 수 있다.

공동대표이사는 대표이사를 선정하는 기관에서 정한다. 대표이사를 이사회에서 정하면 공동대표이사도 이사회에서 정하고, 정관에서 특별히 주주총회에서 대표이사를 정하도록 했으면 주주총회에서 공동대표이사를 정하게 된다. 공동대표이사를 두도록 결정하는 것은 이사를 선임하는 것이나 대표이사를 선임하는 것과는 개념적으로 별개이다. 이사회에서 대표이사를 뽑을 때 대표이사를 뽑는 것만으로는 공동대표이사가 되지 않고, 그 뽑힌 대표이사를 공동대표이사로 한다는 이사회의 결정이 필요하다. 실무적으로는 처음부터 '공동' 대표이사를 뽑을 수도 있고, 이미 선정된 수인의 대표이사를 공동대표이사로 묶을 수도 있다.

대표행위
■ 능동대표 : 의사표시를 하는 행위
■ 수동대표 : 의사표시를 받는 행위

공동대표이사는 회사를 대표할 때 함께 즉, 공동으로 행위를 해야 한다. 공동으로만 대표행위가 가능하다. 예를 들면 회사가 계약을 할 때는 한 당사자인 회사가 공동대표이사를 두고 있다면 공동대표이사 전원이 기명날인하거나 서명을 해야 한다. 이 경우 공동대표이사 중 1명의 대표이사가 혼자서 기명날인 또는 서명을 했다면, 그 계약은 적법하게 체결된 것이 아니다. 한 사람의 대표 행위만으로는 대표권이 없기 때문에 그 계약의 효력이 회사에 미치지 못한다. 이것은 상대방이 '계약 당사자가 공동대표이사를 갖고 있는 회사'임을 알았든지 몰랐든지, 법률상 용어로는 선의든지 악의든지 불문한다.

공동대표이사가 외부에 의사표시를 할 때는 늘 같이 해야 되지만, 공동대표이사가 외부로부터 의사표시를 받을 때는 그중에 한 사람만 의사표시를 받아도 의사표시의 수령은 유효하다(상법 제389조 제3항, 제208조 제2항). 대표자가 의사표시를 외부에 하는 것을 능동대표라고 하고 외부의 의사표시를 받는 것을 수동대표라고 한다. 능동대표를 할 때는 공동대표이사 모두가 함께 해야 되지만, 수동대표를 할 때는 공동대표이사 중에 1인에 대해서만 의사표시를 해도, 즉 공동대표이사 중 1인이 의사표시를 받아도 된다는 의미이다.

2) 공동대표권의 위임

공동대표이사 중 1인이 다른 공동대표이사에게 대표권을 위임할 수 있는가? 판례나 학설에 따르면 포괄적인 위임은 허용되지 않는다고 본다. 포괄적 위임을 하면 사실상 단독대표를 하는 것과 마찬가지가 되기 때문이다. 위임의 범위를 한정하는 경우(예를 들어 영업에 관한 사항에 한정)에도 포괄적 위임은 불가능하다고 본다. 대표이사를 선임한 기관의 의사가 공동으로 대표할 것을 정했기 때문에 공동대표이사가 임의로 자기 권한을 범위를 한정하여 포괄적으로 위임하는 것도 허용되지 않는다고 본다.

공동대표이사가 개별적 사안에 대해서 다른 공동대표이사에게 개별적으로 위임할 수 있는지에 대해서는 견해의 차이가 있다. 첫 번째 견해는 특정한 사안의 내용과 대외적 의사표시 모두를 위임하는 것이 가능하다고 본다. 예를 들면 '이번 계약 건에 대해서는 당신이 알아서 하시오.'라고 위임할 수 있다고 보는 학설이다. 백지위임설이라고 부른다. 두 번째는 사안의 내용 자체는 정해주고 그 의사를 표시하는 것을 위임할 수 있다고 보는 견해이다. 예를 들면 '나는 이번 계약 건은 찬성한다. 나 대신 찬성의 의사 표시를 해 주시오.'라고 위임하는 것이다. 세 번째 학설은 공동대표이사 간에 내용에 대한 합의를 한 다음에 의사표시를 위임할 수 있다고 본다. 네 번째 학설은 부정설로서 대외적인 의사표시도 공동으로 해야 한다고 본다.

하나의 법 원칙을 두고 학설이 여러 가지로 나뉘는 것은 그 제도의 의미가 무엇인지, 무엇을 목적으로 하는 제도인지에 대해서 법률가들이 달리 생각하기 때문이다. 해당 제도와 다른 법원칙과의 관계에 대한 이해가 다르기 때문에 생기는 것으로 자연스러운 현상이다. 여러 가지 학설이 있는 법률문제가 소송에서 다투어지면 종국적으로는 법원이 여러 학설에 대해 검토하고 결론을 내리게 된다. 법원의 판단에 대해서도 비판적인 견해가 생길 수 있고 그런 비판이 힘을 얻으면 판례가 변경될 수 있다.

3) 상대방 보호

공동대표이사는 이를 채택하고 있는 회사의 관점에서는 대표이사 1인의 전횡을 막을 수 있는 좋은 제도이다. 그런데 공동대표이사 중에 1명이 단독으로 대표를 하게 되면 그 대표행위는 효력이 없다. 예를 들어 공동대표이사가 2명이 있는 회사에서 공동대표이사 중 1인만이 다른 회사와 계약을 체결했다면(의사표시를 주고 받고 회사의 대표자로 서명하였다면), 이는 단독으로 대표했기 때문에 그 계약은 효력이 생기지 않는다. 이 계약의 효력이 발생하지 않았으므로 상대방은 자기가 기대했던 권리와 의무를 가질 수 없게 된다.

공동대표이사는 등기사항이기 때문에 반드시 회사에서 공시를 하도록 되어 있다. 그런데 실제로 회사와 거래를 하면서 상대 회사의 등기부등본을 열람하고 공동대표인지 아닌지를 확인하는 일은 드물기 때문에 등기가 되었더라도 등기된 것을 모르는 제3자가 불측의 피해를 볼 수 있다. 공동대표이사를 두고 있는 회사와 거래한 상대방이 보호받을 수 있는 방법이 몇 가지 있다.

첫 번째는 표현대표이사를 주장하는 방법이다(다음 절 참조). 표현대표이사는 대표권은 없지만 대표권이 있는 것과 같은 외관을 가졌기 때문에 그 외관을 믿은 상대방을 보호하는 법원리이다. 공동대표의 경우에 회사가 공동대표가 아닌 것처럼, 예를 들면 각자대표인 것처럼 명칭을 쓰는 것을 허용한 경우라면 공동대표이사 중 1인이 단독으로 대표행위를 한 경우에 표현대표이사의 법리에 따라서 회사에게 책임을 지우는 것이다.

상법 제389조(대표이사)
③ 제208조 제2항, 제209조, 제210조와 제386조의 규정은 대표이사에 준용한다.

상법 제210조(손해배상책임)
회사를 대표하는 사원이 그 업무집행으로 인하여 타인에게 손해를 가한 때에는 회사는 그 사원과 연대하여 배상할 책임이 있다.

두 번째는 공동대표이사인데 단독대표로 행위를 한 그 행위자에 대해서 민법 제750조의 불법행위 책임을 묻는 것이다. 민법 제750조에 따라 고의나 과실로 위법행위로 타인에게 손해를 가한 사람은 그 손해를 배상할 책임이 있다. 단독으로 대표행위를 한 공동대표이사 중에 1인에게 민법상 불법행위 책임을 물리면 회사도 손해배상책임에 연대책임을 지게 된다(상법 제389조 제3항, 제210조). 따라서 단독대표를 한 공동대표이사 중 1인과 회사가 연대해서 손해배상을 하게 된다.

세 번째는 상법 제401조의 책임을 묻는 것이다. 상법 제401조(제3자에 대한 책임) 제1항은 "이사가 고의 또는 중대한 과실로 그 임무를 게을리 한 때에는 그 이사는 제3자에 대하여 연대하여 손해를 배상할 책임이 있다."고 규정한다. 이사가 회사에 대한 임무를 게을리 했는데, 그로 인해서 회사가 아닌 제3자가 손해를 입은 경우에 그 제3자에 대해서도 손해배상을 해야 된다는 것이다. 공동대표이사이면서 단독 대표행위를 하는 것은 고의 또는 중대한 과실로 인한 업무해태에 해당하므로 제401조를 근거로 이사에게 손해배상 책임을 묻는 것이 한 방법이다.

4 표현대표이사

1) 상법 제395조

회사를 대표할 권한이 있는 대표이사가 누구인가는 회사 안에서도 중요하고, 회사 밖에서도 중요하다. 왜냐하면 회사에 어떤 권리나 의무가 귀속되고 또 회사와 관련해서 어떤 권리나 의무를 상대방이 갖게 되는가는 결국 회사의 대표권이 있는 사람과 법률행위 즉,

계약했느냐에 따라 달라지기 때문이다. 만일 회사 외부의 상대방이 회사의 대표자와 계약을 했다고 생각했는데 실제는 대표권이 없는 사람과 계약을 했다면, 그 계약으로는 회사나 상대방은 아무런 권리나 의무도 가질 수 없게 된다.

대표권이 있는 사람과 계약을 하는 것이 중요한데, 상대방은 대표권이 있는 사람이라고 생각해서 그 사람과 회사 업무와 관련된 계약을 했는데, 나중에 알고 봤더니 그 사람이 대표권이 없는 사람인 경우에 문제가 발생한다. 이런 문제를 해결하기 위해서 상법 제395조가 표현대표이사의 법원리를 규정하고 있다.

'표현대표이사'라는 용어는 '표현'과 '대표이사'의 합성어이다. '대표이사'는 대표권이 있는 이사라는 의미이고, '표현'이라는 것은 외부로 드러났다는 의미이다. 따라서 '표현대표이사'란 대표권이 없는데 외부에는 대표권이 있는 이사처럼 드러나 있는 사람이라는 뜻이다.

상법 제395조(표현대표이사의 행위와 회사의 책임)
사장, 부사장, 전무, 상무, 기타 회사를 대표할 권한이 있는 것으로 인정할 만한 명칭을 사용한 이사의 행위에 대하여는 그 이사가 회사를 대표할 권한이 없는 경우에도 회사는 선의의 제삼자에 대하여 그 책임을 진다.

상법 제395조를 풀어서 읽으면 '어떤 사람이 사장, 부사장, 전무, 상무 혹은 회사를 대표할 권한이 있는 것으로 인정될 만한 다른 명칭을 사용했다 그런 명칭을 사용한 이사와 상대방이 계약을 했을 때에는 회사는 그 사람이 대표권이 없는 것을 몰랐던 사람에게 그 계약에 따른 책임을 진다.'가 된다. 상법이 대표권이 없는 사람과 계약을 했는데도 그 계약에 대한 책임을 지도록 한 이유는 대표권이 없는 자의 대표행위로부터 거래 상대방을 보호하고자 함이다.

선의
어떤 사정을 모르는 상태

악의
어떤 사정을 아는 상태

대표권이 없는 자가 대표 행위를 하는 상황에서 두 가지 보호해야 될 이익이 충돌하는 것을 볼 수 있다. 회사의 처지에서 보면 회사를 대표할 권한이 없는 사람이 회사를 대표하여 계약을 했을 경우 그 계약에 대해 책임을 지지 않아야 한다. 반면에 거래 상대방의 관점에서는 대표권이 있다고 믿고 계약을 했다면 계약에 따른 권리나 의무를 가져야 한다. 법은 거래 상대방이 외관을 신뢰하고 회사가 그러한 외관이 있는 것에 귀책사유가 있으면 회사가 계약에 대한 책임을 지도록 하여 상충하는 두 이익 사이에서 균형을 이루었다.

2) 요건과 효과

제395조는 세 가지 요건을 규정하고 있다. ① 표현적 명칭의 사용, ② 회사의 귀책사유, ③ 제3자의 신뢰이다. 이 세 가지 요건이 이른바 '표현책임' 혹은 '외관책임'을 물을 때 요구되는 표준적인 요건이다. 이 요건은 표현대리나 표현지배인의 책임을 물을 때도 동일하게 요구된다.

표현대표이사 적용 요건
- 표현적 명칭의 사용
- 회사의 귀책사유
- 제3자 신뢰

첫 번째, 표현적 명칭 사용이다. '표현적 명칭'이라는 것은 대표권이 있다고 믿을 만한 명칭을 뜻한다. 사장, 부사장, 전무, 상무는 표현적 명칭의 예시이고 그 외에도 회사를 대표할 권한이 있는 것으로 인정할 만한 명칭을 사용하면 된다. 그런데 제395조는 그런 표현적 명칭을 '이사'가 사용한 때 회사는 선의의 제3자에 대하여 책임을 진다고 규정하고 있다.

문언상으로는 '이사'가 아닌 사람이 표현적 명칭을 사용한 경우에는 제395조가 적용되지 않게 되어 있다. 판례는 제395조의 취지를 넓게 해석하여 이사가 아닌 사람일지라도 표현적 명칭을 사용했으면 제395조를 적용하고 있다.

두 번째, 회사의 귀책사유가 있어야 한다. 귀책사유가 있어야 한다는 것은 표현적 명칭을 사용한 것에 대해 회사의 잘못이 있어야 한다는 의미이다. 회사의 잘못이 있으니 회사가 책임을 져야 한다는 논리이다. 표현적 명칭을 사용한 것에 대해 회사에 귀책사유가 있는 전형적인 경우는 회사가 표현적 명칭의 사용을 허용한 때이다. 표현적 명칭의 사용을 허용한다는 것은 명시적으로 허용하는 것뿐만 아니라 묵시적으로 허용하는 것도 포함된다. 대표권 없는 사람에게 대표이사 명함을 만들어 준 경우뿐만 아니라 대표권이 없는 자가 스스로 대표이사 명함을 만들어서 사용하는 것을 막지 않은 경우도 귀책사유가 인정된다.

회사가 표현적 명칭의 사용을 허용했다고 할 때 누가 허용해 줘야 회사가 허용한 것이라고 볼 수 있을까? 주식회사의 기관으로 주주총회, 이사회, 대표이사, 감사가 있으므로 이 기관들이 표현적 명칭의 사용을 허용했으면 회사가 허용한 것으로 본다. 또 다수의 이사나 대주주가 표현적 명칭의 사용을 알면서도 가만히 있었다면 그것은 회사가 허용한 것으로 본다.

세 번째, 제3자(거래 상대방)의 신뢰이다. 거래 상대방이 표현적 명칭을 사용하는 사람에게 대표권이 있다고 믿어야 된다. 대표권이 없는 줄 몰라야 된다. 제3자의 신뢰가 있어야 하는데, 제3자에는 계약의 직접 당사자뿐만 아니라 표현적 명칭을 신뢰한 모든 사람이 모두 포함된다.

증명책임
소송에서 권리나 법률관계를 증명할 책임. 증명을 하지 못하면 불이익을 입게 된다.

권리를 주장하려면 그 권리를 주장하는 사람이 자기가 그 요건이 모두 충족됐다는 것을 증명해야 된다. 그 원칙을 표현대표이사에 적용해보면 '표현적 명칭을 사용했다.', '회사의 귀책사유가 있다.', '내가 대표권이 있다고 믿었다.'는 것을 입증해야 된다. 표현적 명칭의 사용이나 회사의 귀책사유는 증명이 어렵지 않은데 '내가 믿었다는 것'은 증명하기가 쉽지 않다. 그래서 이런 경우에 선의를 증명하는 것이 아니라, 회사가 제3자의 악의를 입증하도록 증명 책임을 배분하고 있다.

표현대표이사 법리는 권한이 있는 대표이사가 그 권한 있는 행위를 하는 범위 내에서 적용이 된다. 표현대표이사가 표현적 명칭을 사용하여 어떤 계약을 했고, 표현적 명칭 사용에 대해 회사의 귀책사유가 있고, 상대방이 표현적 명칭을 신뢰했어도, 그 계약을 권한 있는 대표이사가 했어도 권한 밖에 있는 행위였으면 표현대표이사의 법리는 적용되지 않는다. 또 민법 제750조의 불법행위나 소송행위에는 제395조의 표현대표이사 법리가 적용되지 않는다.

위의 요건이 충족되면 회사와 제3자는 그 계약으로부터 생기는 권리와 의무를 갖게 된다.

이 경우에는 대리권(대표권) 없는 자가 한 행위는 본인에게 귀속되지 않는다는 무권대리(무권대표)의 법리가 적용되지 않는다.

3) 등기와의 관계

상법 제395조와 관련돼서 의문이 드는 조항이 있다. 상법 제37조(등기의 효력)이다. 제1항은 "등기할 사항은 이를 등기하지 아니하면 선의의 제3자에게 대항하지 못한다."고 규정하고 있다. '등기할 사항', 예를 들면 대표이사가 누군지는 등기할 사항인데 그것을 등기하지 않으면 대표이사가 누구인지 모르는 선의의 제3자에게는 대표이사가 누구라는 주장을 하지 못한다는 의미이다. 어떤 회사에서 甲이 대표이사를 사임하고 乙이 새로 대표이사로 선임되었는데 회사가 대표이사 변경등기를 안 하고 있었다면 대표이사가 변경된 사실을 모르는 거래 상대방에게 대표이사가 乙이라는 주장을 하지 못한다는 뜻이다. 회사에 등기의무를 부여했는데 등기를 하지 않았으니 다른 주장을 하면 안 되기 때문이다.

상법 제37조 제1항을 반대해석하면 '등기할 사항을 등기하면 선의의 제3자에게도 대항할 수 있다.'가 된다. 예를 들어 대표이사가 누군지를 등기했으면 그 등기를 근거로 하여 그 등기 사실을 모르는(대표이사가 누군지 모르는) 제3자에 대해서 "우리 회사의 대표이사는 누구이다."라고 상대방에게 반박할 수 있게 된다. 이러한 해석이 가능하면, 적법한 대표이사가 이미 등기되어 있는 한 대표이사로 등기된 사람이 아닌 다른 사람과 계약한 사람은 자신과 계약한 사람이 대표권이 있다고 믿었어도 회사의 항변을 받아 더 이상 회사의 책임을 주장할 수 없게 된다. 따라서 제37조가 반대해석으로 적용되면, 대표이사가 등기되어 있는 한 표현대표이사가 적용될 여지가 없게 된다.

상법 제37조와 제395조가 서로 충돌하는 상황을 어떻게 해석할 것이냐에 대해서 두 가지 학설이 있다. 결론에는 큰 차이가 없는데 설명하는 방법이 다르다. 한 학설은 제395조는 제37조의 예외라고 본다('예외규정설'). 예외규정설은 제395조를 제37조의 예외라고 보므로 제395조가 적용되는 한 제37조는 적용되지 않는다고 본다. 다른 학설은 양자를 별도의 법원칙이라고 본다('별도규정설'). 이 두 조문은 서로 차원이 다른 법익을 규정하는 것이기 때문에 제37조는 제37조대로, 제395조는 제395조대로 적용해서 책임을 지게 되면 책임을 지운다고 설명한다. 예외규정설에 의하거나 별도규정설에 의하거나 제395조 요건이 충족되면 제37조에도 불구하고 회사는 책임을 지게 된다.

표현대표이사 인정 사례
- 퇴임한 대표이사가 계속 대표이사로 행세하는 경우
- 대표이사 선임 시 하자로 후일 선임이 무효나 취소되는 경우
- 공동대표이사 중 1인이 단독대표를 하는 경우

4) 표현대표이사 법리가 적용되는 상황

어느 회사와 아무 상관이 없는 사람이 그 회사 사장 직함을 들고 다닌다고 거래가 성사되는 일은 별로 없을 것이다. 실무상 표현대표이사가 어떤 거래를 하고 제395조가 적용되는

사례는 보통 다음과 같은 경우이다. 첫 번째는 퇴임한 대표이사가 계속 거래를 하는 경우이다. 어떤 사람이 대표이사로 있다가 퇴임을 했는데, 그 퇴임한 대표이사가 계속 대표이사 명칭을 사용하면서 상대방하고 거래를 한다. 상대방은 전에 그 사람이 대표이사였으므로 대표이사로 생각을 하고 거래를 했는데, 알고 봤더니 그 사람이 대표이사가 아닌 경우에 제395조가 적용될 가능성이 있다.

두 번째는 어떤 사람이 대표이사로 선임이 됐는데, 선임된 과정에서 문제가 있어서 선임이 취소되거나 무효가 되는 경우이다. 예를 들면 대표이사가 되려면 보통의 경우는 주주총회에서 이사로 선임이 되고 그다음에 이사회에서 대표이사로 선임이 되는 과정을 거치게 된다. 그런데 만일 이 사람이 이사로 선임된 주주총회의 결의에 하자가 있어서 그 결의가 취소가 되든지 아니면 대표이사로 선임된 이사회 결의에 하자가 있어서 그 결의가 취소되면 그 사람은 대표권이 없게 된다. 주주총회나 이사회 결의의 하자로 이사나 대표이사의 선임이 효력이 없음이 확정되기 전에 그 사람이 대표이사로 상대방과 거래를 했다면 표현대표이사의 법리가 적용될 여지가 있다.

세 번째 경우로는 공동대표이사 중 1인이 단독으로 대표 행위를 하는 경우이다. 공동대표이사는 공동으로 대표행위를 해야 되는데, 그중에 1인이 단독으로 대표행위를 하는 것을 거래 상대방은 이 사람이 대표권이 있다고 생각하고 거래를 했다면 표현대표이사의 법리가 적용될 가능성이 있다.

네 번째는 대주주가 대표행위를 하는 경우이다. 회사의 대주주이지만 대표이사는 아닌 사람이 회장이라는 직함을 사용하면서 거래를 하면 제395조의 표현대표이사가 적용될 수 있다.

앞서 기술한 예는 자기 명의로 거래하는데 대표권이 있는 것처럼 보이는 명칭을 쓴 경우이다. 만일 진정한 대표이사의 명의로 거래를 하면 표현대표이사의 법리가 적용될까? 예를 들면 현재 등기된 대표이사는 甲인데, 乙이 'X 주식회사 대표이사 甲'의 명의로 거래를 하는 경우이다. 판례는 이런 사안에도 제395조를 적용한다(대법원 1998. 3. 27. 선고 97다34709 판결).

5 대표권의 제한과 남용

1) 대표권의 제한

회사를 대표할 권한을 갖고 있는 사람이 계약을 하면 그 계약의 효력이 회사에 곧바로 미친다. 그 계약이 매매계약(물품을 구매하는 계약)이든 보증계약(타인의 채무 이행을 책임지는 계약)이든 금전소비대차계약(돈을 빌리는 계약)이든 대표이사가 체결한 계약에서 생기는 효력(권리와 의무)은 모두 회사로 귀속된다. 대표이사가 회사에 유익한 계약을 한 경우뿐만 아니라 회사에 유익하지 않은 계약을 하더라도 대표권이 있기 때문에 그 계약에서 생기는 권리와 의무가 회사로 귀속이 된다. 어떤 사람에게 대표권을 준다는 것은 회사로서 불가피한 일이지만 모험이기도 하다. 그래서 법률이나 정관 또는 계약을 통해서 대표권에 제한을 두는 경우가 있다.

대표이사의 대표권을 제한하는 문제는 거래의 안전에 직접적인 위험이 될 수 있다. 그러한 제한을 거래 상대방이 모르는 경우에는 더욱 그렇다. 대표권의 제한을 위반한 행위의 효력을 판단할 때는 대표권을 제한하는 내부의 목적과 거래의 안전이라는 외부의 이익 간에 균형을 고려해야 한다. 대표권을 제한하는 근거가 법률인지 정관이나 회사의 내부 규정인지는 중요한 의미를 갖는다. 법률 규정은 외부의 거래 상대방도 알 수 있지만 정관이나 회사 내부 규정은 그렇지 않기 때문이다.

먼저 법률에서 대표권을 제한하는 경우를 보자. 대표이사가 계약을 하더라도 그 계약만으로는 법적인 효력이 생기지 않고 주주총회의 결의가 있어야 비로소 효력이 생기는 규정이 있다. 상법 제374조가 회사가 영업양도를 할 때 영업양도 계약을 했다고 해서 영업양도의 효력이 곧바로 생기지 않고 주주총회에서 양도계약을 승인하는 특별결의를 해야 비로소 효력이 생기게 하는 것이 한 예이다. 만일 대표이사가 영업양도 계약을 했는데 영업양도를 승인하는 주주총회의 결의에 하자가 있다면(주주총회 결의가 전혀 없거나, 무효나 취소 사유가 있다면) 영업양도 계약은 효력이 발생하지 않는다. 왜냐하면 주주총회의 결의는 대표이사의 행위가 효력이 생기기 위한 요건이기 때문이다. 요건이 충족되지 않았으므로 효과가 발생하지 않는다.

대표권 행사 전 이사회의 결의를 통하여 의사결정을 하도록 하는 규정도 대표권을 제한한다. 준비금의 자본전입, 신주발행, 사채발행, 중요한 자산의 처분 등이 그 예이다. 이 경우는 회사 내부의 단체법적 요구와 회사 외부의 거래 안전을 저울질하여 효력을 판단한다. 준비금의 자본전입은 전적으로 회사 내부의 문제이므로 이사회 결의 없는 준비금의 자본전입은 무효이다. 신주발행이나 사채발행에서 이사회 결의의 하자는 발행 자체를 무효로 하지 못한다고 본다. 거래의 안전을 더 중시하여 이사회 결의 없이 신주나 사채가 발행되어도 유효하다. 회사의 중요한 자산을 이사회 결의 없이 처분한 경우 판례는 거래 상대방이 이사회 결의가 없었음을 몰랐거나 모른 데에 중대한 과실이 없다면 유효하다고 본다(대법원 2021. 2. 18. 선고 2015다45451 판결).

법률에서 대표권을 제한하는 또 다른 경우는 이사와 회사 간의 소송에서이다. 상법 제394조 제1항에 따라 누가 원고가 되고 누가 피고가 되든지 불문하고 회사와 이사 간의 소

상법 제394조(이사와 회사 간의 소에 관한 대표)
① 회사가 이사에 대하여 또는 이사가 회사에 대하여 소를 제기하는 경우에 감사는 그 소에 관하여 회사를 대표한다. 회사가 제403조제1항의 청구를 받음에 있어서도 같다.

상법 제389조(대표이사)
③ 제208조제2항, 제209조, 제210조와 제386조의 규정은 대표이사에 준용한다.

상법 제209조(대표사원의 권한)
① 회사를 대표하는 사원은 회사의 영업에 관하여 재판상 또는 재판외의 모든 행위를 할 권한이 있다.
② 전항의 권한에 대한 제한은 선의의 제삼자에게 대항하지 못한다.

송에서는 대표이사가 대표권을 행사하지 못하고 감사가 회사를 대표하여 소송을 수행하도록 한다. 이사와 회사 간의 소송에서 대표이사가 행한 소송행위는 무효이다.

회사의 정관이나 이사회 규정 같은 내부 규정에서 일정한 대표행위를 금지하는 경우이다. 예를 들면 정관에서 대표이사가 약속어음을 발행하지 못하게 하거나 혹은 보증을 못하게 하거나 이사회 규정에서 일정 액수 이상의 거래는 이사회의 사전 승인을 받도록 하는 것이다. 정관이나 회사 내부 규정에서 대표권을 제한하는 것은 내부적인 제한이기 때문에 제한을 위반한 행위일지라도 내부적으로는 무효지만 외부적으로는 효력이 있다고 본다.

정관이나 회사 내부 규정에 반한 대표이사의 행위의 효과를 회사 내부와 외부에서 달리 보는 근거는 상법 제209조 제2항이다. 상법 제389조 제3항이 제209조를 준용하므로 대표이사의 권한에 대한 제한은 선의의 제3자에게 대항하지 못한다. 이 규정은 대표이사와 거래한 상대방의 선의(내부적인 제한이 있는 것을 모른 점)를 보호하여 거래의 안전을 도모하기 위한 것이다. 만일 거래 상대방이 대표권에 대한 내부적인 제한이 있는 것을 알았다면 회사는 대표권의 제한을 이유로 계약의 무효를 주장할 수 있다.

회사가 정관이나 이사회 규정에 있는 대표권 제한을 어긴 대표행위라는 이유로 대표이사와 상대방이 한 거래를 무효라고 주장하기 위해서는 두 가지를 입증해야 한다. 하나는 거래 상대방이 해당 거래가 주주총회나 이사회의 결의가 필요하다는 점이고 다른 하나는 거래 상대방이 주주총회나 이사회 결의가 없었음을 알았거나 알 수 있었다는 점이다. 이렇게 이중의 악의가 있었다는 점을 회사가 증명해야 거래를 무효로 할 수 있다.

2) 대표권의 남용

대표이사의 행위가 회사에는 손해가 되고 대표이사나 제3자에게는 이익이 되는 상황이 있다. 이런 경우를 대표권의 남용이라고 부른다. 대표이사가 친구의 회사에서 납품을 받으면서 친구에게는 유리하고 회사에는 불리한 조건으로 거래하는 것이 그 예이다. 대표이사의 행위가 어떤 법률에 위반했다거나 정관이나 회사 내부 규정에 위반을 했다면, 그 위반을 근거로 하여 행위의 효력을 다퉈볼 수 있다. 그러나 법률이나 정관 등을 위반하지 않았지만 회사에는 불리하고 대표이사나 제3자에게는 이익이 되는 행위는 법적으로 어떻게 되는가?

대표권을 남용하여 회사에 손해가 생기면 그 대표이사 자신에게는 손해배상청구를 하거나 혹은 회사에 손해를 끼친 것을 이유로 해서 해임을 하는 등의 조치를 할 수 있다. 이것은 대내적인 조치고, 대외적으로 대표권의 남용 행위 자체를 무효나 취소할 수 있겠는가에 대해서 학설이 나뉜다. 다수설은 대표이사가 권한남용을 했으면 위반된 행동 자체는 무효지만 거래의 안전을 위해서 상대방이 선의였다면, 즉 대표권이 남용된 것을 몰랐다면 그 상대방에게 무효를 주장하지 못한다고 본다(이른바 '상대적 무효설'). 대표권이 남용되는 경우는 대부분 법령이나 정관에 위반한 경우가 많아서 대표권 남용의 법리는 보충적으로 적용되는 것이 보통이다.

3) 대표이사의 불법행위

대표이사가 회사에 손해를 끼치는 유형의 하나가 대표이사의 불법행위이다. 여기서 불법행위란 민법 제750조가 규정하는 불법행위이다. 대표이사가 업무와 관련해서 고의나 과실로 제3자에게 손해를 가한 경우이다. 대표이사의 불법행위와 관련돼서 상법 제389조 제3항이 상법 제210조를 준용한다. 상법 제210조는 "회사를 대표하는 사원이 그 업무집행으로 인하여 타인에게 손해를 가한 때에는 회사는 그 사원과 연대하여 배상할 책임이 있다." 고 규정한다. 이를 대표이사에 준용해서 읽으면 "주식회사를 대표하는 이사가 그 업무집행으로 인하여 타인에게 손해를 가한 때에는 주식회사는 그 대표이사와 연대하여 배상할 책임이 있다."가 된다. 대표이사가 업무와 관련하여 타인에게 손해를 가하면 대표이사 자신이 불법행위 책임을 지는 것은 당연하고 회사도 연대해서 손해배상책임이 있다는 것이다.

"연대하여 배상할 책임이 있다."는 것은 회사가 대표이사와는 별도로 대표이사가 지는 것과 같은 책임을 진다는 의미이다. 상대방 피해자는 대표이사에게 청구할 수도 있고, 회사에게 청구할 수도 있다. 만약 회사가 피해자에게 손해배상을 했다면 이제 회사는 그 대표이사에게 자신이 배상한 손해를 갚으라고 요구할 수 있다. 그러한 권리를 구상권이라고 한다.

구상권
타인을 위하여 변제한 사람이 그 타인에 대하여 갖는 반환청구권. 보증인이 주채무자의 채무를 변제한 후 채무자에게 반환을 청구하는 권리가 구상권이다.

6 감사

1) 감사제도

주식회사라는 법인에서는 의사결정을 주주총회, 이사회, 대표이사라는 기관이 한다. 일상

분할채무와 연대채무

채무자가 여러 명 있는 경우 각 채무자가 채무를 나누어 부담하면 분할채무, 전체 채무를 부담하면 연대채무라고 한다. 민법 제408조(분할채권관계)는 "채권자나 채무자가 수인인 경우에 특별한 의사표시가 없으면 각 채권자 또는 각 채무자는 균등한 비율로 권리가 있고 의무를 부담한다"고 규정하여 민사상 법률 관계에서는 분할채무가 원칙이다. 예를 들어 채권자 甲에 대하여 300만원의 채무를 乙, 丙, 丁 세 사람이 부담하는 경우에 특별한 의사표시가 없었다면 이들은 각기 100만원의 채무를 부담한다. 그러나 상법이 적용되는 법률관계에서는 연대채무가 원칙이다. 상법 제57조(다수 채무자간 또는 채무자와 보증인의 연대)는 "① 수인이 그 1인 또는 전원에게 상행위가 되는 행위로 인하여 채무를 부담한 때에는 연대하여 변제할 책임이 있다."고 규정하므로 앞의 예에서 채무가 상행위로 인한 채무이면 乙, 丙, 丁 세 사람이 각기 300만원의 채무를 부담한다.

적인 업무의 의사결정은 대표이사가 하고 일상적이지는 않은 의사결정으로 경영상 신속한 결정이 필요한 것은 이사회가 하는 구조인데 이사는 주주총회에서 선임한다. 상법은 주주들이 이사들의 행동을 감시하고 견제하는 여러 장치를 규정하고 있다. 주주가 이사를 직접 견제하는 것 외에 이사들의 업무집행을 감독하는 기관이 있는데 이를 감사(監事)라고 한다.

생각해 보면 감사의 역할은 대주주에게는 그다지 중요하지는 않다. 대주주는 이미 자신이 경영권을 갖고 있기 때문에 자기가 직접 대표이사를 하든지, 자기 말을 듣는 사람을 대표이사로 하든지, 자기가 영향력을 행사할 수 있는 사람으로 이사회를 구성하기 때문이다. 많은 경우 대주주는 이사들과 이해관계를 같이 하는 위치에 있다. 이사의 직무집행을 감독할 필요성은 소액주주에게 훨씬 더 크다. 감사라는 기관은 소액주주를 보호하는 데 존재의의가 있다.

감사 제도에는 두 가지 선택지가 있다. 하나는 주주총회에서 감사를 선임하는 방법이다. 기관으로서 감사가 이사의 업무집행을 감독하게 된다. 다른 하나는 주주총회에서 이사를 선임하고 이사가 이사들 중에서 감사 역할을 할 사람들을 뽑아서 '감사위원회'라는 이사회 내 위원회를 구성하는 것이다. 이사회의 하부기관인 감사위원회가 이사의 업무집행을 감독하게 된다. 우리나라에서는 감사와 감사위원회 중 하나를 선택하여야 하는데 일정한 규모 이상의 상장 법인인 경우에는 감사위원회를 두도록 했다.

감사를 두는 경우
제409조(선임) ① 감사는 주주총회에서 선임한다.
④ 제1항, 제296조제1항 및 제312조에도 불구하고 자본금의 총액이 10억원 미만인 회사의 경우에는 감사를 선임하지 아니할 수 있다.

감사위원회를 두는 경우
최근 사업연도 말 현재의 자산총액이 2조원 이상인 상장회사는 감사위원회를 설치하여야 한다(상법 제542조의11, 상법시행령 제37조).

감사와 구별할 개념으로 '외부감사인'이라는 지위가 있다. 「주식회사 등의 외부감사에 관한 법률」('외부감사법')은 일정한 규모 이상의 회사에서는 회사의 임직원이 아닌 별도의 회계 전문가가 회계감사를 하도록 했는데, 그런 역할을 하는 사람을 '외부감사인'이라고 한다. 주권상장법인이나 직전 사업연도 말의 자산총액이 500억원 이상인 주식회사 등은 원칙적으로 외부감사법의 적용을 받는다. 상법에서 규정하는 감사를 외부감사인과 구별하기 위해서 '상법상 감사'라고 부르기도 한다.

2) 감사의 선임

감사가 되기 위해서 특별한 자격이 필요하지는 않다. 다만, 감사는 회사에서 다른 역할을 하는 것이 금지되어 있다. 상법 제411조(겸임 금지)는 "감사는 회사 및 자회사의 이사 또는 지배인, 기타의 사용인의 직무를 겸하지 못한다."고 규정하여 이사의 직무집행을 감독하는 데 방해가 될 소지를 없앴다. 이사의 직무집행을 감독하는 사람이 이사를 하는 것은 그 자체가 모순이고 지배인이나 기타의 사용인(근로자)은 이사의 감독을 받는 지위이기 때문에 감독자가 피감독자의 지위를 갖지 못하도록 했다.

감사 선임은 상법 제409조가 정하고 있다. 감사는 반드시 주주총회에서 선임해야 된다. 이사회에서 감사를 선임하면 그 자체가 무효이다. 주주가 이사의 행위를 통제하는 수단의 하나가 감사를 두는 것이기 때문에 감사의 선임은 반드시 주주총회에서 해야 한다. 주주총회에서 감사를 선임할 때 한 주주가 행사할 수 있는 의결권은 3%로 제한된다. 감사는 기본적으로 소액주주의 이익을 보호하는 것이 주 임무이기 때문에 감사를 선임할 때 소액주주의 발언권을 더 크게 규정하였다. 상법 제409조 제2항에 따라 지분이 아무리 많아도 감사를 선임할 때는 3%까지만 의결권이 인정된다. 예를 들어, 어느 회사에 주주들이 여럿 있는데 지분이 1%, 2%, 3%, 10%로 각기 다르다면 감사를 선임할 때는 각기 1%, 2%, 3%, 3%까지만 의결권을 행사할 수 있다. 상대적으로 3%를 초과하지 않는 지분을 가진 사람의 영향력이 더 커진다. 감사의 성격을 잘 드러내는 조문이다. 그런데 3%라는 제한은 회사가 정관으로 더 낮게 정할 수 있다. 회사에서 3%보다 낮은 비율, 예를 들면 1%로 감사 선임 시 의결권을 제한하면 소액주주의 영향력이 더 크게 된다.

> **상법 제409조(선임)**
> ① 감사는 주주총회에서 선임한다.
> ② 의결권없는 주식을 제외한 발행주식의 총수의 100분의 3(정관에서 더 낮은 주식 보유비율을 정할 수 있으며, 정관에서 더 낮은 주식 보유비율을 정한 경우에는 그 비율로 한다)을 초과하는 수의 주식을 가진 주주는 그 초과하는 주식에 관하여 제1항의 감사의 선임에 있어서는 의결권을 행사하지 못한다.
> ④ 제1항, 제296조제1항 및 제312조에도 불구하고 자본금의 총액이 10억원 미만인 회사의 경우에는 감사를 선임하지 아니할 수 있다.

감사라는 역할이 소액주주 보호에 방점을 두었기 때문에 소액주주 보호의 필요성이 상대적으로 덜한 회사의 경우에는 감사의 필요성이 적게 된다. 그래서 자본금 총액이 10억원 미만인 회사에서는 감사를 선임하지 않아도 되도록 했다(상법 제409조 4항). 입법자는 자본금 총액이 10억원 미만인 회사의 경우는 별도로 보호할 소액주주가 많지 않다고 판단한 것이다.

감사를 몇 명을 둬야 하는지 상법은 따로 정하고 있지 않다. 이사와 마찬가지로 임기를 정한 경우에 임기만료가 되면 퇴임하고 원하는 경우 사임할 수 있다. 이사와 마찬가지로 주주총회 특별결의로 해임할 수 있다. 다만, 주주총회 특별결의로 해임하더라도 이사와는 달리 해임 결의 시에 의견 진술권을 보장하고 있다.

주주총회에서 감사가 선임되면 감사와 회사가 감사로 일하기로 하는 내용의 계약을 맺는다. 감사와 회사의 관계는 이사와 마찬가지로 위임에 관한 규정이 준용된다. 그래서 회사와 감사가 맺는 계약은 위임계약이 된다. 판례는 회사와 감사 사이에 임용계약이 필요하나 감사라는 직책은 (계약 전이라도) 주주총회에서 선출 시부터 인정되고 선임시부터 감사로 보아야 한다고 보았다(대법원 2017. 3. 23. 선고 2016다25125 전원합의체 판결). 보수는 이사와 마찬가지로 정관에서 정하든지 주주총회에서 정한다.

3) 감사의 역할

상법 제412조(감사의 직무와 보고 요구, 조사의 권한)
① 감사는 이사의 직무의 집행을 감사한다.
② 감사는 언제든지 이사에 대하여 영업에 대한 보고를 요구하거나 회사의 업무와 재산 상태를 조사할 수 있다.

상법 제412조의5(자회사의 조사권)
① 모회사의 감사는 그 직무를 수행하기 위하여 필요한 때에는 자회사에 대하여 영업의 보고를 요구할 수 있다.
② 모회사의 감사는 제1항의 경우에 자회사가 지체없이 보고를 하지 아니할 때 또는 그 보고의 내용을 확인할 필요가 있는 때에는 자회사의 업무와 재산상태를 조사할 수 있다.
③ 자회사는 정당한 이유가 없는 한 제1항의 규정에 의한 보고 또는 제2항의 규정에 의한 조사를 거부하지 못한다.

상법 제415조의2(감사위원회)
① 회사는 정관이 정한 바에 따라 감사에 갈음하여 제393조의2의 규정에 의한 위원회로서 감사위원회를 설치할 수 있다. 감사위원회를 설치한 경우에는 감사를 둘 수 없다.
② 감사위원회는 제393조의2 제3항에도 불구하고 3명 이상의 이사로 구성한다. 다만, 사외이사가 위원의 3분의 2 이상이어야 한다.
③ 감사위원회의 위원의 해임에 관한 이사회의 결의는 이사 총수의 3분의 2 이상의 결의로 하여야 한다.

감사는 이사의 직무집행을 감사한다. 즉, 이사를 감시하는 것이 감사의 역할이다. 감사가 이사의 직무집행을 감사하기 위해서 보고 요구권과 조사권도 준다. 나아가 모회사의 감사가 자회사에 대해서 보고를 요구하거나 조사할 수 있는 권한도 주고 있다. 그 결과 감사의 직무 범위가 자회사까지 확대될 수 있다.

감사는 이사회 소집을 청구할 수 있다. 이사회에서 자기 의견을 진술하기 위함이다. 뿐만 아니라 감사는 주주총회 소집을 청구할 수 있다. 주주총회 소집을 청구하는 이유는 주주총회에서만 결정할 수 있는 사항들이 있는데, 그런 사항들이 논의되기 위해서는 먼저 주주총회가 소집되어야 하기 때문이다. 이것은 소수 주주의 주주총회 소집 청구를 대신하는 수단으로 사용되기도 한다. 감사는 또 여러 가지 소송, 예를 들면 신주발행 무효의 소 또는 손해배상 청구소송도 제기할 수 있다.

회사와 이사 간에 소송이 벌어지면(회사가 원고가 되든지 피고가 되든지) 감사가 회사를 대신해서 소를 수행하게 된다(제394조). 그 이유는 회사가 대표이사에게 손해배상 청구소송을 하는 상황을 생각해 보면 쉽게 알 수 있다. 그 소송에서 원고는 '주식회사 X 대표이사 甲' 이 되고, 피고는 甲이 된다. 그러면 소송이 제대로 진행될 수가 없다. 따라서 회사를 대신해서 감사가 원고의 업무를 수행하게 된다.

감사는 이사와 마찬가지로 선량한 관리자의 주의 의무가 있고, 직무수행과 관련해서 여러 가지 보고 의무나 의견 진술 의무가 있다. 일정한 경우 회사에 대한 손해배상 책임과 제3자에 대한 손해배상 책임을 지는 점은 이사와 마찬가지이다.

4) 감사위원회

1997년 외환위기(이른바 IMF 사태) 직후에 우리나라 회사의 감사 시스템에 문제가 있다는 지적이 많아졌고 감사의 역할을 좀 더 충실히 할 제도적인 장치가 필요하다는 의견에 따라 감사위원회 제도가 도입되었다. 종래에 주주총회에서 선임된 감사가 대주주의 영향하에 있어서 제 역할을 못하므로 주주총회에서 대주주의 영향을 덜 받는 사외이사를 선임하게 하고 사외이사로 감사위원회를 구성하면 한두 명의 감사가 감독하는 것보다 여러 명의 사외이사가 좀 더 감사업무를 잘할 수 있다는 취지에서 상법 제415조의2가 신설되었다.

회사는 감사에 갈음하여 이사회 내 위원회의 하나로 감사위원회를 설치할 수 있다. 감사위원회를 설치한 경우에는 감사를 둘 수 없다. 여기서 '위원회'란 이사회 내에 설치하여 특정 임무를 수행하는 조직이다. 감사위원회를 설치했으면 별도로 감사를 두지 않고, 사외이사로 구성된 감사위원회가 감사 업무를 수행한다. 감사위원회가 감사보다 이사의 직무집행에 대한 감독을 더 잘할 수 있는지에 대해서는 논란이 있다.

CHAPTER

11

이사와 이사회

1. 이사의 선임과 해임
2. 이사의 일반적인 의무
3. 이익충돌 방지의무
4. 이사의 책임
5. 이사회

하나의 알맞은 판례를 찾아라.
Find one good case.

CHAPTER 11

이사와 이사회

1 이사의 선임과 해임

1) 이사의 의미

개인기업이나 조합기업에서는 투자자가 직접 기업을 경영하기 때문에 다른 사람에게 업무집행을 맡길 필요가 없다. 그런데 주식회사에서는 주주들이 모두 경영에 참여하는 것이 아니고 업무의 집행을 이사에게 맡긴다. 물론 주주가 이사가 될 수 있지만 모든 주주가 모두 이사가 되는 것은 아니다. 주주와 이사가 달라지는 경우에 주주가 이사를 어떻게 통제해야 되느냐 하는 문제가 대두된다.

주식회사에서 업무를 집행하는 사람은 이사이다. 회사의 경영권을 장악했다는 말은 이사회를 장악했다는 것이고 이사 선임을 좌우할 수 있다는 것을 의미한다. 이사를 선임하는 방식은 경영권과 직접 관련이 있으므로 중요한 의미를 갖는다.

이사는 회사로부터 사무의 처리를 위탁받은 사람이다. 사무의 처리를 위탁하고 위탁받는 관계를 민법에서는 위임(委任)이라고 한다(민법 제680조 이하). 상법 제382조(이사의 선임, 회사와의 관계 및 사외이사) 제2항이 "회사와 이사의 관계는 민법의 위임에 관한 규정을 준용한다."고 규정한 것은 바로 그 점을 명시한 것이다. 회사는 이사에게 회사 업무의 처리를 맡겼고 이사는 회사 업무의 처리를 맡은 사람이다. 그렇기 때문에 주주총회에서 이사를 선임하지만 이사가 (대)주주나 회사하고 직접 법적 관계를 맺는 것이 아니라 회사와 위임계약을 맺게 되는 것이다.

상법 제382조(이사의 선임, 회사와의 관계 및 사외이사)
② 회사와 이사의 관계는 「민법」의 위임에 관한 규정을 준용한다.

민법 제680조(위임의 의의)
위임은 당사자 일방이 상대방에 대하여 사무의 처리를 위탁하고 상대방이 이를 승낙함으로써 그 효력이 생긴다.

'이사'라는 용어를 일상생활에서도 많이 쓰는데 상법상 '이사'와는 차이가 있는 경우가 많다. 일상적으로는 부장이 승진하면 이사가 되는 것으로 생각하곤 하는데 상법에서 이사는 등기된 이사만 지칭한다. 기업에서 직급의 하나로 이사, 상무이사, 전무이사 등의 표현을 쓰기도 하지만 등기가 된 이사가 아닌 한 상법상 이사는 아니다. 그래서 실무에서 '등기이사', '비등기이사'라는 말을 쓴다.

이사 중에서 대표권이 있는 이사를 대표이사라고 하고 대표권이 없는 이사를 '평이사'라

상법 제382조(이사의 선임, 회사와의 관계 및 사외이사)
③ 사외이사(社外理事)는 해당 회사의 상무(常務)에 종사하지 아니하는 이사로서 다음 각 호의 어느 하나에 해당하지 아니하는 자를 말한다. 사외이사가 다음 각 호의 어느 하나에 해당하는 경우에는 그 직을 상실한다.

1. 회사의 상무에 종사하는 이사·집행임원 및 피용자 또는 최근 2년 이내에 회사의 상무에 종사한 이사·감사·집행임원 및 피용자
2. 최대주주가 자연인인 경우 본인과 그 배우자 및 직계 존속·비속
3. 최대주주가 법인인 경우 그 법인의 이사·감사·집행임원 및 피용자
4. 이사·감사·집행임원의 배우자 및 직계 존속·비속
5. 회사의 모회사 또는 자회사의 이사·감사·집행임원 및 피용자
6. 회사와 거래관계 등 중요한 이해관계에 있는 법인의 이사·감사·집행임원 및 피용자
7. 회사의 이사·집행임원 및 피용자가 이사·집행임원으로 있는 다른 회사의 이사·감사·집행임원 및 피용자

상법 제542조의8(사외이사의 선임)
① 상장회사는 자산 규모 등을 고려하여 대통령령으로 정하는 경우를 제외하고는 이사 총수의 1/4 이상을 사외이사로 하여야 한다. 다만, 자산 규모 등을 고려하여 대통령령으로 정하는 상장회사의 사외이사는 3명 이상으로 하되, 이사 총수의 과반수가 되도록 하여야 한다.

사외이사 수
- 자산 2조원 이상 상장회사 : 3명 이상, 이사 총수 과반수
- 상장회사 : 이사 총수 1/4 이상
- 기타 : 임의

고 하여 구분한다. 또 이사 중에는 상시 회사에서 근무하는 것이 전업인 이사가 있는데 그런 이사를 '상근이사'라고 부르고, 이렇게 전업으로 회사에 나와 있는 사람이 아닌 경우를 '비상근이사' 혹은 '비전임이사'라고 부른다.

2) 사외이사

회사법이 갖고 있는 근본적인 고민의 원천은 주주들이 출자한 재산을 이사가 관리하는데, 이사가 주주가 아닐 수 있다는 사실이다. 이사가 주주인 경우 이사가 관리하는 재산 중에 자기 재산도 있고, 남의 재산도 있게 된다. 이사가 주주가 아니라면 이사가 관련 사무를 처리하게 되는 재산은 모두 남의 재산이다. 자기 재산이 있든지 없든지 남의 재산을 갖고 운영을 하게 되는 경우에 과연 그 이사가 모든 투자자의 이익에 충실하게 업무를 집행할 것이냐 하는 문제가 생긴다.

이 문제가 두드러지게 되는 것은 주주의 구성이 대주주와 소액주주로 나누어지는 경우이다. 이사회를 장악하고 있는 대주주는 자신의 이익을 취할 가능성이 매우 높고 대주주의 이익과 소액 주주의 이익이 충돌하는 상황을 피할 수 없는 경우가 있다. 이 경우 대주주는 대표이사 또는 이사회의 이름으로 회사의 업무를 집행하면서 자신의 이득을 취하고 소액주주의 이익을 해하게 된다. 이런 경우 소액주주의 이익을 대변할 이사가 있어야 된다고 하여 등장한 것이 사외이사이다. 대주주의 영향력 안에 있지 않은 독립된 사람을 이사로 선임해서 대주주와 대주주의 영향력 하에 있는 이사들의 업무집행을 감독할 역할을 부여받은 것이 사외이사이다.

사외이사 제도는 상장회사에 처음 등장했고 지금은 비상장 주식회사에도 도입됐는데, 과연 사외이사가 대주주나 다른 사내 이사들에 대한 유효한 견제 수단인지에 대해서 여전히 논란이 많다. 사외이사도 결국은 주주총회에서 선임되므로 대주주와 친분이 있는 사람 혹은 대주주가 동의하는 사람만 선임될 수 있으므로 사외이사가 대주주를 견제한다는 것은 처음부터 기대하기 힘들다는 주장도 있다. 그러나 종전처럼 대주주의 지배 아래에 있는 이사들만 구성돼 있을 때와 대주주와 친분은 있지만 기본적으로는 독립된 사외이사가 있을 때에는 대주주의 행동이 달라진다는 연구결과도 있다. 우리나라의 사외이사 제도가 대주주에 대한 견제를 충분히 하고 있지는 못하더라도 사외이사라는 낯선 사람이 이사회에 있는 것만으로도 유용한 면이 있는 것은 사실이라고 본다.

상장회사는 일정한 수의 사외이사를 반드시 선임하여야 한다. 원칙적으로 이사 총수의 1/4 이상을 사외이사로 하여야 한다. 자산이 2조원 이상인 회사는 사외이사가 3명 이상이고 이사 총수의 과반수가 되어야 한다. 입법자는 현재 주식회사에서 대주주의 경영을 감시하는 역할을 할 사람으로 사외이사가 유용한 제도라고 생각을 하고 있다.

3) 이사 선출

이사는 주주총회에서 선임해야 한다. 상법 제382조는 "이사는 주주총회에서 선임한다."고 규정하는데 이 조문은 당연한 조문 같지만 상당히 중요한 의미가 있다. 이사를 통제하는 가장 강력한 수단이 이사를 선임하거나 해임하는 것이므로 그 권한을 주주에게 준 것이다. 대리인 문제를 해결하기 위해서 제일 중요한 통제 수단이 이사 선임이므로 이사를 반드시 주주총회에서 선임해야 된다. 이 규정은 강행규정이어서 회사에서 임의로 달리 정할 수 없다. 이사를 이사회에서 선임한다고 정관에 규정하면 그 규정은 무효이고 이사회에서 이사를 선임하더라도 적법한 이사가 될 수 없다.

이사가 되기 위해서 특별한 자격이 필요하지는 않다. 다만, 이사가 되면 일정한 직책을 겸할 수 없는 겸직에 관한 제한이 있다. 정관에서 일정한 경우에 회사의 주식을 보유하도록 하는 규정을 둘 수 있는데 그렇게 이사가 되기 위해 보유하는 주식을 자격주라고 한다. 자격주 보유 요건이 있는 회사에서는 이사가 자기 회사 주식을 소유하고 있어야 된다.

이사의 자격과 관련한 쟁점의 하나는 법인이 이사가 될 수 있는가 하는 것이다. '이사'라는 말을 들으면 대부분 자연인을 연상할 것이다. 자연인이 아닌 법인이 이사가 될 수 있는지에 대해 부정적인 견해는 이사는 기본적으로 자연인이 하는 역할 즉, 어떤 사항을 결정하고 의사표시를 하고 의사표시를 받아야 하는데 법인은 그런 역할을 할 수 없어서 이사가 될 수 없다고 본다. 반면에 긍정설은 이사가 법인이라면 그 법인의 대표자가 이사의 역할을 수행하면 된다고 본다. 절충설은 상근해서 업무를 수행하는 이사가 아니라면, 법인도 그 대표자가 이사의 기능을 수행할 수 있다고 본다.

이사는 3명 이상이어야 한다. 다만, 자본금 총액이 10억원 미만인 회사는 1명 또는 2명으로 할 수 있다. 10억원을 기준으로 10억원 이상이면 3명, 그 미만이면 1명이나 2명만 있으면 된다. 이사의 임기는 정관에서 정할 수 있지만 3년을 초과하지 못한다.

4) 집중투표

이사의 선임 방식의 하나로 '집중투표'라는 제도가 있다. 집중투표(cumulative voting)

재단법인의 이사 선임

재단법인의 최고 의사결정기관은 이사회이다. 이사회의 구성원인 이사는 이사회가 선임한다. 주식회사에서 볼 수 있는 주주총회와 같은 기관이 재단법인에는 없다. 이사회가 그 구성원을 스스로 선임하므로 이사회를 한 번 장악하면 계속 그 영향력을 유지하는 문제가 있다. 학교법인도 재단법인에 관한 규정을 준용하고 있어 학교 법인의 이사회를 장악한 사람이 사실상 교주(校主)의 권한을 행사하는 사례를 볼 수 있다.

에 대비되는 개념은 '단순투표'이다. 단순투표(straight voting)에서는 이사를 몇 명 선출하든지 의결권의 수는 동일하다. 만일 10주를 갖고 있으면 이사를 몇 명 뽑든지 의결권은 10개이다. 주주는 각 후보자에 대해서 자신이 가진 의결권의 수만큼 찬성 혹은 반대의 의견을 내게 된다. 그런데 집중투표 방식으로 하면 두 가지 변화가 있다. 하나는 각 주식마다 이번 주주총회에서 선임하고자 하는 이사 숫자만큼 의결권을 준다. 이사를 세 명 선임한다면 10주식을 가진 주주에게 30개의 의결권을 준다. 다른 하나는 주주는 자기가 가진 의결권 모두를 특정 후보자에게 몰아 줄 수 있다. 30개의 의결권을 가진 주주는 후보자 중 한 사람에게 집중하여 30개의 찬성표를 줄 수 있다. 단순투표와 집중투표의 차이를 다음 그림에서 볼 수 있다.

<table>
<tr><td colspan="2">주식회사 X, 발행주식 총수는 10주, 주주 甲이 6주, 주주 乙이 4주 소유,
이번 주주총회에서 이사 3명 선출, 후보자 a, b, c, d, e</td></tr>
<tr><td>[단순투표]
a: 6표 찬성(甲)
b: 6표 찬성(甲)
c: 6표 찬성(甲)
d: 4표 찬성(乙)
e: 4표 찬성(乙)
주주 甲이 a, b, c후보를 지지하면 a, b, c가 이사로 선임됨</td><td>[집중투표]
a: 12표 찬성(甲)
b: 4표 찬성(甲)
c: 2표 찬성(甲)
d: 12표 찬성(乙)
e: 0표 찬성
乙이 집중투표를 하는 한 甲이 지지하는 후보는 최대 2명만 이사로 선임되고 乙이 지지하는 후보가 적어도 1명 이사로 선임됨.</td></tr>
</table>

소수 주주들이 의사를 결집하여 후보자 한 두 사람에게 의결권을 집중하면 소액주주들이 지지하는 사람이 이사로 선출될 수 있다. 이것이 집중투표이다. 집중투표를 하면 다수를 점하고 있는 주주가 자신의 뜻대로 이사를 모두 선임할 수 없고 일정한 지분을 가진 주주가 이사를 선택할 기회를 갖는다.

집중투표제도는 오랜 역사를 갖고 있다. 1776년 미국이 건국되었을 때 건국을 주도한 사람들은 '정부가 강해지면 국민의 자유나 권리를 보장하지 않는다. 마찬가지로 한 사람이 많은 권력이나 부를 갖고 있으면 다른 사람의 자유를 침해하게 된다.'고 생각했다. 주식회사에서도 투표권을 많이 갖고 있는 대주주가 마음대로 이사를 뽑는 것이 아니라, 소액주주들도 이사를 뽑을 수 있게끔 영향력을 높이는 방법을 생각해서 집중투표를 고안하였다. 이렇게 집중투표를 하게 되면 소액주주가 지지하는 사람이 이사로 뽑힐 확률이 높아지므로 대주주가 자신의 지분을 넘어서는 과도한 영향력을 행사하는 것을 견제할 수 있다고 보았다.

미국은 회사법을 각 주마다 달리 만드는데 어떤 주는 집중투표제 실시를 헌법에 규정한 주도 있고 회사법에서 강제한 주도 있으며 회사가 임의로 선택하도록 정한 주도 있었다. 대주주는 집중투표제를 싫어한다. 이사 전체를 자신이 원하는 사람으로 선임할 수 없기 때문이다. 기업 중에는 집중투표를 시행하는 주에서 집중투표를 시행하지 않는 주로 본사를 옮기는 일이 벌어졌다. 회사를 옮기는 일이 생기자 회사를 유치하고자 하는 주에서는 집중투표제를 포기하는 주가 생겨서 전반적으로 집중투표제도가 약화되었다.

우리나라는 외환위기를 겪으면서 대주주의 영향력이 너무 커서 폐해가 크고 소액주주의 권리 보호가 미흡하다는 지적에 따라 대주주의 영향력을 줄일 수 있는 방법의 하나로 집중투표제가 도입되었다. 그러나 실제 규정을 보면 집중투표제를 도입했다고 할 수 있는지 의문이 든다.

집중투표제의 입법방식
- 강제
- 배척할 수 있는 기회 부여(우리나라)
- 채택할 수 있는 기회 부여

상법 제382조의2 제1항은 집중투표제를 실시한다고 규정한 것이 아니고 소수주주권의 하나로 집중투표제 실시를 청구할 수 있게 하였다. 나아가 집중투표의 실시를 청구하는 소수주주권도 "정관에서 달리 정하는 경우"에는 행사할 수 없다. 정관에서 달리 정했다는 것은 예를 들면 "우리 회사는 집중투표를 실시하지 않는다."고 정하면, 소수주주가 집중투표제의 실시를 요구할 수 없다. 이 규정이 1998년 12월 신설되었는데 상장 기업의 99%가 1999년 주주총회에서 정관을 변경하여 집중투표제를 실시하지 않는다고 정하였다. 따라서 우리나라 상장기업에서 집중투표제가 실시될 가능성은 거의 없다.

경제민주화에 대한 논의가 있을 때마다 현행 상법 제382조의2를 개정하여 "정관에서 달리 정하는 경우를 제외하고는" 이라는 문구를 삭제해서 어떤 경우에도 주주들이 이사 선임 시 회사에 대해서 집중투표제 실시를 요구할 수 있게 해야 한다고 주장이 계속되고 있고 이에 대한 반론이 이어지고 있다.

5) 이사 보수

회사가 이사에게 회사 사무의 처리를 위탁하고 그 대가로 주는 것이 보수인데 보수는 주주나 회사가 이사를 통제할 때 당근의 역할을 한다. 일을 열심히 하고 성과가 좋으면 보수를 많이 준다는 논리이다. 제388조는 "이사의 보수는 정관에 그 액을 정하지 아니한 때에는

한화케미칼 정관 사례

제 5 장 이사, 이사회

제 30 조 (이사의 선임)

1) 이사는 주주총회에서 선임한다.
2) 이사의 선임은 출석한 주주의 의결권의 과반수로 하되 발행주식 총수의 4분의1 이상의 수로 하여야 한다.
3) 2인 이상의 이사를 선임하는 경우 상법 제382조의 2에서 규정하는 <u>집중투표제를 적용하지 아니한다.</u>

주주총회의 결의로 이를 정한다."고 규정하는데 정관의 내용은 주주가 정하므로 결국 주주들이 이사의 보수를 정하라는 것이다. 이사의 보수를 정하는 것이 주주가 이사를 통제하는 중요한 수단이기 때문이다. 실무적으로는 개별 이사의 보수를 일일이 정하지 않고 전체 이사와 감사의 총 보수를 주주총회 결의로 정하고 그 범위 내에서 회사가 임원 보수규정에 따라 지급하도록 한다.

상법 제340조의2(주식매수선택권)
① 회사는 정관으로 정하는 바에 따라 제434조의 주주총회의 결의로 회사의 설립·경영 및 기술혁신 등에 기여하거나 기여할 수 있는 회사의 이사, 집행임원, 감사 또는 피용자(被用者)에게 미리 정한 가액(이하 "주식매수선택권의 행사가액"이라 한다)으로 신주를 인수하거나 자기의 주식을 매수할 수 있는 권리(이하 "주식매수선택권"이라 한다)를 부여할 수 있다. 다만, 주식매수선택권의 행사가액이 주식의 실질가액보다 낮은 경우에 회사는 그 차액을 금전으로 지급하거나 그 차액에 상당하는 자기의 주식을 양도할 수 있다. 이 경우 주식의 실질가액은 주식매수선택권의 행사일을 기준으로 평가한다.

이사에게 지급하는 보수 외에 스톡옵션(stock option)이 있다. 스톡옵션을 우리 상법은 주식매수선택권이라고 하는데, 회사의 주식을 시가보다 싸게 살 권리를 주는 것이다. 회사가 이사에게 현재의 주식 가격보다는 높지만 미래의 주식 가격보다는 낮은 금액에 주식을 매입할 권리를 이사에게 주는 것이다. 회사의 실적이 좋아지고 스톡옵션 가격보다 주가가 올라갔을 때 주식매수선택권을 행사하면 그 차액만큼 경제적인 이익을 얻을 수 있다.

6) 이사의 퇴임, 사임, 해임

이사는 임기가 만료되면 퇴임한다. 민법 규정에 따라서 위임관계에서는 상호 해지의 자유가 있기 때문에 이사가 언제든지 사임할 수 있고 회사도 이사를 마음대로 해임할 수 있다. 이 법리가 상법 제385조에 규정되어 있다. 이사는 언제든지 제434조의 규정에 의한 주주총회의 결의로 이를 해임할 수 있다. 주주가 이사를 마음대로 해임할 수 있기 때문에 해임은 주주가 이사를 통제하는 아주 중요한 수단이 된다. 다만 이사의 임기를 정한 경우에 정당한 이유 없이 그 임기 만료 전에 이사를 해임한 때에는 그 이사는 회사에 대하여 해임으로 인한 손해배상을 청구할 수 있다.

상법 제385조(해임)
② 이사가 그 직무에 관하여 부정행위 또는 법령이나 정관을 위반한 중대한 사실이 있음에도 불구하고 주주총회에서 그 해임을 부결한 때에는 발행 주식의 총수의 3/100 이상에 해당하는 주식을 가진 주주는 총회의 결의가 있는 날부터 1월 내에 그 이사의 해임을 법원에 청구할 수 있다.

주주총회 특별결의로 이사를 해임할 수 있는 주주는 대주주뿐이다. 특별결의 요건을 충족하는 찬성표를 모으는 것이 쉽지 않기 때문이다. 그래서 상법은 소액 주주에게도 이사를 해임할 수 있는 기회를 준다. 불법적인 행위를 하는 이사가 회사에 많은 손해를 끼침에도 불구하고 대주주의 비호 때문에(혹은 그 자신이 대주주여서) 해임되지 않는 경우에 소수주주권의 하나로 이사의 해임을 청구하는 소송을 통해서 이사를 해임할 수도 있다(제385조

2019년 임원보수 사례

구분	네이버	카카오	신한금융지주회사
임원 수	7	7	13
주주총회 승인금액	15,000,000,000	8,000,000,000	3,500,000,000
보수 지급 총액	4,824,000,000	3,222,530,691	1,983,000,000
1인당 평균 보수액	689,000,000	402,816,336	158,000,000

[출처 : 각 회사 2019. 12. 사업보고서] (단위 : 원)

제2항). 소액주주가 법원의 판결을 통해서 해임을 하는 경우이다.

2 이사의 일반적인 의무

1) 주주의 이사에 대한 통제구조

주식회사의 운영을 담당하는 이사는 주주총회에서 선출된다. 주주들은 자신들의 투자금을 관리할 사람으로 이사를 뽑는다. 이사들은 회사 외부에 있는 주주들의 재산을 관리하기 때문에 주주가 이사를 효과적으로 통제하느냐가 주주들에게는 중요한 과제이다.

주주는 여러 방식으로 이사를 통제한다. 첫째 방식은 선임과 해임이다. 이사로 선임되는 것이 주주가 이사에게 줄 수 있는 제일 큰 당근이고 해임하는 것이 제일 큰 채찍이다. 둘째 방식은 보수이다. 이사가 회사의 업무를 집행한 것에 대한 대가를 지급하는 것으로 당근의 하나이다. 셋째 방식은 이사에 대해 일정한 법적 의무를 부과하고 만일 그 의무를 제대로 이행하지 않으면, 이사를 해임할 사유로 삼거나 의무 위반에 따른 손해배상책임을 물을 수 있는 근거로 삼는다. 넷째 방식은 벌칙이다. 이사의 행위 중 범죄에 해당하는 것에 대해 형벌을 과하는 것으로 채찍의 하나이다.

주주의 이사 통제 방법
- ■ 당근
  - 선임
  - 보수
  - 주식매수선택권(Stock Option)
- ■ 채찍
  - 해임
  - 법적 의무 부여
  - 의무위반 시 손해배상책임
  - 과태료
  - 형사처벌

법이 이사들에게 부여하는 의무는 일반적으로 부여되는 의무와 구체적으로 개별적인 사항에 대한 의무로 나눠볼 수 있는데, 전자에는 선관주의의무와 충실의무가 있고 후자에는 각종 이익충돌 방지의무가 있다.

2) 선관주의의무

이사와 회사는 위임의 관계에 있다. 고용이 아니다. 회사가 이사를 고용해서 업무를 지시하는 것이 아니고 회사가 이사에게 일정한 사무의 처리를 위임한 것이다. 상법은 제382조에 따라 회사와 이사의 관계에는 민법의 위임에 관한 규정을 준용한다. 민법 채권편에 채권계약의 한 형태로 위임계약에 관한 규정을 여럿(민법 제680 692조) 두고 있는데, 그 규정들이 모두 이사와 회사와의 관계에 적용된다는 것이다.

상법 제382조(이사의 선임, 회사와의 관계 및 사외이사)
② 회사와 이사의 관계는 「민법」의 위임에 관한 규정을 준용한다.

위임관계에 관한 민법 규정이 준용되는 결과, 수임인의 의무에 관한 민법 조항도 이사와 주주 간의 관계에 적용이 된다. 민법 제681조의 제목이 '수임인의 선관의무'인데 수임인이란 위임을 받은 사람이라는 뜻이다. '선관의무'란 '선량한 관리자의 주의의무'를 줄인 말이다. 선량한 관리자의 주의는 거래상 일반적으로 평균인에게 요구되는 정도의 주의 즉, 행위자의 직업 및 사회적 지위 등에 따라서 일반적으로 요구되는 정도의 주의이다.

민법 제681조(수임인의 선관의무)
수임인은 위임의 본지에 따라 선량한 관리자의 주의로써 위임사무를 처리하여야 한다.

위임을 받은 사람은 위임의 취지(위임을 하게 된 목적이나 의도)에 맞게 선량한 관리자의 주의를 기울여 위임된 사무를 처리할 의무가 있다는 뜻이다. '선량한 관리자'란 착한 관리자라는 뜻이라기보다는 바르게 판단하고 행동하는 관리자라는 의미로 이해해야 된다. 이 규정이 이사와 회사 간의 법률관계에 준용되므로 준용해서 읽으면 "이사는 위임의 취지에 맞게 선량한 관리자의 주의의무를 기울여 회사의 사무를 처리하여야 한다."가 된다. '선량한 관리자의 주의의무'라는 개념이 추상적이어서 그 의미가 쉽게 이해되지 않는다. '선량한 관리자의 주의의무'는 민법이 규정한 다른 주의의무인 '자기 재산을 관리할 때의 주의의무'와 대비해 보면 그 의미가 좀 더 명확해진다.

사람은 자기 재산을 관리할 때 열심히 임할 것이다. 그때 기울이는 주의의무가 '자기 재산을 관리할 때의 주의의무'이다. 선관주의의무는 그보다 높은 수준의 주의의무이다. 민법이 수임자에게 선관주의의무를 부과한 것은 남의 재산을 관리한다고 해서 게을리하거나 적당히 하면 안 되고, 자기 재산을 관리하는 것보다 더 주의를 기울여서 관리해야 된다는 입법자의 의지를 표현한 것이다. 선관주의의무가 자기 재산을 관리할 때의 주의의무보다 높은 수준의 주의의무이므로, 적어도 자기 재산을 관리한다면 하지 않을 행동을 했다면 이는 선관주의의무에 위반한 것이 분명하다. 구체적으로 어떤 행동이 선관주의의무에 위반된 행동인지는 재판을 통해 결정된다.

3) 충실의무

이사의 일반적 의무
- 선관주의의무
- 충실의무

상법은 선관의무 외에 '충실의무'라는 또 하나의 일반적인 의무를 부여하고 있다. 충실의무는 상법 제382조의3(이사의 충실의무)에 규정되어 있는데 "이사는 법령과 정관의 규정에

총수 있는 상위10대 집단의 내부지분율 변화

(매년 지정일 기준, 단위: %)

구분	'98	'99	'00	'01	'02	'03	'04	'05	'06	'07
총수 (총수일가)	2.9 -	1.8 -	1.1 -	1.3 (3.1)	1.4 (3.3)	1.2 (3.5)	1.3 (3.1)	1.4 (3.6)	1.4 (3.7)	1.3 (3.4)
계열회사	37.9	46.6	41.2	43.0	42.2	42.4	43.3	45.3	46.0	44.1
내부지분율	45.1	51.5	44.9	46.4	45.9	46.2	47.1	49.2	49.8	47.9

구분	'08	'09	'10	'11	'12	'13	'14	'15	'16	'17
총수 (총수일가)	1.1 (3.2)	1.1 (3.3)	1.0 (3.1)	1.1 (2.9)	0.9 (2.7)	1.0 (3.0)	0.9 (2.8)	0.9 (2.7)	0.9 (2.6)	0.9 (2.5)
계열회사	44.7	45.6	44.0	50.3	52.8	49.6	49.5	50.6	54.9	55.5
내부지분율	48.3	49.3	47.4	53.5	55.7	52.9	52.5	53.6	57.6	58.3

따라 회사를 위하여 그 직무를 충실하게 수행하여야 한다."는 내용이다. 문언만으로 앞서 본 수임인의 선관의무와 무엇이 다른지 분명하지 않다.

이 조문은 논란이 많은 조문이다. 조문의 아래를 보면 [본조신설 1998.12.28.]이라는 기재가 있는데 1997년 말에 있었던 외환위기를 극복하는 과정에서 대주주와 경영진의 책임을 강화하고 소액주주 보호를 확장하기 위하여 입법된 이른바 'IMF 입법'의 하나이다. 외환위기 시 우리나라 대기업과 금융기관들이 많이 도산하자 채권을 가진 외국 금융기관들이 한국에 와서 왜 이런 일이 벌어졌는지를 조사한 결과 한국에서 이사의 책임을 묻는 규정이 충분하지 않다고 판단했다. 왜냐하면 외국 금융기관의 관점에서는 이사의 책임을 묻는 근거가 되는 법원칙이 Fiduciary Duty에 관한 조항인데, 이 조항이 한국 상법에 없는 것이 이해되지 않았던 것이다. 그래서 한국 정부에 Fiduciary Duty에 관한 조항을 신설할 것을 요구했고 IMF의 지원을 받던 정부가 이를 Fiduciary Duty에 관한 규정을 두기로 약속을 했다. 그래서 1998년 초부터 Fiduciary Duty를 우리 법에 신설하는 작업이 진행되었다.

제382조의3(이사의 충실의무)
이사는 법령과 정관의 규정에 따라 회사를 위하여 그 직무를 충실하게 수행하여야 한다.

그런데 Fiduciary Duty를 신설하는 것에 대해서 다수의 상법학자가 반대했다. 많은 상법학자들이 생각하기에 "서양의 Fiduciary Duty는 이미 우리나라 민법 선관주의의무에 다 반영되었다. Fiduciary Duty라는 용어를 안 쓰고 있을 뿐이지, 굳이 Fiduciary Duty를 새로 들여올 만큼 입법에 부족함이 있는 것은 아니다."는 것이었다.

그러면 Fiduciary Duty가 무엇이기에 그런 논란이 벌어졌을까? Fiduciary Duty라는 것은 역사가 상당히 오래된 영미법의 중요한 법 원칙 중 하나이다. Fiduciary Duty란 남의 재산을 관리해주는 사람에게 부과되는 주의의무이다. 남의 재산을 관리해주는 대표적인 사례가 파산관재인이다. 채무자가 채무를 다 변제할 수 없으면 자기 재산을 모두 Fiduciary에게 넘겨주고, Fiduciary는 모든 채권자를 위해서 채무자의 재산을 처분해서 환가금을 나눠주는 역할을 한다. 또 다른 사례가 상속재산 관리인이다. 오랫동안 영미법에서는 미성년인 상속인은 상속을 할 수 없었다. 미성년인 상속인이 자기 이름으로 상속재산을 가질 수 없어서 상속인이 성년이 될 때까지 상속재산 관리인이 미성년인 상속인이 장차 상속할 재산을 관리를 해준다. 그 상속재산 관리인을 Fiduciary라고 부르고 일정한 의무를 부과했는데 그 의무를 Fiduciary Duty라고 한다.

Fiduciary에 부과되는 의무는 두 가지이다. 하나는 Duty of Care이다. Duty of Care는 주의를 기울여서 관리할 의무이다. 게으름 피우지 말고 열심히 관리하라는 것이다. 다른 하나는 Duty of Loyalty이다. Duty of Loyalty는 본인의 이익만을 추구할 의무이다. 관리하는 재산으로부터 자신이나 제3자가 이득을 보게 하면 안 된다는 것이다.

Fiduciary Duty
- Duty of care
- Duty of loyalty

여기에서 Fiduciary, Fiduciary Duty, Duty of Care, Duty of Loyalty를 번역을 하지 않고 사용한 이유는 우리나라에서 이들 용어의 번역어가 아직 통일되어 있지 않아 혼란을 줄 수 있기 때문이다. 과거 우리나라에서 지주의 땅을 관리하던 사람을 '청지기'라고 불렀으니 '청지기', '청지기 의무'라고 부르는 것도 한 방법이지만 아직은 학계에서 통일된 사용례가 확립되지 않았으므로 일단 원어를 그대로 사용한다.

시간이 지나면서 영미법계에서 Fiduciary Duty의 적용범위가 점차 확장되었다. Fiduciary를 상속재산 관리인이나 파산관재인뿐만 아니고 교사, 의사, 변호사 등에까지 확장했고 이사도 그 범주에 들게 되었다. 이렇게 Fiduciary로 인정되면 자동적으로 Fiduciary Duty가 부과된다. 영미법의 관점에서 보면 어떤 사람이 Fiduciary라고 인정되면 당연히 Fiduciary Duty가 있는 것이고, Fiduciary Duty에 위반했으면 손해배상을 받아낼 수 있다. 그런데 우리나라 이사에게 Fiduciary Duty가 있다는 것을 명시한 규정이 없다고 하니 그런 규정을 요구한 것이었다.

반대가 있었지만, '이사의 충실의무'라는 제목으로 Fiduciary Duty가 입법이 되었다. 그런데 아직 이론적으로는 이 Fiduciary Duty 즉, 이사의 충실의무가 이사의 선관주의의무와 다른 점이 있는지에 대해서는 논란이 있다. 판례에서는 선관의무와 충실의무를 구별하지 않고 있다. 판례는 '이사가 선관의무 또는 충실의무를 위반하였으므로' 혹은 '선관의무와 충실의무를 위반하였으므로'라는 식으로 두 개를 구분하지 않고 이사 책임의 근거로 삼고 있다.

1. 대법원 2017. 9. 12. 선고 2015다70044 판결

이사는 회사에 대하여 선량한 관리자의 주의의무를 지므로, 법령과 정관에 따라 회사를 위하여 그 의무를 충실히 수행한 때에야 이사로서의 임무를 다한 것이 된다. (중략) 회사의 이사회가 그에 관하여 충분한 정보를 수집·분석하고 정당한 절차를 거쳐 의사를 결정함으로써 그러한 사업기회를 포기하거나 어느 이사가 그것을 이용할 수 있도록 승인하였다면 그 의사결정과정에 현저한 불합리가 없는 한 그와 같이 결의한 이사들의 경영판단은 존중되어야 할 것이므로, (중략) 설령 이 사건 주식매매로 한화가 사업기회를 포기하고 이를 그 이사인 피고 1의 장남 소외 2가 이용할 수 있게 된 것이라고 하더라도, 한화의 이사회가 위 주식매매에 관하여 충분한 정보를 수집·분석하고 정당한 절차를 거쳐 이를 승인하는 결의를 하였으며, 그 의사결정과정이 현저하게 불합리하였다고 볼만한 사정도 없는 이상, 피고들이 이사로서 선량한 관리자의 주의의무 또는 충실의무를 위반하였다고 볼 수 없다.

2. 대법원 2010. 7. 29. 선고 2008다7895 판결

정부투자기관인 한국석유공사의 사장 및 부사장이자 이사들인 갑과 을이 전환사채 인수의 형식을 취하고 있으나 실질적으로 출자에 해당하는 '전자석유거래소 개설, 운영을 위한 합작회사 설립 및 업무협력에 관한 기본합의'를 이사회의심의·의결을 거치지 않고 독단적으로 체결한 것은 위 공사의 이사로서 직무상 충실 및 선관주의의무를 해태한 행위에 해당하므로, 갑과 을은 구 정부투자기관 관리기본법 제13조의7 제1항, 상법 제399조에 의한 책임을 진다고 한 사례

3 이익충돌 방지의무

1) 구체적인 의무

상법은 이사들에게 선관의무나 충실의무 같은 일반적인 의무 외에 이사의 역할과 관련된 구체적인 작위 또는 부작위 의무를 규정한다. 첫째는 보고의무이다. 이사는 3월에 1회 이상 업무집행에 관하여 이사회에 보고하여야 한다. 또 회사에 현저하게 손해를 미칠 염려가 있는 사실을 발견한 경우에는 즉시 감사 또는 감사위원회에 보고하여야 한다. 둘째 제382조의4에 따라 비밀유지의무가 있다. 기업 비밀을 누설하면 상법에 따른 책임 외에도 부정경쟁방지법에 따른 민·형사 책임을 지게 된다.

셋째는 감시의무이다. 상법 제393조(이사회의 권한) 제2항은 "이사회는 이사의 직무의 집행을 감독한다."고 규정하는데 이사회 구성원인 이사가 감시의무를 진다고 해석한다. 이사회의 이사 감독권이 상하관계에서 업무집행의 타당성까지 감독하는 데 반해 이사의 감시의무는 상호 대등한 관계에서 다른 이사의 위법성을 감시한다는 점에 차이가 있다. 이사의 감시의무는 이사에 따라 의무의 정도가 다르다고 해석한다. 대표이사나 상근이사의 경우에는 회사 업무집행을 전업으로 하기 때문에 다른 이사의 행위에 대한 정보를 쉽게 접근할 수 있어 자신이 담당하지 않는 업무라 하더라도 감시의무가 완화되지 않는다고 본다. 반면에 비상근이사나 사외이사의 경우에는 업무 담당 이사의 업무집행이 위법하다고 의심할만한 사정이 있었음에도 불구하고 감시의무를 소홀히 한 경우에 한하여 의무 위반이 있다고 본다. 넷째는 이익충돌 회피 의무인데 항을 바꾸어 설명한다.

상법 제393조(이사회의 권한)
④ 이사는 3월에 1회 이상 업무의 집행상황을 이사회에 보고하여야 한다.

상법 제412조의2(이사의 보고의무)
이사는 회사에 현저하게 손해를 미칠 염려가 있는 사실을 발견한 때에는 즉시 감사에게 이를 보고하여야 한다.

2) 이익충돌 일반

거래의 두 당사자가 각자 자기 이익을 위해 최선의 선택을 하는 것은 당연하고 법적으로도 문제될 것이 없다. 한 당사자의 선택에 따라 상대방이 손해를 입더라도 속이거나 숨긴 것이 있지 않는 한 법적으로는 비난받지 않는다. 그런데 한 사람이 다른 사람을 위해 행동하는 경우에는 당사자 간의 이익이 서로 충돌할 수 있다. 전형적인 경우가 쌍방대리 또는 자기대리라고 부르는 상황이다. 쌍방대리란 한 사람이 각기 다른 두 사람을 대리하는 것이다. 예를 들면 A가 甲의 대리인으로서 또 乙의 대리인으로서 甲과 乙 간의 매매계약을 체결하는 경우이다. A가 어떤 결정을 하는가에 따라 甲이 손해를 보고 乙이 이득을 볼 수도 있고, 乙이 손해를 보고 甲이 이득을 볼 수도 있는 것이다. 이런 상황을 이익충돌이라고 부른다. 자기대리란 A가 거래의 일방 당사자이면서 甲의 대리인이 되어 거래를 하는 경우이다. 이 경우에도 A와 甲 사이에 이익충돌이 발생하게 된다.

이익충돌(conflict of interest)은 영미법에서 중요한 법 원칙의 하나이다. 이사는 이익

이익충돌 관련 상법 규정
- 경업금지의무(제397조)
- 회사의 기회 및 자산의 유용 금지 의무(제397조의2)
- 이사의 자기거래 금지 의무(제398조)

충돌이 있는 상황을 만들거나 그런 상황에서 거래를 하면 안 된다는 것이 영미 회사법의 중요한 원칙이다. 그에 반해서 우리나라 법에서는 이익충돌이라는 것이 아직 법의 일반 원칙 중 하나로 여겨지고 있지는 않다. 그러나 최근에 여러 가지 일들을 통해서 이익충돌이 법적 정의에 심각하게 반하는 것이라는 인식이 확대되면서 이익충돌 상황을 법이 좀 더 잘 규율할 필요가 있다는 생각이 확산되고 있다. 상법은 이익충돌에 대한 일반적인 규정을 두지 않고, 이익충돌이 일어나는 개별적인 상황에 관한 3개의 규정을 두고 있다. 아래에서 하나씩 검토한다.

3) 경업금지의무

상법 제397조(경업금지)
① 이사는 이사회의 승인이 없으면 자기 또는 제삼자의 계산으로 회사의 영업부류에 속한 거래를 하거나 동종영업을 목적으로 하는 다른 회사의 무한책임사원이나 이사가 되지 못한다.
② 이사가 제1항의 규정에 위반하여 거래를 한 경우에 회사는 이사회의 결의로 그 이사의 거래가 자기의 계산으로 한 것인 때에는 이를 회사의 계산으로 한 것으로 볼 수 있고, 제삼자의 계산으로 한 것인 때에는 그 이사에 대하여 이로 인한 이득의 양도를 청구할 수 있다.

경업(競業)이란 '경쟁이 되는 일'을 의미하므로 '경업금지의무'는 경쟁이 되는 일을 하지 않을 의무를 의미한다. 이사가 지금 일하고 있는 회사의 영업 부류에 속하는 거래를 당사자로써 직접 하거나 그런 일을 하는 다른 회사의 무한책임사원이나 이사가 되면 회사에서 하는 일과 같은 일을 하는 것이니 고객을 뺏을 수도 있고, 경쟁관계에 있을 수 있다. 이익충돌이 일어날 수 있는 상황이다. 그런 경우에는 반드시 이사회의 승인을 얻어야 한다.

만일 이사회의 승인 없이 경업(회사와 같은 종류의 영업을 하거나 동종 영업을 하는 회사의 이사가 됨)을 했을 때 그 이사가 자기 계산으로 거래를 했으면(경제적인 결과가 자기에게 귀속되도록 하는 거래를 했으면) '회사의 계산으로 하라(거래의 경제적 효과를 회사로 귀속시켜라.)'고 할 수 있다. 제3자의 계산으로 하는 거래를 했다면(경제적인 효과가 제3자에 귀속되는 거래를 했다면) 이사에 대해서 이로 인한 이득의 양도를 청구할 수 있다.

추정과 간주

어떤 사실에 대한 증명이 확실하지 않은 경우 법은 두 가지 방법으로 그 사실을 확정한다. 하나는 추정으로 일단 추정을 한 후 나중에 이를 번복할 증거가 있는 경우('반증'이라고 한다.) 추정력을 상실시킨다. 또 다른 하나는 간주로 법이 일정한 사실을 일방적으로 그 효과를 인정하는 것으로 의제라고도 한다. 법령에서는 "---으로 본다."는 표현을 쓰기도 한다.

상법 제23조(주체를 오인시킬 상호의 사용금지) ④ 동일한 특별시·광역시·시·군에서 동종영업으로 타인이 등기한 상호를 사용하는 자는 부정한 목적으로 사용하는 것으로 <u>추정한다.</u>

상법 제47조(보조적 상행위) ② 상인의 행위는 영업을 위하여 하는 것으로 <u>추정한다.</u>

상법 제336조(주식의 양도방법) ② 주권의 점유자는 이를 적법한 소지인으로 <u>추정한다.</u>

상법 제5조(동전-의제상인) ① 점포 기타 유사한 설비에 의하여 상인적 방법으로 영업을 하는 자는 상행위를 하지 아니하더라도 상인으로 <u>본다.</u>

상법 제16조(물건판매점포의 사용인) ① 물건을 판매하는 점포의 사용인은 그 판매에 관한 모든 권한이 있는 것으로 <u>본다.</u>

4) 회사의 기회 및 자산의 유용 금지 의무

유용(流用)이라는 말은 원래의 목적과 달리 사용한다는 의미이다. '회사의 기회' 즉, 회사가 그 일을 해서 돈을 벌 수 있는 기회나 회사의 자산을 회사를 위해서가 아닌 다른 목적으로 사용해서는 안 된다는 것이다. 상법 제397조의2는 유용 금지의 대상이 되는 회사의 기회로 '직무를 수행하는 과정에서 알게 되거나 회사의 정보를 이용한 사업기회'와 '회사가 수행하고 있거나 수행할 사업과 밀접한 관계가 있는 사업기회'의 두 가지를 열거하고 있다. 이러한 회사의 사업 기회나 자산을 회사가 아닌 자신이나 제3자를 위해서 이용하려면 이사의 2/3 이상이 찬성한 이사회의 승인을 얻어야 한다.

오래 전 이야기이지만 우리나라의 한 건설업체에서 아파트를 지을 땅을 사는데 회사가 시장 조사를 해서 대상 지역이 결정되면, 아파트 단지 입구 근처의 제일 좋은 땅은 그 회사 회장의 배우자가 사고 그 뒤의 땅을 회사가 샀다고 한다. 아파트를 다 분양하고 나면 그 앞에 있는 땅값이 많이 올라서 회장 배우자가 많은 이득을 보았다고 한다. 회사에서 어디에 투자한다고 했을 때 투자의 이익을 자신이 갖는 행동을 하는 것, 또 어떤 사업이 유망하다고 했을 때 회사가 그 사업을 하지 않고 대표이사 자신이 그 사업을 하는 것들이 상법 제397조의2에서 금지하고 있는 회사의 기회 및 자산의 유용 금지에 해당한다.

이사회의 승인 없이 회사 기회나 자산을 유용하면 회사에 손해를 발생시킨 이사는 손해배상책임을 지는데 만일 그런 기회의 유용을 승인한 이사(이사의 2/3 이상이 찬성하지 않아서 이사회 승인을 얻지 못한 경우에도 찬성한 이사는 있을 수 있다.)는 의무를 위반한 이사와 연대하여 손해를 배상할 책임이 있다. 연대채무자를 확보하여 회사가 손해배상을 받을 가능성을 확대한 것이다. 손해배상을 받기 위해서는 손해액을 입증하여야 하는데 이는 쉬운 일이 아니다. 그래서 상법은 의무 위반으로 인하여 이사 또는 제3자가 얻은 이익은 손해로 추정한다는 규정을 두었다.

상법 제397조의2(회사의 기회 및 자산의 유용 금지)
① 이사는 이사회의 승인 없이 현재 또는 장래에 회사의 이익이 될 수 있는 다음 각 호의 어느 하나에 해당하는 회사의 사업기회를 자기 또는 제3자의 이익을 위하여 이용하여서는 아니 된다. 이 경우 이사회의 승인은 이사 3분의 2 이상의 수로써 하여야 한다.
1. 직무를 수행하는 과정에서 알게 되거나 회사의 정보를 이용한 사업기회
2. 회사가 수행하고 있거나 수행할 사업과 밀접한 관계가 있는 사업기회

② 제1항을 위반하여 회사에 손해를 발생시킨 이사 및 승인한 이사는 연대하여 손해를 배상할 책임이 있으며 이로 인하여 이사 또는 제3자가 얻은 이익은 손해로 추정한다.

5) 이사와 회사 간의 거래 금지 의무

이익충돌에 관한 세 번째 규정은 제398조가 규정하고 있는 이사와 회사 간의 거래이다. 이사의 '자기거래 금지 의무'라고도 한다. 대기업의 계열사 간 거래(이른바 일감 몰아주기)를 통해 대주주가 개인적인 이득을 얻는 것이 문제인데, 제398조가 그 문제의 일부를 규율하고 있다.

이사와 회사 간 거래의 가장 전형적인 케이스는 이런 경우이다. 회사가 판매하는 제품의 포장용기를 대주주이자 대표이사의 자녀가 소유하는 회사에서 사온다. 포장용기를 납품할 수 있는 여러 업체 간의 경쟁을 통해서 포장용기를 구매하는 것과 아들 회사에서 납품을 받는 것을 비교하면 무엇이 회사에 더 유리한지는 분명하다. 대주주이자 대표이사의 의사에

상법 제398조(이사 등과 회사 간의 거래)
다음 각 호의 어느 하나에 해당하는 자가 자기 또는 제3자의 계산으로 회사와 거래를 하기 위하여는 미리 이사회에서 해당 거래에 관한 중요사실을 밝히고 이사회의 승인을 받아야 한다. 이 경우 이사회의 승인은 이사 3분의 2 이상의 수로써 하여야 하고, 그 거래의 내용과 절차는 공정하여야 한다.
1. 이사 또는 제542조의8 제2항 제6호에 따른 주요주주
2. 제1호의 자의 배우자 및 직계존비속
3. 제1호의 자의 배우자의 직계존비속
4. 제1호부터 제3호까지의 자가 단독 또는 공동으로 의결권 있는 발행주식 총수의 100분의 50 이상을 가진 회사 및 그 자회사
5. 제1호부터 제3호까지의 자가 제4호의 회사와 합하여 의결권 있는 발행주식총수의 100분의 50 이상을 가진 회사

자기거래 대상의 확대
회사
⇕
이사
주요주주
직계존비속
배우자(직계존비속)
50% 이상 지분 소유 회사

상법 제398조의 적용범위

명의 \ 계산	자기	제3자
자기	O	O
제3자	O	X

상법 제542조의8 제2항 제6호에 따른 주요 주주
누구의 명의로 하든지 자기의 계산으로 의결권 없는 주식을 제외한 발행주식총수의 100분의 10 이상의 주식을 소유하거나 이사·집행임원·감사의 선임과 해임 등 상장회사의 주요 경영사항에 대하여 사실상의 영향력을 행사하는 주주

따라서 얼마든지 회사에 들어올 이익이 아들 회사로 흘러갈 수 있다. 이런 일들이 우리나라에서는 빈번하기 때문에 상법 제398조의 적용범위를 확대하고 자기거래의 요건을 강화하고 있다.

자기거래의 기본 구조에서 일방 당사자는 회사이고 상대방은 이사(일단 대표이사가 당사자인 경우를 상정해서 이해해도 된다.)인 거래이다. 거래가 이사 또는 제3자의 계산으로 이루어진다는 것은 거래의 경제적 이익이 자기 또는 제3자에게 귀속되는 것을 의미하는데 제3자 명의와 제3자 계산으로 거래가 이루어지는 경우를 제외하고 모두 포함된다.

자기 거래를 적법하게 하기 위해서는 세 가지 요건을 갖추어야 한다. 첫째 거래 전에 미리 이사회에서 해당 거래에 관한 중요 사실을 밝혀야 한다. 둘째 이사 3분의 2 이상의 찬성으로 이사회의 승인을 받아야 한다. 셋째 거래의 내용과 절차는 공정하여야 한다.

상법은 2011년 제398조를 개정하여 회사와 거래하는 상대방이 이사가 아닌 경우에도 적용되도록 했다. 적용대상을 이해하기 쉽게 다시 분류하면, ① 이사와 주요 주주, ② 이사의 직계존비속, ③ 이사의 배우자와 배우자의 직계존비속, ④ 이들이 갖고 있는 자회사, ⑤ 이들과 이들의 자회사가 50% 이상의 주식을 가진 회사가 된다. 즉 이사와 주요주주의 혈족, 배우자, 인척이 포함되고 이들이 갖고 있는 자회사가 화사와 거래할 때는 제398조를 적용한다.

4 이사의 책임

1) 의무와 책임

회사의 재산 즉, 주주의 재산을 관리하는 이사들에게는 여러 가지 의무가 부과된다. 일반적인 의무로 선관의무나 충실의무가 부과되고 또 법령이나 정관에 개별적으로 규정하는 의무가 있고, 이익충돌이 나는 상황에서 자신의 이익을 취해서는 안 되는 등 여러 가지 의무가 있다. 이사가 그러한 의무를 위반하게 되면 법은 이사들에게 일정한 책임을 묻는다. 크게 보면 의무 위반을 한 경우에 이사는 해임될 수 있고 법이 부과하는 손해배상책임을 지게 된다. 또 과태료나 벌칙이 부과될 수도 있다. 이 중에서 해임은 대주주가 물을 수 있는 책임이고 과태료나 벌칙은 국가가 물을 수 있는 책임이다. 회사, 소액주주, 채권자 등이 물을 수 있는 것은 손해배상책임이다.

손해배상책임의 근거는 민법과 상법에서 모두 찾을 수 있다. 민법은 채무를 이행할 의무가 있는 자(채무자)가 채무이행을 제대로 하지 않은 경우 손해배상책임을 부과한다. 이 법원

리가 이사와 회사 사이에도 적용되어 이사가 회사에 대하여 채무불이행으로 인한 손해배상 책임을 질 수 있다. 상법은 이사의 손해배상 책임을 회사에 대한 책임과 제3자에 대한 책임으로 나누어 규정하고 있다. 이에 대한 내용은 아래에서 설명한다.

2) 회사에 대한 손해배상책임

이사와 회사 간의 관계는 위임관계이기 때문에 그런 위임에 관한 일반 원칙이 적용된다. 위임계약의 당사자는 위임 계약에 따른 의무를 이행하여야 한다. 의무를 제대로 이행하지 않으면 법이 규정한 일정한 책임을 지게 된다. 그것을 '채무불이행책임'이라고 한다. 민법 제390조는 채무자의 채무불이행이 있으면 채권자는 손해배상청구권이 있음을 명시한다.

회사에 대한 손해배상 근거
- 민법 제390조(채무불이행 책임)
- 상법 제399조(임무해태 책임)

계약에서 정한 대로 이행하지 않으면 채권자가 손해배상을 청구할 수 있다는 법 원리는 이사와 회사 간의 위임계약에 그대로 적용된다. 이사가 회사에 대한 채무를 이행하지 않으면 회사는 손해배상청구권을 갖는다. 다만 단서에서 "그러나 채무자의 고의나 과실 없이 이행할 수 없게 된 때에는 그러하지 아니하다."고 규정하여 채무자가 전혀 과실이 없었는데 이행할 수 없게 된 경우에는 손해배상책임을 묻지 않는다. 이를 '과실책임의 원칙'이라고 한다. 이사가 위임계약에 따른 선관주의의무를 게을리하면 채무불이행이 있는 것이고 민법 제390조에 따라 회사에 대해 손해배상책임을 진다.

민법 제390조(채무불이행과 손해배상)
채무자가 채무의 내용에 좇은 이행을 하지 아니한 때에는 채권자는 손해배상을 청구할 수 있다. 그러나 채무자의 고의나 과실없이 이행할 수 없게 된 때에는 그러하지 아니하다.

상법은 제399조에서 이사의 책임을 별도로 규정하고 있다. 제1항은 세 가지 요건을 규정한다. 첫째 고의 또는 과실이 있어야 하고, 둘째 법령 또는 정관에 위반한 행위를 하거나 그 임무를 게을리 하여야 하고, 셋째 회사에 손해가 발생하여야 한다. 이 요건이 충족되면 이사가 회사에 손해를 배상하여야 하는데 그런 행위를 한 이사가 여러 명 있는 경우에는 연대하여 손해를 배상하여야 한다.

상법 제399조(회사에 대한 책임)
① 이사가 고의 또는 과실로 법령 또는 정관에 위반한 행위를 하거나 그 임무를 게을리한 경우에는 그 이사는 회사에 대하여 연대하여 손해를 배상할 책임이 있다.
② 전항의 행위가 이사회의 결의에 의한 것인 때에는 그 결의에 찬성한 이사도 전항의 책임이 있다.
③ 전항의 결의에 참가한 이사로서 이의를 한 기재가 의사록에 없는 자는 그 결의에 찬성한 것으로 추정한다.

학자들은 상법 제399조가 민법 채무불이행책임과는 별도의 책임을 묻는 것으로 해석을 한다. 그래서 이사가 회사에 손해를 끼쳤을 때 그 이사는 민법상 채무불이행책임을 질 수도 있고, 상법 제399조에 따른 책임을 질 수도 있다. 실무에서는 상법 제399조를 주로 적용한다. 상법 제399조에 따른 책임을 묻는 것이 채무불이행책임을 묻는 것보다 간편하다고 생각하는 것 같다.

이사가 행위를 할 때 단독으로 행위를 하는 경우도 있고, 이사회라는 회의체의 결의를 통해서 행위를 하는 경우도 있다. 만약 법령이나 정관에 위반한 행위 혹은 임무 해태가 이사회의 결의에 의한 것이라면, 그 결의에 찬성한 이사도 같이 연대책임이 있다. 어떤 안건에 대해서 결의할 때 반대를 하는 의사를 밝히지 않았으면 연대책임을 진다는 것이다. 판례는 기권한 경우를 찬성한 것으로 추정하지 않았다.

3) 경영판단의 원칙

이사가 회사에 손해가 나는 행동을 했다고 해서 다 책임을 지울 수 없다. 이사는 현재나 미래의 불확실한 상황 아래서 위험을 안고 판단을 한다. 신규 사업에 진출하거나, 신제품을 출시하거나, 회사를 관리하는 것에는 항상 위험이 따르고 그 판단에 따라 이익이 나기도 하고 손해가 나기도 한다. 만약 회사에 손해가 났다고 해서 그때마다 이사에게 손해배상책임을 묻는다면 이사는 자기가 책임질 일을 안 할 터이고 결국 기업들이 모험을 감수하고 혁신을 이루려는 활동을 하지 않을 것이다.

이런 배경 하에 미국의 판례법에서 '경영판단의 원칙(Business Judgement Rule)'이라고 하는 법 원리가 형성되었다. 경영판단의 원칙이란 이사의 행동은 경영상의 목적을 위해서 한 것이어서 그 행동으로 인하여 손해가 발생하더라도 책임을 지지 않는다는 원칙이다. 미국에서 이사의 책임을 묻는 소송을 할 때 원고는 "지금 원고가 책임을 묻고자 하는 이사의 행동은 경영판단이 아니다. 경영판단의 원칙에 의해서 보호될 행동이 아니다."는 것을 먼저 증명하여 경영판단이 아님이 확인된 후 구체적인 손해 배상을 청구하게 된다.

경영판단의 원칙은 우리나라뿐만 아니라 대부분의 국가에서 인정되어 법원리로 사용하고 있다. 다만 우리나라에서는 이사에게 손해배상청구를 하면 이사가 "이 행동은 경영판단에 의한 것이다. 경영판단에 따른 행동이기 때문에 채무자로서 책임을 지지 않는다."고 주장하는 방식으로 적용되어 미국에서 적용되는 방식과는 차이가 있다.

경영판단 적용 요건
- 법령에 위반되지 않을 것
- 충분한 정보를 갖고 신중하게 판단할 것
- 사후적으로도 합리성을 갖출 것
- 이익충돌이 없을 것

경영판단의 원칙은 현행 법률에 규정된 것이 아니고 판례에 의해서 인정된 것이기 때문에 법률에는 적용 요건이 규정되어 있지 않다. 판례에서 인정하는 경영판단의 원칙이 적용되기 위한 요건은 다음과 같다. 첫 번째, 이사의 행동이 법령에 위반해서는 안 된다. 아무리 회사를 위한 것이라도 법령에 위반한 것은 경영판단으로 보호받을 수 없다.

노태우대통령 정치자금 제공 사건 판결

(대법원 2005. 10. 28. 선고 2003다69638 판결)

"상법 제399조는 이사가 법령에 위반한 행위를 한 경우에 회사에 대하여 손해배상책임을 지도록 규정하고 있는바, 이사가 회사에 대하여 손해배상책임을 지는 사유가 되는 법령에 위반한 행위는 이사로서 임무를 수행함에 있어서 준수하여야 할 의무를 개별적으로 규정하고 있는 상법 등의 제 규정과 회사가 기업활동을 함에 있어서 준수하여야 할 제 규정을 위반한 경우가 이에 해당된다고 할 것이고, 이사가 임무를 수행함에 있어서 위와 같은 법령에 위반한 행위를 한 때에는 그 행위 자체가 회사에 대하여 채무불이행에 해당되므로 이로 인하여 회사에 손해가 발생한 이상, 특별한 사정이 없는 한 손해배상책임을 면할 수는 없다 할 것이며, 위와 같은 <u>법령에 위반한 행위에 대하여는 이사가 임무를 수행함에 있어서 선관주의의무를 위반하여 임무해태로 인한 손해배상책임이 문제되는 경우에 고려될 수 있는 경영판단의 원칙은 적용될 여지가 없다.</u>"

두 번째, 경영판단으로 보호받으려면 이사가 판단을 할 때 신중히 해야 된다. 충분한 정보를 갖고 신중히 판단해야 된다. 세 번째, 사후적으로도 그런 결정을 하는 것에 합리성이 있어야 된다. 아무리 신중하게 판단했다고 하더라도 사후적으로 봤을 때 합리성이 결여되면 그것은 경영판단이 아니라고 본다.

우리나라 판례에서는 아직 전면적으로 받아들여지고 있는 것은 아니나 미국을 비롯한 여러 나라 판례에서 인정하는 요건으로 경영판단이라고 주장하려면 이익의 충돌이 있는 상황이 아니어야 한다는 것이 있다. 회사와 이사 간에 이익충돌이 있는 상황, 즉 이사에게는 이득이 되고 회사에게는 손해가 될 수 있는 판단은 경영판단이라고 보지 않는다.

4) 대표소송

회사가 이사에 대해서 손해배상을 청구할 권리가 있다고 하더라도 실제로 회사가 이사에 대해서 손해배상청구를 하지 않는다면, 나아가 청구를 했으나 배상을 안 한 경우에 소송 등 법적 조치를 취하지 않는다면 이사에게 일정한 의무를 부과하는 것이 이사에 대한 실효적인 통제방법이 될 수 없다. 실무적으로 보면 그런 소송이 있기가 쉽지 않다. 예를 들어 대표이사가 이사회 승인 없이 자기거래를 하여 회사에 손해를 끼쳤을 때 회사는 손해배상청구권이 있지만 그 권리를 행사하려면 주식회사 X 대표이사 甲이 대표이사 甲을 피고로 하여 소송을 제기하여야 한다. 회사의 대표이사가 자기 자신에게 손해배상 청구소송을 제기하는 것을 기대하기는 어렵다.

상법은 회사를 대신해서 소송을 할 수 있는 방법을 마련했는데 이를 '주주 대표소송'이라고 한다. 상법 제403조는 주주 대표소송을 소수주주권의 하나로 규정한다. 1% 이상 주식을 가진 주주가 회사에 대해서 "아무개 이사가 회사에 손해를 끼쳤으니 손해 배상 청구소송을 제기하시오."라고 요구할 수 있다. 그러한 청구는 그 이유를 기재한 서면으로 하여야 하고 회사가 그러한 청구를 받은 날로부터 30일 내에 소를 제기하지 아니한 때에는 소 제기를 청구한 주주는 즉시 회사를 위하여 소를 제기할 수 있다. 회사가 30일 내에 소를 제기 안 하면 1% 이상을 갖고 있는 소수 주주가 회사를 위하여 소를 제기할 수 있다. 이 소송을 '주주 대표소송'이라고 한다. 30일의 경과로 인하여 회사에 회복할 수 없는 손해가 생길 염려가 있는 경우에는 소송의 제기를 청구한 주주는 즉시 소송을 제기할 수 있다.

회사를 위하여 소송을 제기할 수 있다는 것은 원고는 소수주주가 되는데 소송의 결과는 회사에 귀속된다는 의미이다. 소수주주가 회사를 대신해서 소송을 한다. 만약 승소하게 되면 손해배상금은 회사에 지급된다. 이것이 회사를 위하여 소를 제기한다는 의미이다.

주주 대표소송은 민사소송법의 일반 원칙과 다른 특칙을 두 가지 갖고 있다. 원고 적격의 문제와 소 취하 등의 문제이다. 주주 대표소송의 원고는 1% 이상의 주식을 소유한 주주여

대표소송과 집단소송
대표소송(derivative suit)은 회사를 대신하여 주주가 이사를 상대로 소송을 하는 것이다.
집단소송(class action)은 동일한 원인으로 유사한 피해를 입은 사람이 다수 있는 경우 일부 피해자가 전체 피해자를 위해서 소송을 제기하면 판결의 효력이 전체 피해자에게 미치는 소송으로 우리나라에서는 「증권관련 집단소송법」에 따라 증권 분야에서 집단소송이 인정되고 있다.

상법 제403조(주주의 대표소송)
① 발행주식의 총수의 100분의 1 이상에 해당하는 주식을 가진 주주는 회사에 대하여 이사의 책임을 추궁할 소의 제기를 청구할 수 있다.
② 제1항의 청구는 그 이유를 기재한 서면으로 하여야 한다.
③ 회사가 전항의 청구를 받은 날로부터 30일내에 소를 제기하지 아니한 때에는 제1항의 주주는 즉시 회사를 위하여 소를 제기할 수 있다.
④ 제3항의 기간의 경과로 인하여 회사에 회복할 수 없는 손해가 생길 염려가 있는 경우에는 전항의 규정에 불구하고 제1항의 주주는 즉시 소를 제기할 수 있다.
⑤ 제3항과 제4항의 소를 제기한 주주의 보유주식이 제소후 발행주식총수의 100분의 1 미만으로 감소한 경우(發行株式을 보유하지 아니하게 된 경우를 제외한다)에도 제소의 효력에는 영향이 없다.
⑥ 회사가 제1항의 청구에 따라 소를 제기하거나 주주가 제3항과 제4항의 소를 제기한 경우 당사자는 법원의 허가를 얻지 아니하고는 소의 취하, 청구의 포기·인락·화해를 할 수 없다. (이하 생략)

사실심
사실에 대한 쟁점과 법률에 대한 쟁점을 모두 판단하는 재판으로 법률 쟁점만 판단하는 법률심과 비교된다. 보통 대법원이 수행하는 상고심을 법률심이라고 본다.

각하
소송의 요건을 구비하지 않은 경우 본안에 대한 판단을 하지 않고 소송을 종료하는 것. 본안에 대한 판단을 하고 신청을 배척하는 기각과 구별된다.

기판력
확정된 종국판결의 구속력. 당사자는 동일한 소송을 반복하지 못하고 법원은 다시 심사하여 확정판결과 모순된 판단을 할 수 없다.

야 한다. 민사소송법의 일반 원칙에 따르면 원고의 자격은 소송을 제기하는 때로부터 사실심 변론종결시(보통 고등법원 변론이 끝날 때)까지 유지되어야 한다. 만일 소송 진행 중 원고의 자격을 상실하면 법원은 소 각하 판결을 한다. 이 원칙이 적용된다면 대표소송의 원고는 대표소송을 제기하는 때로부터 고등법원 변론이 끝날 때까지 1% 이상의 주식을 보유해야 하고 중간에 주식을 처분하면 소 각하 판결을 받게 된다. 이렇게 되면 대표소송을 제기하고자 하는 소수주주에게는 경제적으로 큰 부담을 지우는 것이어서 대표소송의 실효성이 없어지게 된다. 그래서 제5항에서 예외를 두었다. 소를 제기한 주주의 보유주식이 제소 후 발행주식 총수의 100분의 1 미만으로 감소한 경우에도 제소의 효력에는 영향이 없다. 1% 미만으로 감소해도 원고 적격은 유지된다. 다만 제5항 괄호 안에 있는 대로 '발행주식을 보유하지 아니하게 된 경우' 즉, 주식을 한 주도 갖지 않게 된 경우에는 원고 적격을 잃게 된다. 발행주식을 보유하지 아니하게 된 경우란 자기가 가진 주식을 모두 처분해서 주주가 아닌 상태가 되는 것을 의미한다. 그렇게 되면 원고 적격이 없어 소 각하 판결을 받게 된다.

판결이 확정되면 동일한 사안에 대해서는 다시 소송을 제기할 수 없다. 이를 기판력이라고 한다. 이사에 대한 회사의 손해배상청구소송에 대한 판결이 확정되면 동일한 이유로 해당 이사에게 손해배상청구소송을 제기할 수 없다. 만일 회사가 손해배상청구소송을 제기한 후 혹은 소수주주가 회사를 대신해서 소를 제기한 후에 소를 취하하거나, 청구의 포기·인낙·화해를 하게 되면 그 내용으로 확정되고 다시 소송을 제기할 수 없게 된다. 원고와 이사와의 공모를 막기 위해서 제6항에서 법원의 허가 없이는 소의 취하, 청구의 포기·인낙·화해를 할 수 없다는 특칙을 두었다.

제406조의2 (다중대표소송)
① 모회사 발행주식총수의 100분의 1 이상에 해당하는 주식을 가진 주주는 자회사에 대하여 자회사 이사의 책임을 추궁할 소의 제기를 청구할 수 있다.
② 제1항의 주주는 자회사가 제1항의 청구를 받은 날부터 30일 내에 소를 제기하지 아니한 때에는 즉시 자회사를 위하여 소를 제기할 수 있다. (이하 생략)

대표소송은 회사의 주주가 회사를 대신해서 회사에 손해를 끼친 이사를 상대로 손해배상청구를 하는 소송이다. 이를 확장해서 자회사의 이사가 자회사에 손해를 끼친 경우 모회사의 주주가 자회사의 이사를 상대로 자회사에 끼친 손해를 배상할 소송을 제기할 수 있는지가 다투어졌다. 이를 다중대표소송이라고 한다. 판례는 제403조를 문언 그대로 해석하여 다중대표소송을 허용하지 않았다. 국회는 2020년 12월 상법 제406조의2를 신설하여 다중대표소송을 입법적으로 허용했다.

다중(이중)대표소송을 부정한 판례

(대법원 2004. 9. 23. 선고 2003다49221 판결)

"어느 한 회사가 다른 회사의 주식의 전부 또는 대부분을 소유하여 양자 간에 지배종속관계에 있고, 종속회사가 그 이사 등의 부정행위에 의하여 손해를 입었다고 하더라도, 지배회사와 종속회사는 상법상 별개의 법인격을 가진 회사이고, 대표소송의 제소자격은 책임추궁을 당하여야 하는 이사가 속한 당해 회사의 주주로 한정되어 있으므로, 종속회사의 주주가 아닌 지배회사의 주주는 상법 제403조, 제415조에 의하여 종속회사의 이사 등에 대하여 책임을 추궁하는 이른바 이중대표소송을 제기할 수 없다."

5) 이사의 제3자에 대한 손해배상책임

이사가 위임관계에 있는 회사에 대해서 손해배상책임을 질뿐만 아니라 제3자에 대해서 손해배상책임을 지는 경우가 있다. 민법 제750조가 이사와 제3자 사이에도 적용됨은 물론이다. 이에 더하여 상법 제401조는 이사의 제3자에 대한 손해배상책임을 규정하고 있다. 예를 들어 폐수를 많이 생성하는 회사에서 폐수 처리에 드는 비용을 아끼려고 장마 때 폐수를 정상적으로 처리하지 않고 인근 강에 방류하도록 이사가 지시했다. 폐수가 방류된 후 강의 하류에 있는 마을 사람들이 많이 다쳤다. 이렇게 되면 그 회사가 잘못을 했으므로 회사는 당연히 손해배상책임이 있다. 그런데 회사뿐 아니라 불법적인 행위를 지시한 이사도 상법 제401조에 따라 개인적으로 제3자에게 손해배상책임이 있다.

제401조의 손해배상책임을 지기 위한 요건은 첫째 이사의 고의 또는 중대한 과실, 둘째 임무 해태, 셋째 제3자의 손해발생이다. 임무를 게을리 했다고 함은 회사에 대한 임무를 게을리 한 것이고 이사의 임무 중에는 법령이나 정관에 따라서 행동할 의무도 포함된다. 앞의 예에서 폐수를 무단 방류하는 것은 법령에 어긋난 행동이므로 요건을 충족하여 이사 자신이 책임을 지게 된다.

우리나라 판례가 상법 제401조를 근거로 해서 이사에게 제3자의 손해에 대해서 개인적인 책임을 묻는 사안으로는 회사가 재정적으로 어려워졌을 때 외상으로 물건을 샀는데 3일 만에 부도가 나서 그 외상값을 못 주게 되었을 때, 약속어음을 발행하여 사채업자에게서 할인을 받아 회사 운영자금으로 사용했는데 할인 후 며칠 안 돼서 회사가 부도가 나 약속어음의 변제를 하지 못하게 된 때 등이다.

제3자에 대한 손해배상책임 근거
- 민법 제750조(불법행위책임)
- 상법 제401조

민법 제750조(불법행위책임)
고의 또는 과실로 인한 위법행위로 타인에게 손해를 가한 자는 그 손해를 배상할 책임이 있다.

상법 제401조(제삼자에 대한 책임)
① 이사가 고의 또는 중대한 과실로 그 임무를 게을리한 때에는 그 이사는 제3자에 대하여 연대하여 손해를 배상할 책임이 있다

상법 제401조 책임 발생 요건
- 이사의 고의 또는 중대한 과실
- 회사에 대한 임무해태
- 제3자의 손해발생

6) 업무집행지시자의 책임

회사에 대한 손해배상책임이나 제3자에 대한 손해배상책임은 모두 등기된 이사에게만 적용된다. 이른바 미등기이사나 대주주에게는 적용이 되지 않는다. 그런데 현실에서는 등기된 이사 외에도 이사에 준하는 행동을 하는 사람들이 있다. 그런 사람들이 회사의 어떤 의사결정에 영향을 주거나 회사의 의사결정을 자신이 함으로써 손해를 끼치는 경우가 있어서 상법이 그들에게 책임을 물을 수 있는 규정을 두고 있다.

상법 제401조의2(업무집행 지시자 등의 책임)가 열거하고 있는 사람들은 이사가 아니지만 그가 지시하거나 집행한 업무에 관하여는 이사와 마찬가지로 회사에 대한 손해배상책임(제399조)과 제3자에 대한 손해배상책임(제401조)을 지고 대표소송(제403조)의 대상이 된다. 이사가 아니면서 회사에 대해서 영향력을 행사하거나 직접 업무집행을 한 자를 업무집행지시자로서 이사에 준하여 책임을 묻는 것이다.

제401조의2(업무집행지시자 등의 책임)
① 다음 각호의 1에 해당하는 자는 그 지시하거나 집행한 업무에 관하여 제399조·제401조 및 제403조의 적용에 있어서 이를 이사로 본다.
1. 회사에 대한 자신의 영향력을 이용하여 이사에게 업무집행을 지시한 자
2. 이사의 이름으로 직접 업무를 집행한 자
3. 이사가 아니면서 명예회장·회장·사장·부사장·전무·상무·이사 기타 회사의 업무를 집행할 권한이 있는 것으로 인정될 만한 명칭을 사용하여 회사의 업무를 집행한 자

5 이사회

1) 이사회의 구성과 권한

상법 제393조(이사회의 권한)
① 중요한 자산의 처분 및 양도, 대규모 재산의 차입, 지배인의 선임 또는 해임과 지점의 설치·이전 또는 폐지 등 회사의 업무집행은 이사회의 결의로 한다.
② 이사회는 이사의 직무의 집행을 감독한다.

상법 제390조(이사회의 소집)
① 이사회는 각 이사가 소집한다. 그러나 이사회의 결의로 소집할 이사를 정한 때에는 그러하지 아니하다.
② 제1항 단서의 규정에 의하여 소집권자로 지정되지 않은 다른 이사는 소집권자인 이사에게 이사회 소집을 요구할 수 있다. 소집권자인 이사가 정당한 이유없이 이사회 소집을 거절하는 경우에는 다른 이사가 이사회를 소집할 수 있다.
③ 이사회를 소집함에는 회일을 정하고 그 1주간 전에 각 이사 및 감사에 대하여 통지를 발송하여야 한다. 그러나 그 기간은 정관으로 단축할 수 있다.
④ 이사회는 이사 및 감사 전원의 동의가 있는 때에는 제3항의 절차없이 언제든지 회의할 수 있다.

상법 제391조(이사회의 결의방법)
① 이사회의 결의는 이사과반수의 출석과 출석이사의 과반수로 하여야 한다. 그러나 정관으로 그 비율을 높게 정할 수 있다.
② 정관에서 달리 정하는 경우를 제외하고 이사회는 이사의 전부 또는 일부가 직접 회의에 출석하지 아니하고 모든 이사가 음성을 동시에 송수신하는 원격통신수단에 의하여 결의에 참가하는 것을 허용할 수 있다. 이 경우 당해 이사는 이사회에 직접 출석한 것으로 본다.
③ 제368조제3항 및 제371조제2항의 규정은 제1항의 경우에 이를 준용한다.

상법은 주식회사에서 의사결정을 담당하는 기관으로 주주총회, 이사회, 대표이사 이렇게 세 기관을 규정하고 있다. 이사회는 이사 전원으로 구성되는 상설기관이고 회의체이다. 회의 자체를 이사회라고 부르기도 하지만, 이사회는 하나의 기관으로서 역할을 한다. 회의체 이사회에는 이사뿐만 아니라 감사도 출석하여 의견을 진술할 수 있다.

상법 제393조는 이사회의 권한으로 두 가지를 규정하고 있다. 하나는 중요한 자산의 처분 및 양도, 대규모 재산의 차입, 지배인의 선임 또는 해임과 지점의 설치·이전 또는 폐지 등이다. 이것은 이사회가 수행할 회사의 중요한 업무집행의 예시이다. 이사회는 예시된 사항 외에도 일상적이지 않은 중요한 업무집행을 한다. 일상적인 업무집행을 대표이사가 하는 것과 대비할 수 있다. 이러한 사항에 대한 이사회의 업무집행은 결의를 통해서 한다.

다른 하나는 이사의 직무 집행 감독이다. 이사회에서 이사가 직무를 제대로 집행하고 있는지를 감독하는 일이다. 이사회의 이사 감독은 회의체 단위에서도 이루어지고 회의체의 구성원인 이사를 통해서도 이루어질 수 있다.

2) 이사회의 소집과 결의

이사회는 각 이사가 소집할 수도 있고 소집권자를 정할 수도 있다. 소집권자에게 다른 이사가 소집을 요구할 수 있기 때문에 이사회는 결국 이사가 소집을 하게 된다. 소집을 할 때에는 회의일의 1주 전에 이사와 감사에게 통지를 하도록 되어 있는데, 시간상의 제약은 이사들이 동의하면 문제되지 않는다.

결의를 할 때는 투표의 방식으로 하는데 각 이사가 1개의 의결권을 갖는다. 그러나 제391조 제3항에서 제368조 제3항을 준용하므로 이사회 결의에 특별한 이해관계를 가진 사람은 의결권을 행사할 수 없다. 만일 특별한 이해관계를 가진 사람이 의결권 행사를 하면, 그 결의에 하자가 있게 된다. 이사회의 결의는 이사 과반수의 출석과 출석 이사의 과반수로 하여야 하는데 정관으로 가결 비율을 높게 정할 수 있다.

이사회에서 결의를 할 때는 반드시 직접 기명투표를 해야 된다. 이사회 결의에서는 대리행사가 불가능하고 서면결의가 안 된다. 그 이유는 이사 각자가 어떻게 결의했느냐가 나중에 책임 문제와 관련이 있기 때문이다. 대리행사나 서면결의는 불가능하지만, 전화회의나 화상회의는 가능하다.

이사회 결의에 하자가 있으면 결의의 효력이 어떻게 되느냐에 대해 상법이 아무런 규정을 두고 있지 않다. 이사회 결의의 하자에는 내용의 하자(결의의 내용이 법령이나 정관에 위반한 경우)와 절차의 하자(소집절차에 흠이 있거나 결의 방법에 흠이 있는 경우)를 모두 생각할 수 있다.

상법 제368조(총회의 결의방법과 의결권의 행사)
③ 총회의 결의에 관하여 특별한 이해관계가 있는 자는 의결권을 행사하지 못한다.

법률에 명시적인 규정이 없는 상태에서 두 가지 선택지가 있다. 하나는 회사법에서 규정하고 있는 여러 가지 소송, 예를 들면 주주총회 결의의 하자를 다투는 소송, 회사 설립 무효의 소송, 신주발행 무효의 소송 등에 적용되는 소송의 제 원칙을 따른다고 보는 견해이다. 다른 견해는 회사법에서 별도의 규정을 두고 있지 않으면 그것은 민법에서 정하고 있는 일반적인 무효의 법리를 따른다고 보는 견해이다. 다수의 견해와 판례는 기본적으로 민법상 무효의 법리에 따르되 결의의 내용이 외부적인 성격을 갖고 있고 상대방이 선의인 때에는 유효라고 본다.

3) 이사회 내 위원회

이사회의 효율적이고 공정한 운영을 위하여 이사회 내에 위원회를 두도록 했다. 소수의 이사로 위원회를 구성하도록 한 것은 효율적인 심의를 위한 것이고 위원회 구성 시 사외이사가 일정수 이상 되도록 한 것은 공정성을 확보하기 위함이다. 위원회는 2인 이상으로 구성한다(감사위원회는 3인 이상이고 2/3 이상이 사외 이사여야 한다.). 위원회는 이사회가 위임한 업무를 수행하며 위원회의 결의는 이사회의 결의와 같은 효력을 가진다.

위원회의 종류나 기능은 이사회에서 정할 수 있다. 흔히 볼 수 있는 위원회는 감사위원회, 사외이사후보추천위원회, 보상위원회, 재무위원회 등이다. 자산 2조원 이상의 상장회사는 감사위원회와 사외이사후보추천위원회를 반드시 두어야 한다.

SK그룹 계열사의 이사회 내 위원회 사례

SK(주) : 감사위원회, 사외이사후보추천위원회, 거버넌스위원회
SK이노베이션 : 감사위원회, 사외이사후보추천위원회, 투명경영위원회, 전략위원회, 인사위원회, 사회공헌위원회
SK텔레콤 : 감사위원회, 사외이사후보추천위원회, 투자심의위원회, 기업시민위원회, 보상심의위원회
SK하이닉스 : 감사위원회, 사외이사후보추천위원회, 지속경영위원회

판례에서 보는 경영판단의 원칙

판례에서 경영판단의 원칙이 자주 언급되고 있지만 판단의 근거가 되는 사실인정에서 차이가 있어 결론이 다르게 되기도 하고 유사한 사실관계에서도 다른 요소의 영향을 받아 적용 여부가 달라지기도 한다.

삼성전자 대표소송사건에서 삼성전자가 자본잠식상태에 있던 이천전기주식회사를 1997년 90억원에 매입한 후 출자 및 지급보증을 하게 되어 1,900억원에 이르는 손실을 입게 된 것에 대해서 1심판결(수원지방법원 2001. 12. 27. 98가합22553)은 "기업의 인수에 따른 위험성의 정도를 면밀히 검토하여야 함에도, 이사회 개최 전은 물론 이사회 당일에도 참석 이사들이 그와 같은 점에 대하여 충분한 정보에 기하여 선량한 관리자로서의 주의의무를 다한 검토를 하지 아니한 채, 기업인수의 필요성과 추진 방법에 관하여만 기재된 자료를 참조하고 1시간만에 기업인수를 결의한 경우, 인수결의에 참석한 이사들은 회사의 이익을 위하여 충분한 정보에 기하여 합리적인 통찰력을 다하여 적절한 판단을 하였다고는 도저히 보여지지 아니하므로, 위 인수결의는 경영판단으로서 보호될 수 없고, 따라서 이사로서의 임무를 해태하였다."고 판단하였다. 반면에 2심판결(서울고등법원 2003. 11. 20 선고 2002나6569 판결)은 이사회 전 회사에서 중전사업의 필요성과 재무구조개선안을 검토했고 외환위기라는 비상상황으로 인해 손실이 확대되었다는 점을 들어 이사의 책임을 인정하지 않았다.

한보그룹에 대한 부실대출과 관련하여 피고별로 판단이 달랐다.

■ 피고 제일은행 임원에 대해 (대법원 2002. 3. 15. 선고 2000다9086 판결)

"은행의 여신심사의견서는 대출 여부를 결정함에 있어서 가장 중요한 자료이므로 담당실무자가 각종 자료나 답사를 통하여 차주의 재무구조, 사업전망, 담보력, 상환능력 등 차주의 신용상태에 관하여 객관적으로 평가하여 작성하여야 할 것임에도, 은행장이었던 피고들은 미리 여신제공방침을 결정하고 담당실무자에게 여신적격 의견으로 심사의견서를 작성하라고 지시하고, 나머지 피고들은 심사의견서가 위와 같이 작성되었음을 알고 있었거나 적어도 충분히 판단할 수 있었음에도 이사회의 결의시 아무런 이의제기 없이 승인결의하였으며,"

■ 피고 영남종금 임원에 대해 (대법원 2006. 11. 9. 선고 2004다41651,41668 판결)

"금융기관의 임원이 내린 대출결정이 위와 같은 경영판단의 허용된 재량범위 내에 있는 것인지, 아니면 선량한 관리자의 주의의무에 위반하여 자신의 임무를 게을리한 것인지는, 그 대출결정에 통상의 대출담당임원으로서 간과해서는 아니 될 잘못이 있는지 여부를 대출의 조건과 내용, 규모, 변제계획, 담보의 유무와 내용, 채무자의 재산 및 경영상황, 성장가능성 등 여러 가지 사항에 비추어 종합적으로 판정해야 한다. (중략)

이 사건 각 개별대출 및 외화채권 매입 등에 관하여 원심이 그 판시 사실을 종합하여 피고들의 행위가 경영판단의 허용된 재량범위 내에 있다고 판단한 것은 위와 같은 법리에 따른 것으로서 타당하고, 채증법칙을 위배하거나 심리를 다하지 않는 등의 위법이 없다."

CHAPTER

12

주주총회

1. 주주총회 구성과 권한
2. 주주총회의 진행
3. 의결권
4. 주주총회 결의
5. 주주총회 결의의 하자

특별법은 일반법에 우선한다.

CHAPTER 12

주주총회

1 주주총회의 구성과 권한

1) 주주총회의 의미

입법자들은 주식회사의 의사결정 권한을 크게 주주총회, 이사회, 대표이사에 맡겼다. 주식회사의 기본적인 사항과 주주가 이사를 통제하는 것과 관련된 사항은 주주총회에서 결정을 하도록 했고, 회사의 일상적인 의사결정은 대표이사가 하도록 했다. 회사의 일상적인 의사결정 외에 주요한 의사결정은 주주총회와 이사회에 배분했다.

입법자는 주주총회에 어떤 사항에 대한 의사결정 권한을 줄 것인가를 결정할 때 다음과 같은 점을 고려했다. 첫째는 주주가 유한책임을 진다는 사실이다. 개인 사업자는 자기가 사업을 하면서 생긴 모든 채무에 대해서 자기의 전 재산을 걸고 책임을 진다. 그런데 주식회사에서는 주주들이 출자한 금액을 한도로 해서 책임을 지고, 만일 주식회사의 책임재산이 채권자들의 채무를 변제하는 데 충분하지 않은 경우에는 결국 채권자들이 자기 채권을 변제받지 못한다. 주주의 유한책임에 대응해서 채권자의 희생이 따르는 것이다.

채무와 책임
사법(私法) 영역에서 채무는 다른 사람에게 급부(예를 들면 대금 지급)를 해야 할 의무를 의미한다. 채무가 이행되지 않은 경우 채권자는 채무이행의 책임이 있는 사람의 재산을 강제집행할 수 있다. 채무자는 자신의 채무 전부에 대해서 책임을 지는 것이 원칙이다. 법률은 채무자가 자신의 채무 중 일부에 대해서만 책임을 지게 하거나 타인의 채무에 대해서 책임을 지게 하기도 한다.

이런 점을 고려하면 주주들에게 주식회사의 모든 의사결정을 다 맡기는 것은 적절하지 않다고 보았다. 주주들이 모든 책임을 다 지는 것이 아니라 유한책임을 지는 것이기 때문에 주주들의 의사결정 권한도 어느 선에서 제한이 되어야 한다고 본다. 더욱이 다수의 주주가 회사 경영에 참여하는 데는 관심이 없는 현실적인 상황도 고려되었다.

둘째는 이사에 대한 통제이다. 주주가 이사를 뽑는다. 이사는 주주의 재산을 관리하고 회사를 운영한다. 소유자인 주주가 직접 경영을 하지 않고 이사를 선임하여 경영을 하게 하는, 이른바 대리인에 의해 회사 경영을 하기 때문에 주주가 이사를 어떻게 통제할 것인가가 중요한 문제이다.

셋째는, 주주총회에서의 의사결정 방식이 갖는 문제점이다. 주주총회에서의 의사결정은 의결권을 세어서 다수의 의사대로 의사결정을 하는 이른바 다수결 제도를 택하기 때문에 그 다수에 속하지 않는 주주들의 의사는 반영이 되지 않는 구조를 갖고 있다. 주주총회에서 의사결정은 결국 대주주의 의사결정이므로 주주총회 의사결정에 영향력을 행사하지 못하는 소액주주가 대주주를 어떻게 견제할 수 있는가가 문제이다.

2) 주주총회의 권한

상법 제361조(총회의 권한)
주주총회는 본 법 또는 정관에 정하는 사항에 한하여 결의할 수 있다.

상법 제361조는 주주총회의 권한을 다음과 같이 규정하고 있다. "주주총회는 본 법 또는 정관에 정하는 사항에 한하여 결의할 수 있다." 주주총회가 주식회사 최고의 의사결정기관이라고 하는데 무엇이든지 결정할 수 있는 것이 아니고 상법이나 정관에서 정한 사항만 결의할 수 있다는 것이다. 상법 제361조에서 주주총회의 결의사항을 상법이나 정관 규정으로 묶은 이유는 무엇인가? 우선 주주가 모든 책임을 지지 않는 상황에서 회사의 모든 의사결정을 주주가 하는 것은 옳지 않다는 점을 생각할 수 있다. 또 주주가 회사 경영을 직접 하지 않는 상태에서 회사의 내용을 속속들이 다 아는 것이 불가능하기 때문에 주주가 모든 의사결정을 하는 것이 옳지 않다는 점도 이유가 된다. 나아가 회사의 의사결정은 신속히 내려야 하는 것이 많은데, 주주총회를 하려면 상당한 시간이 소요되어 의사결정 시점을 놓칠 가능성도 있다. 만일 주주총회에서 법령이나 정관에 없는 내용을 결의했을 때 그 효력은 어떻게 되는가? 주주총회 결의 내용에 흠이 있는 것이므로 효력이 제한될 것이다(아래 '5. 주주총회 결의의 하자' 참조)

주주총회 전권사항
- 기관의 선임과 해임
- 회사 기반 변화
- 주주의 재산적 이익

주주총회에서 결의할 수 있는 사항은 크게 세 가지로 나누어 볼 수 있다. 첫 번째는 지배구조와 관련된 사항이다. '지배구조'란 의사결정을 누가 하고, 의사결정에 대해서 어떤 책임을 지는가 하는 것이다. 지배구조는 기관의 구성과 직결되므로 기관 구성에 관한 사항이라고 할 수 있다. 이사, 감사, 청산인의 선임과 해임은 주주총회의 전권사항이다. 만일 이사회에서 이사를 선임했다면 이사 선임 권한을 주주총회에 준 상법 제382조 제1항에 위반하여 무효이다. 또 이사와 감사의 보수는 주주가 이사를 통제하는 중요한 수단이기 때문에 주주총회에 결정 권한을 주었다.

두 번째는 회사의 기본구조의 변화와 관련된 사항이다. 정관변경, 영업양도, 합병, 분할, 해산, 자본금 감소, 주식의 포괄적 교환, 포괄적 이전은 회사의 기본 구조와 관련된 것이어서 다른 기관에서는 할 수 없고 반드시 주주총회에서 결정하여야 한다. 특별히 이 부류의 결정은 보통결의(최대 과반수)가 아닌 특별결의(최대 2/3)에 의하여야 한다.

세 번째는 주주의 재산적 이해관계에 관련된 사항이다. 이익배당을 포함한 재무제표의 승인, 주식배당의 결정, 이사의 책임 면제, 전환사채나 신주인수권부사채의 제3자 배정 승인 등은 주주총회의 전권사항이다. 상법에서 주주총회의 전권사항으로 규정한 것은 이사회나 대표이사가 결정하여도 효력이 없다.

2 주주총회의 진행

1) 주주총회와 절차적 정의

주주총회는 의사결정 기관인데 회의체로 운영된다. 즉, 주주총회는 회의를 하는 기구이다. 주주총회가 열려서 그곳에서 결의를 통해 의사결정을 하면, 일정한 효과 즉 권리와 의무가 생긴다. 그래서 주주총회의 회의체적인 성격 때문에 주주총회를 소집하고 진행하는 것이 중요한 의미를 갖는다.

상법은 주주총회가 적법하게 소집되고, 진행되고, 결의가 이루어지는 '절차'를 중요하게 생각한다. 주주총회 의사결정의 표현인 결의의 내용이 정의의 이념에 맞는 것을 '실체적 정의'라고 한다면 결의에 이르는 전체 과정이 정의의 이념에 합당한 것을 '절차적 정의'라고 할 수 있다. 다른 영역에서도 그렇지만 상법도 절차적 정의를 중시한다. 그 이유는 주주총회에서 의사결정을 하는 방법이 다수결이라는 점에서 찾을 수 있다. 주주총회에서는 의안에 찬성한 주주의 의결권 수를 세어서 그것이 전체 의결권의 일정 비율 이상(예를 들면 1/2 또는 2/3)이면 그 의안이 가결된 것으로 본다. 이렇게 의결권의 수를 세어서 다수결로 결정하는 회의체에서는 의결권의 다수를 점하고 있는 주주가 의사결정을 하게 되고 다수에 들지 못한 주주는 결의에 아무 영향을 미치지 못하게 된다.

극단적으로 2명의 주주가 있는 것을 가정해 보자. 한 사람이 70%, 한 사람이 30%의 주식을 갖고 있다. 우리가 보통 생각하면 70%를 갖고 있는 사람은 70%의 영향력을 행사할 수 있고, 30%의 주식을 갖고 있는 사람은 30%의 영향력을 행사할 수 있을 것이라고 짐작하지만 실제로는 그렇지 않다. 30%를 가진 주주와 70%를 가진 주주가 투표를 했는데 두 사람의 의견이 갈리는 의안이라면 언제든지 70%를 가진 주주의 의사대로 결정될 수밖에 없기 때문이다. 그것이 다수결의 원칙이다.

다수결의 원칙이 민주사회의 기본적인 의사결정 방법이라는 점은 분명하지만 주식회사에서는 반드시 그렇지 않다. 선거와 같은 정치적 절차에서 다수결제도가 정당성을 갖는 이유는 다수자와 소수자가 바뀔 수 있다는 전제가 있기 때문이다. 이번 선거에서는 내가 투표한 후보가 당선되었지만 다음에는 그렇지 않다는 것을 알기 때문에 다수자가 소수자를 억압하지 않는다. 정치집단에서는 다수자와 소수자가 바뀔 가능성(interchangeability)이 다수와 소수 간의 균형을 잡아준다. 그러나 주식회사에서는 대주주와 소액주주의 지위가 서로 바뀔 가능성이 없기 때문에 대주주가 소액주주의 권리를 침해할 수 있는 구조를 갖고 있다. 이런 상황에서 상법이 소액주주에게 의결권 자체를 더해주지는 못한다. 의결권은 각자의 재산이기 때문이다. 대신 30%의 지분을 갖고 있는 주주라도 그 30% 지분에 해당하는 영향력을

상법 제362조(소집의 결정) 총회의 소집은 본법에 다른 규정이 있는 경우외에는 이사회가 이를 결정한다.

상법 제366조(소수주주에 의한 소집청구)
① 발행주식총수의 100분의 3 이상에 해당하는 주식을 가진 주주는 회의의 목적사항과 소집의 이유를 적은 서면 또는 전자문서를 이사회에 제출하여 임시총회의 소집을 청구할 수 있다.
② 제1항의 청구가 있은 후 지체없이 총회소집의 절차를 밟지 아니한 때에는 청구한 주주는 법원의 허가를 받아 총회를 소집할 수 있다. 이 경우 주주총회의 의장은 법원이 이해관계인의 청구나 직권으로 선임할 수 있다

제412조의3(총회의 소집청구)
① 감사는 회의의 목적사항과 소집의 이유를 기재한 서면을 이사회에 제출하여 임시총회의 소집을 청구할 수 있다.

주주총회 소집권자
- 대표이사
- 소수주주
- 감사
- 법원

제대로 행사할 수 있는 기회를 확보해 주려고 한다. 그런 기회를 확보해주는 것, 그것을 위해서 반드시 일정한 절차를 거치게 하는 것이 절차적 정의이다.

주주총회의 의사는 다수를 점하고 있는 주주의 뜻대로 결정된다. 상법은 그런 다수결 제도를 채택하면서도 주주총회 소집과 진행 그리고 결의에 이르는 전체 과정의 절차를 세밀하게 규정함으로써 만일 절차에 위반하여 다수자가 의사결정을 하면, 그 절차 위반을 이유로 다수자가 선택한 의사결정의 효력을 인정하지 않는다. 상법은 절차적 정의에 위반한 결정을 인정하지 않는 방법으로써 소액주주가 자기의 의사표시를 제대로 할 수 있는 기회를 주고자 한다. 따라서 주주총회 소집절차나 진행 과정이 번거롭고 불필요한 통과의례가 아니고, 절차나 진행 방식에서 위반되는 일이 있으면 결의의 내용 자체가 효력을 잃을 수 있기 때문에 주주총회의 실무에서 유의하여야 한다.

2) 주주총회의 소집

주주총회 소집은 이사회 결정사항이다. 상법 제362조에 따라 주주총회에서 어떤 사항을 결정하기 위해서 주주총회를 소집하려면 먼저 이사회가 주총 소집 결정을 하여야 한다. 이사회의 결정 없이 대표이사가 혼자 결정했다면 절차상 흠이 있는 결정이다.

주주총회는 이사회가 결정하는 것이 원칙인데, 이사회 외에도 소집권을 갖고 있는 주체가 더 있다. 첫 번째는 소수주주이다. 상법은 소수주주권의 하나로 주주총회 소집 청구권을 규정하고 있다. 즉, 소액주주로서는 주주총회를 소집해서 어떤 것을 결정하고 싶은데, 예를 들면 이사 해임을 결의하고 싶은데, 주주총회가 열리지 않으면 그런 결정을 할 수 없다. 그래서 100분의 3 이상의 주식을 가진 주주가 회사에 임시총회의 소집을 청구할 수 있게 한 것이다. 만약 그렇게 청구를 했는데 이사회가 소집을 하지 않으면 그 주주는 이제 법원에 소집을 요청할 수 있다.

두 번째는 감사(감사위원회)이다(상법 제412조의3). 감사가 주총에 보고하거나 논의할 사항이 있을 수 있으므로 감사에게도 주총 소집 청구권을 준 것이다. 세 번째는 법원이다. 법원도 회사의 업무 및 재산상태에 대해 조사한 검사인의 조사결과 보고를 들은 후 주총 소집이 필요하다고 생각하면 소집을 명할 수 있다(상법 제467조).

주주총회 소집이 결정되면 대표이사는 주주들에게 주주총회 소집을 통지하여야 한다. 소

정기주주총회와 임시주주총회

상법 제365조는 주주총회를 정기주주총회와 임시주주총회로 나누고 있는데 법률상 효력의 차이는 없다. 정기주주총회는 회계연도 별로 반드시 1회 개최하여야 한다. 회계연도 별 재무제표를 승인하기 위함이다. 재무제표 승인 시 이익배당율도 결정된다.

집 통지가 제대로 이루어지지 않는다면, 주주들은 주주총회가 있는지를 모르기 때문에 자기의 권리를 행사할 수 없게 된다. 그래서 상법에서는 주총소집 통지를 중요하게 생각한다. 주총 소집 통지는 다음과 같이 해야 한다.

① 대표이사 명의로 소집통지를 해야 한다.

② 통지는 서면이나 주주의 동의가 있는 경우에 전자문서로 한다. 전화나 문자로 보내면 안 되고 서면이나 전자문서로 보내야 된다. 이는 확실성을 높이기 위함이다.

③ 통지는 주주총회일 2주 전에 발송하여야 한다. 도달일이 아니고 발송일 기준이다.

④ 통지서에는 회의의 목적사항을 기재해야 한다.

이 네 가지 요건 중에 어느 하나라도 빠지면 통지에 흠이 있어 소집절차에 하자가 있는 주주총회가 된다. 다만 의결권이 없는 주주에게는 주총 소집 통지를 하지 않아도 된다. 상법이 규정하는 주총 소집 절차가 소규모 회사에는 시행에 부담스러운 점이 있어 자본금 총액이 10억원 미만인 회사에서는 10일 전에 소집 통지를 하면 되고, 주주 전원의 동의가 있을 경우에는 소집절차 없이 주주총회를 개최하거나 서면에 의한 결의로써 주주총회의 결의를 갈음할 수 있다.

상법 제363조(소집의 통지)
① 주주총회를 소집할 때에는 주주총회일의 2주 전에 각 주주에게 서면으로 통지를 발송하거나 각 주주의 동의를 받아 전자문서로 통지를 발송하여야 한다. 다만, 그 통지가 주주명부상 주주의 주소에 계속 3년간 도달하지 아니한 경우에는 회사는 해당 주주에게 총회의 소집을 통지하지 아니할 수 있다.
② 제1항의 통지서에는 회의의 목적사항을 적어야 한다.

3) 주주총회 진행

주주총회가 시작되기 전 참석자가 주주인지, 몇 주를 소유한 주주인지를 확인한다. 의장이 개회선언을 하면, 참석한 주주가 몇 명이라고 보고한다. 회의가 성원되었는지를 확인하기 위함이다. 의장이 "몇 명이 참석했기 때문에 이 회의가 성원이 됐습니다."라고 선언한 후 의안 심의를 한다. 의안 심의는 의안 제안, 토론, 투표, 투표 결과 공포의 순서로 진행된다. 그 후 폐회 선언을 한다. 이런 주주총회의 진행 일정이 합리적으로 공정하게 이루어지지 않으면, 그것이 주주총회의 하자가 된다. 자격이 없는 사람이 의장을 한다거나, 의장이 주주들의 발언권을 과도하게 제약한다거나, 주주가 아닌 사람이 투표에 참여하는 것 등이 주총 진행상의 하자의 예이다. 진행상에 하자가 있으면 주총 결의가 무효로 되거나 취소될 수 있다.

주주총회 진행 순서 예시
1. 개회선언
2. 국민의례
3. 출석주주 및 주식수 보고
4. 의장인사
5. 보고사항 보고(예시)
   1) 영업보고
   2) 감사보고
6. 회의목적사항인 의안 처리(예시)
   1) 정관변경의 건
   2) 재무제표 승인의 건
   3) 이사 선임의 건
7. 폐회선언

4) 주주제안권

주식회사의 의사결정 기관인 주주총회는 결의라는 방식으로 업무를 집행한다. 주주총회에서 결의하기 위해서는 의안으로 상정되어야 한다. 주주총회의 의안은 이사회가 결정한다. 주주총회 소집 통지서에 회의의 목적사항 즉, 의안을 기재해야 한다. 따라서 이사가 아니면 원하는 안건을 주주총회 의안으로 만들 기회를 가질 수 없다. 그래서 상법은 소수주주권의 하나로서 주주제안권을 주주들에게 주고 있다.

제363조의2(주주제안권)
① 의결권없는 주식을 제외한 발행주식총수의 100분의 3 이상에 해당하는 주식을 가진 주주는 이사에게 주주총회일(정기주주총회의 경우 직전 연도의 정기주주총회일에 해당하는 그 해의 해당일. 이하 이 조에서 같다)의 6주 전에 서면 또는 전자문서로 일정한 사항을 주주총회의 목적사항으로 할 것을 제안(이하 '株主提案'이라 한다)할 수 있다.
② 제1항의 주주는 이사에게 주주총회일의 6주 전에 서면 또는 전자문서로 회의의 목적으로 할 사항에 추가하여 당해 주주가 제출하는 의안의 요령을 제363조에서 정하는 통지에 기재할 것을 청구할 수 있다. 〈개정 2009. 1. 30.〉
③ 이사는 제1항에 의한 주주제안이 있는 경우에는 이를 이사회에 보고하고, 이사회는 주주제안의 내용이 법령 또는 정관을 위반하는 경우와 그 밖에 대통령령으로 정하는 경우를 제외하고는 이를 주주총회의 목적사항으로 하여야 한다. 이 경우 주주제안을 한 자의 청구가 있는 때에는 주주총회에서 당해 의안을 설명할 기회를 주어야 한다. 목적사항으로 주주에 통지

주주제안권 행사 순서
1. 소수주주가 총회일 6주전 목적사항 제안
2. 주주제안 이사회 보고
3. 이사회가 주주제안 내용 채택 여부 결정
4. 주주제안 채택시 총회의 목적사항으로 주주에 통지

상법 제363조의2에서 주주제안권을 규정하고 있는데 그 내용을 보면, 의결권 없는 주식을 제외한 발행주식 총수의 100분의 3 이상에 해당하는 주식을 가진 주주는 이사에게 주주총회일의 6주 전에 서면 또는 전자문서로 일정한 사항을 주주총회의 목적사항으로 할 것을 제안할 수 있다. 주주총회일 6주 전에 제안하도록 한 것은 이사회에서 주주총회 소집을 결의할 때 주주제안을 의안에 포함시킬 시간을 주기 위함이다. 6주의 기한을 지켜야 하므로 주주제안을 하고자 하는 주주는 주주총회 개최일자를 미리 알아야 한다. 임시주주총회는 주주총회 개최 자체가 가변적이어서 개최 일자를 알기가 어렵지만 정기주주총회는 전 회계연도 정기주주총회일을 기준으로 제안을 하면 된다.

주주 제안이 있으면 이사는 이사회에 보고하고 이사회는 주주 제안의 내용이 법령 또는

주주총회 소집공고 사례

제39기 정기주주총회 소집공고

주주님의 평안과 건강하심을 기원합니다.
상법 제363조 및 회사 정관 제19조에 의거 제39기 정기주주총회가 다음과 같이 개최됨을 알려드리니 참석하여 주시기 바랍니다.

다 음

일시 : 2013년 3월 22일(금) 오전 10시
장소 : 서울특별시 중구 소공로 94 (본사 9층 강당)
회의목적사항
가) 보고사항 : ① 감사보고 ② 영업보고 ③ 이해관계자(계열회사)와의 거래보고
나) 의결사항
제1호 의안 : 제39기(2012.1.1.~2012.12.31.) 재무제표(이익잉여금처분 계산서(안)포함 및 연결재무제표 승인의 건
* 이익배당 예정내용 : 보통주식 1주당 현금 400원 배당
1-1호 의안 : 제39기 재무제표 승인의 건
1-2호 의안 : 제39기 연결재무제표 승인의 건
제2호 의안 : 정관 일부 변경의 건
제3호 의안 : 이사 선임의 건
3-1호 의안 : 이수영 사내이사 선임의 건
3-2호 의안 : 김종신 사외이사 선임의 건
3-3호 의안 : 이상승 사외이사 선임의 건
제4호 의안 : 감사위원회 위원 선임의 건
4-1호 의안 : 김종신 감사위원회 위원 선임의 건
4-2호 의안 : 조 형 감사위원회 위원 선임의 건
4-3호 의안 : 이상승 감사위원회 위원 선임의 건
제5호 의안 : 이사 보수한도 승인의 건

2013년 3월 7일
서울특별시 중구 소공로 94
OCI 주식회사
대표이사 백 우 석

정관에 위반하는 경우와 그 밖에 대통령령으로 정하는 경우가 아니면 주주 제안의 내용을 주주총회의 목적사항으로 하여야 한다. 주주제안을 한 자의 청구가 있는 때에는 주주총회에서 당해 의안을 설명할 기회를 주어야 한다. 소수주주가 주주제안을 해서 주주총회에서 다룰 의안을 추가할 수 있는 기회를 줌으로써 주주총회에서 소수주주들이 원하는 것을 심의할 수 있게 된다.

3 의결권

1) 의결권의 수와 행사

법인인 주식회사의 의사결정 권한을 갖고 있는 주주총회는 주주들이 각자 갖고 있는 의결권으로 의사 결정을 하고, 의결권의 수가 결의요건을 충족하는 주주들의 의견대로 의사결정이 이루어진다. 의사결정에서 가장 중요한 것이 의결권의 수이다. 주주들에게 의결권을 주는 이유는 투자에 대한 보상이다. 투자에 대한 대가로 의결권을 받아 행사함으로써 회사의 의사결정에 참여한다. 다수결에 의한 주주총회 의사결정 시에 기본 단위가 되는 것이 의결권이다.

1주 1의결권의 원칙
복수의결권 주식 불허
황금주(특정 의안에 대한 거부권을 갖는 주식) 불허

의결권은 한 주식에 한 개가 부여된다. 1주 1의결권이 상법의 대원칙이다. 나라에 따라서는 의결권에 관한 종류주식 중에 어떤 주식은 1의결권, 어떤 주식은 2의결권을 갖는 복수의결권 종류주식을 허용하는 나라도 있지만, 우리나라는 허용하지 않는다. 다만, 의결권 자체가 없거나 혹은 의결권 행사가 제한되는 것은 의결권 종류주식에서 찾아 볼 수 있다.

상법 제369조(의결권)
① 의결권은 1주마다 1개로 한다.
② 회사가 가진 자기주식은 의결권이 없다.

의결권 행사는 주주가 직접 해도 되고 대리행사해도 된다. 외국에서는 주주들의 의결권을 모아주는 회사도 있다. 주주들의 의결권을 모을 수 있으면 주주총회 결의와 관련해서는 주식을 가진 것과 같은 효과를 낼 수도 있다.

주주가 갖고 있는 의결권을 통일적으로 행사하지 않을 수도 있다. 이를 의결권 불통일행사라고 한다. 예를 들면 주식을 10주 갖고 있는데, 7주는 찬성하고 3주는 반대하는 방법으로 의결권을 행사하는 것이다. 불통일행사를 하게 되는 이유는 자기가 소유하는 게 아니라, 그 주식을 신탁해서 맡고 있는 경우에 7주를 맡긴 사람은 찬성하라고 하고, 3주를 맡긴 사람은 반대하라고 했기 때문이다. 이렇게 의결권을 불통일행사할 때는 미리 회사에 알려야 한다(상법 제368조의2). 투표를 할 때 구분해서 투표할 수 있게 하기 위함이다.

상법 제368조의2(의결권의 불통일행사)
① 주주가 2 이상의 의결권을 가지고 있는 때에는 이를 통일하지 아니하고 행사할 수 있다. 이 경우 주주총회일의 3일전에 회사에 대하여 서면 또는 전자문서로 그 뜻과 이유를 통지하여야 한다.
② 주주가 주식의 신탁을 인수하였거나 기타 타인을 위하여 주식을 가지고 있는 경우외에는 회사는 주주의 의결권의 불통일행사를 거부할 수 있다.

의결권은 주주의 투자에 대한 보상이기 때문에 법률에 의해서만 제한할 수 있고 다른 방법, 예를 들면 정관이나 회사와의 약정으로는 제한할 수 없다. 의결권을 제한하려면 법률의 근거가 있어야 되는데 법률에서 의결권을 제한하고 있는 경우를 하나씩 살펴본다.

2) 자기주식

회사가 취득한 자기주식은 의결권이 없다. 회사는 이익배당의 범위 내에서 주주들로부터 자기주식을 사서 보유할 수 있다. 또 권리 행사를 위해서 필요한 경우나 영업양도 및 합병의 경우와 같이 자기주식을 부득이 소유하게 되는 경우도 있다. 이렇게 회사가 소유하고 있는 자기주식에서는 의결권을 행사하게 하면 현재의 경영진에게 유리하게 의결권을 행사하게 되므로 의결권 행사를 못하게 한다.

3) 상호주

상법 제369조(의결권)
③ 회사, 모회사 및 자회사 또는 자회사가 다른 회사의 발행주식의 총수의 10분의 1을 초과하는 주식을 가지고 있는 경우 그 다른 회사가 가지고 있는 회사 또는 모회사의 주식은 의결권이 없다.

상법 제369조 제3항은 문언 자체가 복잡해서 이해하기 쉽지 않다. 더욱이 의결권이 제한되는 경우와 주식 소유가 제한되는 경우가 서로 중복될 수 있어 혼동하기 쉽다. 상법 제369조 제3항은 소유가 제한되는 것은 아니나 의결권 행사가 제한되는 경우이다. 한편 한 회사가 다른 회사 주식을 10% 넘게 사게 되면, 그 대상 회사에 대해서 10% 넘게 갖고 있다는 사실을 통보해 줄 의무가 있는데(상법 제342조의3) 제369조 제3항과는 별개의 규정이다. 제369조 제3항이 상정하고 있는 상황을 알아보자.

① 상황 1 : A회사가 B회사의 주식을 소유하고 있는 상황

A회사는 B회사의 주식을 살 수 있다. 100%까지 소유할 수 있다. A회사는 소유하고 있는 B회사의 주식 수만큼 의결권을 행사할 수 있다.

② 상황 2 : A회사가 B회사의 주식을 10% 초과하여 소유하고 있는데 B회사가 A회사의 주식을 소유하게 된 상황

상법은 한 회사가 다른 회사의 주식을 10% 초과하여 갖고 있으면, 그 회사 의사결정에 영향을 미칠 수 있다고 생각한다. 자기 회사의 의사결정에 영향을 미칠 수 있는 회사의 주식을 사게 되면 그 주식을 갖고 의결권을 행사할 수 없다. 의사결정이 왜곡될 수 있기 때문이다. '상황 2'에서 A회사는 B회사의 주식을 10% 초과하여 소유하게 되어 B회사의 의사결정에 영향을 미칠 수 있게 되었다. 이때 B회사가 A회사 주식을 사면 B회사는 A회사 주주총회에서 의결권을 행사하지 못 한다.

③ 상황 3 : A회사가 B회사의 주식을 10% 초과하여 소유하고 있는데 B회사가 A회사의 주식을 10% 이상 소유하고 있는 상황

A회사가 B회사의 주식을 10% 초과하여 소유하고 있기 때문에 B회사는 A회사 주주총

회에서 의결권을 행사하지 못 한다. 또 B회사가 A회사의 주식을 10% 초과하여 소유하고 있기 때문에 A회사는 B회사 주주총회에서 의결권을 행사하지 못 한다.

④ **상황 4 : A회사는 a회사의 주식을 50% 초과하여 소유하고 있다. A회사와 a회사가 B회사 주식을 각기 소유하고 있는 상황**

a회사가 자회사이므로 모회사인 A회사의 주식을 소유할 수 없다. 그러나 A회사와 a회사는 얼마든지 B회사의 주식을 소유할 수 있고, B회사 주주총회에서 각기 보유하고 있는 주식의 의결권을 행사할 수 있다.

⑤ **상황 5 : A회사는 a회사의 주식을 50% 초과하여 소유하고 있다. A회사와 a회사가 B회사 주식을 각기 소유하고 있고 그 합이 B회사 주식의 10%를 초과하는데, B회사가 A회사의 주식을 소유하게 된 상황**

상법에서는 모회사와 자회사를 동일하다고 보아 하나의 주체로 인식할 때가 있다. 상황 5에도 그러한 인식이 적용된다. 모자 관계에 있는 A회사와 a회사를 하나로 봐서 B회사의 주식을 10% 초과해서 보유한다고 인식하고 B회사가 갖고 있는 A회사 주식에 대해서 의결권 행사를 인정하지 않는 것이다.

⑥ **상황 6 : A회사는 a회사의 주식을 50% 초과하여 소유하고 있다. a회사가 B회사 주식을 10%를 초과하여 소유하는데, B회사가 A회사의 주식을 소유하게 된 상황**

상황 5의 인식이 그대로 적용되어 a회사가 보유하는 B회사 주식에 대해 A회사가 영향력을 행사할 수 있다고 본다. 그래서 B회사가 A회사의 주주총회에서 의결권을 행사하지 못 한다.

4) 감사 선임 시

감사 선임 시에는 의결권 없는 주식을 제외한 발행주식 총수의 100분의 3을 초과하는 수의 주식을 가진 주주는 그 초과하는 주식에 관하여 의결권을 행사하지 못 한다. 주식을 아무리 많이 가졌어도 감사 선임에서는 3%밖에 의결권 행사를 못 한다. 감사의 역할은 이사의 업무집행을 감독하는 것이다. 이사 선임을 좌우할 수 있는 대주주는 사실상 감사가 필요 없다. 자기가 직접 이사를 감독할 수 있는 위치에 있기 때문이다. 이사를 선임하는 데 영향력을 별로 행사하지 못하는 소액주주들은 이사가 제대로 업무집행을 하는지를 감독할 기관이 필요하고 그 역할을 감사가 한다. 감사의 선임에 소액주주의 영향력이 더 많이 작용되어야 감사가 소액주주를 위해서 일할 수 있다고 본 것이다.

대주주가 주식을 아무리 많이 갖고 있어도 3%밖에 행사하지 못하고, 3%보다 작게 갖고 있는 주주들은 의결권을 모두 행사할 수 있기 때문에 소액주주가 원하는 사람을 감사로 선임할 가능성이 높아진다. 회사는 정관으로 3%보다 낮은 비율을 정할 수 있다. 감사 선임 시 의결권의 제한은 상장회사에서 감사위원 선임과 해임에도 적용되어 이사 중 감사위원을 선임할 때도 한 주주가 행사할 수 있는 의결권은 3%로 제한된다(상법 제542의12).

상법 제409조(선임)
① 감사는 주주총회에서 선임한다.
② 의결권없는 주식을 제외한 발행주식의 총수의 100분의 3(정관에서 더 낮은 주식 보유비율을 정할 수 있으며, 정관에서 더 낮은 주식 보유비율을 정한 경우에는 그 비율로 한다)을 초과하는 수의 주식을 가진 주주는 그 초과하는 주식에 관하여 제1항의 감사의 선임에 있어서는 의결권을 행사하지 못한다. 〈개정 1984. 4. 10., 2020. 12. 29.〉
③ 회사가 제368조의4 제1항에 따라 전자적 방법으로 의결권을 행사할 수 있도록 한 경우에는 제368조 제1항에도 불구하고 출석한 주주의 의결권의 과반수로써 제1항에 따른 감사의 선임을 결의할 수 있다.

상법 제542조의12(감사위원회의 구성 등)
④ 제1항에 따른 감사위원회위원을 선임 또는 해임할 때에는 상장회사의 의결권 없는 주식을 제외한 발행주식총수의 100분의 3(정관에서 더 낮은 주식 보유비율을 정할 수 있으며, 정관에서 더 낮은 주식 보유비율을 정한 경우에는 그 비율로 한다)을 초과하는 수의 주식을 가진 주주(최대주주인 경우에는 사외이사가 아닌 감사위원회위원을 선임 또는 해임할 때에 그의 특수관계인, 그 밖에 대통령령으로 정하는 자가 소유하는 주식을 합산한다)는 그 초과하는 주식에 관하여 의결권을 행사하지 못한다.

5) 특별이해관계인

상법 제368조 제3항은 "총회의 결의에 관하여 특별한 이해관계가 있는 자는 의결권을 행사하지 못한다." 라고 규정하고 있다. '특별한 이해관계'가 무엇인지를 논리적으로 설명하기는 쉽지 않다. 그러나 어떤 경우가 특별한 이해관계에 놓여있는지에 대해서는 크게 이론이 없다.

회사에서 영업을 양도하려고 한다. 그것을 대주주가 양수하려고 한다. 회사는 비싼 값에 파는 것이 좋고, 대주주는 싸게 사는 것이 좋다. 두 사람의 이해가 충돌한다. 이런 경우는 대주주가 특별한 이해관계가 있다고 보는데 이론이 없다. 주주총회에서 영업양도를 승인하는 결의를 할 때 대주주는 의결권 행사를 못 한다.

주주총회에서 이사를 뽑으려고 한다. 이사 후보자가 주주인데 그 주주는 자기가 가지고 있는 주식의 의결권을 행사할 수 있을까? 자기를 이사로 뽑는 것이므로 특별한 이해관계가 있다고 볼 수도 있다. 그러나 그 주주가 의결권을 행사할 수 있다는 점에 이견이 없다. 그렇지 않으면 대주주라 할지라도 자신이 이사가 될 수 없는 결과가 된다. '특별한 이해관계'를 관념적으로 정의하는 대신 개별 사안에서 의결권이 있는지 없는지를 당위적으로 판단하면 된다.

4 주주총회 결의

1) 보통결의요건

상법 제368조(총회의 결의방법과 의결권의 행사)
① 총회의 결의는 이 법 또는 정관에 다른 정함이 있는 경우를 제외하고는 출석한 주주의 의결권의 과반수와 발행주식총수의 4분의 1 이상의 수로써 하여야 한다.

주식회사의 의사결정 기관인 주주총회는 회의체에서 결의하는 방식으로 의사결정을 한다. 주주총회의 존재 의의는 결의를 하는 데 있다. 결의가 되었다고 보기 위해 필요한 의결권의 비율을 결의요건이라고 하는데, 보통결의요건, 특별결의요건, 비상결의요건의 세 가지가 있다.

보통결의란 주주총회에서 하는 결의의 내용이 보통 수준의 중요성을 갖는 결의를 말한다. 이사 선임, 감사 선임, 재무제표 승인 등이 그 예이다. 상법 제368조 제1항이 보통결의요건을 규정하는데 '출석한 주주의 의결권의 과반수'와 '발행주식 총수의 4분의 1 이상'이 찬성해야 보통결의요건을 충족한다.

보통결의요건은 두 가지이다. 하나는 주주총회에 출석한 주주의 의결권 중 1/2을 초과하여 찬성하여야 한다. 중요한 것은 출석한 주주들이 갖고 있는 의결권 중에서 찬성한 의결권을 세었을 때 출석한 주주들의 의결권의 2분의 1이 넘어야 된다. 2분의 1이면 안 되고 2분의 1보다 1개라도 많아야 한다. 동시에 발행한 주식 총수의 1/4 이상이 찬성해야 된다. 만일 주주총회에 모든 주주들이 다 참석했다고 가정하면, 의결권의 과반수 즉, 반을 넘는 수가 찬성해야 결의에 성공할 수 있다.

'50%+1주'는 보통결의요건을 충족할 수 있는 숫자이다. 예를 들면 주주총회에서 이사선임은 보통결의요건에 따르는 것이 일반적이므로 50%+1주를 갖고 있는 주주는 자기가 원하는 사람을 이사로 선임할 수 있다. 그래서 '50%+1주'는 회사를 사고팔 때 중요한 의미를 갖는다. 50%+1주를 가지면 보통결의요건에 해당하는 결의를 자기 마음대로 할 수 있기 때문에 이른바 경영권 프리미엄이라는 것이 붙어서 '50% 주식'보다 더 비싼 값에 거래된다.

물론 많은 회사에서는 주주가 많고, 모든 주주가 주주총회에 참석하지는 않기 때문에 항상 50%+1주가 필요한 것은 아니다. 참석한 주주들의 과반수 그리고 발행주식 총수의 4분의 1이 찬성하면 되기 때문에 적어도 발행주식 총수를 기준으로 25% 이상을 확보했으면 보통결의요건을 충족시킬 가능성이 높다고 볼 수 있다.

결의요건의 종류
- 보통결의요건
- 특별결의요건
- 비상결의요건

보통결의요건 적용 대상
- 이사 선임
- 감사 선임
- 이사 감사 보수 한도 승인
- 재무제표 승인

2) 특별결의요건

특별결의란 이사를 해임하거나, 합병을 승인하거나, 정관을 변경하는 것과 같이 주주총회에서 결의할 내용의 중요성이 특별한 결의를 말한다. 특별결의가 필요한 사항은 상법에서 명시적으로 규정한다. 상법은 정관변경을 하기 위한 요건을 제434조에서 규정하고 이 규정을 특별결의가 필요한 다른 경우에 준용하고 있다 상법 제434조는 두 가지 요건을 규정한다. 하나는 출석한 주주의 의결권의 3분의 2 이상의 찬성이고 다른 하나는 발행주식 총수의 3분의 1 이상의 찬성이다. 보통결의와 비교해 보면 요건이 모두 강화되었다. 출석한 주주는 과반수에서 3분의 2로, 발행주식 총수는 4분의 1에서 3분의 1로 강화되었다.

상법 제434조(정관변경의 특별결의)
제433조제1항의 결의는 출석한 주주의 의결권의 3분의 2 이상의 수와 발행주식총수의 3분의 1 이상의 수로써 하여야 한다.

특별결의요건 적용 대상
- 이사 감사 해임
- 정관변경
- 합병
- 분할
- 신주의 제3자배정

	보통결의	특별결의
출석한 주주	과반수(1/2 + 1)	2/3
발행주식 총수1/4	1/4	1/3

모든 주주들이 다 참여했다고 생각하면 3분의 2 이상이 찬성해야 된다. 따라서 어느 회사 주식을 3분의 2 이상 갖고 있으면, 모든 특별결의를 자기 마음대로 할 수 있다. 보통결의요

주주 전원이 참석한 경우
- 보통결의 : 1/2 + 1 찬성
- 특별결의 : 2/3 찬성

건에서 검토했던 50%+1주를 갖고 있을 때의 주식의 가치와 3분의 2 이상의 주식을 갖고 있을 때의 가치는 전혀 다르다. 왜냐하면 3분의 2 이상을 갖고 있으면 특별결의도 자기 마음대로 할 수 있기 때문이다.

회사에서 주주들 간에 다툼이 없을 때는 결의요건이 특별한 의미를 갖지 않는다. 그러나 주주들 간에 다툼이 생기면 결국은 결의요건을 누가 충족시킬 수 있느냐에 따라 결정되기 때문에 결의요건이 중요한 의미를 갖는다.

3) 비상결의요건

상법 제400조(회사에 대한 책임의 감면)
① 제399조에 따른 이사의 책임은 주주 전원의 동의로 면제할 수 있다.

상법 제400조(회사에 대한 책임의 감면) 제1항은 이사가 회사에 대해 손해배상책임을 지는 경우에 '주주 전원의 동의'가 있으면 그 책임을 면제할 수 있다고 한다. 전체 주주의 동의가 결의요건이 된다. 이 규정은 논리적 정합성에 의문이 있다. 주주는 채권자보다 항상 후순위이다. 채권자가 완전한 변제를 받기 전에 주주가 채권자의 이익을 해칠 수 있는 의사결정을 할 수 있는지 의문이다.

4) 결의요건의 변경

상법 제368조(총회의 결의방법과 의결권의 행사)
① 총회의 결의는 이 법 또는 정관에 다른 정함이 있는 경우를 제외하고는 출석한 주주의 의결권의 과반수와 발행주식총수의 4분의 1 이상의 수로써 하여야 한다.

상법이 보통결의요건과 특별결의요건을 정하고 있는데 이 요건을 축소하거나 강화할 수 있는가? 보통결의요건을 규정한 제368조(총회의 결의방법과 의결권의 행사) 제1항은 "정관에 다른 정함이 있는 경우'에는 달리 정할 수 있는 여지를 남기고 있다. 보통결의요건에서 '출석한 주주 의결권의 과반수'는 낮추기 어렵다. 출석한 주주의 과반수가 안 된 상태에서 의결이 이루어지면 다수가 아니라 소수의 의사대로 의결을 한 것이므로 과반수를 더 낮출 수는 없다. 발행주식 총수의 4분의 1보다 낮추는 것은 가능할 수 있다. 보통결의요건을 강화할 수는 있으나 특별결의요건보다 더 높게 요구할 수는 없다. 그렇게 되면 일상적인 회사의 운영(이사 선임, 재무제표 승인 등)에 차질이 올 수도 있기 때문이다.

특별결의요건을 낮추는 것에는 대부분의 학자가 부정적이다. 상법이 정하고 있는 특별결의가 필요한 사항은 그 정도의 다수가 찬성해야 결의할 수 있다고 본다. 특별결의요건을 강화하는 것에는 긍정적이지만 그 한계가 어디인가에 대해서는 논란이 있다. 결의요건을 강화하면 소액 주주의 영향력이 커지고 경우에 따라서는 소액 주주가 사실상 거부권을 갖는 것과 같은 결과가 된다. 다른 주주들의 의결권을 무력화시키고, 나아가서 회사 경영 자체를 마비시킬 수 있는 수준으로 강화해서는 안 된다는 판례가 있다.

5) 서면결의와 전자투표

주주총회에서 의결권을 행사할 때는 회의장에서 직접 의결권을 행사하게 된다. 투표를 할 수도 있고, 거수를 할 수도 있고, 경우에 따라서는 박수로 찬성을 표할 수도 있다. 이런 주주총회의 결의 방법의 예외로 상법이 두 가지를 규정하고 있는데, 하나는 서면결의이고 다른 하나는 전자투표이다.

서면결의는 회의체에서 결의를 하는 대신에 서면으로 하는 것이고 전자투표는 직접 현장에서 투표하지 않고 전자 방식에 의해서 투표하는 것인데, 최근 주주총회 회의장에 참석하지 않고 전자투표를 통해서 의결권 행사를 하는 예가 많아지고 있다.

상법 제368조의4(전자적 방법에 의한 의결권의 행사)
① 회사는 이사회의 결의로 주주가 총회에 출석하지 아니하고 전자적 방법으로 의결권을 행사할 수 있음을 정할 수 있다.
② 회사는 제363조에 따라 소집통지를 할 때에는 주주가 제1항에 따른 방법으로 의결권을 행사할 수 있다는 내용을 통지하여야 한다.
④ 동일한 주식에 관하여 제1항 또는 제368조의3 제1항에 따라 의결권을 행사하는 경우 전자적 방법 또는 서면 중 어느 하나의 방법을 선택하여야 한다.

5 주주총회 결의의 하자

1) 주총 결의의 하자를 다투는 의미

상법이 모두 935개 조문으로 구성되어 있는데 이 중에서 판례에서 가장 많이 적용되는 조문은 제376조와 제380조이다. 이 두 조문은 모두 주주총회 결의의 하자와 관련된 것들이다. 주주총회 결의 하자, 즉 주주총회에서 결의가 있었는데 흠이 있어서 그 결의가 유효냐, 무효냐, 취소냐를 다투는 사건이 상법 판례 중에 제일 많은 부분을 차지하고 있다.

주주총회 결의에 대해서 다툼이 많은 이유는 주주들 간에 경영권에 관한 분쟁이 생기면 그 분쟁의 전투지가 주주총회가 되기 때문이다. 주주총회에서는 의결권을 무기로 싸우기 때문에 원칙적으로는 의결권이 많은 쪽이 반드시 이기게 되어 있다. 그런데 의결권이 많더라도 결의에 하자가 있으면 이길 수 없게 된다. 주주총회 결의의 하자가 문제되는 것은 주로 소액주주와 대주주 간에 다툼이 생긴 경우인데 주주총회 결의의 하자에 적용되는 법원칙에서 상법이 추구하는 정의의 원리가 극명하게 드러난다.

상법 제376조(결의취소의 소)
① 총회의 소집절차 또는 결의방법이 법령 또는 정관에 위반하거나 현저하게 불공정한 때 또는 그 결의의 내용이 정관에 위반한 때에는 주주·이사 또는 감사는 결의의 날로부터 2월내에 결의취소의 소를 제기할 수 있다.

상법 제380조(결의무효 및 부존재확인의 소)
제186조 내지 제188조, 제190조 본문, 제191조, 제377조와 제378조의 규정은 총회의 결의의 내용이 법령에 위반한 것을 이유로 하여 결의무효의 확인을 청구하는 소와 총회의 소집절차 또는 결의방법에 총회결의가 존재한다고 볼 수 없을 정도의 중대한 하자가 있는 것을 이유로 하여 결의부존재의 확인을 청구하는 소에 이를 준용한다.

2) 하자를 다투는 방법

법률가의 분석 대상인 권리와 의무는 일정한 요건이 충족된 결과 변동(발생, 변경, 소멸)

무효와 취소

무효는 법률행위가 처음부터 바로 효력이 없는 것이고, 취소는 법률행위를 무효로 할 권리를 가진 자가 그 권리를 행사할 때 비로소 효력이 없어지는 것이다. 법률행위가 무효인 경우에는 무효라는 주장이 없어도 처음부터 당연히 효력이 없다(절대적 무효). 취소는 취소권자가 취소권을 행사하여야 비로소 무효로 되며 그전까지는 법률행위가 유효하다. 법률에서는 어느 경우가 무효인지 어느 경우에 취소할 수 있는지, 누가 언제 어떤 방법으로 취소할 수 있는지를 명시적으로 규정한다. 한편 무효인 경우지만 무효라는 주장이 있어야 무효가 되거나 무효의 방법을 정하는 경우도 있다(상대적 무효).

한다. '요건과 효과'라는 법적 사고의 틀에서 주주총회 하자를 분석해 보자. 주주총회 결의의 효력 즉, 주주총회 결의로 권리나 의무가 변동되기 위해서는 결의의 요건을 충족해야 한다. 결의의 요건은 보통결의요건이나 특별결의요건뿐만 아니라, 상법의 여러 조문에서 규정하는 원칙에 합당하여야 한다. 예를 들면 절차적으로는 주주총회 소집 사실을 2주 전에 서면으로 통지하여야 하고, 의결권이 없는 주주는 결의에 참여하면 안 되고, 결의의 내용이 법령에 위반하면 안 된다. 이런 여러 요건 중에 충족이 안 된 부분이 있으면 요건에 하자가 있는 것이다.

하자의 유형화

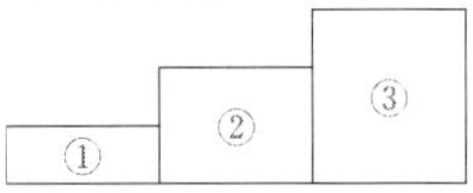

미미 [하자의 정도] 심각

①: 하자가 있으나 유효
②: 취소할 수 있음
③: 무효

요건이 완전하게 충족이 안 되었다는 사실 즉, 요건의 하자가 효과에 어떤 영향을 미치는지를 판단하는데 두 가지 방법이 있을 수 있다. 하나는 아날로그적인 접근 방법이다. 예를 들면 요건이 90% 충족되었으면 효과도 90% 만큼만 발생하고 10%는 발생하지 않게 하는 방법이다. 하자의 정도를 적절히 반영한다는 점은 장점이나 법적 판단에서 채택하기에는 문제가 있다. 왜냐하면 권리는 있으면 있고 없으면 없는 것이지 90%만 있는 것은 생각할 수 없다. 의무가 있으면 있는 것이지 90%만 생기는 것은 허용되지 않는다. 요건에 충족된 정도에 따라 비례적으로 효과가 발생하는 것으로 할 수는 없다.

다른 하나는 디지털적인 방법이다. 어느 수준에 이르면 효과가 발생하고 그렇지 않으면 효과가 발생하지 않는다고 보는 것이다. 이 방법은 권리나 의무의 발생, 변경, 소멸을 분명히 알 수 있다는 장점이 있지만 그 경계가 모호할 수 있고 경계에 있는 사안에서는 타당성이 의심받을 수 있는 약점은 있다.

민법상 무효 사유
- 의사무능력자 행위
- 강행규정 위반행위
- 반사회질서의 법률행위
- 불공정한 법률행위
- 통정한 허위의 의사표시

법은 디지털적인 방법으로 하자의 효과를 판단하는데 하자를 유형화하고 유형별로 어떤 효과가 발생하는지를 규정한다. 첫째는 '이러이러한 하자가 있으면 효과는 처음부터 전혀 발생하지 않는다.'고 보는 것이다. 이것을 '무효'라고 한다. 법률에서 무효라는 말을 쓸 때는 처음부터 효력이 없다는 의미이다. 누구든지 효력이 없다는 것을 주장할 수 있고 아무리 시간이 지난 다음에도 효력은 없다(이른바 절대적 무효).

민법상 취소 사유
- 착오에 의한 의사표시
- 사기 강박에 의한 의사표시
- 미성년자의 의사표시
- 미성년자의 혼인
- 중혼

둘째는 '이러이러한 하자가 있어도 효과는 일단 발생한다. 그런데 어떤 사람들이 흠이 있어서 효과가 발생하면 안 된다고 주장을 하면 그 효과는 처음으로 돌아가서 효력이 발생하지 않는다.'고 보는 것이다. 이것을 '취소'라고 부른다. 법은 취소할 수 있는 사람, 취소할 수 있는 기간, 취소할 수 있는 방법을 구체적으로 규정하여 일단 발생한 효력이 쉽게 취소되지 않게 한다.

결국 처음부터 효력이 없는 점은 무효와 취소가 마찬가지이지만, 자세히 살펴보면 차이가 있다. 무효는 누가 무효라고 주장하지 않아도 처음부터 효력이 없다. 그런데 취소는 취소하는 사람이 있어야 한다. 그래서 그 사람이 취소를 하면 그때서야 비로소 처음부터 효력이 없게 된다. 만일 아무도 취소하지 않으면 그대로 유효하게 된다.

법은 무효와 취소라고 하는 두 가지 유형을 만들어 하자에 대해 판단한다. 하자가 생기면 그 하자가 어떤 유형에 속하는지를 보면 그 효과를 알 수 있다. 하자가 무효의 범주에 해당하면 효력이 처음부터 전혀 생기지 않는다. 하자가 취소의 범주에 해당하면 일단 효력이 발생하고 취소할 수 있는 사람이 취소를 하면 효력이 없어진다. 이것이 민법의 무효와 취소의 법리이다.

3) 주주총회 결의 하자의 유형

하자에 대한 법리 즉, 무효와 취소의 법리를 주주총회 결의의 하자에 적용시켜 보자. 상법은 주주총회 결의의 하자를 좀 더 세분하여 유형화했다. 민법이 규정하고 있는 무효와 취소의 법리와 별도로 상법이 주주총회 결의 하자의 유형을 규정한 것은 주주총회가 갖는 단체법적 성격 때문이다. 민법에 있는 무효 취소의 법리는 개인법적인 관계 즉, 두 당사자 사이에만 적용되는 법률관계를 전제하고 있다. 그런데 회사법은 회사와 이해관계를 맺고 있는 주주, 이사, 감사, 채권자 등과 복합적인 법률관계를 규율해야 하며 단체법에서 요구하는 법률관계의 획일 확정이 필요하기 때문이다. 상법은 단체법적 법률관계의 획일 확정을 위해서 민법에 대한 특별 규정으로 제376조와 제380조를 규정한다. 주주총회의 하자를 다룰 때는 민법상 무효나 취소의 법리를 적용하면 안 되고 반드시 상법 제376조나 제380조를 적용해야 한다.

주주총회 결의 하자의 처리
- 결의 무효
- 결의 부존재
- 결의 취소
- 부당결의 취소 변경
- 유효

첫째 유형은 결의를 취소할 수 있는 하자이다. 제376조(결의 취소의 소) 제1항에 따라 결의를 취소할 수 있는 하자는 두 가지이다. 하나는 총회의 소집절차나 결의방법이 법령이나 정관에 위반하거나 현저히 불공정한 때이다. 다른 하나는 결의의 내용이 정관에 위반한 때이다. 하자가 이 유형에 속하면 주주·이사 또는 감사는 결의의 날로부터 2개월 내에 결의 취소의 소를 제기할 수 있다.

상법 제376조(결의취소의 소)
① 총회의 소집절차 또는 결의방법이 법령 또는 정관에 위반하거나 현저하게 불공정한 때 또는 그 결의의 내용이 정관에 위반한 때에는 주주 · 이사 또는 감사는 결의의 날로부터 2월내에 결의취소의 소를 제기할 수 있다.

둘째 유형은 결의를 무효로 하는 하자이다. 제380조(결의무효 및 부존재확인의 소)는 길고 복잡하여 이해하기 쉽지 않다. 이 규정을 쉽게 고쳐 쓰면 다음과 같이 된다.

① 총회의 결의의 내용이 법령에 위반한 것을 이유로 하여 결의무효의 확인을 청구하는 소를 제기할 수 있다.

② 총회의 소집절차 또는 결의방법에 총회결의가 존재한다고 볼 수 없을 정도의 중대한 하자가 있는 것을 이유로 하여 결의부존재 확인을 청구하는 소를 제기할 수 있다.

③ 제186조 내지 제188조, 제190조 본문, 제191조, 제377조와 제378조의 규정은 전 2항의 소에 준용한다.

상법 제380조(결의무효 및 부존재확인의 소)
제186조 내지 제188조, 제190조 본문, 제191조, 제377조와 제378조의 규정은 총회의 결의의 내용이 법령에 위반한 것을 이유로 하여 결의무효의 확인을 청구하는 소와 총회의 소집절차 또는 결의방법에 총회결의가 존재한다고 볼 수 없을 정도의 중대한 하자가 있는 것을 이유로 하여 결의부존재의 확인을 청구하는 소에 이를 준용한다.

제380조에 따르면 결의무효의 소는 총회 결의의 내용이 법령에 위반한 경우에 제기할 수 있다. 다시 말해서 총회 결의의 내용이 법령에 위반한 하자는 총회 결의를 무효로 하는

하자이다.

셋째 유형은 결의를 부존재하게 하는 유형이다. 민법에서는 무효와 취소의 두 가지 유형을 갖고 법률 요건에 하자가 있을 때 법률 효과에 어떤 영향이 있는지를 판단한다고 했는데 상법은 부존재라는 개념을 추가하여 사용한다. 어떤 것에 하자가 있다는 것은 적어도 그 무언가가 존재한다는 것이다. 그런데 그 무엇인가가 전혀 없는 상태를 '부존재'라고 부른다. 예를 들면 어느 회사에서 주주총회를 하지 않고 주주총회를 한 것처럼 주주총회 회의록만 작성해 놓았다. 그러면 그것은 주주총회가 있었는데 하자가 있었다고 볼 수 있는 것이 아니고, 아예 주주총회 자체가 있었다고 보기 어려운 상황이다. 그런 것을 부존재라고 한다. 제380조는 그 개념을 채택하여 총회의 소집절차 또는 결의방법에 총회결의가 존재한다고 볼 수 없을 정도의 중대한 하자는 총회 결의를 부존재하게 하는 하자라고 규정한 것이다.

이 세 가지 하자의 유형을 표로 정리하면 다음과 같다. 흠의 원인은 두 가지이다. 하나는 절차의 흠으로 소집절차나 결의방법이 법령 또는 정관에 위반하거나 현저하게 불공정한 때이다. 다른 하나는 내용의 흠으로 결의 내용이 법령이나 정관에 위반하는 경우이다. 하자의 경중을 따라 하자의 유형이 달라진다.

		결의 취소	무효	부존재
내용의 하자	법령 위반		○	
	정관 위반	○		
절차의 하자	보통 위반	○		
	중대한 위반			○

내용의 하자는 결의한 내용에 문제가 있는 것이다. 결의한 내용이 법령에 위반했을 때는 무효확인으로 가야 하고 정관에 위반했을 때는 결의취소의 소를 제기하여야 한다. 절차의 하자는 소집절차의 하자와 결의방법의 하자로 구분한다. 소집절차에 하자가 있다는 것은 이사회가 결의하지 않았는데 대표이사가 소집을 하거나 소집 기한 2주를 지키지 못한 경우처럼 법에서 규정한 소집절차에 위반한 것을 의미한다. 결의 방법의 하자는 주주총회 진행이나 의결권 계산에 하자가 있는 것이다. 예를 들면 일부 주주의 입장을 막고 총회를 진행하거나 의결권이 없는 주주가 의결권을 행사했는데 그 의결권을 합산하는 경우이다.

절차의 하자가 법령이나 정관에 위반하거나 현저하게 불공정할 때에는 결의취소의 소를 제기할 수 있는 반면에 소집절차나 결의방법에 있는 하자가 총회결의가 존재한다고 볼 수 없을 정도의 중대한 하자라면, 결의취소의 소가 아니라 결의부존재 확인의 소를 구해야 한다. 똑같이 소집절차나 결의방법의 하자지만, 상대적으로 경미한 것은 결의취소의 소를 제기해야 되고, 상대적으로 위중한 것은 결의부존재 확인을 구해야 되는 결과가 된다.

주총결의의 하자를 크게 나누어 주총결의를 무효로 하는 하자, 주총결의를 취소하는 하자, 주총결의를 부존재하게 하는 하자로 나누어 설명했는데 그 외에도 두 가지 유형이 더 있다. 하나는 주총결의가 부당하므로 이를 취소하거나 변경할 수 있게 하는 하자이다(아래 '6)'에서 설명). 다른 하나는 하자가 있음에도 불구하고 주총결의의 효력에 아무 영향이 없는 경우이다. 하자가 경미한 경우에는 하자가 있음에도 불구하고 결의가 그대로 유효하다고 본다. 어떤 하자가 이 유형에 해당하는지는 구체적인 사안에서 판단해야 한다.

4) 결의취소의 소

절차상의 하자가 상대적으로 경미하거나 결의 내용이 정관에 위반된 경우에는 결의취소의 소를 제기해야 한다. 다른 방법, 예를 들면 회사에 결의의 효력이 없다는 의사표시를 하거나 다른 소송에서 결의의 취소를 주장하는 것은 아무 효력이 없고 제376조에서 규정한 대로 취소소송을 제기해서 하자를 다투어야 한다.

결의취소의 소는 주주, 이사, 감사만 제기할 수 있다. 원고가 될 수 있는 법률상 자격을 '원고 적격'이라고 하는데, 주주총회 결의취소 소송에서는 주주, 이사, 감사만 원고 적격이 있다. 회사의 채권자나 회사의 직원은 원고 적격이 없어서 결의취소의 소를 제기할 수 없다. 취소의 경우는 취소권자를 지정하는 것이 보통이다. 왜냐하면 취소라는 유형에서는 하자가 상대적으로 경미하다고 보기 때문에 누구나 다 그 하자를 다툴 수 있게 하면 법률관계가 복잡해지기 때문이다. 피고는 회사이다. 주총 결의취소의 소장에는 원고로 주주 아무개 혹은 이사 아무개, 피고로 해당하는 회사가 기재된다.

민법은 취소를 할 수 있는 취소권자를 지정할 뿐만 아니라, 취소의 의사표시를 할 수 있는 기간도 정해놓았다(민법 제146조). 법률관계를 조기에 확정하기 위함이다. 상법 제376조도 결의취소의 소를 제기할 수 있는 기간을 결의의 날로부터 2개월로 한정했다. 이 기간이 지나면, 원고 적격이 있는 주주, 이사, 감사라도 결의취소의 소를 제기할 수 없다. 결의취소의 소를 제기할 수 없으면 하자가 있는 것이 사실이더라도 그 하자 있는 주주총회 결의는 그대로 유효하게 된다.

민법 제146조(취소권의 소멸)
취소권은 추인할 수 있는 날로부터 3년 내에 법률행위를 한 날로부터 10년 내에 행사하여야 한다.

결의취소 소송에서는 이른바 재량기각이 가능하다(제379조. 결의취소의 소가 제기됐는데 원고의 주장대로 하자를 인정할 수 있다. 그런데 결의의 내용, 회사의 현황과 제반사정을 참작해보니까 결의를 취소하게 되면 부당한 결과 혹은 어려운 결과가 생긴다고 인정할 때에는 법원은 그 청구를 기각할 수 있다는 것이다. 이것이 재량 기각인데 원고의 주장이 옳음에도 불구하고 원고 패소 판결을 내릴 수 있다는 내용이다.

재량기각
회사 소송에서 원고의 청구가 이유 있어 원고 승소 판결(청구 인용 판결)을 내려야 하지만 원인이 된 하자가 치유되고 회사의 상황과 제반사정을 참작하여 법원이 원고의 청구를 기각하는 것.

이것은 일반적인 소송의 원칙과는 차이가 있다. 원고의 주장이 이유가 있으면 원고 승소 판결을 내려야 되는데, 원고의 주장은 이유가 있지만 여러 가지 사정을 참작해서 그 청구를 기각한다는 것이다. 이런 경우 원고의 주장이 이유가 있기 때문에 회사가 시정조치를 취하거나 적절한 손해배상을 하는 것이 전제된다. 원고의 청구가 이유가 있음에도 불구하고 원고가 패소판결을 받을 가능성이 결의취소의 소에는 있다. 재량기각을 가능하게 한 이유는 결의취소의 경우는 그 하자가 상대적으로 경미하다고 판단했기 때문이다.

5) 무효확인의 소와 부존재확인의 소

결의 내용이 법령에 위반한 경우에는 무효확인의 소를 제기할 수 있다. 결의의 내용이 주주평등의 원칙에 반한다거나 주주에게 추가적인 출자의무를 부과하는 것이 한 예이다. 절차상의 하자가 중대한 경우에는 부존재 확인의 소를 제기할 수 있다. 예를 들면 대부분의 주주에게 소집통지를 하지 않았거나 주주총회를 실제로 열지 않고 주주총회 회의록만 작성하는 것이 그 예이다.

무효확인의 소와 부존재확인의 소의 성질에 대해서는 학자들 간에 견해가 갈린다. 다수설과 판례는 이해관계 있는 당사자는 누구든지 무효나 부존재를 주장할 수 있고, 반드시 무효확인의 소나 부존재확인의 소를 제기해야 법률관계가 무효가 되거나 부존재로 되는 것이 아니라고 본다. 그 근거는 제380조 법문이 '확인의 소'라고 명시하고 있는 점이다. 확인의 소란 이미 존재하는 법률관계를 사후적으로 확인하는 소송을 의미하므로 법원이 무효확인 판결을 내리기 전에도 무효라는 것이다. 제380조의 규정이 '이러이러한 경우 무효확인의 소나 부존재확인의 소를 제기할 수 있다.', 혹은 '제기하여야 한다.'로 되어 있지 않고 '이러이러한 이유로 제기된 무효확인의 소나 부존해확인의 소에는 어떤 규정을 준용한다.'로 되어 있는 것도 주총 결의 무효나 부존재는 반드시 소송을 통해서 확인하여야 비로소 무효나 부존재가 되는 것이 아닌 이유로 본다. 이러한 견해를 확인소송설이라고 부른다.

소수설은 주총 결의 무효확인 판결이나 부존재확인 판결이 있어야 비로소 결의가 무효로 되거나 부존재가 된다고 본다. 그 근거는 제380조에 준용되는 제190조 본문에 따라 무효확인이나 부존재확인 판결의 효력이 당사자뿐만 아니라 제3자에게도 미친다는 점이다(이러한 효력을 '대세효'라고 한다.). 이 견해를 '형성소송설'이라고 부른다.

주총 결의 무효확인의 소와 부존재확인의 소에서 원고 적격이 제한되지 않으므로 그런 소를 제기할 이익이 있는 사람은 누구든지 모두 원고가 될 수 있다. 피고는 회사가 된다. 무효확인이나 부존재확인의 소에는 제소 기간의 제한이 없으므로 언제라도 소송을 제기할 수 있다. 확인소송설에 따르면 꼭 별도의 소송을 제기하지 않고 다른 소송에서 주장을 해도 된다. 무효나 부존재 확인의 소에서는 원고의 청구에 합당한 이유가 있으면 법원은 반드시 원고 승소 판결을 내려야한다. 재량기각은 할 수 없다. 이 두 가지 경우에는 하자가 위중하다고 보기 때문이다.

6) 부당결의 취소·변경

주주총회 결의에 특별한 이해관계가 있어 의결권을 행사하지 못한 경우 결의가 현저하게 부당하고 해당 주주가 의결권을 행사하였더라면 그 결의를 저지할 수 있었을 때에는 해당 주주는 결의의 날로부터 2개월 이내에 결의 취소 또는 변경의 소를 제기할 수 있다. 결의 취소의 소와 하자의 원인은 다르지만 구조는 유사하다.

상법 제381조(부당결의의 취소, 변경의 소)
① 주주가 제368조제3항의 규정에 의하여 의결권을 행사할 수 없었던 경우에 결의가 현저하게 부당하고 그 주주가 의결권을 행사하였더라면 이를 저지할 수 있었을 때에는 그 주주는 그 결의의 날로부터 2월내에 결의의 취소의 소 또는 변경의 소를 제기할 수 있다.
② 제186조 내지 제188조, 제190조 본문, 제191조, 제377조와 제378조의 규정은 제1항의 소에 준용한다.

7) 판결의 효력과 소송상 특칙

결의취소의 소, 무효나 부존재 확인의 소에서 원고 승소 판결이 내려지면 그 판결의 효력은 어디까지 미칠까? 민사소송법의 기본 원칙에 따르면 판결은 소송 당사자에게만, 즉 원고와 피고에게만 미친다. 그런데 회사에 이해관계를 갖고 있는 사람들 간의 법률관계는 단체법적으로 획일 확정할 필요가 있기 때문에 판결의 효력이 모든 사람에게 미치도록 하여야 한다. 그래서 제376조와 제380조는 190조 본문을 결의취소의 소, 무효나 부존재 확인의 소에 준용한다.

제190조 본문이 "설립 무효의 판결 또는 설립 취소의 판결은 제3자에 대하여도 그 효력이 있다."고 규정하므로 이를 준용해서 읽으면 "주총 결의 최소의 소, 무효확인의 소, 부존재 확인의 소의 판결은 제3자에 대하여도 그 효력이 있다."가 된다. 따라서 주주총회 결의취소의 판결, 무효확인의 판결, 부존재 확인의 판결은 소송 당사자 아닌 제3자에게도 미친다. 이를 대세적 효력이 있다고 한다.

원고승소 판결의 주문 예
- 'WWW주식회사의 2032년 10월 5일자 주총에서 결의한 이사선임결의를 취소한다.'
- 'WWW주식회사의 2033년 11월 5일자 주주총회의 결의는 무효임을 확인한다.'
- 'WWW주식회사의 2034년 12월 5일자 주주총회의 결의는 부존재임을 확인한다.'

주주총회에서 이사 선임 결의를 하여 이사가 취임하였다. 그 후 그 이사 선임 결의에 하자가 있어서 결의취소의 소가 제기되었다. 소송 결과 원고 승소 판결이 내려져서 해당 주주총회의 이사 선임 결의가 취소되었다. 그러면 그 이사는 언제부터 이사가 아닌 것인가? 선임되었을 때부터 취소 판결이 내려질 때까지 그 사람은 적법한 이사인가, 아닌가? 그 기간 동안 이사로 한 행위는 유효한가, 아닌가?

제190조는 단서에서 "그러나 판결 확정 전에 생긴 회사와 사원 및 제3자 간의 권리·의무에 영향을 미치지 아니한다."고 하여 판결 확정 전에 생긴 권리·의무에는 판결이 영향을 미치지 않는다고 규정하고 있다. 소급효가 없다는 것이다. 그런데 제376조나 제380조는 제190조 본문만 준용하고 단서는 준용하지 않고 있다. '소급효가 없다'는 것을 준용하지 않으므로 소급효가 있다고 해석해야 하는지 아니면 그 문제는 입법자가 명시적으로 선언하지 않았으므로 해석에 맡긴 것인지 논란이 있다. 다수설은 소급효가 없다는 단서 규정이 준용되지 않기 때문에 소급효가 있는 것으로 해석한다.

제376조와 제380조는 제190조 외에도 여러 개의 조문을 준용하고 있다. 이 조문들은

모두 일반 민사소송법과는 다르게 회사의 소송에서 적용되는 회사법상의 특칙들이다. 회사 소송이 한 법원에 집중되도록 관할을 전속하는 것, 소가 제기되면 그 내용을 공고하도록 하는 것, 같은 내용의 소가 여러 개 제기되면 병합 심리하는 것, 패소한 원고가 일정한 책임을 지게 하는 것 등이 회사 소송의 특칙인데 이를 주주총회 결의의 하자를 다투는 소송에도 준용한다.

주주총회 결의요건을 강화한 것이 허용되는지가 다투어진 사건(전주지법 2020. 10. 29. 선고 2017가합2297 판결, 주주총회결의무효확인, 확정)

【사실관계】

甲 주식회사의 주주총회가 '총회의 안건이 적대적 인수합병을 위한 안건임을 총회 소집 전 이사회가 결의로 확인한 경우 총회의 결의요건을 출석한 주주의 의결권의 100분의 90 이상과 발행주식총수의 100분의 70 이상으로 한다.'는 조항과 '위 가중조항을 개정하고자 하는 경우에도 위와 같은 방법에 의한다.'는 조항을 신설하는 내용의 정관변경결의를 하자, 甲 회사의 주주 乙이 위 결의가 상법 제434조 등을 위반하였다며 주주총회결의의 무효확인을 구하였다.

【판결요지】

위 가중조항과 같은 이른바 초다수결의제는 관련 상법 규정의 문언과 의미 및 입법 취지 등에 비추어 현행 상법하에서 원칙적으로 허용될 수 없고, 설령 초다수결의제가 예외적으로 허용된다고 하더라도, 위 가중조항에 포함된 '적대적'이라는 용어가 가치중립적이지 않고 법률적으로도 불명확한 개념이어서 예측가능성과 법적 안정성에 반하는 점, 위 가중조항에 의할 경우 적대적 인수합병인지는 이사회가 사전에 우선 판단하게 되고 그 판단 결과에 따라 합병에 관한 특별결의요건이 달라지는데, 이는 실질적으로 합병의 승인 여부를 주주들이 아닌 이사회 또는 경영진이 결정하는 것이 되어 합병에 관한 최종 승인권한을 주주총회에 귀속시킨 상법 제522조에 정면으로 반하는 점, 위 가중조항은 현재 보편적으로 이용되는 출석의결권 수의 가중비율은 물론, 발행주식총수의 가중비율을 모두 현저히 초과하고 있어 그 가중비율도 지나치게 과도한 점 등 제반 사정에 비추어, 위 가중조항은 상법에 반하는 것으로서 허용될 수 없으므로 주주총회결의는 무효이다.

CHAPTER

13

자금조달

1. 자금조달방식
2. 신주발행
3. 광주신세계사건
4. 회사채
5. 삼성에버랜드사건

한편 말만 듣고 송사(訟事) 못한다.

CHAPTER 13

자금조달

1 자금조달방식

1) 회계

회사를 경영하면서 금전을 출납하고 자산을 취득하고 매각하는 활동을 하게 되는데, 그러한 거래 금액을 표시하여 정리하는 것을 회계라고 한다. 상법은 '회사의 계산'이라는 제목 아래에서 회계에 관한 여러 규정을 두고 있다. 이 중 상법의 법원리를 이해하는 데 필요한 사항을 아래에서 설명한다.

회사의 회계처리와 관련해서 먼저 알아두어야 될 것이 복식부기의 원리이다. 복식부기란 말 그대로 복식 즉 장부에 두 번 적는다(double entry accounting)는 의미이다. 복식부기와 대비되는 것은 단식부기 즉 장부에 한번 적는 방법이다. 다음 거래를 단식부기를 한 것과 복식부기를 한 것을 비교해 보면 양자의 차이를 쉽게 알 수 있다.

거래 내용: 2. 1. 자본금으로 1억원을 받았다.
2. 2. 스캐너를 500만원에 샀다.
2. 3. 임대료로 100만원 냈다.

WWW 맞춤형 운동화 비즈니스 모델

	일자	입금	출금	잔액
단식부기	2.1.	자본금 100,000,000		100,000,000
	2.2.		스캐너 5,000,000	95,000,000
	2.3.		임차료 1,000,000	94,000,000
복식부기	2.1.	현금 100,000,000/	자본금 100,000,000	
	2.2.	기계(스캐너) 5,000,000/	현금 5,000,000	
	2.3.	임차료 1,000,000/	현금 1,000,000	

위 표에서 볼 수 있듯이 복식부기에서는 하나의 거래를 요소별로 구분하여 왼쪽과 오른쪽에 동시에 기재한다(우리나라 회계에서는 왼쪽을 차변, 오른쪽을 대변이라고 부른다). 자산이 들어오면 왼쪽(차변), 나가면 오른쪽(대변)에 기재한다. 현금은 자산이므로 현금이 들어오면 왼쪽, 나가면 오른쪽에 기재한다. 기계도 자산이므로 마찬가지이다. 자본금은 들어오면 오른쪽, 나가면 왼쪽에 기재한다. 비용이 발생하면 왼쪽, 수익이 발생하면 오른쪽에 기재한다. 각 요소별로 기재하는 위치는 각국의 회계체계에서 정한 것이다.

IFRS
기업이 투자자에게 회사의 재무상태를 알리는 회계보고서의 작성원리가 국제적으로 통일되어 있다. 국제회계기준위원회가 작성한 International Financial Reporting Standards를 우리나라에서도 채택하여 시행하고 있다.

복식부기에는 여러 장점이 있다. 같은 액수를 왼쪽과 오른쪽에 동시에 기재하므로 왼쪽과 오른쪽을 합산하면 항상 같다. 만일 같지 않다면 이는 잘못된 것이므로 오류를 찾아서 시정할 수 있다. 또 거래 요소별로 기재되었으므로 각 요소(회계에서는 이를 계정항목이라고 한다.)를 더하면 그 요소의 현재 상황을 알 수 있다. 예를 들어 현금 항목을 왼쪽과 오른쪽별로 합산하면 왼쪽에 100,000,000원, 오른쪽에 6,000,000원이 되어 1억 원이 들어오고 6백만원이 나가서 현재 현금잔액은 94,000,000원임을 알 수 있다. 마찬가지로 기계와 임차료의 잔액도 각기 계산할 수 있다. 복식부기는 전 세계적으로 광범위하게 사용되고 있다. 다만 대변과 차변을 오른쪽에 둘지 왼쪽에 둘지는 나라마다 차이가 있다.

2) 재무상태표

복식부기를 해서 한 회사의 재무상태를 나타내는 표를 만들 수 있는데, 그것을 재무상태표라고 부른다(과거에는 이를 '대차대조표'라고 했다.). 재무상태표에는 일정 시점의 자산, 자본, 부채의 정적인 현황이 나타난다. 두 시점의 재무상태표를 비교하면 그 기간 동안 자산, 자본, 부채의 변동을 알 수 있다.

재무상태표

<table>
<tr><td rowspan="2">〈자산〉
1. 유동자산
　1) 당좌자산
　　현금 및 현금성 자산
　　매출채권
　2) 재고자산
2. 비유동자산
　1) 투자자산
　2) 유형자산
　3) 무형자산</td><td>〈부채〉
1. 유동부채
　단기차입금
　매입채무
2. 비유동부채
　장기차입금</td></tr>
<tr><td>〈자본〉
자본금
자본잉영금
이익잉여금</td></tr>
<tr><td>총자산</td><td>총자본</td></tr>
</table>

재무상태표의 왼쪽에는 자산이 있고 오른쪽에는 자본, 부채가 있다. 복식부기를 했으므로 반드시 왼쪽의 합과 오른쪽의 합은 같아야 한다. 오른쪽이 늘어나려면 왼쪽도 늘어나야 하고, 왼쪽이 줄어들면 오른쪽도 줄어들어야 한다. 회사에 현금이 필요하다면 자산이 늘어나는 것이므로 오른쪽도 늘어나야 한다. 오른쪽에는 부채와 자본이 있으니 부채와 자본 중 하나가 증가하거나 아니면 부채와 자본이 모두 증가해야 한다.

3) 자금조달 방식

회사에 필요한 자금을 조달하기 위해서는 자본을 늘리거나 부채를 늘려야 한다. 자본을 늘리는 것은 주식을 발행해서 투자자들로부터 투자금을 더 받는 것이다. 부채를 늘리는 것은 돈을 빌리는 일이다. 회사가 필요한 자금을 조달하기 위해서 자본을 늘릴지, 부채를 늘릴지를 판단해야 한다. 회사는 적은 비용으로 자금을 조달해서 이익을 많이 내야 하므로 자금조달 비용이나 향후 자본이나 부채의 증가로 인한 여러 비용들을 비교하여야 한다.

자금조달 방법
- 자본 : 신주발행
- 부채
  - 금융기관 대출, 개인사채
  - 회사채

부채에는 그에 따른 이자를 지급해야 된다. 이자는 회사에 이익이 나든지 안 나든지 상관없이 고정적으로 나간다. 반면 자본에는 이익배당을 해야 된다. 자본이 늘어나면 이자는 안 내는 장점이 있지만, 다른 주주들하고 이익을 나누어야 하므로 기존 주주의 처지에서는 자기에게 들어올 배당액이 줄어들 수 있는 점을 고려해야 한다.

자본 증가에 대해 고려할 점의 하나는 대주주가 계속 투자할 수 있는가 하는 문제이다. 대주주가 투자할 능력이 되어 신주가 발행됐을 때 그 신주를 인수할 수 있는 위치에 있다면 아무리 자본이 많이 증가하더라도 회사에 대한 지배권을 유지할 수 있겠지만, 만약 투자여력이 없어서 신주를 제3자에게 주게 되면 결국 자신의 지분율이 줄어들어 지배권이 약화된다. 이 때문에 대주주로서는 신주 발행에 신중할 수밖에 없다.

투자자의 관점에서는 주주로서 자본 증가에 참여했을 때 향후 투자액을 회수하려면 주식을 파는 방법밖에 없으므로 주식을 제대로 팔 수 있을지에 관심을 가지게 된다. 반면 채권자로서 회사에 돈을 빌려준 때에는 빌려준 돈을 만기에 돌려받는다는 확신만 있으면 환금성에서는 주식 투자보다 유리한 측면이 있다. 회사가 필요한 자금을 자본을 통해서 조달할지, 부채를 통해서 조달할지는 회사의 입장과 투자자(주주 또는 채권자)의 이해가 일치하는 방법으로 결정될 것이다.

사채(私債)

회사가 필요한 자금을 조달하는 일은 언제든지 중요하고 일이다. 1962년 경제개발계획 시행으로 기업활동이 많아지면서 자금수요가 늘었지만 국내금융기관에 축적된 자금이 별로 없어서 기업들은 만성적인 자금부족상태에 있었다. 이때 기업에 자금을 제공하는 중요한 원천이 사채(私債)였다. 2000년대 이후 주식시장과 회사채시장이 기업에 자금을 제공하는 기능이 확대되면서 사채시장은 상대적으로 축소되었다.

2 신주발행

1) 신주발행의 유형

(1) 통상의 신주발행

회사가 신주를 발행해서 자금을 조달하는 경우를 '통상의 신주발행'이라고 부른다. 자금조달 외의 목적으로 신주를 발행하는 경우와 구별하기 위함이다. 통상의 신주발행은 주주가 될 사람들이 출자금을 내고 주식을 받기 때문에 '유상증자'라고 부른다. 유상증자는 무상증자와 대비되는데 무상증자는 회계처리를 통해 준비금을 자본금으로 이동하여 신주를 발행하는 것이다. 회사가 주주로부터 현금을 받지 않고 신주를 발행하기 때문에 무상증자라고 한다.

상법 제416조(발행사항의 결정)
회사가 그 성립 후에 주식을 발행하는 경우에는 다음의 사항으로서 정관에 규정이 없는 것은 이사회가 결정한다. 다만, 이 법에 다른 규정이 있거나 정관으로 주주총회에서 결정하기로 정한 경우에는 그러하지 아니하다.
1. 신주의 종류와 수
2. 신주의 발행가액과 납입기일

2의2. 무액면주식의 경우에는 신주의 발행가액 중 자본금으로 계상하는 금액

3. 신주의 인수방법
4. 현물출자를 하는 자의 성명과 그 목적인 재산의 종류, 수량, 가액과 이에 대하여 부여할 주식의 종류와 수
5. 주주가 가지는 신주인수권을 양도할 수 있는 것에 관한 사항
6. 주주의 청구가 있는 때에만 신주인수권증서를 발행한다는 것과 그 청구기간

통상의 신주발행을 규율하는 상법 제416조에 따르면 신주를 발행할지, 어떤 신주를 발행할지는 이사회가 정한다. 신주발행을 이사회의 결정사항이라고 한 이유는 두 가지이다. 하나는 회사의 자금조달 방식을 결정하는 것은 회사 경영진의 고유 권한이라고 본 것이다. 다른 하나는 신주를 발행하는 것은 시장 상황과 회사의 수요에 따라서 신속하게 결정해야 하는데 주주총회를 열 경우 신속히 결정하기 어렵다는 점을 고려하였다.

(2) 전환주식

회사가 우선주를 발행하면서 향후에는 보통주로 바꾸기로 예정하고 주식을 발행할 수 있다. 이렇게 한 종류의 주식을 다른 종류의 주식으로 바꿀 수 있는 주식을 전환주식이라고 한다. 전환권은 회사가 가질 수도 있고 주주가 가질 수도 있다. 전환주식이 발행된 후 전환권을 가진 사람이 전환권을 행사하면 회사는 전환될 새로운 주식을 발행해서 교부해야 한다. 회사에 새로운 자금이 들어오지 않아도 전환주식의 전환으로 신주가 발행될 수 있다.

(3) 준비금의 자본전입

재무상태표를 보면 자본이라고 하는 큰 카테고리 안에 자본금이라는 계정이 있고, 준비금이라는 계정이 있다(회계에서는 '잉여금'이라는 용어를 사용한다). 준비금은 원래 주주들에게 가야 될 것인데 일단 회사에 남겨둔 돈이다. 물론 준비금이 회사에 적립이 되어 있다고 해서 회사 금고에 그 금액만큼의 현금이 들어있는 것은 아니다. 준비금으로 계상된 액수만큼이 여러 가지 형태의 자산으로 존재한다. 회계상 일정 금액의 준비금이 계상되어 있으면 이익으로 배당되지 않고 회사에 남는 효과가 있다.

준비금의 자본전입이란 준비금을 자본금으로 옮기는 것이다. 재무상태표의 오른쪽에 있는 자본의 카테고리 안에서 준비금이 자본금으로 움직여도 오른편의 총액에는 변화가 없고,

왼쪽의 자산의 총액에도 변화가 없다. 자산의 증가 없이 주식이 발행된다.

상법 제461조에 따라 회사는 이사회의 결의에 의하여 준비금의 전부 또는 일부를 자본금에 전입할 수 있다. 그러나 정관에서 주주총회에서 결정하기로 규정한 경우에는 주주총회에서 정한다. 준비금의 자본 전입이 결정되면 준비금에 계상된 금액의 전부 또는 일부가 자본금으로 이동한다. 준비금이 자본금에 전입되면 자본금이 늘어나고 그 결과 회사는 주식을 발행하여 주주들에게 교부한다. 주주들은 돈은 내지 않고 회사의 주식을 더 받게 된다. 이것을 무상증자라고 부른다. 회계적의 관점에서 보면 회사에 이익이 더 발생한 것이 아니고 자산이 늘어난 것도 아니므로 회사의 가치에는 변화가 없다. 그러나 주주들은 추가로 돈을 내지 않고 주식의 수가 늘어나는 것을 좋아한다. '어느 회사에서 준비금을 자본에 전입한다더라'는 소문이 나면 보통 주가가 오른다.

(4) 주식배당

회사에 이익이 생겼을 때 주주들에게 배당을 해주는 방법으로 세 가지가 있다. 현금배당, 주식배당, 현물배당이 그것이다. 재무상태표에서 이익이 발생하는 상황을 관찰해보자. 한 회사에서 회계연도의 기초 재무상태표에는 자산 100, 부채와 자본이 각기 50으로 계상되어 있었다. 회계연도 말에 재무상태표를 작성하니 자산이 120이고 부채 60, 자본 50이다. 왼쪽 자산의 총액이 120이므로 오른쪽도 총액이 120이어야 한다. 부채+자본이 110이므로 오른쪽에 10이 추가되어야 하는데 이것이 이익이다. 이익은 왜 오른쪽에 생길까? 회사가 제품이나 서비스를 원가보다 비싸게 또 많이 팔면 자산이 늘어난다. 왼쪽의 총액이 늘어나서 오른쪽의 자본과 부채의 합보다 커지면 그 차액만큼 이익이 되는 것이다.

이익배당의 종류
- 현금배당
- 주식배당
- 현물배당

기초 재무상태표

자산	100	부채	50
		자본	50
총액	100	총액	100

⇒

기말 재무상태표

자산	120	부채	60
		자본	50
		이익	10
총액	120	총액	120

이 회사에서 이익을 현금배당하면 자산과 이익이 동시에 감소한다. 그런데 이익을 자본금으로 넣고 주주들에게는 주식을 주면 현금이 회사 밖으로 나가지 않으므로 자산의 총액에도 변화가 없고 부채와 자본의 총액에도 변화가 없다.

제462조의2는 주주총회의 결의에 의하여 이익의 배당을 새로이 발행하는 주식으로써 할 수 있다고 규정한다. 주식배당을 하게 되면 신주를 발행해서 주주들에게 교부한다. 주식배당을 하게 되면 주주는 현금을 받지 못해 현금을 원하는 주주들의 이익에 반할 수 있다.

상법 제462조의2(주식배당)
① 회사는 주주총회의 결의에 의하여 이익의 배당을 새로이 발행하는 주식으로써 할 수 있다. 그러나 주식에 의한 배당은 이익배당총액의 2분의 1에 상당하는 금액을 초과하지 못한다.
② 제1항의 배당은 주식의 권면액으로 하며, 회사가 종류주식을 발행한 때에는 각각 그와 같은 종류의 주식으로 할 수 있다.

그래서 제462조의2는 단서에서 주식에 의한 배당은 이익배당 총액의 2분의 1에 상당하는 금액을 초과하지 못하도록 규정했다.

(5) 전환사채의 전환

전환사채권자의 권리
- 원리금상환청구권
- 주식 전환권

회사가 집단적으로 돈을 빌리기 위해 회사채를 발행할 수 있다. 회사채 중에 특수한 예로 전환사채가 있다. 회사가 회사채를 발행하면서 회사채를 주식으로 바꾸는 전환권을 주는 경우가 있는데 전환권이 있는 회사채를 전환사채라고 부른다. 전환사채가 발행되었을 때 전환사채권자가 전환권을 행사하면 회사는 신주를 발행해줘야 한다. 그렇게 되면 부채로 계상되어 있던 사채발행 금액이 자본금으로 이동한다. 재무상태표에서는 오른쪽 총액이 바뀌지 않고 왼쪽 총액도 그대로 있게 된다. 재무상태표에서 부채가 줄어드는 대신 자본금이 늘어나게 된다.

2) 신주발행의 영향

신주발행의 영향
- 지분율의 변동
- 주식의 희석화

통상의 신주발행의 경우 회사가 신주를 발행하게 되면 회사에 두 가지 중요한 영향을 미칠 수 있다. 하나는 지분율이 달라질 수 있다는 점이다. 회사는 의사결정을 할 때 다수결에 의해서 의사결정을 하므로 지분율이 중요한 의미를 가질 수밖에 없다. 누가 더 많은 지분율을 갖고 있는지, 누가 결의요건에 해당하는 지분율을 갖고 있느냐에 따라서 의사결정을 할 권한이 달라진다.

회사가 신주를 발행하게 되면 그 신주가 누구에게 가느냐에 따라서 지분율이 달라질 수 있다. 예를 들면 甲, 乙 두 사람이 50%씩 주식을 갖고 있는 회사에서 신주를 발행했는데, 甲이나 乙에게 신주가 배정되지 않고 제3자에게 배정되었다면 甲과 乙의 지분율은 당연히 줄어든다. 甲이나 乙로서는 신주발행을 신중하게 결정할 수밖에 없다.

다른 변화는 주식의 가치가 희석화될 수 있다는 점이다. 주식의 희석화 문제를 다음 표를 통해 알아본다. WWW의 발행주식 총수는 30주이다. 이 회사 주식의 액면가는 1,000,000원이고 1주의 시장가치가 1,500,000원이다. 신주를 30주 발행한다.

① 신주 발행 전

이 회사의 1주당 가치는 시장가인 1,500,000원이고 회사의 전체 가치는 45,000,000원이다.

② 발행가 1,500,000원으로 신주 30주 발행 후

회사에 입금되는 금액 : 1,500,000원×30주 = 45,000,000원

회사의 현재 가치 : 신주발행전 주식의 가치 45,000,000원 + 신주발행시 입금액

45,000,000원 = 90,000,000원

1주당 가치 = 90,000,000원 / 60주 = 1,500,000원

③ **발행가 1,400,000원으로 신주 30주 발행 후**

회사에 입금되는 금액 : 1,400,000원×30주 = 42,000,000원

회사의 현재 가치 : 신주발행전 주식의 가치 45,000,000원 + 신주발행시 입금액 42,000,000원 = 87,000,000원

1주당 가치 : 87,000,000원 / 60주 = 1,450,000,000원

신주 1주를 인수한 사람 : 투자액이 1,400,000원인데 현재가치가 1,450,000원이므로 50,000원 이득

구주 1주를 갖고 있는 사람 : 신주발행 전 가치가 1,500,000원인데 현재 가치가 1,450,000원이므로 50,000원 손실

회사가 신주를 발행할 때 발행가가 시장가보다 낮으면 그 차액에 비례하여 주식의 가치가 희석화된다. 회사에서 신주를 발행할 때 발행가를 시장가와 동일하게 하면 주식의 가치가 희석화되는 것을 막을 수 있다. 그런데 정확한 시장가를 아는 것도 쉽지 않고 그 시장가 또한 계속 변한다. 설사 회사가 정확한 시장가를 알아서 신주를 시장가와 같은 발행가에 발행하더라도 투자자로서는 굳이 신주를 인수할 필요가 없다. 그 값에 시장에서 사면 된다. 그러다 보니 신주 인수인에게 인센티브를 주기 위해서는 발행가를 시장가보다 낮게 정하는 것이 보통이다. 신주발행에 성공하기 위해서 시장에서 생각하는 가치보다는 발행가를 조금 낮게 정하기 때문에 사실상 신주발행을 하면 주식의 희석화는 불가피해진다.

3) 신주인수권

신주발행으로 인한 두 가지 문제 즉, 지분율 변화와 주식의 희석화 문제를 한 번에 해결할 수 있는 방법은 신주를 기존 주주들에게 각 주주가 가진 수에 비례하여 배정하는 것이다. 기존 주주들이 신주를 모두 인수한다고 가정할 때 갖고 있는 주식의 수에 따라서 배정해주면, 지분율에 변화가 없을 것이다. 또 주식의 희석화로 인한 손해도 없다. 왜냐하면, 주식의 희석화는 결국 신주를 배정받는 사람이 이익을 얻는 것의 반사적인 효과이기 때문에 자기가 신주를 배정받으면 이익이 있으니까 구주를 갖고 있음으로 생기는 손해가 만회된다. 신주를 기존 주주들에게만 배정해주면 지분율의 변화나 주식의 희석화를 걱정할 필요가 없다.

이러한 배경 하에서 상법 제418조 제1항은 신주를 발행할 때 기존 주주들이 가진 주식의 수에 따라서 배정하는 것을 원칙으로 규정하고 있다. 신주의 배정을 받을 권리를 '신주인수

신주인수권
회사가 발행하는 주식의 배정을 받을 수 있는 권리.

상법 제418조(신주인수권의 내용 및 배정일의 지정·공고)
① 주주는 그가 가진 주식 수에 따라서 신주의 배정을 받을 권리가 있다.
② 회사는 제1항의 규정에 불구하고 정관에 정하는 바에 따라 주주 외의 자에게 신주를 배정할 수 있다. 다만, 이 경우에는 신기술의 도입, 재무구조의 개선 등 회사의 경영상 목적을 달성하기 위하여 필요한 경우에 한한다.

권'이라고 한다. 상법은 신주인수권이 기존 주주에게 있음을 선언한 것이다. 이사회가 이 원칙에 따라 신주발행을 결정하면, 신주는 기존 주주들의 주식 수에 따라서 배정이 된다. 그렇게 되면 주주들은 지분율의 변화나 주식의 희석화를 걱정할 필요가 없다.

이 원칙에 대한 예외가 있다. 주주가 가진 주식의 수에 따라서 배정을 하지 않고 배정 비율을 달리 하거나 주주가 아닌 제3자에게 배정을 하는 것이다. 상법 제418조 제2항이 예외에 대해서 규정한다. 신주인수권은 주주가 주식의 수에 비례하여 갖는 것이 원칙이지만 정관에서 정하는 바에 따라 주주 외의 자에게 배정할 수 있다. 여기서 '주주 외의 자에게'라는 의미는 주주가 가지는 주식 수의 비율에 따라서 배정할 때의 주주 외의 자라는 의미이다. 주주라 하더라도 기존의 지분율보다 더 많이 배정받게 되면 제3자로 본다.

제3자 배정을 하려면 정관에 규정이 있어야 한다. 만약 정관에서 제3자 배정에 대한 규정을 두지 않으면 정관 변경을 해서 제3자 배정에 대한 규정을 두어야 한다. 정관의 규정에 따라서 제3자 배정을 하라는 것이다.

상법이 처음 제정될 때에는 제418조 제2항에 본문만 있었으나 2001년에 단서가 신설됐다. 대주주가 자기 회사를 자녀에게 상속시키기 위한 수단으로 제3자 배정을 많이 했기 때문이다. 회사가 신주를 발행하는데 제3자 배정을 해서 자기 자녀에게 신주를 배정했다. 발행가를 낮게 잡으니 주식의 희석화로 주식을 인수한 자녀는 경제적 이득을 얻고 기존 주주들은 손해를 보았다. 제3자 배정이 상속을 탈법적으로 하는 수단으로 사용된다는 지적이 많아서 단서가 신설됐다.

상법 제429조(신주발행무효의 소) 신주발행의 무효는 주주·이사 또는 감사에 한하여 신주를 발행한 날로부터 6월내에 소만으로 이를 주장할 수 있다.

단서는 신주를 제3자에게 배정하는 것은 신기술의 도입, 재무구조의 개선 등 회사의 경영상 목적을 달성하기 위하여 필요한 경우에 한한다는 내용이다. 정관에 정해진 대로 제3자 배정을 하더라도 신기술의 도입, 재무구조의 개선 등 회사의 경영상 목적을 달성하기 위하여 필요한 경우가 아니면 그 신주발행은 하자가 있게 된다. 신주발행에 하자가 있으면 그 하자는 신주발행 무효의 소송(상법 제429조)을 통해서만 다툴 수 있다. 신주가 발행되어 이해관계인이 다수 생긴 후에 신주발행이 취소되거나 무효로 되어 법률관계가 불안정해지는 점을 막기 위해 하자를 다툴 수 있는 방법을 제한하였다.

3 광주신세계사건

법학 공부에서 가장 중요한 것은 법조문 자체를 많이 읽고 생각하는 일이다. 우리가 법이라고 말하는 것은 실정법이고 실정법은 법조문에 있기 때문이다. 실정법의 조문을 이해하고 해석하기 위하여 교과서를 읽는다. 이와 아울러 법적 추론(legal reasoning)의 힘을 키우는

데 도움이 되는 것이 판례를 읽고 이해하고 분석하는 일이다. 판례는 실정법을 구체적 사안에 적용하면서 법적 추론이 이루어진 결과물이다. 판례, 특히 대법원 판례는 축약되고 다듬어져서 법적 추론을 연습하는 데 도움이 된다. 신주 발행과 관련된 여러 쟁점을 볼 수 있는 광주신세계사건의 대법원 판결을 읽으면서 함께 법적 추론을 해 본다. 판결을 이해하는 데 도움을 주기 위해 학생과의 대담 형식으로 설명한다.

법적 추론
법조문의 의미를 이해하고 사실관계에 적용해서 결론을 도출하는 논리적 과정. 법적 사고력이나 legal mind는 법적 추론을 하는 힘이나 태도를 가리키는 말이다.

문 회사가 필요한 자금을 조달하기 위해서는 자본을 늘리거나 부채를 늘려야 됩니다. 물론 두 가지를 동시에 다 할 수도 있습니다. 회사가 필요한 자금을 자본을 늘려서 조달할 때 즉, 신주를 발행해서 조달할 때 유념할 점이 있습니다. 하나는 새로운 주식이 발행되면 그 주식이 누구에게 가는가에 따라서 기존 주주들이 갖고 있는 지분율이 달라진다는 점입니다. 기존에 대주주로 있던 사람이 새로운 주식을 갖지 않게 되면 대주주 자리를 내어놓을 수 있는 것이지요.

다른 하나는 신주를 발행할 때 발행가를 얼마로 책정하는가의 문제입니다. 만약 신주의 발행가가 현재 시장에서 평가되고 있는 주식의 가치보다 높다면 사람들은 신주를 인수하지 않을 것입니다. 그렇다고 해서 발행가가 시장의 가치보다 낮게 되면 주식의 희석화 현상이 일어나 기존 주주들이 손해를 보게 됩니다.

이런 문제를 해결하기 위해서 법에서는 기본적으로 기존 주주들에게 신주인수권을 부여합니다. 이렇게 기존 주주들에게 신주인수권을 부여하는 것이 원칙이지만, 만일 필요한 경우에는 정관의 규정에 따라 제3자에게 신주를 배정할 수 있습니다.

신주인수권 배정
- 원칙 : 기존 주주의 주식의 수에 따라 배정
- 예외 : 제3자 배정

이번의 사건은 광주 신세계에서 주주 배정 방식으로 신주를 발행했는데, 대주주인 서울신세계가 신주를 인수하지 않자 광주신세계는 제3자에게 신주를 인수시켰는데, 그 제3자가 서울신세계의 이사이며 서울신세계의 대주주의 아들인 사건이었습니다. 먼저 이 사건의 사실관계를 알아봅시다.

답 광주신세계에서 유상증자를 하면서 주주이자 모회사인 서울신세계에 신주를 배정했습니다. 그런데 서울신세계는 신주인수권을 모두 포기하였고, 광주신세계는 서울신세계의 이사인 피고에게 신주를 배정했습니다. 피고는 신주의 납입대금을 납부하여 광주신세계의 대주주가 되었습니다.

문 회사에서 신주를 발행하면 원칙적으로는 주주들에게 자기가 가진 주식의 수에 따라 신주인수권이 부여됩니다. 신주인수권은 권리이지 의무는 아니니까 신주인수권을 행사하지 않을 수 있습니다. 신주인수권을 행사하지 않으면 결국 그 신주는 발행이 안 되는데, 그런 것을 '실권주'라고 부릅니다.

실권주
신주 발행시 신주인수의 청약을 하지 않거나 청약 후 인수대금을 납입하지 않아서 신주 취득의 권리를 상실한 주식. 명의개서를 제때에 하지 않아서 신주 인수의 청약을 하지 못하는 실기주와 구별해야 한다.

실권주가 발생했을 때 회사는 신주인수를 포기한 주주 대신 다른 사람에게 그 신주를 배정해 줄 수 있습니다. 그런데 이 사건에서는 그 배정을 받은 사람이 모회사인 서울신세계의 이사이자 모회사 대주주의 아들이었습니다. 신주 인수 결과 인수인은 광주신세계의 대주주가 되었군요. 법률적으로는 어떤 쟁점이 있는 사안인가요?

답 두 가지 쟁점이 있습니다. 하나는 자회사의 신주인수를 거부한 것이 모회사 이사의 임무 해태인지이고 다른 하나는 자회사의 신주를 모회사의 이사가 인수한 것이 이사의 자기거래인지입니다.

문 주주로서 회사가 신주를 발행할 때 신주를 인수하는 것이 경제적으로 이롭다면, 신주를 배정받아야 하는데 이 사건에서처럼 배정받은 신주의 인수를 포기한 것이 이사가 자기 임무를 다하지 않은 것이라고 볼 수 있다는 것이군요.

또 하나는 회사의 이사가 회사와 거래하는 일, 즉 이사의 자기거래는 법에서 특별히 규율하는데, 모회사의 이사가 자회사의 신주를 인수하는 것이 자기거래에 해당하는지, 자기거래에 해당한다면 회사 이사회의 승인을 얻어야 하는데, 이사회의 승인이 있었는가 하는 것이 문제가 됐군요.

그러면 하나씩 한번 생각해 봅시다. 자회사의 신주인수를 포기한 행위에 대해서 당사자들은 뭐라고 주장을 하고 있습니까?

상법 제399조(회사에 대한 책임)
① 이사가 고의 또는 과실로 법령 또는 정관에 위반한 행위를 하거나 그 임무를 게을리한 경우에는 그 이사는 회사에 대하여 연대하여 손해를 배상할 책임이 있다.

답 원고들은 이사들이 신주가 시가보다 저가로 발행된다는 사실을 알고 있었고 또 향후 광주신세계의 영업이익이 증가할 것이 예상됨에도 이를 포기한 것은 이사로서 임무를 해태한 것이라고 주장하였습니다. 반면 이사들은 당시 IMF 사태를 맞아 모기업의 재무구조 개선을 위해서 불가피하게 신주인수를 포기한 것이라고 항변하였습니다.

문 법원은 어떻게 판단을 했습니까?

답 주주인 서울신세계가 신주인수를 거부한 것에 대해서 원고들은 저가로 발행되었음에도 불구하고 신주인수를 하지 않은 것은 결국 모회사 이사에게 이익을 주기 위해서 일부러 한 것이 아니냐고 주장했었는데, 법원은 그렇게 보지 않고 회사의 자금사정이나 여러 가지를 고려해서 신주를 인수하지 않기로 한 것을 임무 해태라고 볼 수 없다고 봤습니다. 법원은 위 신주가 현저히 저가로 발행된 것이라고 단정할 수 없고, 다소 저가로 발행되었다 하더라도 신주를 인수하지 않기로 한 이사들의 의사결정이 현저히 불합리하여 이사로서의 임무를 해태한 것이라고 인정할 수 없다고 판단하였습니다.

문 광주신세계가 모회사이자 대주주인 서울신세계와 의논 없이 신주 발행을 결정한다는 것은 우리나라 기업 현실에서 생각하기 어렵지요. 대주주 자신이 재무 문제가 있어서 신주인수를 하지 못할 상황인데 자회사가 주주배정 신주발행을 하도록 모회사가 내버려 두는 것도 현실성은 없어 보입니다. 신주 발행을 사실상 승인한 대주주가 신주 배정을 받은 후 신주 인수를 포기하고 그 실권주가 대주주의 아들에게 배정되었습니다. 결국 이 사건은 세 가지 상황이 연결되어 있습니다. 첫 번째는 광주신세계가 주주배정 방식으로 신주 발행을 결정한 상황, 두 번째는 모회사이자 대주주인 서울신세계가 배정받은 신주의 인수를 거부한 상황, 세 번째는 실권주를 모회사 대주주의 아들에게 자회사가 임의로 배정한 상황이 시간적으로 또 논리적으로 연결되어 있습니다. 앞 상황이 없었으면 뒷 상황도 없는 것이지요. 그런데 법원이 첫 번째 상황과 세 번째 상황을 떼어 놓고 두 번째 상황인 배정받은 신주의 인수를 포기한 상황에 대해서만 판단을 한 것은 아쉬운 면이 있습니다.

다음 쟁점으로 넘어갑시다. 서울신세계의 이사가 그 자회사인 광주신세계의 신주를 인수한 것이 자기거래가 아닌가 하는 점입니다. 회사의 이사가 회사와 거래를 하면 이익 충돌이 발생하기 때문에 회사의 이사회에서 승인을 받은 경우에만 자기거래를 할 수 있습니다. 회사의 신주를 인수하는 것도 거래입니다. 신주를 인수하고자 하는 사람이 신주의 배정을 청약하고 회사가 그에 응해 신주를 배정함으로써 거래가 성립합니다. 그러면 신주를 배정하고 모회사의 이사가 자회사의 신주를 인수한 것이 자기거래에 해당합니까?

자기거래 해당 여부
- 전형적인 사례
  회사 —— 이사
  (거래)
- 광주신세계사건
  모회사 —— 이사
  | (거래)
  자회사

답 먼저 당시 적용되던 구 상법 제398조를 살펴볼 필요가 있는데요. 당시에는 "이사는 이사회의 승인이 있는 때에 한하여 자기 또는 제3자의 계산으로 회사와 거래할 수 있다."라고 규정하고 있었습니다. 이때 모회사의 이사와 자회사 간 거래가 본조의 적용을 받는 거래인지가 문제되는 것인데, 법원은 구 상법 제398조가 이사가 그 지위를 이용해서 회사와 직접 거래를 하거나 아니면 회사와 제3자의 거래로 이사가 자신의 이익을 도모하는 것을 방지하고자 하는 규정이기 때문에 해당 규정이 적용되기 위해서는 이사가 그 직무수행에 관하여 선관주의 의무를 부담하는 당해 회사여야 한다고 판단하였습니다. 모회사와 자회사는 별개의 법인격을 가진 회사이기 때문에 모회사 이사와 자회사 간의 거래에는 본조가 적용될 수 없습니다.

문 적용 조문이 현행 상법이 아니고 구 상법의 제398조이군요. 구 상법 제398조가 2011년 개정되었는데 이 사안에서 신주인수는 1998년에 있었습니다. 따라서 현행 상법이 아닌 구 상법이 적용됩니다. 구 상법 제398조에서 "이사는 이사회의 승인이 있는 때에 한하여 자기 또는 제3자의 계산으로 회사와 거래를 할 수 있다."라고 규정했을 때 거래 당사자의 한쪽은 회사여야 하고 다른 쪽은 이사여야 하는데, 여기서는 거래한 당사자는 자회사와 자회사의 이사, 혹은 모회사와 모회사의 이사가 아니고 모회사의 이사와 자회사가 거래를 했기 때문에 제398조가 적용되지 않는다고 본 것이군요. 그러면 개정된 제398조에 따르면 어떻게 됩니까?

답 제398조 개정에서 자기거래의 대상이 되는 거래 당사자가 확대되었습니다. 개정 전 구법에서는 거래 당사자가 회사와 이사로 국한되었었는데 신법에서는 일방 당사자가 회사인 것은 동일하고 상대방이 이사뿐만 아니라 이사의 배우자 및 직계존비속 그리고 그들이 대주주인 회사로 적용 대상을 확대하였습니다. 다시 말해서 거래의 한 당사자가 회사인 것은 마찬가지이나 그 상대방이 이사에서 이사와 일정한 관계가 있는 사람이나 회사로 확대된 것입니다.

그런데 이 사안에서는 이사가 자신이 이사로 있는 회사의 자회사와 거래한 것이므로 문언상으로는 적용 대상이 아닙니다. 그러나 상법에서 모회사와 자회사를 동일한 주체로 보는 경우가 있으므로 제398조 제4호를 확장해석할 여지는 있습니다. 다수설은 거래의 효력과 관련된 문제이기 때문에 신중하게 접근하는 것 같습니다.

문 개정된 제398조에 따라 자기거래로 보는 상대방의 범위가 확대됐습니다. 이사, 이사회 친인척 또 주요한 주주, 이사의 계열사 혹은 주주가 주식을 갖고 있는 회사. 이렇게 회사와 거래하는 상대방은 확대가 되었지만, 한쪽 당사자인 회사의 범위가 그 자회사로까지 확대되지는 않았습니다. 현행 상법 제398조를 문언 해석할 때 적어도 이 사안처럼 모회사의 이사가 자회사와 거래하는 것은 해당이 되지 않는다는 것이 법원의 판단이고 다수설도 그런 견해인 것 같습니다.

이 점에 대해서는 다른 견해가 있을 수 있겠죠. 상법에서 모회사와 자회사의 관계가 있다고 규정할 때는 자회사 의사결정에 모회사가 직접적인 영향을 미친다는 것을 전제하는데, 회사와 이사가 거래하는 것이나 모회사의 자회사와 모회사의 이사가 거래하는 것이 무슨 차이가 있는가 하는 의문이 있습니다.

4 회사채

1) 회사채의 의미

부채 발생
- 개별적 : 금융기관 융자, 사채업자 차금
- 집단적 : 회사채

회사가 필요한 자금을 조달하는 방법은 돈을 꾸거나 신주를 발행해서 주주들로부터 투자를 받는 것이다. 돈은 금융기관에서 꿀 수도 있고 개인에게서 꿀 수도 있다. 2000년대 전만 해도 사채업자들로부터 돈을 꾸는 기업들이 많이 있었다. 누구로부터 꾸든지 돈을 꾸는 일은 법적으로는 금전 소비대차계약을 맺어 진행하게 된다. 채무자 회사는 각 채권자와 개별적으로 개인법적 법률관계를 맺게 된다.

금융기관으로부터 돈을 꾸거나 사채업자로부터 돈을 꾸는 데에는 한계가 있다. 채권자들로서는 위험을 분산해야 되기 때문에 자신의 자금을 여러 채무자에게 분산하여 꾸어준다.

채무자가 한 채권자에게서 꿀 수 있는 금액에는 양적인 제한이 있다. 상법은 주식회사에서 여러 채권자로부터 동시에 많은 자금을 조달할 수 있는 간편한 방법을 고안했다. 그것이 바로 회사채(會社債), 상법에서 사채(社債)라고 부르는 것이다. 사채업자라고 부를 때의 사채(私債)와 회사채의 사채(社債)는 한자가 다르기 때문에 한자로는 구별이 되지만, 한글로 읽으면 둘 다 '사채'이므로 아래 설명에서는 사채와 회사채를 혼용한다.

회사채의 본질은 돈을 꾸는 것이다. 회사채가 발행되어 채권자가 인수를 하면 회사의 부채가 늘어난다. 회사는 회사채권자들에게 채무를 부담한다. 회계적으로는 회사채를 발행하는 것이나 금융기관으로부터 융자를 받는 것이 모두 부채가 증가하는 일로 같은 성격의 일이지만 법적으로는 차이가 있다.

회사채는 여러 명의 사람으로부터 같은 조건으로 일시에 돈을 꾸는 것이다. 채권자의 수가 다수이고, 채무의 내용이 정형화돼 있다. 예를 들면 '담보는 없고 3년 동안 돈을 꾸는데, 금리는 연 5.5%이다'고 정한다. 이 조건이 괜찮다고 판단한 채권자는 자기가 꿔줄 돈만큼만 꿔주면 된다. 이 회사에서는 회사채 액면액을 1,000만 원으로 했다면 어떤 사람은 1,000만 원, 다른 사람은 5,000만원의 회사채를 사서 회사에 돈을 꾸어주고 회사에 대한 채권자가 된다. 채권의 금액만 다를 뿐 권리의 내용은 모두 동일하다. 회사채는 이렇게 정형화된 채무를 집단적으로 발생시키는 법적 수단이다.

회사채는 기업의 관점에서 대규모의 자금을 조달하는 유용한 수단이면서 동시에 기업에 돈을 꿔주고 싶은 사람한테도 유용한 수단이 된다. 여유자금이 있어서 회사에 돈을 꾸어주고 싶은 사람은 일일이 회사를 접촉할 필요 없이 회사채를 팔고 있는 금융기관에 가서 자신이 원하는 조건의 회사채를 자신의 자금규모에 맞게 사면 된다. 회사채는 자금을 조달하는 회사나 회사에 자금을 빌려주고자 하는 채권자 모두에게 유용한 수단이다. 우리나라 주식회사가 발행한 회사채 금액은 2016년에 약 33.8조원, 2017년에 63조원에 이른다.

회사채의 장점 중의 하나는 환금성이 좋다는 점이다. 회사채권자들은 회사에 대해 집단적으로 정형화된 채권을 갖는다. 회사채권자들이 갖는 정형화된 권리가 사채권(社債劵)이라고 하는 유가증권에 담겨서 유통될 수 있다. 사채권이 유통되는 시장이 있으면 유통은 더 활발히 이루어진다. 회사채권자는 투자액을 현금화할 필요가 있을 때 사채권을 시장에서 팔면 된다. 회사채에 투자한 사람은 환금이 필요하면 회사채의 만기까지 기다리지 않고 자금을 회수할 수 있다.

회사채와 주식은 모두 자금조달 방식이다. 주식이나 회사채나 모두 유가증권화되어 시장에서 유통될 가능성이 있는 점은 같다. 주식은 원금을 반환해 줄 필요는 없다는 점에서 회사채와 구별된다. 또 이익이 발생하면 이익을 배당해줘야 되고, 주식을 가진 주주는 회사의 경영에 참여할 수 있다. 반면에 사채권을 갖고 있는 사람은 회사 경영에는 참여하지 못하지만, 회사가 이익이 나든지 안 나든지 원금과 이자를 받을 수 있는 청구권이 있다.

주식과 회사채가 이렇게 출발점이 다른데도 불구하고 점차 주식이 사채의 특징을 받아들이고 회사채가 주식의 특징을 받아들임으로써 양자 사이의 차이가 줄어든 주식이나 회사채가 등장하고 있다. 주식 중에는 정액배당 우선주가 있어서 일정한 금액을 먼저 우선 배당받을 수 있는 주식이 있는데, 이것은 마치 회사 채권자가 정액의 이자를 받는 것과 비슷해 보인다. 사채 중에는 이익참가부사채라고 해서 회사가 이익이 나면, 사채권자도 그 이익에서 배당을 받는 회사채도 있고 또 시작은 사채였는데 주식으로 바꿀 수 있는 전환사채도 있다. 이렇게 주식과 사채의 특징이 서로 상대화되는 현상을 볼 수 있는데, 그 이유는 투자자나 회사의 관점에서 최적의 투자 상품을 설계하다 보니 서로의 장점을 취하게 되었기 때문이다.

2) 회사채 발행

회사채는 주식회사만 발행할 수 있다. 상법은 다수의 투자자가 예정된 주식회사에만 회사채를 발행할 수 있도록 규정했다. 사채를 발행하기 위해서는 이사회가 결의를 해야 된다. 회사채 발행은 이사회 전권사항 중의 하나이다. 이사회가 사채발행사항을 결정한 다음에는 사채가 증권시장에서 유통될 수 있기 때문에 자본시장 및 금융투자업에 관한 법률(약칭 자본시장법)에 따라서 '증권 신고서'를 제출하고, 투자설명서를 공시하고, 외부감사를 받는 절차를 거친다.

상법 제469조(사채의 발행)
① 회사는 이사회의 결의에 의하여 사채(社債)를 발행할 수 있다.
③ 제2항에 따라 발행하는 사채의 내용 및 발행 방법 등 발행에 필요한 구체적인 사항은 대통령령으로 정한다.

회사가 회사채를 발행하면 투자자에게 팔아야 한다. 회사가 투자자를 직접 모으기도 하지만 발행 회사는 회사채 유통의 전문성은 없기 때문에 회사채를 발행한 회사를 위해서 투자자를 공모하기도 하고 회사채 전체를 인수하는 회사가 관여하기도 한다. 회사채 공모나 인수는 주로 증권회사가 한다. 회사채를 사는 사람이 결정되면 회사와 사채계약('인수계약'이라고도 한다.)을 체결한다. 사채계약을 한 사채인수권자는 사채금액을 납입함으로써 사채

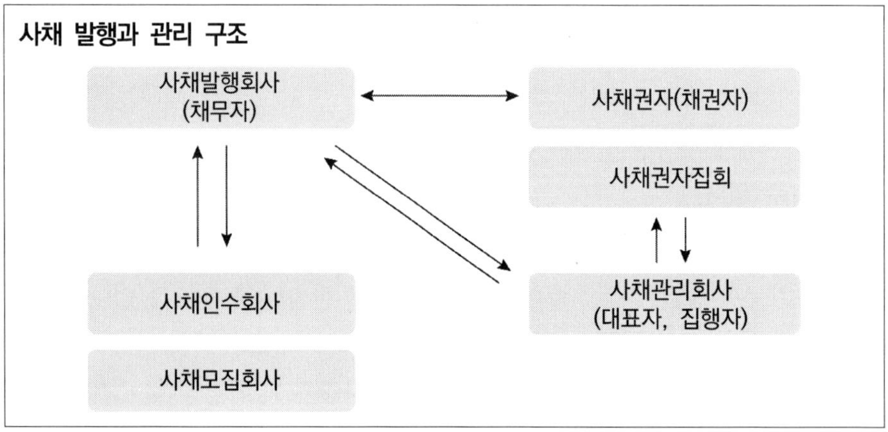

권자가 된다. 사채권자는 회사로부터 원리금을 상환받을 권리를 갖는다.

회사채가 발행되는 과정에서 여러 주체가 법률관계를 맺는다. 발행하는 회사가 회사채를 인수해서 팔거나 채권자의 모집을 대행해주는 회사에 공모나 인수 업무를 맡긴다. 회사채를 사는 사람이 채권자가 되고 회사가 채무자가 된다. 일반 채권자들은 개별법적 관계에 있기 때문에 채권자들로 구성되는 회의체가 없다. 반면에 사채권자들은 권리의 내용이 정형화되어 있기 때문에 상법은 사채권자로 구성되는 회의체를 예정하고 있다. 이를 '사채권자집회'라고 한다. 회사가 사채권자에게 변제를 하지 못하는 상황이 되면 사채권자집회에서 권리의 내용을 변경하는 결의를 할 수 있다. 회사채가 발행되면 일정한 기간 동안 존재하는 것이기 때문에 사채를 관리하는 회사(사채관리회사)가 있다. 회사채가 유가증권화 된 것을 사채권이라고 부르고, 그 사채권을 갖고 있는 사채권자의 성명과 주소가 기록된 장부를 사채원부라고 부른다.

3) 사채권자를 위한 담보 및 보증

사채권자는 채권자이고 회사채 발행 회사는 채무자이다. 발행 회사의 신용이 높으면 사채권자가 회사채를 인수하는데 별 문제가 없지만 그렇지 않은 경우에는 사채권자를 위한 담보나 보증이 필요하다. 담보나 보증은 인수 여부만이 아니고 이자율에도 영향을 미친다. 담보나 보증이 있으면 이자율이 상대적으로 낮아진다.

■ 담보부사채 - 무담보사채
■ 보증부사채 - 무보증사채

회사채는 담보가 있는가 없는가에 따라서 '담보부사채', '보증부사채' 혹은 '무담보사채'로 구분된다. 사채권자 전체를 위해 물적담보가 설정되어 있으면 담보부사채, 금융기관 등이 사채의 원리금 지급을 보장하면 보증사채, 담보나 보증이 없으면 무담보사채 또는 무보증사채라고 한다.

담보부사채에는 회사채의 원리금 상환을 담보하는 물석남보, 예를 들면 부동산이나 증권 등이 제공된 사채이다. 전체 사채권자를 위해 담보가 제공되는 경우는 그 사채를 위해서 제공된 남보를 신탁회사가 맡아 관리한다. 보증부사채는 원리금의 상환을 보증한 것인데, 주로 금융기관이 보증 수수료를 받고 보증한다. 보증 수수료는 금융기관의 중요한 수입원이기도 하다.

회사의 신용이 높으면 보증이나 담보가 없이도 회사채를 발행하여 모두 매각할 수 있다. 회사의 신용이 높지 않으면 신용을 보강하기 위하여 담보나 보증을 제공한다. 담보나 보증을 제공하면 상대적으로 이자율이 낮아진다. 담보나 보증을 제공하는 일에 비용이 들기 때문이다. 담보나 보증이 없으면 그 비용을 절약할 수 있어 상대적으로 회사채 이자가 높아질 수 있다. 어떤 회사채를 선택할 것인가는 위험과 수익에 대한 투자자의 선택에 달려 있다.

4) 전환사채

(1) 전환사채의 의미

전환사채란 회사채를 발행 회사의 주식으로 바꿀 수 있는 권리가 인정된 사채이다. 한 종류의 증권을 다른 종류의 증권으로 바꾸는 것을 전환이라고 부른다. 영어로는 Convert라고 부르기 때문에 전환사채를 Convertible Bond, 시장에서는 줄여서 CB라는 표현을 쓴다.

회사채에 주식으로 전환할 수 있는 권리가 들어있으면 투자자는 초기에는 사채의 안정성에 의존하면서 회사가 어떤지를 확인하고 그 회사가 장래성이 있다고 생각을 하면 그때 회사채를 주식 즉 조금 더 위험한 투자자산으로 바꿀 수 있는 기회가 부여된다는 점에 매력이 있다. 발행회사로서는 일반적인 회사채보다 이자율이 낮은 장점이 있다. 전환사채에는 전환권이 추가로 들어있기 때문에 보통의 회사채에 비해서 조달 비용이 낮다. 또 투자 유인 효과가 있다. 회사 주식을 사기에는 아직 회사를 잘 모르는 사람들이 전환사채를 보유하면서 종국적으로 주주가 될 수 있는 기회를 가질 수 있기 때문이다. 이런 투자 유인 효과 때문에 외국인들에게 주식을 팔기 전에 전환사채부터 파는 경우도 있다.

(2) 전환사채 발행 절차

전환사채는 회사채이지만 주식으로 전환될 수 있기 때문에 회사채 발행과 주식 발행의 요소를 모두 갖고 있다. 상법 제513조가 전환사채의 발행에 관한 사항을 규정하고 있다. 회사채 발행을 결정하는 것은 이사회이다. 전환사채 발행도 정관에 다른 규정이 없으면 이사회가 결정을 한다. 이사회는 전환사채의 총액 외에 언제, 어떤 가격으로, 어떤 주식으로 전환할 수 있는지를 정해야 한다. 전환사채가 주식의 요소가 있기 때문에 전환사채를 주주에게 인수하게 할지 아니면 제3자에게 인수하게 할지도 정해야 한다.

회사채를 발행할 때 회사가 회사채를 주주에게 인수하게 할 이유는 없다. 회사채는 부채인데 채권자가 주주일 필요는 없다. 그러나 전환사채는 주식으로 바뀔 수 있기 때문에 전환사채를 발행하는 것은 마치 주식을 발행하는 것과 같은 법률적인 의미가 있다. 전환사채일지라도 전환권을 행사하지 않아서 끝까지 회사채로 남아 원리금 상환을 받고 끝나는 경우도 있지만, 전환돼서 주식으로 바뀔 가능성이 있기 때문에 전환사채를 발행할 때는 이것을 주주에게 줄지 주주 외의 자에게 줄지를 정해야 한다.

상법 제513조(전환사채의 발행)
①회사는 전환사채를 발행할 수 있다.
② 제1항의 경우에 다음의 사항으로서 정관에 규정이 없는 것은 이사회가 이를 결정한다. 그러나 정관으로 주주총회에서 이를 결정하기로 정한 경우에는 그러하지 아니하다.
1. 전환사채의 총액
2. 전환의 조건
3. 전환으로 인하여 발행할 주식의 내용
4. 전환을 청구할 수 있는 기간
5. 주주에게 전환사채의 인수권을 준다는 뜻과 인수권의 목적인 전환사채의 액
6. 주주외의 자에게 전환사채를 발행하는 것과 이에 대하여 발행할 전환사채의 액

③ 주주외의 자에 대하여 전환사채를 발행하는 경우에 그 발행할 수 있는 전환사채의 액, 전환의 조건, 전환으로 인하여 발행할 주식의 내용과 전환을 청구할 수 있는 기간에 관하여 정관에 규정이 없으면 제434조의 결의로써 이를 정하여야 한다. 이 경우 제418조제2항 단서의 규정을 준용한다.

(3) 전환사채의 제3자 배정

전환사채를 주주 외의 자에게 발행하는 경우에는 그 발행할 수 있는 전환사채의 액, 전환의 조건, 전환으로 인하여 발행할 주식의 내용과 전환을 청구할 수 있는 기간에 관하여 정관에 규정이 없으면 주주총회 특별결의로 정하여야 한다. 전환사채를 주주 외의 자에게 주

는 것은 주식을 제3자에게 발행하는 것과 같다고 본다. 그래서 전환사채를 주주 외의 자에게 발행하는 경우에는 여러 가지 내용이 정관에 규정이 되어 있어야 된다. 주식을 제3자에게 발행할 때 제3자 발행을 위해서 정관에 규정이 있어야 되는 것과 같은 이치이다. 만약 정관에 규정이 없으면 주주총회 특별결의로 정해야 한다. 정관 변경을 위해서 주주총회 특별결의가 필요하므로 정관에 규정이 없으면 특별결의를 해서 전환사채의 제3자 배정사항을 결정하라는 것이다.

상법 제418조(신주인수권의 내용 및 배정일의 지정·공고)
② 회사는 제1항의 규정에 불구하고 정관에 정하는 바에 따라 주주 외의 자에게 신주를 배정할 수 있다. 다만, 이 경우에는 신기술의 도입, 재무구조의 개선 등 회사의 경영상 목적을 달성하기 위하여 필요한 경우에 한한다.

전환사채를 주주에게 배정할 때와 제3자에게 배정할 때는 절차가 전혀 다르다. 제3자 배정 시에 엄격한 절차를 거치게 하는 이유는 전환사채가 주주 아닌 제3자한테 가면 제3자가 전환권을 행사해서 주식을 갖게 되고, 그것은 기존 주주들의 신주인수권을 침해하는 것이 되어 지분율에 변화가 있게 되고 주식의 희석화로 기존 주주들이 갖고 있는 주식의 가치가 떨어지게 되기 때문이다. 전환사채를 제3자에게 배정하기 위해서는 정관에서 규정을 하든지 아니면 주주총회의 특별결의가 있어야 하는데 정관이나 주주총회 결의의 내용이 구체적이어야 하고 확정적이어야 한다.

전환사채권 견본(앞면) 사이즈 220×265mm

전환사채권 견본(뒷면)

전환사채를 제3자에게 배정하는 것은 주식을 제3자에게 배정해 줄 때와 마찬가지로 신기술의 도입, 재무구조의 개선 등 회사의 경영상 목적을 달성하기 위하여 필요한 경우에 한한다. 전환사채 발행이 탈법적 수단으로 이용되는 것을 막기 위한 규정이다. 배정이 끝나고 나면 전환사채를 인수한 사람이 납입을 하고 등기를 함으로써 전환사채를 취득하게 된다.

상법 제429조(신주발행무효의 소)
신주발행의 무효는 주주·이사 또는 감사에 한하여 신주를 발행한 날로부터 6월내에 소만으로 이를 주장할 수 있다.

전환사채 발행은 주식 발행과 유사한 측면이 많기 때문에 신주발행 시의 여러 가지 하자가 전환사채 발행 시에도 생길 수 있어 그 경우에는 신주발행 무효의 소의 규정을 유추 적용한다는 것이 우리나라 판례이다(대법원 2004. 6. 25. 선고 2000다37326 판결). 그래서 불공정한 가액으로 전환사채가 발행됐다거나 혹은 하자가 있는 절차에 의해서 주주가 아닌 제3자에게 발행이 된 경우에 전환사채 발행 무효의 소를 통해서 다툴 수 있다고 해석한다.

5) 신주인수권부 사채

상법 제516조의2(신주인수권부사채의 발행)
① 회사는 신주인수권부사채를 발행할 수 있다.
② 제1항의 경우에 다음의 사항으로서 정관에 규정이 없는 것은 이사회가 이를 결정한다. 그러나 정관으로 주주총회에서 이를 결정하도록 정한 경우에는 그러하지 아니하다.
1. 신주인수권부사채의 총액
2. 각 신주인수권부사채에 부여된 신주인수권의 내용
3. 신주인수권을 행사할 수 있는 기간
4. 신주인수권만을 양도할 수 있는 것에 관한 사항
5. 신주인수권을 행사하려는 자의 청구가 있는 때에는 신주인수권부사채의 상환에 갈음하여 그 발행가액으로 제516조의9제1항의 납입이 있는 것으로 본다는 뜻
6. 삭제
7. 주주에게 신주인수권부사채의 인수권을 준다는 뜻과 인수권의 목적인 신주인수권부사채의 액
8. 주주외의 자에게 신주인수권부사채를 발행하는 것과 이에 대하여 발행할 신주인수권부사채의 액

④ 주주외의 자에 대하여 신주인수권부사채를 발행하는 경우에 그 발행할 수 있는 신주인수권부사채의 액, 신주인수권의 내용과 신주인수권을 행사할 수 있는 기간에 관하여 정관에 규정이 없으면 제434조의 결의로써 이를 정하여야 한다. 이 경우 제418조제2항 단서의 규정을 준용한다.

신주인수권의 유통
- 결합형
- 분리형

회사채에 신주인수권이 들어 있는 것을 신주인수권부사채라고 한다. 신주인수권은 원래 추상적 권리여서 이사회가 신주발행을 결정하기 전에는 구체적인 권리 행사를 하지 못하고 이사회가 신주 발행을 결정했을 때 비로소 신주를 배정받을 권리이다. 그런데 신주인수권부사채에서 신주인수권은 회사에 대해 "신주를 발행해서 나한테 주십시오."라고 요구할 수 있는 구체화된 권리 즉, 신주발행 청구권이다. 영어로는 이렇게 구체화된 신주인수권을 warrant, 신주인수권부사채를 Bond with Warrant라고 하고 실무에서는 BW라고 부른다.

상법상 주주에게 부여하는 신주인수권이 추상적인 성격이어서 신주 발행이 결정되기 전에는 주주도 신주를 청구할 권리를 갖지 못하는데 사채권자가 구체적인 신주발행청구권을 갖게 되는 것은 투자자로서는 매력적인 기회이다. 그래서 전환사채와 마찬가지로 신주인수권부사채도 상대적으로 이자가 낮다.

신주인수권부사채는 신주인수권이 회사채와 결합해서 유통되는 결합형이 있고, 신주인수권이 회사채와 분리돼서 회사채는 회사채대로 유통이 되고, 신주인수권은 신주인수권대로 유통이 되는 분리형이 있다. 전환사채와 마찬가지로 신주인수권부사채도 사채권자를 보호하는 측면과 기존 주주를 보호하는 측면이 다 있기 때문에 양자 간의 조화가 필요하다.

신주인수권부사채의 발행에 대해서는 제516조의2가 규정하고 있다. 전체적인 구조와 내용은 전환사채 발행을 규율하는 제513조와 유사하다. 신주인수권부사채도 회사채이나 잠재적으로 주식의 성격을 갖고 있기 때문이다.

이사회가 신주인수권부사채의 발행에 필요한 사항을 결정할 때 주주에게 배정할지 제3자에게 배정할지를 정해야 한다. 전환사채와는 달리 신주인수권이 별도로 유통될 수 있으므로 신주인수권을 유가증권으로 만들어서 유통을 편리하게 할 수 있다. 신주인수권이 표창된 유가증권을 '신주인수권증권'이라고 한다. 신주인수권증권이 발행되어 유통되면 신주인수권증권을 소지하고 있는 사람이 종국적으로 신주발행을 청구할 수 있는 권리를 갖는다. 회사가 신주인수권증권을 발행하지 않더라도 신주인수권이 양도될 수 있음은 물론이다. 신주인수권을 갖고 있는 사람이 신주인수권 행사 기간 중에 신주인수권을 행사하고 신주인수대금을 납입하면 그 사람은 주주가 된다.

전환사채와 신주인수권부사채 외에도 주식회사는 여러 가지 유형의 회사채를 발행할 수 있다. 예를 들면 이자 외에 이익배당에 참가할 수 있는 이익참가부사채, 다른 주식이나 다른 유가증권으로 교체할 수 있는 교환사채나 상환사채, 파생결합사채, 다른 채권자보다 후순위로 변제받는 후순위사채 등이 그 예이다. 회사에서는 자금의 조달조건을 최적 상태로 만들기 위해서 여러 가지 종류의 회사채를 활용한다.

5 삼성에버랜드사건

회사가 필요한 자금을 부채를 통해서 조달하는 경우에는 금융기관이나 돈이 많은 개인으로부터 돈을 꾸는 방법도 있고 불특정 다수인들에게 일시에 다액의 자금을 동일한 조건으로 조달하는 방법이 있다. 두 방법 모두 회사가 채무를 지는 것이고 상대방은 채권을 갖는다는 점에서는 동일하지만 개별적으로 자금을 조달하는 것과 집단적으로 자금을 조달하는 것 사이에는 적용되는 법원리에서 차이가 있다. 부채를 개별적으로 조달하는 경우에는 민법에 있는 금전소비대차에 관한 규정들이 적용되는 반면에, 회사에서 집단적으로 자금을 조달하는 경우에는 상법에 있는 사채에 관한 규정이 적용된다.

회사채 중에는 단순한 부채를 부담하는 것뿐만 아니라, 투자자의 관점에서 매력적인 권리가 추가로 들어있는 회사채들이 있다. 회사채를 갖고 있다가 적당한 시기에 그 회사채를 주식으로 바꿀 수 있는 전환사채가 있고 구체화된 신주인수권이 담겨 있어서 회사에 신주발행을 청구할 수 있는 신주인수권부사채도 있다.

회사채는 그 자체로는 부채이기 때문에 누가 인수하느냐는 중요하지 않다. 그러나 전환사채나 신주인수권부사채는 주식으로 바뀔 수 있기 때문에 누구에게 전환사채나 신주인수권부사채가 발행되는지가 중요하다. 신주발행에서 우려하는 지분율의 변화나 주식의 희석화 현상이 있을 수 있기 때문이다. 그래서 전환사채나 신주인수권부사채를 발행할 때는 주식을 발행할 때와 같이 원칙적으로 주주들에게 발행한다. 주주 배정이 원칙이며 예외적으로 제3자에게 배정할 수 있다.

삼성에버랜드 전환사채 발행 사건은 전환사채 발행과 관련한 여러 가지 쟁점뿐만 아니라 법의 해석과 적용에서 고민할 문제들을 함께 생각할 거리를 보여준다. 학생들과의 대화를 통해 이 사건 대법원 판결을 분석한다.

문 이 사건의 사실관계를 설명해 주세요.

답 이 사건은 형사사건입니다. 피고인 甲과 乙이 업무상 배임혐의로 기소되었습니다. 피고인들은 각각 사건 발생 당시 삼성에버랜드의 대표이사와 상무이사로 근무하였던 자들입니다.

1996년 대표이사 甲의 주도하에 이사회를 열어 전환사채 발행을 결의하였습니다. 이때 사채의 표면이율 연 1%, 전환기간은 사채 발행일 다음날부터 상환기간까지, 전환가격은 7,700원으로 하여 주주 배정 방식으로 100억원 상당의 전환사채를 발행하였습니다. 이사회 결의 당시 17명의 이사 중 과반수에 미달하는 8명이 참석한 상태였습니다.

문 전환사채를 발행할 때는 사채의 이율을 정해야겠죠. 부채니까. 전환사채의 경우는 전환

전환사채 발행 순서
1. 이사회 기준일 및 발행내용 결의
2. 주주에게 실권예고부 통지
3. 주주 청약
4. 배정 및 납입
5. 이사회 실권주 제3자 배정
6. 제3자 납입
7. 제3자 전환권 행사

권이 있기 때문에 다른 일반적인 회사채보다는 이율을 적게 정합니다. 왜냐하면, 전환사채를 인수하는 사람에게는 이자 외에 다른 인센티브가 있으니까요.

사채의 발행사항을 정하는 것은 이사회입니다. 그런데 이사회가 성원이 안 된 채로 발행이 결정됐군요. 그 다음은 어떻게 진행됐습니까?

답 그 후 주주들에게 배정기준일을 통지하였고, 실권예고부 최고 등을 하였습니다. 그런데 일부 주주를 제외한 다른 법인 주주들이 실권을 하였습니다.

문 이사회가 사채발행사항을 정하면서 배정기준일을 정하는 이유를 설명해야겠네요. 원래 주주들은 계속 바뀌는 것을 전제로 합니다. 상법이 주식의 양도성을 강조하고 주주가 투자액을 환금할 수 있는 주요한 방법이 주식의 양도이므로 주주들이 계속 바뀐다고 생각합니다. 그래서 회사에서 주주가 확정될 필요가 있는 결정을 할 때는 기준일을 정합니다. 예를 들면 주주총회를 한다거나, 배당을 한다거나, 전환사채나 신주를 발행할 때는 기준일을 정해서 그 기준일에 주주인 사람들이 권리를 행사할 수 있게 합니다.

기준일을 정한 다음에 해당하는 기준일에 주주로 주주명부에 기재된 사람들에게 통지를 하는데 "언제까지 전환사채 인수권을 행사하지 않으면 실권되어 더 이상 그 권리를 사용할 수 없다."고 통지를 합니다. 이것이 실권예고부통지입니다.

통지를 받은 주주가 권리를 행사하지 않는 것을 '실권(失權)'이라고 합니다. 이 사안에서는 소수의 일부 주주를 제외하고는 지분의 97%를 갖고 있는 법인 주주(모두 삼성 계열사)들이 실권을 했군요. 전환사채 인수를 거부한 것이죠. 대부분의 주주가 실권을 한 후에 어떻게 되었습니까?

답 삼성에버랜드 이사회는 전환가격 7,700원 그대로 삼성그룹 회장 자녀 4인에게 실권된 전환사채 전액을 재배정하는 결의를 하였습니다. 배정을 받은 자녀들은 배정금액의 100%에 해당하는 청약증거금과 함께 청약하여 자신들에게 배정된 전환사채를 인수하였고, 인수한 전환사채를 1주당 7,700원의 전환가격에 전액 주식으로 전환하여 결과적으로 에버랜드의 지배권에 변화가 생기게 되었습니다.

문 에버랜드 이사회는 실권된 전환사채를 전부 대주주의 자녀들에게 배정했는데 이때 전환가격(사채를 주식으로 전환할 때 주식의 발행가)으로 주주 배정 때 정했던 전환가격을 그대로 적용했군요. 배정을 받은 '제3자'는 대주주의 자녀들이네요. 그렇게 전환사채를 인수한 자녀들은 전환권을 행사해서 삼성에버랜드의 주주가 되었고, 주주가 아니었던 제3자가 주주가 됐으니 삼성에버랜드의 지분율에 변화가 생겼겠죠. 이 사건이 법원에 오게 된 이유는 뭡니까?

답 시민단체가 피고인들을 특정경제범죄가중처벌법의 업무상 배임죄 혐의로 고발했습니다. 검찰은 수사 후 甲과 乙을 같은 혐의로 불구속 기소하였습니다.

문 전환사채를 발행하면서 실권이 생기자, 그것을 대주주의 자녀들에게 배정을 했고, 제3자 배정을 하면서 전환가격을 그대로 유지한 것이 업무상 배임죄에 해당한다고 검찰은 보았군요.

업무상 배임죄가 성립하려면 임무해태가 있었느냐 하는 것이 관건일텐데요, 임무해태와 관련된 법률적인 쟁점은 무엇입니까?

답 판례를 보면 크게 네 가지 쟁점을 확인할 수 있습니다. 전환사채의 배정 방식, 실권주의 처리방식과 이사의 의무 그리고 이사회 결의의 무효와 이사의 임무위배, 마지막으로 전환사채의 저가 발행과 손해 발생 여부에 대한 판단이 쟁점이 되었습니다.

문 좀 복잡한데 정리하면, 이 사안에서 전환사채를 발행한 것이 주주 배정을 한 것인지 아니면 제3자 배정을 한 것인지가 첫 번째 쟁점이 되겠습니다. 두 번째 쟁점은 실권주를 처리할 때 이사들이 어떻게 처리해야 되느냐 하는 것입니다. 세 번째 쟁점은 이 사건 전환사채를 발행할 때 이사회 결의에 하자가 있었는데, 그것은 피고인의 임무해태라고 할 수 있는 지입니다. 마지막으로 전환사채를 저가로 발행해서 회사에 손해가 생긴 것인지 아닌지가 네 번째 쟁점입니다.

그럼 하나씩 보겠습니다. 이 사건 전환사채의 배정방식을 무엇이라고 봤습니까? 이 쟁점에 대해서 대법원 판결이 다수의견, 반대의견, 별개의견으로 복잡하게 설시되었는데 먼저 다수의견부터 살펴보죠.

답 다수의견은 주주 배정 방식과 제3자 배정 방식을 구별하는 기준을 형식적으로 설정해야 한다고 보았습니다. 주주들에게 그들의 지분 비율에 따라서 신주를 우선적으로 인수할 기회를 부여하였는지에 따라 배정 방식을 결정해야 한다는 것입니다. 이 사안에서 주주들에게 우선적으로 인수할 기회를 주었지만 주주들이 이를 거부한 것이기 때문에 주주 배정 방식으로 발행된 것이라고 보았습니다. 다수의견은 회사에서 정한 배정 방식을 배정 방식의 구분 기준으로 삼았습니다.

문 전환사채를 발행할 때 주주 배정 방식이냐 제3자 배정 방식이냐에 따라 전환가격이 달라집니다. 다수의견은 형식 논리적으로 접근해서 맨 처음 주주 배정을 결정했고, 주주들에게 기회를 줬으니까 이 사안을 주주 배정이라고 본 것이군요. 반대의견은 어떻게 이 문제를 판단했습니까?

답 반대의견은 다수의견과 달리 배정 방식을 실질적으로 보았습니다. 반대의견은 주주배

특정경제범죄가중처벌법 제3조 (특정재산범죄의 가중처벌)
① 「형법」 제347조(사기), 제347조의2(컴퓨터등 사용사기), 제350조(공갈), 제350조의2(특수공갈), 제351조(제347조, 제347조의2, 제350조 및 제350조의2의 상습범만 해당한다), 제355조(횡령 · 배임) 또는 제356조(업무상의 횡령과 배임)의 죄를 범한 사람은 그 범죄행위로 인하여 취득하거나 제3자로 하여금 취득하게 한 재물 또는 재산상 이익의 가액(이하 이 조에서 "이득액"이라 한다)이 5억원 이상일 때에는 다음 각 호의 구분에 따라 가중처벌한다.
1. 이득액이 50억원 이상일 때: 무기 또는 5년 이상의 징역
2. 이득액이 5억원 이상 50억원 미만일 때: 3년 이상의 유기징역

쟁점
1. 전환사채 배정 방식
2. 실권주 처리 방식
3. 이사회결의 무효
4. 저가발행과 회사의 손해

대법원의 재판
대법원은 보통 3-4인의 대법관으로 재판부를 구성하여 사건을 심리한다. 재판부의 의견이 일치되지 않거나 대법관 전원의 의견을 들을 사안이라고 판단하는 경우에는 전원합의체에서 심리한다. 전원합의체는 다수결에 의해서 결론을 낸다. 최다수의 결론을 다수의견이라고 하고 다수의견과 결론은 같지만 이유가 다른 경우에 별개의견을 낼 수 있고 다수의견과 결론이 다른 의견은 반대의견을 기재된다.

정 방식으로 발행되는 것을 전제로 하여, 신주 등의 발행가액을 시가보다 현저히 저가로 발행하였고, 그 신주 등의 상당 부분이 주주에 의하여 인수되지 아니하고 실권되는 사정이 있는 때에는 그것이 주주 배정 방식으로 발행된 결과라고 하더라도 실질은 당초부터 제3자 배정 방식으로 발행하는 것과 다를 바가 없어 이를 구별할 이유도 없다고 하여 제3자 배정 방식으로 보아야 한다고 판단하였습니다.

문 다수의견은 처음에 주주 배정 방식으로 정했으니까 끝까지 주주 배정 방식으로 한 것이라고 판단하는 것이고, 반대의견은 결국 실질적으로 제3자 배정을 한 것이니까 제3자 배정 방식으로 본 것이네요.

이사들이 실권주를 처리하기 위해 제3자에게 배정을 하게 되는데, 그때 발행하는 조건, 즉 이 사안에서 문제가 된 전환가격을 어떻게 정해야 되느냐에 대해서 다수의견은 어떻게 봤습니까?

답 다수의견은 단일한 기회에 발행되는 전환사채의 발행조건은 동일해야 한다고 보아서 이 실권주를 처리할 때 전환가격을 조정하지 않은 것이 임무 위배는 아니라고 보았습니다.

문 회사에서 회사채를 발행할 때 몇 회차 전환사채 발행이라고 명시합니다. 예를 들면 '제183회 담보부 회사채 발행'과 같이 회차가 있는데 같은 회차에서 발행되는 회사채는 전환조건 등 발행조건은 다 같아야 된다고 보았군요. 이 사건에서는 주주가 전환사채를 인수하면 전환가격을 7,700원으로 하고, 제3자가 인수할 때는 예를 들어 10,000원으로 하면 안 되고 주주가 인수하나 제3자가 인수하나 한 회차의 전환가격은 동일하게 해야 된다고 봤다는 것이죠. 반대의견은 어떻게 보았습니까?

답 반대의견은 다수의견이 지나친 형식논리라고 비판하였습니다. 일반적으로 동일한 기회에 발행되는 전환사채의 발행조건이 균등하여야 한다고 해석할 수 있지만 주주에게 배정하여 인수된 전환사채가 실권되어 제3자에게 배정되는 전환사채를 동일한 기회에 발행되는 전환사채로 보아야 할 논리필연적인 이유나 근거는 없다고 보아, 실권된 부분의 제3자 배정에 관하여는 다시 이사회 결의를 거쳐야 하는 것이라고 판단하였습니다.

문 반대의견은 97%나 실권된 상황에서 전환사채를 처음에 주주 배정 방식으로 발행했기 때문에 나중에 실권된 전환사채를 제3자에게 배정할 때도 조건이 동일해야 한다는 것은 아니라는 것이지요. 그것은 실질적으로 제3자에게 발행하기 때문에 그것에 맞춰서 다시 전환가격을 산정해야 된다는 보았군요.

전환가격을 어떻게 하느냐 하는 것은 기존 주주들의 주식 가치에 직접 영향을 주는 것이기 때문에 이 사건 전환사채 배정 방식이 무엇인지, 또 제3자에게 배정하는 경우에 전환조건을 바꿔야 되는지는 중요한 문제라고 생각이 됩니다.

이제 세 번째 쟁점으로 가서 회사채 발행을 결의한 이사회 결의에 흠이 있었는데, 그 흠과 관련돼서 이사의 임무 해태는 없다고 보았습니까?

답 법원은 이사회 결의가 정족수 미달로 무효임에도 발행절차를 중단하지 않고 계속 진행한 것이 이사에게 임무 위배가 되는지에 대해서 먼저 이사회 결의는 회사의 내부적인 의사결정에 불과하기 때문에 이것이 흠이 있다 해도 신주발행의 효력에는 영향이 없다고 보았고요. 또 이 사건 전환사채 발행이 주주 배정 방식으로 이루어진 이상, 주주에게 어떤 손해가 발생했다고 볼 수 있을지언정, 회사에게 어떤 손해를 끼친 것은 아니기 때문에 이사의 임무 위배에 해당한다고 볼 수 없다고 하였습니다.

상법 제391조(이사회의 결의방법)
① 이사회의 결의는 이사과반수의 출석과 출석이사의 과반수로 하여야 한다. 그러나 정관으로 그 비율을 높게 정할 수 있다.

문 전환사채 발행을 위한 이사회 결의에 하자가 있으면 전환사채 발행이 곧바로 무효가 되지 않는다고 본 근거를 이사회 결의가 회사 내부의 문제라는 점에서 찾았는데 내부의 문제를 제대로 처리하지 않은 것이 이사의 임무해태가 아니라고 하면 상법이 추구하는 절차적 정의는 누가 지켜야 하는가 하는 의문이 듭니다. 하자가 있다고 곧바로 무효라고 판단하지 않더라도 절차적 정의가 지켜질 수 있는 좀 더 세심한 설시가 있어야 하지 않나 하는 아쉬움이 있습니다.

마지막으로 전환사채가 제3자에게 당시 그 회사 주식의 가치에 훨씬 못 미치는 가격으로 발행이 됐기 때문에 회사에 손해가 있는가에 대해서 법원은 어떻게 판단했습니까? 예를 들면 지금 전환가격이 7,700원인데, 만약 10,000원에 발행됐으면 약 1/4 정도 회사의 자금이 더 들어올 수 있어서 그것을 회사의 손해라고 볼 여지는 없는지요?

답 다수의견은 주주 배정의 방법으로 신주를 발행할 때 주주 전체의 이익과 회사 자금조달의 필요성과 급박성을 감안할 때 경영 판단에 따라 자유로이 그 발행 조건을 정할 수 있다고 보아야 한다고 판단했습니다. 한편 별개의견은 주주의 이익과 회사의 이익을 분리해서 보아야 하면 회사의 손해는 없다고 판단하였습니다. 반대의견은 시가와 전환가격의 차이만큼 회사에 손해가 발생했다고 보았습니다.

문 이사들이 회사채를 발행하면서 회사에 가능한 한 많은 자금을 끌어들일 의무가 있느냐 하는 질문에 대해서 다수의견이나 별개의견은 기본적으로 주주 배정의 경우에는 '그런 의무는 없다.'고 본 것이군요. 이 사건은 형사사건이었는데, 최종적으로 이 업무상 배임죄에 대해서는 법원이 뭐라고 판단을 했습니까?

답 법원은 최종적으로 무죄 판결을 내렸습니다.

문 이 판결에서 법적인 판단을 할 때 형식에 근거해서 판단해야 되는지, 실질에 근거해서 판단해야 되는지가 부딪히고 있는 현장을 보았습니다. 이 사건이 형사사건이 아니라 민사사건이었으면, 지금처럼 형식과 실질 사이에서 어떤 것을 선택하는지에 대해서도 다른 결론이 있었을 지도 모르겠습니다.

삼성에버랜드사건 대법원 판결 중 반대의견 발췌

(대법원 2009. 5. 29. 선고 2007도4949 전원합의체 판결)

4. 대법관 김영란, 대법관 박시환, 대법관 이홍훈, 대법관 김능환, 대법관 전수안의 반대의견은 다음과 같다.

(생략)

다수의견은 이러한 실권주의 발생은 주주가 신주인수권을 포기한 결과이므로 그 실권주를 제3자에게 배정하는 것은 주주배정방식에 의한 신주발행의 후속조치에 불과하고 따라서 그 실권주에 대하여 당초에 현저히 저가로 정한 발행가액을 그대로 유지하여도 무방하다는 취지이나, 이는 지나친 형식논리이다. 주주배정방식으로 발행된 신주 등의 전부가 실권된 경우를 상정해 보면, 다수의견의 부당함은 보다 분명해진다.

(생략)

이 사건의 실체는, 이 사건 전환사채 발행결의 당시 시행되던 구 상법(2001. 7. 24. 법률 제6488호로 개정되기 전의 것)의 규정상 제3자배정방식에 의한 신주의 발행이 허용되는지 여부가 분명치 아니하고 또한 에버랜드의 정관상 제3자배정방식에 의한 전환사채의 발행을 허용하는 규정이 없으며 그에 관한 주주총회의 특별결의를 얻기도 어렵다고 본 피고인들을 포함한 이사들이, 주주배정방식으로 전환사채를 발행하되 표면이율 연 1%, 만기보장수익률 연 5% 등으로 사채로서 별다른 매력이 없는 발행조건을 정함으로써 주주들 대부분이 실권하도록 유도하고 그 실권부분을 이재용 등에게 배정, 인수하도록 한 것이라고 봄이 상당하고, 그러한 의미에서 이 사건 전환사채 발행의 실질은 제3자배정방식에 의한 발행이라고 봄이 상당하며, 그 형식에만 좇아 주주배정방식으로 볼 것은 아니다. 그리고 이재용 등은 이 사건 전환사채를 인수하여 그 사채금액을 납입한 직후에 곧바로 전환권을 행사하여 주식을 발행받았는바, 그와 같은 주식을 취득하게 하는 것이 이 사건 전환사채 발행의 궁극적인 목적이었다고 할 것이므로 그 실질은 전환사채 발행의 형식을 빌어서 제3자배정방식의 신주발행을 한 것이라고 봄이 상당하다.

형사사법의 궁극적 목표는 실체적 진실을 발견하고 그에 합당한 형벌법규를 적용하는 데에 있다. 다수의견이나 별개의견은 이 점에서 찬동하기 어렵다.

이상과 같이 반대의견을 밝혀둔다.

CHAPTER

14

주식회사의 설립, 구조변화, 해산

1. 주식회사의 설립
2. 법인격부인론
3. 합병
4. 분할
5. 모자회사 만들기
6. 주식회사의 해산과 도산

법의 부지(不知)는 용서받지 못한다.

CHAPTER 14 주식회사의 설립, 구조변화, 해산

1 주식회사의 설립

1) 설립절차 개관

회사는 법인이기 때문에 자연인과는 달리 법인을 설립하기 위한 특별한 절차가 필요하다. 자연인은 출생부터 사망 때까지 자연스럽게 법인격을 갖게 되지만, 법인은 특별한 절차를 통해서 법인격이 만들어진다. 법인격을 만드는 과정을 설립이라고 부르는데, 주식회사라는 법인의 설립 과정을 알아본다.

주식회사의 설립과정
1. 정관작성
2. 출자
3. 기관구성
4. 등기

주식회사의 설립은 '발기인'이라고 하는 기관이 주도한다. 설립절차는 발기인이 정관을 작성하면서 시작해서 주식을 인수하고, 기관을 구성한 다음에 설립 등기를 함으로써 완결된다. 정관은 주식회사라는 법인의 내부 규범이다. 회사 자체를 포함해서 주주, 이사, 감사, 대표이사 등이 모두 정관에 구속된다. 정관에는 해당 법인을 다른 법인과 구별할 수 있는 내용과 해당 법인에 적용될 중요한 규칙들이 담긴다.

주식을 인수하는 방법에 두 가지가 있는데, 하나가 발기인들만 출자를 하는 발기설립이고 다른 하나는 발기인 외에 다른 사람도 출자를 하는 모집설립이다.

출자(주식인수) 방법
- 발기설립
- 모집설립

법인에는 생각을 하고 판단을 할 조직이 필요한데 그것을 '기관'이라고 부른다. 주식회사의 기관은 주주총회, 이사회, 대표이사, 감사가 있다. 주주총회는 주주로 구성되는데 주식회사에 출자한 사람들이 회사 설립 후 주주의 자격을 취득하므로 회사 설립 직후에 주주총회가 구성된다. 설립등기를 위해서는 이사와 감사를 선임하여야 한다. 발기설립에서는 발기인들이 이사와 감사를 선임하고, 모집설립에서는 창립총회에서 이사와 감사를 선임한다. 이사가 선임되면 이사회가 구성되고 이사회에서 대표이사를 선임한다. 이후 설립등기가 이루어지면 법적으로 하나의 법인이 만들어져서 해당 주식회사는 법인격을 갖게 된다.

2) 정관

주식회사 설립 절차의 시작은 정관을 작성하는 일이다. 정관은 해당 회사, 회사의 주주와 기관을 모두 구속하는 단체법적 약속이다. 상법 제289조가 정관에 기재할 사항을 규정하고 있다. 상법 제289조의 제목이 '정관의 작성, 절대적 기재사항'으로 되어 있는데 '절대적 기재사항'이라고 하는 것은 여기에 열거되어 있는 것은 꼭 기재해야 되며 기재하지 않으면 정관이 아니라는 의미이다. 정관의 절대적 기재사항은 다음과 같은데 하나의 주식회사가 만들어지기 위해서 꼭 결정되어야 할 사항들이다.

① **목적** : 회사가 수행할 사업

② **상호** : 회사의 이름. '삼성물산 주식회사', '현대자동차 주식회사'가 상호이다. 상호를 통해서 한 회사와 다른 회사를 구별한다. 동일한 행정구역 내에서 동일한 상호를 사용하지 못한다.

③ **회사가 발행할 주식의 총수**

④ **액면주식을 발행하는 경우 1주의 금액** : 액면가를 뜻하며 100원 이상이어야 한다. 무액면 주식을 발행하는 회사에는 액면가는 없다.

⑤ **회사 설립 시 발행하는 주식의 총수** : 액면주식의 경우에 액면가에 회사가 발행한 주식의 총수를 곱하면 자본금의 액수를 알 수 있다.

⑥ **본점의 소재지** : 본점이 소재하는 행정구역을 기재한다.

⑦ **회사가 공고하는 방법** : 공고는 회사가 사회와 소통하는 방법이다. 공고하는 방법을 정관에 특정하여 외부에서 회사의 공고내용을 알 수 있게 한다. 회사의 공고는 관보 또는 시사에 관한 사항을 게재하는 일간신문에 하여야 한다. 다만, 회사는 그 공고를 정관으로 정하는 바에 따라 전자적 방법으로 할 수 있다.

⑧ **발기인의 성명, 주민등록번호, 주소**

정관에는 제289조가 열거한 절대적 기재사항 외에 여러 가지 사항을 기재할 수 있다. 법에서 일정한 사항을 정관에 기재하도록 강제하기도 한다. 회사가 신주를 발행할 때 제3자에게 배정하기 위해서는 그 내용이 정관에 기재되어야 하는 것이 한 예이다. 회사 스스로 정관에 필요한 규정을 할 수 있다. 상법에서 "정관에서 달리 정하고 있는 경우" 또는 "정관으로... 정하는" 표현은 자주 나오는데 회사가 임의로 정할 수 있는 정관의 규정을 말하는 것이다.

정관이 만들어지면 정관은 회사의 모든 구성원, 즉 모든 주주와 기관을 구속한다. 정관이 만들어진 다음에 주주가 되거나 이사가 된 사람들도 정관의 지배를 받는다. 사인 간에 합의가 있는 경우 그 합의는 합의를 한 사람들만 구속하는 것과 비교하면 정관의 효력이 더욱 광범위한 것을 알 수 있다.

정관에서 달리 정할 수 있는 사례

■ **상법 제389조(대표이사)**
① 회사는 이사회의 결의로 회사를 대표할 이사를 선정하여야 한다. 그러나 정관으로 주주총회에서 이를 선정할 것을 정할 수 있다.

■ **상법 제420조의4(신주인수권의 전자등록)**
회사는 신주인수권증서를 발행하는 대신 정관으로 정하는 바에 따라 전자등록기관의 전자등록부에 신주인수권을 등록할 수 있다. 이 경우 제356조의2제2항부터 제4항까지의 규정을 준용한다.

■ **상법 제391조(이사회의 결의방법)**
① 이사회의 결의는 이사과반수의 출석과 출석이사의 과반수로 하여야 한다. 그러나 정관으로 그 비율을 높게 정할 수 있다.
② 정관에서 달리 정하는 경우를 제외하고 이사회는 이사의 전부 또는 일부가 직접 회의에 출석하지 아니하고 모든 이사가 음성을 동시에 송수신하는 원격통신수단에 의하여 결의에 참가하는 것을 허용할 수 있다. 이 경우 당해 이사는 이사회에 직접 출석한 것으로 본다.

3) 변태설립사항

정관의 기재사항과 관련돼서 중요한 개념의 하나로 '변태설립사항'이라는 것이 있다. 상법 제290조는 "다음의 사항은 정관에 기재함으로써 그 효력이 있다."고 규정한다. 법률효과가 발생하기 위한 요건의 하나로 정관에 기재할 것을 요구한 것이다. 일반적으로는 당사자 간에 약속을 했으면 효과가 발생하는데 제290조가 열거하고 있는 사항은 회사에 위험한 약속이기 때문에 당사자 간의 약속만으로는 회사에 대해 효력이 발생하지 않고 정관에 작성해야 효력이 생긴다는 것이다.

상법 제290조(변태설립사항)
다음의 사항은 정관에 기재함으로써 그 효력이 있다.
1. 발기인이 받을 특별이익과 이를 받을 자의 성명
2. 현물출자를 하는 자의 성명과 그 목적인 재산의 종류, 수량, 가격과 이에 대하여 부여할 주식의 종류와 수
3. 회사성립후에 양수할 것을 약정한 재산의 종류, 수량, 가격과 그 양도인의 성명
4. 회사가 부담할 설립비용과 발기인이 받을 보수액

① **발기인이 받을 특별이익과 이를 받을 자의 성명** : 발기인이 받을 특별이익이 과도하면 회사에 부담이 될 수 있다.

② **현물출자를 하는 자의 성명과 그 목적인 재산의 종류, 수량, 가격과 이에 대하여 부여할 주식의 종류와 수** : 보통 출자는 금전으로 하는데 현물출자란 금전이 아닌 다른 재산을 출자하는 것이다. 특허권이나 부동산을 출자하는 것이 그 예이다.

현물출자가 회사에 위험할 수 있는 이유는 현물출자가 있으면 출자한 재산의 금전적 가치를 산정해야 하기 때문이다. 금전을 출자하면 그 금액대로 자본금에 계상하고 그에 해당하는 주식을 교부하면 된다. 그런데 현물출자를 하면 출자한 재산을 평가하여 그 가액만큼 자본금에 계상하고 그에 해당하는 주식을 교부한다.

현금 1,000만원을 출자한 경우	**특허권을 출자한 경우**
현금 10,000,000 / 자본금 10,000,000	특허권 10,000,000 / 자본금 10,000,000

문제는 출자한 재산에 대한 평가가 공정한가이다. 위 사례에서 특허권의 실제 가치가 10,000,000원보다 낮다면 자본금 10,000,000원은 회사와 거래하는 상대방이나 투자자들에게 잘못된 정보를 주는 것이고 회사에는 부실의 원인이 될 수 있다.

③ **회사 성립 후에 양수할 것을 약정한 재산의 종류, 수량, 가격과 그 양도인의 성명** : 현물출자에 대한 제한을 피해가려고 현물출자할 재산을 회사 성립한 후에 양수하기로 약속할 수 있다. 그런 약속은 정관에 기재하지 않으면 효력이 없어 회사설립 후 회사가 약속한 대로 양수하지 않아도 이를 강제할 방법이 없다. 변태설립사항으로 기재하지 않고 회사 설립 후 자산을 인수하여 사실상 변태설립사항을 회피할 수 있다. 이를 '사후설립'이라고 하는데 사후설립이 유효하기 위해서는 주주총회의 특별결의가 있어야 한다.

상법 제375조(사후설립)
회사가 그 성립 후 2년 내에 그 성립 전부터 존재하는 재산으로서 영업을 위하여 계속하여 사용하여야 할 것을 자본금의 100분의 5 이상에 해당하는 대가로 취득하는 계약을 하는 경우에는 제374조를 준용한다.

④ **회사가 부담할 설립비용과 발기인이 받을 보수액** : 설립비용이나 발기인 보수가 과도하면 회사에 부담이 될 수 있다.

회사에 위험한 약속을 정관에 적으면 왜 위험하지 않게 되는가? 정관에 변태설립사항이 기재되면 '검사인'이라는 별도의 기관이 그 변태설립사항이 공정한지, 회사에 위험한 것은 아닌지를 알아보기 위하여 발기인이 받은 특별이익이나 보수가 적정한지, 현물출자된 재산이나 설립 후 인수할 재산에 대한 평가가 제대로 되었는지를 검사한다. 검사인은 검사결과를 법원에 보고한다. 만일 검사인이 검사 결과 적정하지 않은 점이 있다고 보고하면 법원은 정관 변경을 요구할 수 있다.

4) 사업자등록증

회사 설립 등기와는 별도로 세무관서에 사업자등록을 해야 한다. 개인이나 법인을 불문하고 사업을 하는 모든 주체는 세무관서에 사업자로 등록하면 사업자등록증을 받을 수 있다. 사업자등록을 하면 사업자등록번호가 발급되어 부가가치세와 관련된 세적(稅籍)의 기본이 된다.

5) 주식회사 설립과정의 법률관계

상법 제321조(발기인의 인수, 납입담보책임)
① 회사설립시에 발행한 주식으로서 회사성립후에 아직 인수되지 아니한 주식이 있거나 주식인수의 청약이 취소된 때에는 발기인이 이를 공동으로 인수한 것으로 본다.
② 회사성립후 제295조제1항 또는 제305조제1항의 규정에 의한 납입을 완료하지 아니한 주식이 있는 때에는 발기인은 연대하여 그 납입을 하여야 한다.

주식회사 설립이 발기인에 의해 주도되므로 주식회사를 설립하는 과정에서 생기는 여러 가지 문제에 대해 상법은 발기인이 책임을 지도록 한다. 상법 제321조 주식이 인수되지 않으면 혹은 인수는 됐는데 납입이 되지 않으면 그 책임을 발기인이 지도록 규정하고 있다. 주식회사에서 출자가 이루어지는 것을 중요하게 보기 때문이다.

주식회사는 법인 설립등기를 한 순간 법인격을 갖게 되어 권리나 의무를 가질 수 있다. 그러나 실제로 설립등기 이전에 발기인들은 회사 설립을 위한 여러 활동을 하고, 그것과 관련한 권리·의무를 취득한다. 예를 들면 법무사에게 등기신청을 위임하고, 사무실을 임대하고, 고용을 하더라도 이로 인한 권리와 의무를 가질 법인이 아직 존재하지 않는다. 설립등기가 이루어지면 그 순간 완성된 법인이 존재하게 된다. 그러면 설립된 회사는 설립 전에 발생한 권리·의무를 어떻게 갖게 되는가? 이 문제에 답하기 위해 상법학자들은 '설립중의 회사'라는 개념을 사용한다.

설립등기 전에 '설립중의 회사'라는 관념적 존재가 있다고 상정하고, 설립 준비 행위를 할 때 발생한 권리·의무는 이 설립중의 회사가 갖고 있다가 회사가 설립되면 설립 중의 회사가 갖고 있던 권리·의무가 일괄해서 설립된 회사로 이전한다고 추론한다.

상법 제326조(회사불성립의 경우의 발기인의 책임)
① 회사가 성립하지 못한 경우에는 발기인은 그 설립에 관한 행위에 대하여 연대하여 책임을 진다.
② 전항의 경우에 회사의 설립에 관하여 지급한 비용은 발기인이 부담한다.

주식회사가 설립등기를 못한 경우에는 발기인은 회사 설립에 관한 행위에 대하여 연대하여 책임을 진다. 회사가 설립되면 설립과정에서 발기인이 취득한 권리·의무가 모두 설립된 회사로 귀속되는데 설립이 되지 않으면 모든 권리·의무에 대해 발기인이 연대해서 책임을 져야 하고 설립비용은 발기인이 부담한다.

2 법인격부인론

1) 회사의 법인성

회사는 법인이다. 상법 제169조(회사의 의의)는 "이 법에서 회사란 상행위나 그 밖의 영리를 목적으로 하여 설립한 법인을 말한다."고 규정하여 회사의 법인성을 명시했다. 회사가 법인이라는 것은 회사가 독립된 법인격을 갖고 있다는 의미이고, 한 걸음 더 나아가 회사를 만든 사람과 법률적으로 남남이라는 의미이다. 내가 회사를 만들었다고 해서 회사의 자산이 내 것도 아니고, 회사의 채무가 나의 채무도 아니다.

상법 제169조(회사의 의의)
이 법에서 "회사"란 상행위나 그 밖의 영리를 목적으로 하여 설립한 법인을 말한다.

사법(*私法*)의 대원칙에 따르면 법적 주체는 각자 자기 채무에 대해서 책임을 진다('자기책임의 원칙'). 독립된 법인격을 가진 존재, 즉 한 법적 주체가 다른 법적 주체의 채무에 대해서 책임을 지기 위해서는 별도의 법률규정이 필요하다. 별도의 규정이 없는 한 회사는 독립된 법인이기 때문에 회사의 채무에 대해서는 회사만 책임을 지고, 회사를 만든 사람이나 회사의 경영자는 책임을 지지 않는다. 주식회사 특성의 하나인 주주유한책임은 회사 법인성의 논리적인 결론이다.

주식회사의 채무에 대해서 회사만 책임을 지고 주주나 경영진은 책임을 안 진다는 것은 회사의 법인성이라는 측면에서 보면 논리적으로 당연하지만, 실제 거래관계에서 보면 현실과 괴리가 있는 경우가 있다. 예를 들어 보자. X주식회사는 甲이 만든 회사이다. 甲이 전액 투자하고 대표이사로써 회사를 경영하고 있다. 甲은 WWW에서 물건을 주문하여 중국에 판매하는 사업을 한다. 주문서는 X주식회사 명의로 오지만 물건 대금은 X주식회사 계좌에서 입금되기도 하고 甲 개인계좌에서 입금되기도 한다. 거래 과정에서 X주식회사의 모든 의사결정은 甲이 내린다. X주식회사가 WWW에 대한 외상대금을 변제하지 못하고 있다. 甲에게 결제를 요구했더니 그 채무는 X주식회사의 채무여서 자신은 책임이 없다고 한다.

X주식회사의 채무에 대해서 甲이 책임이 없다는 주장은 법인이 독립적인 법인격을 갖는다는 원칙과 법인격을 갖는 존재는 자신의 채무에 대해서만 책임을 진다는 원칙에서 볼 때 합당한 주장이다. 그러나 법인격의 독립성이나 자기책임의 원칙이 악용되었다는 생각을 지울 수 없다. 법인격의 독립성이나 자기책임의 원칙은 중요한 사법 원리이지만 이런 악용 사례가 계속 방치되면 구체적 타당성이 없어서 법에 대한 신뢰가 흔들릴 수 있다. 이런 악용 사례는 회사의 법인성과 자기 책임의 원칙을 채택하는 한 우리나라뿐만 아니라 외국에서도 발생하고 있으며 또 과거에도 있었고 앞으로도 계속 있을 것이다.

회사법은 이런 문제를 해결하기 위해 두 가지 접근방법을 취하고 있다. 하나는 별도의 법률 규정을 두어 회사에 대하여 사원이 책임을 지도록 책임 범위를 확장하는 것이다. 상법

상법 제212조(사원의 책임)
① 회사의 재산으로 회사의 채무를 완제할 수 없는 때에는 각 사원은 연대하여 변제할 책임이 있다.
② 회사재산에 대한 강제집행이 주효하지 못한 때에도 전항과 같다.
③ 전항의 규정은 사원이 회사에 변제의 자력이 있으며 집행이 용이한 것을 증명한 때에는 적용하지 아니한다.

은 합명회사가 인적 요소가 강한 회사(합명회사는 조합이 회사라는 법인으로 변환한 것이다)라는 점을 고려하여 회사 채무에 대해서도 합명회사 사원이 책임을 지도록 별도의 규정(상법 제212조)을 두었다. 이 법률 규정이 있기 때문에 합명회사가 법인임에도 불구하고 그 법인과 별개의 법인격을 가진 합명회사 사원이 합명회사 채무에 대하서 책임을 진다. 상법 제212조는 자기책임의 원칙에 대한 예외이다.

상법 제212조와 같이 사원의 책임을 회사의 채무에까지 확대하는 것은 인적회사에만 적용할 수 있고 물적회사에는 적용하기 어렵다. 그래서 이런 문제를 해결하기 위해서 법인격부인론이라는 법리가 형성되어 각국이 채택하고 있다.

2) 법인격부인론의 개념과 적용례

법인격부인론을 문자 그대로 해석하면 법인격이 부인되어 법인이 해체되는 것과 같은 인상을 받게 되지만 사실 그런 뜻은 아니다. 법인격부인론은 법인의 채무에 대해 책임질 사람을 확장하는 법원칙이다. 법인격부인론이 적용된다고 해서 회사의 책임이 면제되거나 채무가 이전되는 것은 아니다. 회사가 채무자이므로 여전히 책임을 지지만 회사의 채무에 대해서 책임을 지는 사람이 늘어나는 것이다.

법인격부인론을 조금 더 정확하게 설명한 것은 외국에서 사용하는 용어들이다. 영미법에서는 piercing the corporate veil이라는 용어를 사용한다. 문자 그대로 해석하면 바늘로 법인corporate이라고 하는 베일을 뚫고 들어간다는 의미로 베일 속에 숨어 있는 사람을 찔러서 그 사람에게 책임을 지운다는 뜻이다. 독일법에서는 Durchgriffslehre라는 용어를 사용하는데 '실체파악이론'이라고 해석할 수 있다. 실체가 누군지 파악해서 그 사람에게도 책임을 지운다는 것이다.

법인격부인론은 거의 모든 나라에서 다 받아들이고 있는 법원칙이지만, 어떤 경우에 법인격을 부인해서 그 실체에게 책임을 지울지는 나라마다 다르다. 우리나라에서는 1977년에 1인 회사 사안에서 법인격부인론을 인정하지 않았던 일이 있었는데, 그로부터 거의 10년 후인 1988년에 서류상의 회사(paper company)사건에서 법인격부인론을 인정한 이래

인적회사와 물적회사

특정 사원이 구성원이라는 점이 중요한 회사를 인적회사라고 하고 사업을 위해 투자된 재산이 중요한 회사 물적회사라고 한다. 회사는 두 요소를 어느 정도씩은 갖고 있는데 합명회사는 인적회사의 요소가 제일 강하고 주식회사는 물적회사의 요소가 제일 강하다. 인적회사의 요소가 강한 순서로 회사를 배치하면 다음과 같다.

[인적 회사] 합명회사 - 합자회사 ‖ 유한책임회사 - 유한회사 - 주식회사 [물적회사]

법인격부인론을 광범위하게 적용하고 있다.

판례에서 법인격부인론을 적용하는 사례를 알아보자. 첫 번째 유형은 사실상의 개인 기업이다. 실제로는 한 사람이 마음대로 운영하는 주식회사이다. 주주의 이름이 여러 명으로 되어 있든 한 사람으로 되어 있든 상관없다. 사실상 개인 기업이나 다름없이 한 사람이 의사결정을 다 하고, 그 사람의 개인재산과 회사재산이 구분이 잘 안 되고, 회사가 일정한 조직이나 형식을 갖추지 않는 상태로 개인기업처럼 운영되는 경우에는 회사 채무에 대해서 회사 자신이 책임을 질뿐만 아니라 의사결정을 독점한 개인에게도 책임을 물리는 것이다. 법인격부인론이 적용되는 가장 대표적인 사례이다.

법인격부인 사례
- 사실상 개인기업
- 서류상의 회사
- 채무면탈을 위해 설립한 회사

두 번째 유형은 서류상의 회사이다. 서류상의 회사(paper company)란 회사는 설립되어 공식적으로 존재하지만 회사에 실제로 근무하는 사람도 없고, 회사 의사결정은 다른 존재가 하는 것이다. 그 다른 존재는 개인일 수도 있고, 다른 법인일 수도 있다. 회사가 사실상 서류상의 회사인 경우 그 서류상의 채무에 대해서 그 회사의 사실상 지배자(서류상의 회사를 만든 사람이나 대주주)에게 책임을 묻는 것이다.

세 번째 유형은 甲 또는 A회사의 재산을 투자해서 B회사를 만들었는데 그 이유가 甲 또는 A회사의 채무 이행을 회피하려는 경우이다. 甲 또는 A회사가 채무를 지고 있는데 甲 또는 A회사의 채권자들이 甲 또는 A회사의 재산을 강제집행을 하려고 하니까 이를 막기 위해 B회사를 설립한 경우이다. 강제집행을 당하지 않기 위해서 재산을 빼돌려서 회사를 설립하는 경우이다. 이런 경우에도 법인격부인론을 적용하여 甲 또는 A회사의 채무에 대해 B회사가 책임을 지도록 한다. 세 번째 유형은 앞의 두 유형과는 적용 방향이 다르다. 앞에서는 회사의 채무에 대해서 사실상의 주체인 개인이 책임을 지도록 했는데 세 번째 유형에서는 개인이나 회사의 채무에 대해서 다른 회사가 책임을 지도록 한다. 그래서 이것을 법인격부인론의 역적용이라고도 설명한다.

한편 판례는 법인격부인론을 적용하지 않는 사례도 보여준다. 그 예의 하나가 모자관계에 있는 회사이다. 모회사와 자회사는 별개의 법인이므로 모회사 채무에 대해서 자회사가 책임을 지지 않고 자회사 채무에 대해서 모회사가 책임을 지지 않는다. 모회사가 자회사의 의사결정에 영향을 미치지만 그 점만으로 법인격부인론을 적용하지는 않는다. 자회사가 서류상의 회사에 불과한 정도가 되면 법인격부인론이 적용될 수 있다.

법인격부인론이 적용되지 않는 다른 사례로는 특수목적회사(Special Purpose Corporation, SPC 혹은 Special Purpose Vehicle, SPV)가 있다. 특정한 사업을 추진하기 위해서 특수목적회사를 만드는 경우에 서류상의 회사 형태로 되어 있다고 하더라도 설립목적에 맞게 운영되는 한 법인격부인론을 적용하지는 않는다.

3) 법인격부인론의 요건과 효과

법인격부인 요건
■ 회사와 개인의 업무 및 재산 혼동
■ 의사결정의 독점
■ 과소자본
■ 법인격 남용의 의사

법인격부인론을 적용하기 위한 요건은 크게 두 가지로 나눠볼 수 있다. 하나는 객관적 요건이다. 한 사람(대부분은 대주주나 대표이사이지만 그렇지 않을 수도 있다)이 마음대로 회사의 의사결정을 하는 것, 회사의 업무와 재산이 한 개인의 업무나 재산과 혼동되어 어디까지가 회사 일이고 어디까지가 개인 일인지 알 수 없는 것, 회사의 운영을 위해서 필요한 자본을 갖추지 못하고 대부분 부채에 의존하는 것 등이 객관적 요건들이다.

다른 하나는 주관적 요건이다. 법인격을 남용하려는 의사 즉 회사가 법인이어서 회사의 채무에 대해서는 회사만 책임을 진다는 점을 악용할 의도가 있어야 한다는 것이다. 주관적 남용의사가 항상 요구되는 것은 아니지만 사안에 따라서는 주관적 남용의사가 법인격부인론을 적용하는 요건이 되기도 한다.

법인격부인론이 적용되면 회사의 채무에 대해서 회사가 책임지는 것은 물론이고, 그 회사를 마음대로 운영했던 개인도 변제를 할 책임이 있다. 즉 회사의 채무에 대해서 그 회사의 사실상 실체라고 생각되는 사람에게 책임이 확대되는 결과를 가져오게 된다.

3 합병

1) 합병 개관

(1) 합병의 의미

"어느 어느 회사 간에 M&A가 성사되었다.", "M&A를 통해서 몸집을 불렸다"는 말을 들어보았을 것이다. M&A는 Mergers and Acquisitions의 약자인데, merger를 '합병'이라고 번역하고 acquisition를 '인수'라고 번역한다. 기업을 합병하거나 인수하는 것을 M&A라고 한다. 기업의 인수·합병은 1960년대 이후에 계속 확대되어 왔다. 기업 자체를 매매의 대상으로 삼는 일이 일반화되면서 M&A가 일상적인 용어가 되었다. M&A가 활성화된 것은 여러 가지 이유가 있지만 무엇보다도 기업 규모의 확대나 업종 간 시너지 효과를 통해서 시장에서 경쟁력을 키울 수 있기 때문이다. 기업을 인수·합병할 수 있는 자금이 많이 축적된 것도 그 이유 중의 하나이다.

기업인수 방법
■ 주식 취득
■ 자산 인수
■ 영업 양수
■ 합병

기업을 인수하는 방법에는 몇 가지가 있다. 첫째는 경영권을 행사할 수 있을 정도로 주식을 매입하는 것이다. 둘째는 영업양수이다. 영업양수란 특정 영업에 관련된 유기적 조직으로서 일체의 재산을 양수하는 것을 말한다. 한 회사의 영업 전부를 양수할 수도 있고 일부를 양수할 수도 있다. 셋째는 자산 인수이다. 영업에 필요한 자산을 개별적으로 인수하는 것이다. 이 세 가지 방법은 모두 양수의 대가를 지급해야 하므로 양수 자금이 필요하다.

합병은 한 회사의 권리·의무가 다른 회사로 포괄적으로 이전하는 절차이다. 합병되는 회사의 주주는 합병하는 회사의 주주가 된다. 법률적인 관점에서 합병은 권리와 의무가 포괄적 이전된다는 점에 특색이 있다. 포괄적 이전이란 권리·의무가 낱개로 하나씩 이전되는 것이 아니라, 개별적 이전절차 없이 모든 권리·의무가 통째로 넘어가는 것이다. 예를 들어서 한 회사가 다른 회사로부터 기계나 부동산을 하나하나 살 수 있다. 이런 개별적 이전에서는 기계는 기계의 이전 절차를 밟고 부동산은 부동산의 이전절차를 밟는다. 그런데 한 회사가 다른 회사를 합병하면, 그 다른 회사가 갖고 있는 권리·의무가 개별적인 이전절차 없이 한꺼번에 이전된다. 그것을 포괄적 이전이라고 부른다. 이렇게 포괄적 이전이 일어나는 일은 흔하지 않다. 합병 외에 상속에서 포괄적 이전이 일어난다. 피상속인이 사망하면 피상속인이 갖고 있었던 권리·의무가 상속인에게 포괄적으로 이전된다. 주식회사의 합병에서는 권리·의무가 포괄적으로 이전할 뿐만 아니라 사원, 즉 주주의 지위도 합병한 회사로 이전된다.

권리의 이전
- 개별적 이전 : 매매, 증여
- 포괄적 이전 : 상속, 합병

(2) 합병의 종류

합병에는 크게 두 가지 방식이 있다. 하나는 신설합병이고, 다른 하나는 흡수합병이다. 신설합병은 합병을 통해서 새로운 회사를 하나 만드는 것이다. A회사와 B회사가 합병을 해서 C라는 새로운 회사를 만들고, A회사와 B회사는 해산된다. A회사와 B회사의 모든 권리·의무는 C회사로 포괄적으로 이전되고, A회사와 B회사의 주주들은 모두 C회사의 주주가 된다. 이것을 신설합병이라고 한다.

합병의 종류
- 신설합병
- 흡수합병

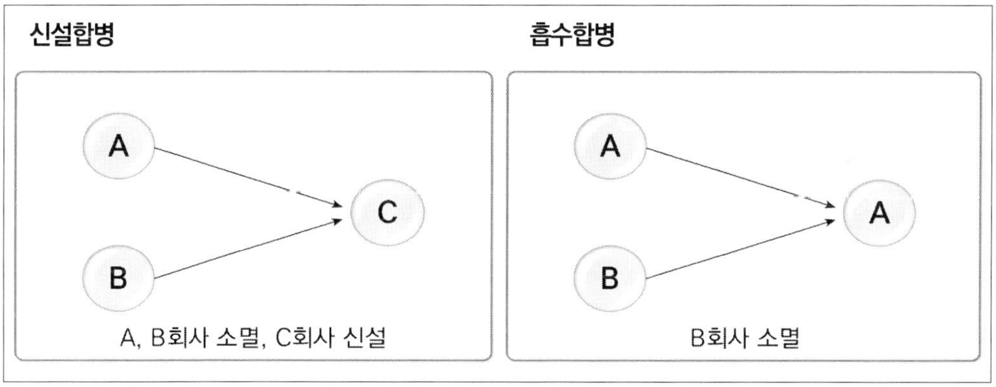

흡수합병에서는 한 회사가 다른 회사의 권리·의무를 포괄적으로 이전받고 다른 회사는 소멸한다. A회사가 B회사를 흡수합병하면 B회사의 모든 권리·의무는 A회사로 포괄적으로 이전되고, B회사의 주주들은 모두 A회사의 주주가 된다. B회사는 해산되어 소멸한다. 이것을 흡수합병이라고 한다.

(3) 합병절차

상법 제522조(합병계약서와 그 승인결의)
① 회사가 합병을 하면 합병 계약서를 작성하여 주주총회의 승인을 얻어야 한다.
② 합병계약의 요령은 제363조에 정한 통지에 기재하여야 한다.
③ 제1항의 승인결의는 제434조의 규정에 의하여야 한다.

합병절차는 합병계약에서 시작한다. 신설합병이든 흡수합병이든 두 회사 간에 합병에 대한 합의가 있어야 한다. 합병계약서에는 신설합병인지 흡수합병인지, 소멸되는 회사의 주주들에게 어떤 대가가 제공되는지(주식, 금전, 기타의 재산 등), 제공되는 재산의 가액이 얼마인지가 담긴다.

합병계약이 이루어지면 주주총회에서 합병계약을 승인해야 한다. 합병계약을 승인하는 결의는 특별결의 요건을 갖추어야 한다. 주주총회에서 합병계약 승인 결의가 있은 후에는 '채권자 보호 절차'를 밟는다. '채권자 보호 절차'가 끝나면 흡수합병의 경우는 보고총회를 열고 신설합병의 경우는 창립총회를 열어 경과를 보고하고 합병등기를 하면 합병절차가 완료된다.

2) 채권자 보호절차

상법 제527조의5(채권자보호절차)
① 회사는 제522조의 주주총회의 승인결의가 있은 날부터 2주내에 채권자에 대하여 합병에 이의가 있으면 1월 이상의 기간 내에 이를 제출할 것을 공고하고 알고 있는 채권자에 대하여는 따로따로 이를 최고하여야 한다.
③ 제232조 제2항 및 제3항의 규정은 제1항 및 제2항의 경우에 이를 준용한다.

상법 제232조(채권자의 이의)
③ 이의를 제출한 채권자가 있는 때에는 회사는 그 채권자에 대하여 변제 또는 상당한 담보를 제공하거나 이를 목적으로 하여 상당한 재산을 신탁회사에 신탁하여야 한다.

합병절차에서 중요한 절차의 하나가 채권자 보호절차이다. 합병이 이루어지면, 신설합병이든 흡수합병이든 채권자를 위한 채무자의 책임재산이 달라질 수 있다. 앞의 신설합병 예에서 A회사의 채권자를 위한 책임재산은 A회사 재산인데 합병을 통해 채무자가 C회사로 바뀌면 책임재산도 C회사 재산으로 바뀐다. 흡수합병의 경우도 채무자가 A회사로 바뀌므로 B회사 채무자의 처지에서는 책임재산의 변화가 불리한 변화라고 생각할 수도 있다. 그래서 합병에서는 채권자 보호절차를 반드시 거쳐야 한다. 상법 제527조의5는 채권자 보호절차를 규정하고 있는데 상법에서 "채권자 보호절차"는 거의 고유명사처럼 사용된다.

회사는 주주총회가 합병계약의 승인결의한 날로부터 2주 내에 채권자에 대하여 합병에 이의가 있으면 이의를 제출할 것을 공고하고, 알고 있는 채권자에 대하여 따로따로 알려야 한다. 이의기간은 1월 이상의 기간이어야 한다. 이의를 한 채권자가 있으면 그 채권자에게는 변제를 하든지 담보를 제공해야 된다. 합병으로 인하여 채권자에게 불이익이 있지 않도록 한다.

3) 주식매수청구권

상법 제522조의3(합병반대주주의 주식매수청구권)
① 제522조 제1항에 따른 결의사항에 관하여 이사회의 결의가 있는 때에 그 결의에 반대하는 주주(의결권이 없거나 제한되는 주주를 포함한다. 이하 이 조에서 같다)는 주주총회 전에 회사에 대하여 서면으로 그 결의에 반대하는 의사를 통지한 경우에는 그 총회의 결의일부터 20일 이내에 주식의 종류와 수를 기재한 서면으로 회사에 대하여 자기가 소유하고 있는 주식의 매수를 청구할 수 있다.

합병 여부와 합병의 조건은 대주주의 의사대로 결정된다. 주주총회가 합병계약을 승인할 때 결의요건은 강화되었지만 소액주주의 이익은 침해될 수 있다. 상법 제522조의3(합병반대주주의 주식매수청구권)은 합병에 반대하는 소액주주를 보호하기 위해 주식매수청구권을 인정하고 있다. "① 제522조 제1항에 따른 결의사항에 관하여 이사회의 결의가 있는 때에 그 결의에 반대하는 주주(의결권이 없거나 제한되는 주주를 포함한다. 이하 이 조에서 같다)

는 주주총회 전에 회사에 대하여 서면으로 그 결의에 반대하는 의사를 통지한 경우에는 그 총회의 결의일부터 20일 이내에 주식의 종류와 수를 기재한 서면으로 회사에 대하여 자기가 소유하고 있는 주식의 매수를 청구할 수 있다."

이사회에서 합병계약을 결의했을 때 합병 관련 결의 이후 주주총회를 하기 전에 미리 합병 반대의사를 서면으로 표시한 사람은 총회에서 합병이 결의된 날로부터 20일 이내에 회사에 대해서 "내가 갖고 있는 주식을 매수하시오."라고 청구할 수 있다는 규정이다.

상법은 원칙적으로 주주들이 회사에 대해서 자기가 보유하는 주식을 사라고 요구하는 권리를 인정하지 않는다. 주식회사의 본질에 반하기 때문이다. 주식회사는 주주들이 출자한 돈으로 운영되고 주주들은 출자액 이상 책임을 지지 않는다(주주유한책임의 원칙). 채권자들에게는 주주들이 출자한 재산과 그 재산이 운영된 결과가 유일한 책임재산이 되는데, 만

한겨레, 2014년 11월 19일 자 기사

삼성중공업-삼성엔지니어링 합병 무산

반대주주 주식매수청구 한도 넘어 "강행 땐 재정악화 우려…계약 해제"

삼성중공업은 19일 삼성엔지니어링과 맺은 합병 계약을 해제했다고 밝혔다. 두 회사는 9월1일 이사회에서 합병을 결의해 12월1일 합병을 마무리할 계획이었다. 하지만 주주들의 합병 반대에 부딪혀 무산됐고, 지난해 하반기부터 추진해온 삼성그룹의 사업재편 역시 부분적으로 차질을 빚게 됐다.

삼성중공업은 지난 17일까지 신청한 주식매수청구 현황을 확인한 결과 합병에 반대하는 주주들이 행사한 주식매수청구 규모가 합병 계약상 예정된 한도를 초과해 이런 결정을 내렸다고 설명했다. 주식매수청구권이란 합병·분할 등 주주총회 특별 결의사항에 반대하는 주주가 자신의 주식을 공정한 가격으로 사달라고 회사에 청구하는 권리다.

합병을 반대하는 주주들이 행사한 삼성중공업과 삼성엔지니어링 주식매수청구 규모는 각각 9235억원, 7063억원이다. 삼성중공업의 매수대금 한도(9500억원)는 초과하지 않았으나, 삼성엔지니어링의 한도(4100억원)를 훌쩍 넘어섰다. 합병을 진행하려면 두 회사가 1조6298억원의 주식매수대금을 지급해야 하는 상황이 됐다. 결국 삼성중공업은 "과도한 주식매수청구 부담을 안고 합병을 진행할 경우 합병회사의 재무상황을 악화시켜 궁극적으로 주주들에게 피해를 줄 수 있다고 판단했다. 주식매수청구 행사 과정에서 드러난 시장과 주주들 의사를 존중하고 이를 겸허히 수용하기로 했다"며 합병 포기 의사를 밝혔다.

두 회사는 합병으로 기대되는 시너지 효과를 적극 설명하고 자사주 매입을 통해 주가 띄우기에도 나섰지만, 주가는 오히려 떨어졌다. 이에 따라 많은 주주가 주식매수청구를 선택한 것으로 풀이된다.

삼성중공업은 향후 합병 재추진 여부에 대해 "시장 상황과 주주 의견 등을 신중히 고려해 재검토하겠다"고 밝혔지만, 당분간은 어렵다는 평가가 많다. 이에 따라 제일모직을 중심으로 건설, 금융, 전자 등 각 사업영역별로 진행되던 사업구조 재편에 제동이 걸릴 가능성이 커졌다. 더욱이 이번 합병이 주주 의견에 대한 경청 없이 '일방통행'식으로 진행되다 무산된 측면이 있어 향후 합병 계획에 더욱 신중해질 전망이다.

일 그 주주들이 출자금을 가져가면 채권자들의 이익을 해하게 된다. 그런데 합병에 반대하는 주주들에게는 주식매수청구권을 인정한다. 합병이 대주주의 이익에 부합해서 이루어지는 경우가 많기 때문에 소액주주를 보호하기 위해 예외적인 조치를 취한 것이다. 소액주주를 보호하기 위해 주식매수청구권을 인정하는 동시에 채권자보호절차를 두어 채권자와 소액주주의 이익의 균형을 맞추고 있다.

미리 서면으로 반대의사를 알려야 한다고 규정한 것은 회사가 반대하는 주주가 어느 정도 되는지 알아서 대비할 수 있게 하기 위함이다. 회사는 주식매수청구권 행사가 많으면 현금으로 주식을 매수해야 하는데 반대하는 주주의 주식을 모두 매입할 자금의 여유가 없으면 합병을 포기하게 된다.

사권(私權)의 효력에 따른 분류

- 청구권 : 타인에게 급부를 요구할 수 있는 권리(채권)
- 항변권 : 청구권 행사를 저지할 수 있는 권리
- 지배권 : 타인의 개입 없이 직접 지배하는 권리(물권)
- 형성권 : 일방적 의사표시로 법률관계를 변동시킬 수 있는 권리

미리 서면으로 반대의사를 통지한 주주는 총회결의일 20일 이내에 회사에 대하여 자기가 소유하고 있는 주식의 매수를 청구할 수 있다. '청구할 수 있다'고 규정되어 있어 회사에 대한 '청구권'이라고 생각할 수 있다. 그러나 이때 주식매수를 청구할 권리를 학자들은 '형성권'이라고 설명한다. 형성권이란 일방적인 의사표시로 법률관계를 형성할 수 있는 권리라고 설명된다. '청구할 수 있다'고 규정되었지만 상대방에게 일정한 급부(예를 들면 대금의 지급, 일의 완성 등)를 요구하는 권리인 청구권과는 거리가 멀다.

민법이나 상법에서 형성권이라는 개념을 많이 사용하지만 그 의미가 명확한 것은 아니다. 형성권 중에는 계약 해제권처럼 당사자의 일방적인 의사표시로 법률관계가 형성되는 것도 있고, 주주총회 결의 취소소송처럼 법원이 재판에서 결정을 해야 법률관계가 형성되는 것도 있고, 주식매수청구권처럼 법률관계의 내용이 협의나 판결을 통해 결정되어야 법률관계가 형성되는 것도 있다. 아직은 주식매수청구권이 어떤 의미의 형성권인지에 대해 논란이 있다. 다수설은 주식매수청구권을 행사하면 회사와 주주 간에 주식의 매매계약이 성립한다고 본다. 그런데 주식매수청구권을 행사하는 단계에서는 주식을 얼마에 매수하는지가 결정이 안 된 상태이다. 매수가격도 결정이 안 된 상태에서도 과연 매매계약이 체결됐다고 볼 수 있는지 의문이다. 그런 점 때문에 매수 청구의 의미는 회사에게 매매계약 체결을 위한 협의 의무를 부여하는 것이라고 설명하는 견해도 있다.

합병반대주주의 주식매수청구권이 단순히 청구권이 아님은 분명하다. 주식매수청구권이 행사되면 회사는 반드시 매수해야 한다. 주식의 매수가격은 상호 간 협의를 해야 되고, 협의가 안 되면 종국적으로는 법원이 판단하게 된다.

3) 합병의 하자

합병이 이루어지는 과정에서 하자가 있을 수 있다. 절차상의 하자로는 합병에 관한 이사회 결의 또는 합병계약의 승인을 위한 주주총회 결의에 하자가 있을 수 있다. 일반적인 이

사회 결의의 하자나 주총 결의 하자의 문제가 여기에서도 생길 수 있다. 내용상의 하자로는 합병 비율에 대한 논란이다. 합병 비율이란 소멸하는 회사의 주주들에게 신설 또는 흡수하는 회사의 주식을 얼마나 받는가 하는 것이다. 보통은 소멸하는 회사의 주주들이 한 주당 받게 되는 주식의 수로 표시한다.

예를 들어 합병비율이 0.5라면 소멸회사 주식 2주당 흡수회사 또는 신설회사 주식 1주를 받는 것을 의미한다. 이론적으로 합병비율은 소멸되는 회사의 주식의 가치와 신설 또는 흡수하는 회사의 주식의 가치에 따라 결정된다. 문제는 주식의 가치를 객관적으로 산정하는 것이 쉽지 않다는 것이다. 상장주식인 경우에는 시장에서 거래되는 가격을 사용할 수 있지만 시장 가격은 계속 변동하는 어려움이 있다. 또 상장주식이 아닌 경우에는 시장에서의 평가를 알기가 어렵다. 그래서 회사(또는 대주주)가 자신에게 유리하게 합병비율을 산정할 가능성도 있다.

합병 과정에서 절차상의 하자가 있든지 내용상의 하자가 있으면 어떻게 다투어야 하는가? 상법은 합병의 하자를 다투는 방법을 특정하고 있다. 반드시 '합병 무효의 소'를 제기해서 다투어야 한다. 주주총회 결의의 '무효 확인의 소'처럼 합병 무효 '확인'의 소가 아닌 점에 주목하여야 한다. 판결을 통해서 무효를 확인하는 것이 아니고 무효로 만들어야 한다. 다른 방법으로 무효를 만들 수는 없다. 상법이 이렇게 합병의 하자를 다투는 방법을 엄격하게 규율하는 이유는 합병이라는 법률관계의 변화에 다수의 당사자(각 회사, 각 회사의 주주와 채권자 등)가 관련되어 법률관계의 단체법적 획일 확정이 필요하기 때문이다.

상법 제529조(합병무효의 소)
① 합병무효는 각 회사의 주주·이사·감사·청산인·파산관재인 또는 합병을 승인하지 아니한 채권자에 한하여 소만으로 이를 주장할 수 있다.
② 제1항의 소는 제528조의 등기가 있은 날로부터 6월내에 제기하여야 한다.

합병을 무효로 하기 위해서는 소송을 제기해야 한다. 합병무효의 소를 제기할 수 있는 사람은 각 회사의 주주·이사·감사·청산인·파산관재인 또는 합병을 승인하지 아니한 채권자만이다. 합병 무효의 소는 합병의 등기를 한 날로부터 6개월 이내에 제기하여야 한다. 합병의 무효를 주장할 수 있는 방법과 소를 제기할 수 있는 원고와 소 제기기간을 제한한 것은 합병을 둘러싼 법률관계를 조기에 확정하기 위함이다.

4 분할

1) 회사 분할의 의미

자연인과는 달리 법인은 법인격 자체를 합할 수도 있고 떼어 낼 수도 있다. 자연인은 두 사람이 아무리 친해도 한 사람이 되지는 않는다. 부부가 되었다고 두 사람이 한 사람이 되지 않는다. 법률적인 관점에서 부부는 여전히 독립된 법인격을 갖고 있다. 또 한 사람이 두 사람으로 나누어지지도 않는다. 한 사람으로서 하는 일이 많다고 일마다 별개의 사람으로 나눌 수도 없다. 그런데 법인의 경우는 독립된 법인격을 합칠 수도 있고 또 하나의 법인을 떼어서 복수의 법인으로 만들 수도 있다. 다른 법인과 합쳐서 하나의 법인이 만들어지는 것을 '합병'이라고 하고, 하나의 법인에서 법인격이 분리돼서 별도의 법인격이 만들어지는 것을 '분할'이라고 한다.

주식회사에서 분할은 한 회사 안에 여러 개의 사업 분야가 있는 경우, 사업 분야를 분리하여 전문화를 촉진시키려는 목적으로 사용되기도 하고 새로운 사업을 시작하면서 전체 회사에게 위험을 전가시키지 않고 그 자체에서 위험을 처리하도록 하여 회사 전체의 위험을 회피하기 위한 수단으로도 사용된다. 또 주주 간에 다툼이 있을 때 서로 회사를 나눠서 독립된 법인을 각자 갖는 방법으로도 사용된다.

지주회사(Holding Company)
자회사 또는 종속회사로 불리는 회사의 주식을 지배 가능한 수준으로 보유하여 지휘 및 감독하는 회사. 재벌의 독점을 막는다는 취지에서 금했으나 1999년부터 재벌의 계열회사간 순환출자를 막고 지배구조의 투명성 확보를 위해 허용하고 있다.

분할 후 주식 귀속
- 인적분할 : 분할 전 주주
- 물적분할 : 분할 회사

분할은 지주회사를 설립할 때 아주 유용한 수단이 된다. 지주회사라는 것은 다른 회사의 주식을 갖는 것이 주요한 목적인 회사이다. 지주회사는 여러 개 자회사의 주식을 소유하면서 지주회사를 관리하는데 지주회사를 만들 때 분할의 방법을 사용하기도 한다.

분할은 분할 후 분할된 주식을 누가 갖느냐에 따라서 인적분할과 물적분할로 나누어진다. 인적분할은 분할된 회사의 주식을 기존 주주들이 자신이 가진 주식의 비율에 따라 나누어 갖는 방식이다. A회사를 분할하여 B회사를 신설한 경우 A회사의 주주들이 A회사의 주식을 가졌던 비율과 똑같이 B의 주식을 갖는 것이 인적분할이다. 반면에 B회사의 주식을 A회사의 주주들이 갖지 않고 A회사가 가지게 되면 물적분할이라고 한다. 보통은 인적분할로 하지만 지주회사를 만드는 경우 물적분할을 이용한다. A회사에 있었던 사업 분야가 B회사로 독립을 하고, B회사의 주식은 모두 A회사가 갖게 되면 A회사가 B회사의 지주회사가 될 수 있다.

〈대우자동차주식회사 사례〉

대우자동차주식회사는 1990년대 우리나라에서 두 번째로 큰 자동차제조회사였다. 1997년 외환위기 이후 어려움을 겪다가 2000년 회사정리절차에 들어갔고 2002년 미국 제너럴모터스(GM)에 매각되었다.

대우자동차주식회사
- → 〈자산매각〉 → 지엠대우자동차기술주식회사 (군산승용사업장, 창원사업장, 일부 해외 생산 판매법인)
- → 〈자산매각〉 → 대우인천자동차주식회사 (부평사업장)
- → 〈자산매각〉 → 대우버스주식회사 (부산사업장)
- → 〈단순분할 신회사 설립〉 → 대우상용차주식회사 (군산상용사업장)

대우상용차주식회사와 대우인천자동차주식회사는 GM과 산업은행이 출자하여 설립한 회사이다. 자산매각 및 분할 이후 잔존한 정리회사 대우자동차주식회사는 자산매각 및 부채정리 후 2009년 해산하였다.

2) 분할의 방법

상법 교과서에서는 분할의 방법을 복잡하게 설명하고 있는데, 그 이유는 경우의 수가 많기 때문에 그렇다. 다음 표를 보면서 각 경우의 수를 설명한다.

분할된 부분		분할회사	
		존속	소멸
단순분할	신설(단순분할신설회사)		
분할합병	흡수합병(분할승계회사)		
	신설합병(분할합병신설회사)		

첫 번째 고려할 사항은 분할회사(분할의 대상이 되는 회사)가 분할 후에도 남아 있느냐 아니면 소멸하느냐에 따라서 존속과 소멸로 나눌 수 있다. 예를 들어 A회사에 B사업 부문과 C사업 부문이 있다고 하자. A회사에서 B사업부문을 떼어내서 B회사를 만들고, C사업부문을 떼어내서 C회사를 만드는 것이 분할인데, 분할한 다음에 A회사가 그냥 존속하는 경우도 있고 아예 A회사를 없애는 경우도 있다. 분할에서는 분할회사를 존속하게 하느냐 아니면 소멸하게 하느냐가 첫 번째 고려사항이다.

또 하나의 기준은 분할된 부분이 어떻게 되는가 하는 문제이다. 세 가지 방법이 있다.

① **단순분할** : 분할된 부분으로 새로운 회사를 만든다. 그렇게 새로 만들어진 회사를 '단순분할 신설회사'라고 부른다. 앞의 예에서 A회사의 B사업 부문과 C사업 부문을 분할하여 만들어진 B회사와 C회사가 단순분할 신설회사이다.

② **흡수분할합병** : 분할된 부분이 다른 회사에 흡수합병되는 경우이다. 그 다른 회사를 '분할승계회사'라고 부른다. 예를 들면 앞의 예에서 A회사의 B사업 부문을 분할하여 다른 회사(예를 들면 K회사)에 흡수합병 시킬 수 있다. 그렇게 되면 K회사가 분할승계회사가 되는 것이다.

③ **신설분할합병** : 분할된 부분으로 다른 회사와 함께 새로운 회사를 만드는 방법이다. 신설합병을 하는 것이고 그렇게 신설된 회사를 '분할합병 신설회사'라고 한다. 예를 들면 A회사의 C사업 부문을 분할하여 P회사와 함께 새로운 회사 N을 만드는 것이다. 그렇게 되면 N이 '분할합병 신설회사'가 된다.

분할하는 방법 중 하나의 기준은 분할회사가 존속하느냐 소멸하느냐이고 다른 기준은 분할된 부분이 단순분할회사가 되는지, 분할승계회사가 되는지, 분할합병 신설회사가 되는지이다. 만약 어떤 회사에서 분할하려고 하는 사업 부문이 두 개가 있다면 사업 부문마다 다른 방식이 적용될 수 있다. 분할 부분이 여러 개일수록 거래가 복잡하게 형성될 수 있다.

3) 분할 절차

회사를 분할하기 위해서는 먼저 이사회에서 분할계획서(단순분할의 경우) 또는 분할합병계약서(분할합병의 경우)를 결의해야 된다. 분할계획서나 분할합병계약서에는 ① 회사의 어떤 부분을 분할해서 어떻게 할지(단순신설분할인지, 분할승계회사를 만드는지, 분할합병신설회사를 만드는지 등), ② 분할회사를 존속시킬 것인지 아니면 소멸하게 할 것인지, ③ 분할회사가 갖고 있던 권리와 의무가 어느 회사에 어떻게 나누어지는지가 기술된다. 분할계획서나 분할합병계약서에는 분할회사가 갖고 있는 많은 권리와 의무, 자산, 부채 중에서 어떤 것이 이동하는지 그 목록이 기재되어 있다.

분할된 부분의 처리가 단순분할처럼 회사 안에서 모두 이루어지는 것이면 이사회의 결의로 충분하지만, 만약 분할합병을 하게 되면 다른 회사와 분할합병에 관한 계약이 필요하다.

분할계획서나 분할합병계약서는 주주총회의 특별결의로 승인을 얻어야 한다. 주주총회의 특별결의를 얻은 후 분할의 등기가 되면 분할 절차가 종료된다. 분할 등기가 되는 시점에 단순분할신설회사, 분할승계회사 또는 분할합병신설회사는 분할계획서 또는 분할합병계약서에서 정하는 바에 따라 분할회사의 권리와 의무를 승계한다.

4) 채권자 보호

분할의 전 과정에서 채권자보호가 중요한 과제이다. 분할회사의 구조가 바뀜에 따라 채권자들이 손해를 보면 안 되기 때문이다. 합병에서는 채권자 보호 절차가 있었지만 분할에서는 분할 방식에 따라 채권자를 보호하는 방식에 차이가 있다. 단순분할 신설회사가 설립되는 방식에서는 합병에서 보았던 채권자 보호 절차와는 다른 방식으로 채권자를 보호하고 있다.

긴 조문이지만 어려운 내용은 없다. 조문이 길면 자세히 기술한 것이어서 이해하기가 쉽다. 제1항은 채권자 보호를 위한 연대책임의 원칙을, 제2항은 연대책임의 원칙에 대한 예외를 규정하였다. 분할회사와 단순분할 신설회사는 분할회사가 갖고 있던 채무에 대해 연대책임을 진다. 연대책임이란 모든 연대채무자 각자가 채무 전액에 대해서 책임을 진다는 의미이다. 분할회사가 채무 이행을 안 하면 단순분할 신설회사에 채무 이행을 청구하면 된다. 단순분할 신설회사가 채무를 이행하지 않으면 분할회사에 청구하면 된다. 연대책임을 지는 한 채권자는 분할 전후에 책임 재산의 변화가 없으므로 분할로 인한 손해는 없다.

한편 연대책임의 원칙에 대한 예외가 인정된다. 단순분할 후 신설회사를 설립하는 경우에 분할회사가 주주총회 특별결의로 단순분할 신설회사는 분할회사의 채무 중에서 분할계획서에서 승계하기로 정한 채무에 대한 책임만 부담하는 것으로 정할 수 있다. 이 경우에 분할회사가 분할 후에 존속하는 경우에는 분할회사는 단순분할 신설회사가 부담하지 아니

상법 제530조의9(분할 및 분할합병 후 회사의 책임)
① 분할회사, 단순분할신설회사, 분할승계회사 또는 분할합병신설회사는 분할 또는 분할합병 전의 분할회사 채무에 관하여 연대하여 변제할 책임이 있다.
② 제1항에도 불구하고 분할회사가 제530조의3 제2항에 따른 결의로 분할에 의하여 회사를 설립하는 경우에는 단순분할신설회사는 분할회사의 채무 중에서 분할계획서에 승계하기로 정한 채무에 대한 책임만을 부담하는 것으로 정할 수 있다. 이 경우 분할회사가 분할 후에 존속하는 경우에는 단순분할신설회사가 부담하지 아니하는 채무에 대한 책임만을 부담한다.
③ 분할합병의 경우에 분할회사는 제530조의3 제2항에 따른 결의로 분할합병에 따른 출자를 받는 분할승계회사 또는 분할합병신설회사가 분할회사의 채무 중에서 분할합병계약서에 승계하기로 정한 채무에 대한 책임만을 부담하는 것으로 정할 수 있다. 이 경우 제2항 후단을 준용한다.

하는 채무에 대한 책임만을 부담한다.

이 경우에는 채권자 보호절차를 밟아야 한다(제4항에서 제527조의5를 준용한다.). 채권자 보호 절차는 채권자들에게 이의할 기회를 주고, 이의한 채권자가 있으면 변제를 하거나 담보를 제공하는 것이다. 채권자 보호 절차를 통해서 분할 전 채권자들이 분할로 인하여 더 불이익한 위치에 있지 않도록 법이 규정하고 있다. 연대책임을 질 때에는 책임재산이 동일했기 때문에 별도의 채권자 보호절차가 필요 없지만 분할책임을 지게 되면 책임재산이 달라지기 때문에 채권자 보호 절차를 거치도록 한 것이다.

한편 분할합병으로 분할승계회사나 분할합병신설회사가 설립되는 경우에는 반드시 채권자 보호절차를 거쳐야 한다. 상법은 분할합병이 합병의 요소가 있다고 보아 항상 채권자 보호절차를 거치도록 한다(제530조의11 제2항에서 분할합병에 제527조의5의 규정을 준용한다).

5 모자회사 만들기

1) 완전모회사, 완전자회사

A회사가 B회사를 흡수합병하면, A회사는 흡수합병을 하는 순간 B회사가 갖고 있었던 모든 권리와 의무를 포괄적으로 승계하게 된다. 그러면 그 안에는 미처 알아보지 못한 가치가 있는 자산도 있을 수 있지만, 미처 인식하지 못한 엄청난 채무도 있을 수 있다. 이런 위험을 피하는 방법의 하나는 상대 회사를 합병하는 대신 상대 회사의 주식을 보유하는 것이다. 특히 상대 회사의 주식 100%를 보유하면 원하는 대로 의사결정을 할 수 있다. 한 회사가 다른 회사의 주식을 100% 갖게 되면 완전모회사, 완전자회사라고 부른다. 완전자회사와 완전모회사를 만드는 것은 합병의 대용 수단으로 이용될 뿐만 아니라 계열회사들 사이에 복잡한 소유관계를 정리하고 지배구조를 조금 더 명확하게 하기 위한 수단으로도 이용된다.

지금까지 배운 방법으로 완전모회사와 완전자회사를 만들 수 있다. 예를 들면 A회사가 B회사의 주식을 100% 소유하고 싶다면 A회사가 B회사 주식을 모두 사면 된다. 문제는 B회사 주식의 시가총액만큼의 비용이 든다는 점이다. 만일 A회사가 B회사 주식 100%를 다 갖지만 현금으로 매입하는 것이 아니라 그 대가를 A회사 주식으로 줄 수 있다면, 완전모회사를 만드는 비용이 훨씬 적게 들 것이다. 상법은 자회사 주식 100%를 소유하는 완전모회사를 형성하는 방법도 규정하고 있고, 자회사 주식 100%를 소유하는 완전모회사를 신설하는 방법도 규정하고 있다. 한 회사가 다른 회사의 완전모회사가 되는 방식을 주식의 포괄적 교환이라고 부르고, 여러 회사의 주식을 100% 소유하는 완전모회사를 신설하는 방법을 주식의 포괄적 이전이라고 부른다. 상법이 주식의 포괄적 교환이나 주식의 포괄적 이전을 규정하는 이유는 완전 모자관계를 형성하는 데 드는 비용을 최소화하기 위함이다.

주식의 포괄적 교환이나 포괄적 이전은 상법이 인정하는 특별한 주식 거래 방법이다. 주식이 이전하는데 개별적인 이전행위는 필요하지 않고 법에서 규정한 요건을 충족하면 주식의 집단적 이전이라는 효과가 발생한다.

상법 제360조의2(주식의 포괄적 교환에 의한 완전모회사의 설립)
①회사는 이 관의 규정에 의한 주식의 포괄적 교환에 의하여 다른 회사의 발행주식의 총수를 소유하는 회사(이하 "완전모회사"라 한다)가 될 수 있다. 이 경우 그 다른 회사를 "완전자회사"라 한다.
②주식의 포괄적 교환(이하 이 관에서 "주식교환"이라 한다)에 의하여 완전자회사가 되는 회사의 주주가 가지는 그 회사의 주식은 주식을 교환하는 날에 주식교환에 의하여 완전모회사가 되는 회사에 이전하고, 그 완전자회사가 되는 회사의 주주는 그 완전모회사가 되는 회사가 주식교환을 위하여 발행하는 신주의 배정을 받거나 그 회사 자기주식의 이전을 받음으로써 그 회사의 주주가 된다.

2) 주식의 포괄적 교환

X회사와 Y회사는 각각 독립된 회사이다. Y회사의 주주들이 갖고 있는 주식 전부를 X회사로 이전을 하고, Y회사의 주주들은 X회사 주식을 취득하는 것을 주식의 포괄적 교환이라고 부른다(상법 제360조의2). 포괄적 교환이 있으면 Y회사는 여전히 독립된 법인으로 존재하지만, 그 주식은 X회사가 100% 다 갖게 된다. 즉 X가 완전모회사, Y가 완전자회사가 된 것이다.

주식의 포괄적 교환이 일어나기 위해서는 제일 먼저 X회사와 Y회사의 주식교환계약이 있어야 한다. 두 회사가 주식교환계약을 체결을 한 다음에 X회사와 Y회사의 주주총회의 승인을 각기 받아야 된다. X회사의 주주총회의 승인을 받아야 되는 것은 X회사가 주식을 새로 발행해서 Y회사의 주주들에게 주든지 아니면 자기가 보유하고 있는 자기주식을 Y회사 주주들에게 주어야 되기 때문이다. Y회사에서는 Y회사 주주들이 X회사의 주주들로 바뀌기 때문에 주주총회에서 승인을 얻어야 된다. 각 회사의 주주총회에서는 특별결의로 주식교환계약을 승인한다.

상법 제360조의5(반대주주의 주식매수 청구권)
① 제360조의3 제1항의 규정에 의한 승인 사항에 관하여 이사회의 결의가 있는 때에 그 결의에 반대하는 주주(의결권이 없거나 제한되는 주주를 포함한다. 이하 2조에서 같다)는 주주총회 전에 회사에 대하여 서면으로 그 결의에 반대하는 의사를 통지한 경우에는 그 총회의 결의일로부터 20일 이내에 주식의 종류와 수를 기재한 서면으로 회사에 대하여 자기가 소유하고 있는 주식의 매수를 청구할 수 있다.
② 제360조의9 제2항의 공고 또는 통지를 한 날부터 2주 내에 회사에 대하여 서면으로 주식 교환에 반대하는 의사를 통지한 주주는 그 기간이 경과한 날로부터 20일 이내에 주식의 종류와 수를 기재한 서면으로 회사에 대하여 자기가 소유하고 있는 주식의 매수를 청구할 수 있다.

주주총회의 승인이 있으면 Y회사 주주가 갖고 있는 Y회사 주권은 소멸된다. 이것을 주권의 실효절차라고 부른다. Y회사의 주주가 갖고 있는 Y회사 주권은 실효절차를 밟게 되고, 주식교환계약에서 정하고 있는 주식 교환일에 X회사는 Y회사 주식 전부를 취득한다. Y회사 주주들은 주식이 실효되는 대가로 X회사 주식을 받는 것이 원칙이지만 주식교환계약에 따라 금전 기타의 재산(예를 들면 자회사 주식이나 회사채 등)을 받을 수도 있다.

중요한 것은 Y회사 주주가 갖고 있는 주식이 개별적으로 X회사에 이전되는 것이 아니고, 법률 규정에 따라서 Y회사의 주식이 한꺼번에 X회사로 이전한다는 것이다. 그래서 주식의 '포괄적' 교환이라고 부른다. Y회사 주주들 중에 주식의 포괄적 교환에 반대하는 사람이 있어도 주주총회에서 특별결의로 주식의 포괄적 교환이 승인되면 반대한 주주의 주식도 다 실효가 되고, Y회사의 주식은 포괄적으로 X회사로 이전한다. 또한 X회사는 신주를 발행하거나 자기주식을 Y회사 주주들에게 배정해주고 Y회사 주주는 X회사 주식을 취득한다. 주식을 교환하는 날에 Y회사 주식 전부가 X회사로 이전하고, Y회사의 주주들은 X회사의 주식을 취득한 후에 변경 등기를 하면 주식의 포괄적 교환절차는 끝나게 된다.

주식의 포괄적 교환에 반대하는 주주들이 있을 수 있다. 주주총회에서 특별결의로 승인이 되면 반대하는 주주들의 주식도 실효되고 반대 주주들도 X회사의 주식을 배정받게 된다. 상법은 반대하는 주주들에게 매수청구권을 부여하여 Y회사로부터 떠날 권리를 부여하고 있다. 상법 제360조의5는 합병절차에서 반대주주의 주식매수청구권을 인정한 조문(상법 제522조의3)과 구조나 내용이 유사하다. 반대 주주들에게 주식매수청구권을 줌으로써 자신들이 생각하는 불이익으로부터 자신들을 보호할 기회를 부여하고 있다.

3) 소규모 주식교환과 간이주식교환

주식의 포괄적 교환에는 절차 중 일부를 생략한 간편한 절차가 인정된다. 소규모 주식교환과 간이주식교환이다. 소규모 주식교환을 규정한 제360조의10에 따르면 완전모회사가 되는 회사가 주식교환을 위하여 발행하는 신주 및 이전하는 자기주식의 총수가 그 회사의 발행주식 총수의 100분의 10을 초과하지 아니하는 경우에는 완전모회사가 되는 회사의 주주총회 승인은 이를 이사회의 승인으로 갈음할 수 있다. 완전자회사의 주주들에게 주는 주식의 양이 전체 발행주식 총수의 100분의 10을 넘지 않으면 주주총회를 할 필요가 없고 이사회 승인만 있으면 된다는 것이다.

완전자회사가 되는 회사의 주주들에게 완전모회사의 주식 대신 금전이나 기타 재산을 주는 방법도 있다. 금전이나 기타 재산을 주는 경우에는 그것이 완전모회사 순자산액의 100분의 5 이내일 때 주주총회 결의 대신 이사회 결의로 할 수 있다. 소규모 주식교환은 완전자회사의 규모가 완전 모회사의 규모에 비해 아주 작을 때 이용할 수 있는 약식 절차이다.

간이주식교환은 완전자회사의 절차를 생략할 수 있는 방법이다. 상법 제360조의9에 따르면 완전자회사가 되는 회사 총주주의 동의가 있거나 그 회사의 발행주식 총수의 100분의 90 이상을 완선모회사가 되는 회사가 소유하고 있는 때에는 완전자회시기 되는 회사의 주주총회 승인은 이사회 승인으로 갈음할 수 있다.

4) 주식의 포괄적 이전

주식의 포괄적 이전은 기존 회사들의 완전모회사를 새로 만드는 방법이다. X회사, Y회사, Z회사가 있는데 이들을 완전자회사로 하는 모회사를 만들고자 한다. 완전모회사는 세 회사의 지주회사가 되는 것이다. 세 회사의 주식을 H회사에 전부 이전을 하게 되면, H회사는 X, Y, Z회사의 완전모회사가 된다. 이 때 X, Y, Z회사의 주주들은 H회사의 주식을 취득한다. 이를 주식의 포괄적 이전이라 한다(상법 제360조의11 이하).

주식의 포괄적 이전
X
Y ⇒ H 신설
Z
X, Y, Z 주식 H로 이전
X, Y, Z 주주 H주식 보유

주식의 포괄적 이전을 위해서는 완전자회사가 될 회사(X, Y, Z회사)들이 각기 주식이전계획서를 작성하고 각 회사의 주주총회에서 주식이전계획서를 승인하는 특별결의가 있어야 된다. 주식이전계획서를 승인하는 결의가 있게 되면, X, Y, Z 회사의 주주들이 갖고 있는 주권은 실효되고 X, Y, Z회사의 주식이 H회사로 포괄적으로 이전한다. X, Y, Z회사의 주식이 각 주주들로부터 개별적으로 이전하는 것이 아니고 법률의 규정에 따라서 한번에 H회사로 이전한다. H회사는 신주발행을 해서 X, Y, Z회사의 주주들에게 주식을 배정하고, 종전의 X, Y, Z회사의 주주는 H회사의 주식을 취득하면 주식의 포괄적 이전이 끝난다. 주식의 포괄적 이전에서도 반대하는 주주들이 있을 수 있다. 반대하는 주주들은 주식매수청구권을 행사할 수 있다.

6 주식회사의 해산과 도산

1) 해산

정관에서 정한 사유로 인한 해산 절차
1. 해산사유발생
2. 해산등기
3. 청산인 임명
4. 청산사무처리
5. 청산종결등기

자연인이 출생부터 사망할 때까지 법인격을 갖듯이 법인은 설립할 때부터 해산할 때까지 법인격을 갖는다. '해산'은 사실은 법인격을 소멸하는 계기가 되는데, 해산하더라도 곧바로 법인격이 없어지지 않고 '청산' 과정을 거치게 된다. 청산은 회사에 남아있는 재산을 다 처분해서 채권자들에 대한 채무를 갚고 남은 것이 있으면 주주들에게 배분하여 회사의 권리나 의무가 하나도 없는 상태를 만드는 절차이다. 청산은 '청산인'이라고 하는 새로운 기관의 임명이 진행되는데, 통상 이사가 청산인의 자격을 갖는다. 청산이 종료하면 회사는 종국적으로 소멸하고 법인격을 갖지 않게 된다. 해산과 청산은 모두 등기하여야 한다.

상법 제517조가 해산사유를 규정한다.

① **존립기간의 만료 기타 정관으로 정한 사유의 발생**(제227조 제1호) : 주택담보대출채권을 자산으로 회사채를 발행하는 것이 목적인 회사는 회사채를 모두 상환할 때 해산하게 된다.

② **합병**(제227조 제4호) : 한 회사의 법인격이 다른 회사의 법인격에 흡수되는 것을 합병이라 한다. 합병이 이루어지면 그 합병되는 회사는 법인격이 없어진다.

③ **파산**(제227조 제5호) : 「채무자 회생 및 파산에 관한 법률」에 따른 파산

④ **법원의 명령 또는 판결**(제227조 제6호) : 회사가 불법적인 행위를 하면 법원의 명령이나 신청에 따라 판결을 내려서 회사를 해산할 수 있다.

⑤ **회사의 분할 또는 분할합병** : 분할이란 법인격을 나누는 것이다. 분할 후 소멸되는 회사는 해산된다.

⑥ **주주총회의 결의** : 주주총회의의 특별결의로 해산할 수 있다.

2) 파산과 회생

파산이란 「채무자 회생 및 파산에 관한 법률(약칭 채무자 회생법)」에서 규정하고 있는 파산절차를 의미한다. 「채무자 회생법」은 제1편 총칙, 제2편 회생절차, 제3편 파산절차, 제4편 개인회생절차, 제5편 국제도산, 제6편 벌칙으로 구성되어 있는데 파산은 제3편 파산절차를 말하는 것이다.

파산절차는 파산절차가 시작되는 시점(파산선고 시)에 존재하는 채무자의 전 재산(법률에 따라 제외되는 재산이 있음)을 환가하여 채권자들에게 우선순위와 채권액에 따라 배분하는 절차이다. 법인의 파산은 해산사유이고 개인의 파산은 면책사유이다. 파산절차 개시신청이 있으면 법원은 파산 사유가 있는지 검토하고 파산선고를 내린다. 파산선고는 파산절차 개시 결정을 의미한다. 파산절차가 개시되면, 그 순간부터 채무자가 갖고 있는 모든 재산은 '파산재단'이라고 하는 가상적인 그릇에 들어가고 개별 채권자와 채무자로부터 분리된다. 법원은 파산재단에 있는 재산을 관리하고 처분할 권한이 있는 사람을 임명하는데 이를 '파산관재인'이라고 부른다. 파산관재인만이 파산재단에 있는 재산을 관리·처분할 수 있다. 파산관재인은 파산재단에 있는 재산을 전부 팔고 현금으로 만든 다음에 그것을 채권자들한테 공평하게 나눠준다(배당). 배당이 끝나면 파산절차를 종료하게 된다.

파산관재인
파산절차에서 환가할 채무자의 재산(파산재단)에 대한 관리처분을 갖고 있는 기관

파산절차와 함께 이해해야 할 절차가 회생절차이다. 회생절차는 채무자 회생법 제2편에서 규정하는 절차이다. 회생절차는 재정적인 어려움에 처해서 채무를 변제하지 못 하거나 못 할 우려가 있는 채무자가 채무 유예나 면제를 받고 다시 정상적으로 운영될 수 있도록 하는 절차이다. 법원이 회생절차 개시결정을 내리면, 채권자들은 채무기업에 대해서 채권행사를 하지 못하게 된다. 그동안 채무기업은 다시 회생의 계기를 마련할 수 있는 여유를 갖게 된다. 회생절차에서는 '관리인'이라고 하는 기관이 임명된다. 관리인이 회생절차에 들어간 기업의 재산을 관리하고 처분할 권한을 갖는데, 실무상 채무 기업의 대표자, 예를 들면 대표이사를 관리인으로 임명하는 것이 보통이다.

회생절차의 진행
1. 회생절차개시(채권행사금지)
2. 채권신고 및 조사위원조사
3. 회생계획안작성
4. 회생계획안 의결 및 인가(권리변경)
5. 회생계획안 수행
6. 회생절차 종결

회생절차가 개시되고 관리인이 임명되면 조사위원(주로 회계법인)이 채무기업에 대한 실사를 하여 회생할 수 있는지를 검토한다. 조사위원은 지금 당장 청산할 때 채무기업의 가치와 사업을 계속할 때의 기업의 가치를 비교한다. 관리인은 조사위원의 의견을 바탕으로 하여 채권을 어떻게 변경(채권의 원리금 감면, 변제기 연장, 부채의 출자 전환 등)하면 채무기업이 다시 정상적인 사업을 할 수 있는지 계획을 작성한다. 이를 회생계획안이라고 한다.

회생계획안이 작성되면 '관계인집회'라는 회의체에서 담보채권자는 담보채권자들끼리, 무담보채권자는 무담보채권자들끼리 모여서 투표를 한다. 담보 채권자의 3/4 이상, 무담보채권자의 2/3 이상, 주주의 1/2 이상이 찬성을 하면 회생계획안이 가결된 것이고, 가결된

회생계획을 법원이 인가하면 채권자들의 권리가 변경된다. 채권자들이 갖고 있었던 권리가 회생계획에 있는 대로 변경되므로 채무기업은 채무 부담이 줄어들어서 정상적인 기업 활동을 할 수 있게 된다.

차입매수 Leveraged buy-out (LBO)

기업을 인수하는 데 필요한 자금을 인수자가 조달하지 않고 대상회사가 인수자금 채무를 보증하거나 담보를 제공하는 것을 차입매수라고 한다. 대상회사를 인수 후 합병하는 방법이나 대상회사가 인수회사에 유상감자나 배당을 하여 자산을 분배하는 것도 차입매수로 본다.

대법원은 2006년 차입매수를 한 것이 배임이라는 판결(신한사건, 대법원 2006. 11. 9. 선고 2004도7027 판결)을 내려 시장에 충격을 주었고 그 후 다른 유형의 차입매수는 배임에 해당하지 않는다고 보았다. 한편 2015년 온세통신 사건에서는 신한사건과 유사한 사실관계임에도 불구하고 신한사건 판결을 변경하지 않은 채 다른 이유를 들어 배임이 아니라고 판단하였다. 우리나라 인수합병 시장에서 아직 정리되지 않은 쟁점의 하나이다.

【사실관계】

甲은 회사정리절차에 들어간 A회사를 인수하기 위하여 B회사를 설립하고, B회사의 대표이사가 됨. B회사는 C은행과 A회사의 주식과 A회사의 부동산을 담보로 제공하면 A회사 인수에 필요한 자금을 공급하기로 약정함. B는 법원에서 A의 인수자로 선정되어 C은행로부터 자금을 제공받아 납입하고 A회사 주식을 취득, 甲은 A회사의 대표이사가 되어 A회사의 부동산과 B회사가 갖는 A회사 주식을 C은행에 담보로 제공함.

【사실관계】

- 신한사건: 주식회사 상호간 및 주식회사와 주주는 별개의 법인격을 가진 존재로서 동일인이라 할 수 없으므로 1인 주주나 대주주라 하여도 그 본인인 주식회사에 손해를 주는 임무위배행위가 있는 경우에는 배임죄가 성립하고, 회사의 임원이 그 임무에 위배되는 행위로 재산상 이익을 취득하거나 제3자로 하여금 이를 취득하게 하여 회사에 손해를 가한 때에는 이로써 배임죄가 성립하며, 위와 같은 임무위배행위에 대하여 사실상 주주의 양해를 얻었다고 하여 본인인 회사에게 손해가 없었다거나 또는 배임의 범의가 없었다고 볼 수 없다.
- 온세통신사건: 피고인이 A회사 인수자금 등 조달 과정에서 A회사의 자산을 담보로 제공하거나 신주인수권부사채를 조기상환함에 있어 B회사에 이익을 주고 A회사에 손해를 가하고자 하는 배임죄의 고의가 있었다고 볼 수 없다고 판단한 것은 정당한 것으로 수긍할 수 있고, 거기에 상고이유 주장과 같이 논리와 경험의 법칙을 위반하여 자유심증주의의 한계를 벗어나거나 업무상배임죄의 성립 및 배임죄의 고의에 관한 법리를 오해하고 필요한 심리를 다하지 아니함으로써 판결에 영향을 미친 위법이 없다.

사항색인

[ㄱ]

가산금 ······ 83
가산세 ······ 83
가석방 ······ 60
가정법원 ······ 17
각자대표 ······ 183
각하 ······ 218
간이주식교환 ······ 291
간접세 ······ 91
간주 ······ 212
감사 ······ 195
감사 선임 ······ 233
감사위원회 ······ 196, 198
개별적 노동관계 ······ 69
개인기업 ······ 135
개인기업의 법인 전환 ······ 136
개인법 ······ 43
결의무효 ······ 239
결의취소의 소 ······ 239
결정 ······ 17
경업금지의무 ······ 212
경영판단의 원칙 ······ 216
계약자유의 원칙 ······ 42
고의 ······ 29
공고 ······ 44
공동대표 ······ 183
공동대표이사 ······ 186
공동소유 ······ 138
공법 ······ 41
공소시효 ······ 103
공유 ······ 138
공익권 ······ 172
과료 ······ 59
과실 ······ 29
교도소 ······ 59
구류 ······ 59
구상권 ······ 195
구성요건 해당성 ······ 49
구속 전 피의자 심문 ······ 57
구치소 ······ 59
국가법령정보센터 ······ 7
국내법 ······ 45
국제법 ······ 45
국제사법 ······ 45
권리 ······ 23
권리능력 ······ 31
권리이전의 효력 ······ 122
근로계약 ······ 72
근로기준법 ······ 70
금고 ······ 59
급부(給付) ······ 119
기관구성 ······ 273
기명날인 ······ 116
기소 ······ 57
기업유지의 이념 ······ 150
기판력 ······ 218

[ㄴ]

내사 ······ 52
노동법 ······ 67
노동위원회 ······ 76
노동조합 ······ 74

[ㄷ]

다수결제도 ······ 149
다수의견 ······ 267
다중대표소송 ······ 218
단독소유 ······ 138
단독주주권 ······ 173

단순분할 …… 287
단주 …… 169, 172
단체교섭 …… 75
단체법 …… 43, 150
단체법적 원리 …… 150
담보부사채 …… 261
담보적 효력 …… 122
담보책임 …… 124
당사자적격 …… 174
당좌수표 …… 116
당좌예금 …… 117
대리 …… 104
대리의 3면관계 …… 105
대리인 문제 …… 148, 180
대표관계 …… 107
대표권 …… 185
대표권의 남용 …… 194
대표권의 제한 …… 192
대표소송 …… 217
대표이사 …… 183
대표이사의 불법행위 …… 195
등기 …… 273

[ㅁ]

면세사업자 …… 92
명예형 형벌 …… 59
명확성의 원칙 …… 48
모자회사 …… 289
모집설립 …… 273
목적세 …… 82
몰수 …… 59
무권대리 …… 106
무담보사채 …… 261
무보증사채 …… 261
무한책임 …… 145
무효 …… 237, 238
무효확인의 소 …… 242
문방구어음 …… 121
물적분할 …… 286
물적항변 …… 129
물적회사 …… 278
미성년자 …… 33

[ㅂ]

반대의견 …… 267
발기설립 …… 273
발기인 …… 274
발행가 …… 155
발행인 …… 115, 116
발행일 …… 116
발행지 …… 116
배당가능이익 …… 175
배서 …… 121
백지배서 …… 121
백지식배서 …… 121
백지어음 …… 131
벌금 …… 59
범죄 성립요건 …… 49
법률 …… 7
법률에 의한 의결권의 제한 …… 172
법률요건 …… 26
법률주의 …… 47
법률행위 …… 32
법률효과 …… 26
법인 …… 34
법인격부인론 …… 277
법인기업 …… 135
법인성 …… 277
법인세 …… 85
법적 추론 …… 255
법정이율 …… 101
법치주의 …… 49
변태설립사항 …… 275
병합심리 …… 44
보석 …… 60
보조적 상행위 …… 100
보증부사채 …… 261
보통결의요건 …… 234

부가가치세 ······ 89
부가가치세 환급 ······ 92
부당결의 취소·변경 ······ 243
부당보충의 항변 ······ 131
부존재확인의 소 ······ 239, 242
부채 ······ 249
분할 ······ 285
분할채무 ······ 195
불기소 ······ 57
불법행위 ······ 28
비법인사단 ······ 139
비상결의요건 ······ 236

[ㅅ]

사단법인 ······ 35
사법 ······ 41
사실심 ······ 218
사업자등록증 ······ 276
사외이사 ······ 202
사적자치의 원칙 ······ 26
사채 ······ 249
사형 ······ 59
사후설립 ······ 185
산출세액 ······ 87
상계 ······ 120
상인 ······ 101
상장 ······ 147
상장기업 ······ 143
상행위 ······ 99
상호주 ······ 232
상환주식 ······ 162
상환청구 ······ 125
생명형 형벌 ······ 59
서면결의 ······ 236
서명 ······ 116
선관주의의무 ······ 207
선의취득 ······ 122, 126
선하증권 ······ 118
성년 ······ 33
성년후견제도 ······ 33
세무조정 ······ 89
세율 ······ 87
소규모 주식교환 ······ 291
소급효금지의 원칙 ······ 47
소득세 ······ 85
소멸시효 ······ 101, 102
소수주주권 ······ 172, 173
소액주주 보호 ······ 149
소유와 경영의 분리 ······ 182
소지인 ······ 115, 117
손금불산입 ······ 88
송장 ······ 118
수취인 ······ 115
수표 ······ 113
수표법 ······ 113
시장가 ······ 154
시행규칙 ······ 7
시행령 ······ 7
시효 ······ 101
신문(訊問) ······ 54
신설분할합병 ······ 287
신주발행 ······ 250
신주발행무효의 소 ······ 254
신주인수권 ······ 176, 253
신주인수권부 사채 ······ 264
실권주 ······ 255
실정법 ······ 6
실체법 ······ 42
심문(審問) ······ 54

[ㅇ]

액면가 ······ 154
약속어음 ······ 113
어음법 ······ 113
업무집행지시자 ······ 219
연대채무 ······ 195
영업 양수 ······ 280
영업양도 ······ 185

영업자 ··· 141
영장 실질심사 ··· 57
요건 ··· 25
원산지증명 ··· 118
원시취득 ··· 127
원천징수 ··· 83
위법성 ··· 50
위법성조각사유 ··· 29
위임 ··· 201
위자료 ··· 30
유가증권 ··· 111
유가증권시장 ··· 146
유질계약 ··· 99
유추적용 ··· 14
유추적용금지의 원칙 ··· 48
유치권 ··· 99
유한책임 ··· 145
유한책임회사 ··· 143
유한회사 ··· 143
은행도어음 ··· 121
의결권 ··· 231
의결권 종류주식 ··· 160
의무 ··· 23
의사표시 ··· 105
이사 ··· 201
이사와 회사 간의 거래 금지 의무 ··· 213
이사회 ··· 220
이익배당 ··· 174
이익배당 종류주식 ··· 159
이익충돌 방지 ··· 211
이중과세 ··· 88
익금불산입 ··· 88
익명조합 ··· 140
익명조합원 ··· 141
인수 ··· 124
인수, 납입담보책임 ··· 276
인적분할 ··· 286
인적항변 ··· 129
인적회사 ··· 278
일반법 ··· 46
일방적 상행위 ··· 99
임시주주총회 ··· 228
임의규정 ··· 142
임의수사 ··· 56
입건 ··· 52

[ㅈ]

자격상실 ··· 59
자격수여적 효력 ··· 122, 126
자격정지 ··· 59
자금조달 ··· 247
자기거래 ··· 214
자기앞수표 ··· 116
자기주식 ··· 168, 232
자본금 ··· 154
자산 인수 ··· 280
자연법 ··· 6
자연인 ··· 31
자유형 형벌 ··· 59
자익권 ··· 172
자회사 ··· 169
재단법인 ··· 35
재무상태표 ··· 248
재무제표 ··· 175
재산형 형벌 ··· 59
적용 ··· 11
전속관할 ··· 44
전자어음법 ··· 113
전자투표 ··· 236
전환사채 ··· 262
전환주식 ··· 162, 250
절차법 ··· 42
절차적 정의 ··· 227
정관 ··· 35, 273
정관작성 ··· 273
정기주주총회 ··· 228
제정법 ··· 6
제정법의 위계구조 ··· 9
조서 ··· 54

조세법 ······ 81
조세법률주의 ······ 81
조약 ······ 46
조합 ······ 137
조합기업 ······ 135
조합원 ······ 138
종류주식 ······ 159, 172
종합소득 ······ 136
죄형법정주의 ······ 47
주권발행 전의 주식 양도 ······ 167
주식 ······ 153
주식 취득 ······ 280
주식매수선택권 ······ 206
주식매수청구권 ······ 282
주식배당 ······ 251
주식양도 ······ 164
주식의 포괄적 교환 ······ 290
주식의 포괄적 이전 ······ 291
주식회사 ······ 143
주식회사의 기관 ······ 181
주식회사의 설립 ······ 273
주주권 ······ 172
주주명부 ······ 157
주주제안권 ······ 229
주주총회 ······ 225
주주총회 결의의 하자 ······ 237
주주평등의 원칙 ······ 172
준거법 ······ 97
준비금의 자본전입 ······ 250
준용 ······ 12
증명책임 ······ 126
지급거절증서 ······ 125
지급인 ······ 116
지급제시 ······ 125
지급지 ······ 116
지명채권양도 ······ 120
지방고용노동청 ······ 76
지배구조 ······ 179
지배권 ······ 284
지식재산권 ······ 24
지주회사 ······ 286
질권 ······ 99
집단적 노사관계 ······ 73
집중투표 ······ 203
징역 ······ 59

[ㅊ]

차등의결권 주식 ······ 161
참고인 ······ 54
채권(債權) ······ 119
채권양도 ······ 119
채권자 보호 ······ 148
채권자 보호절차 ······ 282
채무 ······ 225
책임 ······ 51, 225
청구권 ······ 284
체포 ······ 56
총유 ······ 138
최저임금 ······ 71
추심 ······ 118
추정 ······ 212
출자 ······ 273
충실의무 ······ 208
취득시효 ······ 102
취소 ······ 237, 238
취업규칙 ······ 72

[ㅋ]

코스닥시장 ······ 146

[ㅌ]

탈유가증권화 ······ 112
통상의 신주발행 ······ 250
특별결의요건 ······ 235
특별법 ······ 46
특별법원 ······ 17
특별이해관계인 ······ 234

특정후견제도 ······ 33
특허법원 ······ 17

[ㅍ]

파산 ······ 293
파업 ······ 77
판결 ······ 17
판례법 ······ 6
표현대리 ······ 106
표현대표이사 ······ 188
피의자 ······ 54

[ㅎ]

한국거래소 ······ 146
한정후견제도 ······ 33
합명회사 ······ 143, 144, 145
합병 ······ 280
합병무효의 소 ······ 285
합유 ······ 138
합자조합 ······ 143
합자회사 ······ 143
항변권 ······ 284
해고 ······ 76
해산 ······ 292
해상보험증권 ······ 118
행위능력 ······ 31
행위능력 제한자 ······ 33
행정법 ······ 30
행정법원 ······ 17
헌법 ······ 7
현금배당 ······ 251
현물배당 ······ 251
형벌 ······ 59
형사미성년자 ······ 51
형사법 ······ 41
형성권 ······ 284
화환어음 ······ 118
확정일자 ······ 167
환어음 ······ 117, 118
황금주 ······ 161
회계 ······ 247
회사의 기회 및 자산의 유용 금지 의무 ······ 213
회사채 ······ 258
회생 ······ 293
회생법원 ······ 17
효과 ······ 25
흡수분할합병 ······ 287

[저　자]

오 수 근(吳守根)

(현) 이화여자대학교 법학전문대학원 교수

기업경영과 법

2021년　2월　25일　제 1 판 인쇄
2021년　3월　 5일　제 1 판 발행

저　자　오　수　근
발행인　임　권　규
발행처　弘　文　社

저자와 협의 하에 인지를 생략함

05855 서울시 송파구 송파대로 167 테라타워 B동 802호
등록　1993. 6. 24.　제1-1543호
TEL 712-5311(대)　FAX 716-5311
e-mail hongmoonsa@hanmail.net
홈페이지 http://www.hongmoonsa.co.kr

값 32,000원

ISBN 978-89-7770-476-3　93360